本书由上海绿谷集团“江村市隐”智能科技有限公司资助出版！

在民大听讲座

谢路军　主编

道学与术数学研究前沿

线装书局

图书在版编目（CIP）数据

在民大听讲座：道学与术数学研究前沿/谢路军主编. —北京：线装书局，2021. 1

ISBN 978 - 7 - 5120 - 4293 - 3

Ⅰ. ①在… Ⅱ. ①谢… Ⅲ. ①道教—文集 Ⅳ. ①B958 - 53

中国版本图书馆 CIP 数据核字（2020）第 247071 号

在民大听讲座：道学与术数学研究前沿

主　　编： 谢路军
责任编辑： 于建平
封面设计： 鲁　燕
出版发行： 线装書局

地　址：北京市丰台区方庄日月天地大厦 B 座 17 层（100078）
电　话：010 - 58077126（发行部）010 - 58076938（总编室）
网　址：www. zgxzsj. com

经　　销： 新华书店
印　　制： 天津顾彩印刷有限公司
开　　本： 710mm × 1000mm　1/16
印　　张： 25
字　　数： 340 千字
版　　次： 2021 年 1 月第 1 版第 1 次印刷

线装书局官方微信

定　　价： 98. 00 元

前　言

道学与术数学是中华优秀传统文化的重要组成部分。中央民族大学道教与术数学研究中心以道教与术数学为切入点，以扎实的学术研究为立足点，精心组织各方面优秀师资力量与优质文化资源，对道教与术数学历史典籍进行翻译导读和系统科学研究，举办了系列学术交流活动。2018 年以来，中心举办“道教与术数学大讲堂”，邀请国内外知名学者举行了系列学术前沿讲座，并受到学界广泛赞誉。为进一步增强大讲堂学术活动在国内外的影响，现将历次讲座内容编辑成书，并名为《在民大听讲座：道学与术数学研究前沿》。

中国文化的根在道教，道教文化的根在术数。中国文化的鼻祖伏羲的重要贡献是开创了八卦，八卦实际上也是中国最早的文字符号。中央民族大学道教与术数学研究中心致力于将中国道学与术数文化推向社会并发扬光大，以继往圣之绝学。很多人对术数文化没有认识清楚，认为它是迷信。实际上术数文化源远流长，而且在中国历史上有显赫的地位。《汉书·艺文志》把当时所有学科分为六大门类：六艺、诸子、兵家、诗赋、术数、方技，术数文化是六大门类中的重要分支。术数当中又包含六大类：天文、历法、五行、蓍龟、形法、杂占。可见术数文化由来已久，而且在中国文化史上占有非常重要的地位。绿谷集团总裁吕松涛先生概括说：“术数学是中国文化的牛鼻子”。真正了解了术数学，才能把握中国文化的根脉。

“道教与术数学大讲堂”正是在吕松涛先生的大力支持下才得以展开。讲座主题涵盖了道学与术数学的各个分支，包括黄老道家、易学、丹道、天文、医术、文学、历史等研究方向。讲座内容丰富，有很多是学界最新的研究成果，观点新颖而引人入胜。讲座在面向学术界的同时，还向社会公众开放，故语言通俗易懂，生动活泼。本书根据系列讲座内容整理而成，衷心希望以此向大众介绍道学与术数学的前沿研究成果，助力优秀传统文化的普及。

本书的出版得到了中央民族大学校领导和哲学与宗教学学院院长刘成有教授的大力支持。本书资料的收集和编辑整理，得到了中央民族大学哲宗院客座教授、台湾太一道院黄胜得院长的鼎力相助，龙宇博士做了大量工作。“道教与术数学大讲堂”的组织、宣传、场务工作由田雯、倪木兰、刘腾飞、解加馨予、王旭阳、杨楠、罗兰等完成。同时，本书的出版还得到了上海绿谷集团“江村市隐”智能科技有限公司的资助，在此一并表示衷心的感谢！

中央民族大学道教与术数学研究中心

2020 年 10 月

目 录

一
数术哲学与丹道的独创性

主讲：张广保

从理论上看，道教以道家的根本道论为核心，糅合、吸收各种流行于中国古代民间的方术，尤其是养生方术，从而发展出各种具体的证道之术，此即构成道教基本内容的外丹术、内丹术、存思术、导引术、服食术、行气术、符箓术、禁咒术及斋醮科仪术。道教通过对道论和方术的整合，便呈现出了一种颇为独特的以术证道、术道合一的基本特征。道教之所以特别强调以各种方术来彰显大道，乃是植根于整个中华民族心灵深处的重践履、尚实证的实用理性的体现。

张广保　号洞斋散人，北京大学哲学博士，现任北京大学哲学系教授、博士生导师，北京大学儒学研究院学术委员会副主任，老子道学文化研究会（全国一级学会）副会长，丹道与养生文化研究会会长（二级学会），《道家文化研究》副主编，什刹海书院学术委员会副主任、客座教授。

剑桥大学著名的中国科技史专家李约瑟博士曾就中国古代文明为什么没有发展出如同西方近代那样的自然科学感到深深的困惑，并就此提出著名的李约瑟难题。这一问题在中国科技史界引起强烈关注。爱因斯坦曾尝试予以解答。而心理分析学家荣格也曾就李约瑟问题提出一个很独特的解答。他说："几年以前，当时的不列颠人类学会的会长问我，为什么像中国这样一个如此聪慧的民族却没有能发展出科学。我说，这肯定是一个错觉。因为中国的确有一种'科学'，其'标准著作'就是《易经》，只不过这种科学的原理就如许许多多的中国其他东西一样，与我们的科学原理完全不同。"①

一、科学到底是一元范式，还是多元范式

荣格否定了科学只能有一种形态的观点。他所说的"科学原理完全不同"，是指建立科学理论的思维方法和认识选择存在根本差异，它们是产生不同科学形态的基础与原因。荣格认为："我们的科学是建立在以往被视为公理的因果法则上……我们没有充分体认到：我们在实验室里，需要极严格的限制其状况后，才能得到不变而可靠的自然律。假如我们让事物顺其本性发展，我们可以见到截然不同的图象：每一历程或偏或全都要受到几率的干扰，这种情况极为普遍，因此在自然的情况下，能完全符合律则的事件反倒是例外。正如我在《易经》里看到的，中国人的心灵似乎完全被事件的几率层面吸引住了。我们认为巧合的，却似乎成了这种特别的心灵的主要关怀；而我们所推崇的因果律，却几乎完全受到漠视。我们必须承认，几率是非常非常的重要，人类费了无比的精神，竭力要击毁且限制几率所带来的祸害。然而，和几率实际的效果相比之下，从理论上考量所得的因果关系顿时显得

① ［德］卫礼贤、［瑞士］荣格著，通山译：《金华养生密旨与分析心理学》，北京：东方出版社，1993 年版，第 143 页。

软弱无力，贱如尘土。”①

荣格的这一解答涉及可能他自己都未曾意识到的对中国传统文明全新认知的视域。在本文中我也就此进行一些尝试性探讨。

中国文明传统渊源深厚，保留人类自石器时代以来的集体记忆，是具有原创性、独创性的文明体系。从比较文明的大视野看，在当今世界，中国传统文明是少数可以与西方文明互相对话的文明体系。中国文明最重要的特点就是其在世界观、物质观、生命观方面具有整体性、连续性、贯通性及有机性等特点。从本质上说，中国文明致力统合天人，通贯三才，连通身心，是一种具有生态指向的，代表人类未来发展方向的高级文明。最值得注意的是中国古代这一独创性文明是以象征思维来把握世界。她把世界的万事万物看作一个互相关联的象征体系。这一象征体系也是建立在数的基础之上，不过这里的数描述的是象征物之间的内在关联，因此是象数，而不是西方科学体系关注的量数，即数量关系。中国古代各种知识门类，诸知天文、堪舆、卜筮、丹道……等都奠定在一个共同的理论基础之上，此即中国独特的数术哲学——象数哲学。

从理论上看，道教承继了道家哲学的根本道论，并以之为基础建立其宗教理论的解脱论。证道、体道是道教所有宗教实践形式围绕的核心。不仅如此，植根于中华文明之中的道教在发展、完善其宗教形式时还深受传统文化中重实用、尚证验思想的影响，道教以道家的根本道论为核心，糅合、吸收各种流行于中国古代民间的方术，尤其是养生方术，从而发展出各种具体的证道之术，此即构成道教基本内容的外丹术、内丹术、存思术、导引术、服食术、行气术、符箓术、禁咒术及斋醮科仪术。道教通过对道论和方术的整合，便呈现出了一种颇为独特的以术证道、术道合一的基本特征。道教之所以特别强调以各种方术来彰显大道，乃是植根于整个中华民族心灵深处的重践履、尚实证的实用理性的体现。

我们以道教的内外丹道为例，来看看道教是如何通过数来统合道与术的。无论是内丹道还是外丹道都强调道与人相互贯通，不仅如此，道教的丹道还以现实的形式将这条贯通之路描绘出来，使之能够依循，具有可操作性。丹

① ［瑞士］荣格著，杨儒宾译：《东洋冥想的心理学：从易经到禅》，北京：社会科学文献出版社，2000 年版，第 206 ~ 207 页。

道认为要完成从现实的人到超验的道的飞跃，只有经过“丹”的合炼才能完成。丹与道是合一的，丹实际就是道的物化形成。炼丹就是现实的个体实现对道的把握与捕捉。

内外丹道尤其是内丹道继承了老子道论的基本内容。我们先说外丹道。众所周知，中国、印度、阿拉伯、欧州等文明都曾产生炼金术，这可以说是一个古老的文明传统。但中国古代不但有炼金术，而且还有炼丹术。从时间上看，中国炼丹术亦较其他文明为早。据学者考证，现存最早一部外丹经典是收存于《正统道藏》的《黄帝九鼎神丹经》之卷一，出世于汉代。当然最有名的外丹经典还是《周易参同契》。关于这部书，中外科学史家都做过很深入的研究。早在 20 世纪 30 年代，中国留美学生吴鲁强（1904—1936），他是梁启超的女婿，曾在麻省理工学院学习有机化学，并获化学博士学位。他与英国著名化学史家戴维斯共同研究中国古代炼丹术，并成为戴维斯小组成员（Davis Group），1931 年，他们共同在权威刊物 The Nucleus 发表《魏伯阳对炼丹家的建议》一文。1932 年，他们将《周易参同契》译成英文，并由戴氏亲自撰写导言加上注释。题为《魏伯阳的〈参同契〉：中国古代炼丹术专著》，刊在 Isis。文章发表后，英国著名化学史家帕廷顿（James R. Partington）于 1935 年在《自然》杂志上撰文予以评论。其后中国学者袁翰青、孟乃昌也在《化学通报》发表论文，对《周易参同契》进行研究。另外，化学史家张子高、赵匡华也都对这部书做过研究。其中特别值得一提的是，美国科学史家席文就中国炼丹术对时间控制这一主题的研究，颇具有开拓性。不过，他们的研究也存在一个问题：过于执迷于从当代化学的视角来评估《周易参同契》的成就，而没有看到外丹学实际涉及一套象征体系，铅汞既是两种合炼外丹的物质元素，同时也是两种外丹学的象征符号，它们有着通向更广大象征系统的趋势。著名分析心理学家荣格也注意到炼丹术的象征意义，并深入到集体心理层次，使用原型、意象等概念予以系统阐释，从而拓展对丹道研究的维度。总之，外丹学不能全部返源于当代化学，它们是两种不同思维体系下的有着质的差异的科学。对此，李约瑟博士于 20 世纪 70 年代在《中国科技史》第五卷有关中国炼丹术的非凡研究已经触及此点。值得我们注意的是：中国外丹术奠基于道家、道教及中医共同推崇的一种基本思维，此即人体小宇宙思维或全息思维。这在今天遗传学突破性发展之后，尤其值得我们重视。道教外丹术所用的丹鼎完全是按全息思维设立起来的，其上鼎象天、下鼎象地，开八门以象八风，用铅汞二主药，以象阴阳，这显然是意图在丹鼎中建立一个小宇宙模型，指向一套象征符号体系。外丹术的这种赖以确立的学理是很高明的。它与当代遗传学的核心学理是一致的。因为遗传学的克隆实验表明生物体的单个细胞蕴含着个体的全部遗传信息。这在过去物理学中是无法理解的，它表明自然界尤其生物界全息存在方式是客观的。对于这种全息存在的认知，西方文化传统下的哲学与科学都很欠缺，而在中国道家、道教、各种术数及中医，都是以全息思维为基础构建起来。这实际上是中国文化的基础性思维。此外印度的《奥义书》也用“梵我一如”对全息思维做了深度哲学表达。至于西方思想传统中，全息思维是一颇为弱势的次传统，只有新柏拉图主义、诺斯替教及莱布尼茨哲学中有一些初步的阐述。如果我们承认遗传学对传统科学在思维方面的突破具有深远意义，那么对道教的内外丹道及中医的科学价值，就应该认真重估。

作为中国传统文化重要组成部分的道教文化，其有机整体全息的思维对于当代科学的发展无疑有着深刻的启示性。对此，科学界已有部分论述。李约瑟偏重于阐述道家思想所蕴含的有机的、整体的宇宙观对当代科学的意义，认为此乃为未来科学所张本。“李约瑟的研究意义在于，他确认了科学发展有不同的途径，至少有两种途径：机械论和有机论的。并且他认为机械论的科学观已经过时，科学未来的发展将采取有机论的途径。”① 而这种有机论在古代思想的显著代表便是传统道家道教与中医。

又李政道依据自身深厚的物理学学养，也评论说：“从哲学上讲，测不准定律和中国老子所说‘道可道，非常道；名可名，非常名’的意思颇有符合之处。”② 丁肇中在《寻找宇宙中最基本的结构》一文中也说：“中国古代对物质结构有两种不同的看法：第一种看法认为最基本的结构是粒子，另外一种看法是，宇宙中最基本的结构是连续性的，粒子的观念起源就是阳和阴。连续观念的起源是公元前600年道家的创始人老子，他认为最基本的东西是永远摸不清的。”③ 丁肇中在这里特别强调宇宙存在的连续性，而这也正是中

① 董光璧：《当代新道家》，北京：华夏出版社，1991年版，第21页。

② 莫善钊：《台湾、港澳〈老子〉研究》，《国内哲学动态》1985年第11期，第21页。

③ 丁肇中：《寻找宇宙中最基本的结构》，《外交学院学报》，2003年第4期，第7页。

华传统文明把握世界的核心观念之一。

不少研究者都责难中国古代文化缺少实验精神，这其实是对道教外丹术缺少理解。从《道藏》外丹术所收外丹经典的载录看，它们详细记载了数以千计的炼丹实验，道士们观察药物变化与温度关系，并予以定量记录。其时间跨度经历2000年以上。这实在是了不起的。我20世纪90年代因为负责《中华道藏大辞典》外丹黄白术一科的编纂，对《道藏》外丹类经典做了系统梳理，深为其中体现的实验精神所震憾，深感有义务将这点指出来。此外，对道教外丹术的常见指责是中国历史上有不少人因服食丹药而身亡，其中唐代就有几位皇帝因服丹身亡。这其实也是对外丹术的肤浅指责。殊不知对外丹合炼中所使用的铅、汞二药有剧毒，炼丹家比谁都清楚，正因为如此，外丹术才专门设立出丹毒、试丹等实验环节以预防中毒。如果严格按照外丹术的程序合炼、服食丹药，完全可以避免中毒。总之，外丹术体现极其严格的实验精神。

再谈道教内丹术：有一部内丹书深受西方学者的推崇，这就是著名的《太乙金华宗旨》，它出世于康熙年间，是一部扶乩作品，收入《道藏辑要》，英译 The Secret of the Golden Flower。此书系由理查德·威廉，中文名卫礼贤（1873—1930）用德文翻译的，英译本又是依据德译本转译的。卫礼贤是一位对中国古典文化有着精深了解的汉学家，曾在北京大学任教。他先将书译成德文，并请心理学大师荣格撰写评论。此后英文本、日文本纷纷面世。引人深思的是：此书在中国近代并无太大影响，但经荣格的评介，我国学者又从日文译成中文，于是大受重视。于是连带内丹道也引起我们的关注。内丹道也是致力于以术证道的，其终极目标是证道、体道。将本来玄妙的道落实于炁，即先天气之上，正是有了炁这一基础，才使丹道的逆行回溯道体修炼有了可能性，因为炁是沟通人与道的媒体，它既是天地万物创生的基础，又是人体构成的基础。值得注意的是内丹道主张通过逆转阴阳之造化，以回溯道生一、一生二、二生三、三生万物这一创生过程，转而通过取坎填离，阴阳合炼，以捕捉住先天一炁，实现由二到一的复归。最终通过先天炁来体证终极之道。可见修道的过程实际上是走一条回归之路。内外丹道也就是归根复命之道。乃是意图打通个体的小存在与宇宙的大存在。在这里，内外丹道的宇宙论与修炼论完全贯通起来了。因此我们说道教修炼论是完全以其宇宙论作为基础的，其宇宙论昭示一条顺行的天地开创之路，而修炼论则揭示一条逆行复归之路。此即内丹道常所说的“顺则成人，逆则成仙”。

在丹道开创出的这条复归之路中体现出我国古人的卓绝的睿智。内外丹道通过天人同构（包括时间、空间的双重同构）的全息理论形式，将终极道体贯通于万事万物及现实的人的存在之中。又通过在鼎炉中、人身中设定“小宇宙”，以模拟天道运行的大环境，使大宇宙之道转换成小宇宙之道，而大、小宇宙之道是“体用一源，显微无间”的关系，二者完全同质。内外丹家又通过以丹道参证天道、易道的做法，创立了著名的“时间攒簇法”，这样便将天道阴阳运行的外在节律转换成丹鼎中、人身小宇宙中的内阴阳运行的时间节律。通过这些工作之后，修炼家便可在小宇宙中反溯宇宙创生的过程，逆行回归到终极的道。这一逆行回归路线可分为四段，此即万物（人）→阴阳（真阴真阳）→先天一炁→道。在这一回归式的修炼之途中，火候是至关重要的根本因素。由此而言，我们与其说道教（尤其是丹道部分）是一种宗教、哲学，倒不如说它是一种科学试验更为合适。当然从某种意义上说，它的科学又是以其宗教哲学为基础的。在道教中，我们发现宗教超越论、哲学本体论及宇宙起源论有着共同的基础，它们陈述的乃是同一个事实。也正是在道教中，宗教、哲学、科学三者达到了完美的统一。

此外值得我们注意的是：内外丹道所体认的物质存在是一种连续性存在。我们注意到从超越性的道至超越性的先天炁，至精神性的神，直至物质性的后天气，以及有形有象的万物，其间并没有像西方文化传统主张的在灵与肉，物质与精神之间划分一条不可逾越的鸿沟，而是一条可以经由修炼而转化的连续性存在链条。这充分体现了中国传统思想的独创性。

二、内丹道中数的哲学

从内丹道发展的历史来看，钟吕在演述其内丹道时，就曾涉及数学。如《钟吕传道集》述钟吕关于内丹道的问答云：“吕曰：‘大还丹既已知矣！所谓七返还丹，九转还丹者，何也?’钟曰：‘五行生成之数，五十有五，天一，地二；天三，地四；天五，地六；天七，地八；天九，地十。一三五七九，阳也，共二十五；二四六八十，阴也，共三十。自肾为始，水一，火二，木三，金四，土五，此则五行生之数也，三阳而二阴。自肾为始，水六，火七，木八，金九，土十，此则五行成之数也，三阴而二阳。人身之中，其有五行生成之道。水为肾，而肾得一与六也；火为心，而心得二与七矣；木为肝，而肝得三与八矣；金为肺，而肺得四与九矣；土为脾，而脾得五与十矣。每藏各有阴阳，阴以八极而二盛，所以气到肝，而肾之余阴绝矣；气到心，太极而生阴，以二在心而八在肝。阳以九尽而一盛，所以液到肺，而心之余阳绝矣；液到肾，太极而生阳，以一在肾而九在肺也。奉道之士，始也交媾龙虎，而采心之正阳之气。正阳之气，乃心之七也，七返中元而入下田，养就胎仙，复还于心，乃曰七返还丹也。二八阴消者，真气生而心无阴，以绝二也；大药就而肝无阴，以绝八也。既二八消，而九三之阳自长。肝以绝阴助于心，则三之肝气盛而阳长；七既还心以绝肺液，肺之九转而助心，九之肺气盛而阳长，则九三之阳生矣，是为九转还丹也。'”钟吕在此先将天地之数五十有五分为阴数三十，阳数二十五；然后再将自一至十之数合配五行，区分五行生数与成数，其中自一至五为生数，生数中一三五为阳，二四为阴，此即三阳而二阴；自六至十为成数，成数中七九为阳，六八十为阴，此即三阴而二阳。

钟吕又将五行生成之数散入人身五脏。其具体合配法则系从肾始，肾为水，配一与六；心为火，配二与七；肝为木，配三与八；肺为金，配四与九；脾为土，配五与十。这样每脏都分配一个阴数，一个阳数，此又称为每脏各有阴阳，符合中医及道教的阴阳构成原则。钟吕的这一思想当与中医的影响有关，按《黄帝内经》讨论阴阳，均认为阴阳二者互相包含，阴中含阳，阳中怀阴，推之可至无穷无尽。如《黄帝内经》说：“阴阳者，数之可十，推之可百；数之可千，推之可万，万之大不可胜数，然其要一也。天复地载，万物方生，未出地者，命曰阴处，名曰阴中之阴；则出地者，命曰阴中之阳。”（《黄帝内经·阴阳离合论第六》）又其《金匮真言论篇》述人身脏腑之阴阳说云：“言人身之阴阳，则背为阳，腹为阴；言人身之脏腑中阴阳，则脏者为阴，腑者为阳。肝心脾肺肾五脏皆为阴，胆胃大肠小肠膀胱三焦六府皆为阳。”此虽视五脏为阴，六腑为阳，然而，按照《阴阳离合论》所述原则推论下去，则五脏之阴中亦未尝不包含着阳，同理，六腑之中也是阳中有阴。

引入易学象数学之数学系统及阴阳五行理论来论述人体五脏，并不始于钟吕，中医早有此举。如《黄帝内经素问·针解篇》云：“岐伯曰：夫一天、二地、三人、四时、五音、六律、七星、八风、九野，身形亦应之，针各有所宜，故曰九针。”又《三部九候论》亦云：“天地之至数，始于一，终于九焉。一者天，二者地，三者人，三三者九，以应九野。故人有三部，部有三候，以决死生，以处百病，以调虚实，而除邪疾。”此均以自一至九之九数合配人体。又《中藏经》则以五行之生克来解释五脏之生成，其《生成论第三》云：“天地有阴阳五行，人有血脉五脏。五行者，金木水火土也；五脏者，肺、肝、心、肾、脾也。金生水，水生木，木生火，火生土，土生金，则生成之道，循环无穷；肺生肾，肾生肝，肝生心，心生脾，脾生肺，生下荣养，无有休息。”然而，钟吕并没有停留在中医的层次，而是在其基础上又推进一步。他们出于内丹超越的出世需求，因此并不局限于用大衍之数、阴阳五行解释肾、心、肝、肺、脾等五脏的生理功能，而是极力从中推演出内丹合炼之理则及寻找出修炼内丹之药物。此即他们所说的采心中正阳之气、肾中真一之气为药物以修炼内丹。按照他们的解释，真气自肾而生，肾为一六，一为阳数，表示肾阴中含有真阳；肾气传到肝，肝为三八，表示肾中阳气自一至三，阴气自六至八，乃阴息而至于极，阴极则生阳，故肾之阴气至肝而绝。真气复由肝传入心，心得二与七，二为阴数，表示心阳中藏有真阴。真阳真阴均系内丹合炼之真药物。钟吕内丹道有所谓七返、九转等名目，所谓七返即取心之七，纳入下丹田，结就真种子，然后又运归于心，此名为七返还丹。九转则解释模糊，似取肺气以助心，肺为四九，“九之肺气盛而阳长，则九三之阳长矣，是为九转还丹也”①。《钟吕传道集·还丹第十三》云：“七既还心，以绝肺液，而肺之九转，而助心，则九三之阳长，九转还丹也。”

钟吕引《周易》学来演述其内丹道，这在唐代各家内丹道法中还很少见，可以视为其丹道创新的一种重要表现形式。张伯端在《悟真篇》中继承了钟吕的这一做法，继续采用数学演述其内丹道。例如《悟真篇》说：“三五一都三个字，古今明者实然稀。东三南二同成五，北一西方四共之，戊己自归生数五，三家相见结婴儿。”张伯端在此也是用数学暗喻内丹修炼的药物。由于《悟真篇》之诗歌体裁的限制，使得张伯端的文意显得有些朦胧，元代内丹名家，《悟真篇》的注家之一陈致虚对此所作的解释清楚明白，有助于我们了解本文的含义，兹录其语于下：

---

① 萧天石：《道家养生学概要》，北京：华夏出版社，2007 年版，第 227 页。

上阳子曰：天三生木，地二生火，火数二，木数三，三与二同性，统为一五；木象于东，法象为青龙，龙之气为汞，火居于南，法象为朱雀，木生火，是木为体，火为所生之气，是故木火为一家。然皆阳中之孤阴，所以异名曰玄，曰无，曰妙者，其有木有火而无金、水、戊土也。天一生水，地四生金，金数四，水数一，一与四同情，结为一五；金居四，法象为虎，虎之气为铅；水居于北，法象为玄武，金生水，是金为体，水乃金所生之气，故金水为一家。然皆阴中之寡阳，所以异名曰牝，曰有，曰徼者，以其有金有水，而无木火。己，土也，天五己土，地十戊土，戊土居坎，己土居离，戊己分，则二土之数十，戊己合，则二土成圭，而数五。土居中央，是为一五，总而言三五。震木离火，同性为一家，龙为震户，汞产于中；兑金坎水，同情为一家，虎为兑门，铅生于内；离己坎戊，同根为一家；朱雀玄武，相合而生物，是云三家。龙与朱雀，意主生人；虎与玄武，意主杀人，此世间法。若欲出世间法，则必颠倒制之，功归戊己二土也。何哉？金本恋木，慈仁而内怀从事之情，无由自合，木虽爱金，顺义而内怀曲直之性，岂得自媒？欲使媒合，功在二土以通其好。且戊土生金，则欲真金发旺而相胥，己为木兑，则先炼己珍重以求丹。若不炼己待时，则不能常应静。炼己既熟，却与戊合，戊己一合，则金木会，金木会则龙虎交，龙虎交则三五合一，三五合一则三家相见，三家相见则铅汞结，铅汞结则婴儿成。

——《紫阳真人〈悟真篇〉三注·卷二》

陈致虚这里的解释可分为两个层次，其一是以数学解释药物。他认为五行生数中，火数二，木数三，木生火，因此木火为一家，这是《悟真篇》所说三五中的一五；象征人体阳中之孤阴，可以看成钟吕所说的心中正阳之气。水数一，金数四，金生水，金水同情，此为二五；以内象言之，则隐喻阴中之寡阳，相当于钟吕内丹道所指肾中真一之水，天五为己土，地十为戊土，土居中央。五行之数概取生数，如此则土数也是五，这就是《悟真篇》所谓的三五。三五中前二五为药物，即真阴真阳。土五为内丹修炼之媒介，又称黄婆。其二以数学诠释内丹合炼之学理。陈致虚认为内丹修炼之终极目的乃是超离世间，因此不能依循世间生成之理，只能颠倒人间的生成法则，逆而用之。这样内丹修炼就必须使心火降下，肾水上升，通过戊己中宫之土的媒合，使龙虎相交，金木会合，此即所谓的三家相见，结就婴儿。按照陈致虚的理解，戊己如要行使媒合之职，还必须锻炼己土，只有炼己成熟，一心归入中位，使戊己相合，才能论及龙虎交媾之事。此亦即心性修炼。陈致虚对《悟真篇》这一段的解释，除“炼己”之外，其他基本上都符合张伯端的本意。据此，我们可知张伯端在《悟真篇》中已经采用五行生成之数来展述其内丹道。

最后，我们必须特别强调的是，从宇宙论、存在论的角度看，道教与中医理论反映了中国古人观照天、地、人、物的独特视角，其中所隐含的天观、地观、人观、物观都是意味深长、发人深省的。它与西方思想传统通常看待存在、非存在、虚无、实体的看法都不相同，乃是以一种环环相套的全息物质构成论为背景来解释天、地、人、物的存在形式。这与道教的根本道论有着内在的一致性。对此如果我们引入解构主义思路对按西方传统物质观、宇宙观为基础构建起来的现存科学进行适度解构，从而由此进入一种后科学主义态度，就可发现人类未来科学的发展应通过与中国精神传统的深度对话来实现。我们所说的后科学主义并不是否定现存的科学，而是要求进一步扩大当代科学的内涵与外延，要求科学按其本性实现其自我超越。从解释学视角看，也就是要奠基于当今人类存在之历史性而对科学进行一种创造性解释，由此探询以传统中国人体小宇宙式的全息物质观、世界观为核心构造多元科学的可能性，进而思考多元性的科学范式是否可能。我们相信只要我们克服横亘于当今人类心灵非此即彼之二元思维传统，实现思的解放，人类就能拆解、融入自然世界，在此我与你，物与心，人与天达到浑然无间，相互交融的美妙境界。

三、道教的女丹学

道教的女丹学归属于内丹学，乃是内丹学的一大重要组成部分。它与道家、道教、中医及各种数术一样都是奠基于整体的、有机的、连续的、贯通的全息思维基础之上。这实际上是中华文明传统的一大基础性思维。道家、道教、中医及各种数术都共享这一基础性思维。关于女丹学的起源与历史传承，近年中外学者都有所探讨，例如法国学者戴思博、美国学者阿琳娜都是其中姣姣者。但涉及女丹学的具体起源，西方学者一般断在清代，这个起源点未免过于保守，断得太晚。有些问题似宜应进一步加以辨析，此即女仙、女丹、女丹道派，它们之间诚然有着紧密关联，但差别也是明显的。据初步研究，女丹一词在传世的丹道文献中首见于明清之际的著名道医傅山（1607—1684），他撰作了著名的女丹经典《女真丹》。不过如果我们以女丹区别于一般内丹道的独特修行功法斩赤龙为标志的话，那么女丹的确立当更早。元代江南全真高道苗善时撰《纯阳帝君神化妙通纪》综合整理元以前有关吕洞宾的各种传说，将其合编为一百零八化。该书是依据当时传世的有关吕洞宾道经、碑铭、小说、诗文等，其记载多有所本。正是在《度关真人第一百六化》中，吕洞宾使用了斩赤龙一语："吾已与汝斩赤龙矣！自是可入道"，这是我们目前在《正统道藏》中，可以考知的最早明确使用"斩赤龙"这一术语。[①] 这说明女丹道与内丹道是同时创立的。因此，如果我们将此确立为女丹道成立的标志，应该是合适的。不过《纯阳帝君神化妙通纪》并没有进一步阐述"斩赤龙"的具体含义，明末全真龙门派道士伍守阳（1573—1644）在《仙佛合宗语录》中有进一步论述："男子修成不漏精，女子修成不漏经"，"女子之经为生人之始信，亦为自修成仙佛之信，故女修者曰斩赤龙为返经成炁，与男修返精成炁同"。这就明确指出斩赤龙就是断绝月经。此外，女丹的另一独特修炼方法——意守双乳亦见于两宋之际曾糙（1100？—1155）所编内丹类书《道枢·崇真篇》，而《道枢·崇真篇》又是摘录前辈高道晋道成的《晋真人语录》编成的。对于《晋真人语录》，全真教非常看重，王重阳在《重阳教化集》中曾多次提起。《道枢·崇真篇》论女丹守双乳法云：

① 又苗善时在《纯阳帝君神化妙通纪》卷五的《度张珍奴第八十化》还提到吕洞宾传妓女张珍奴内丹道："子后午前定息坐，夹脊双关，昆仑过息时，省气力，思量我。张珍奴大喜，再拜敬谢。自是神气豁然，若有开悟。亦密有所传，张不以告人，然未知其谁何也。累月告别，张设宴饯之，临歧出文字一封，曰：我去后开阅之。及开封，乃《步蟾宫》乐章一首，曰：坎离坤兑分子午，须认取自家宗祖，地雷震动山头雨，要洗濯黄芽出土。捉得金精牢闭锢，辩甲庚要降龙虎。待他人问汝甚人传，但说道先生姓吕。张遂斋戒，谢宾朋，绘像事之，修其诀，逾年尸解而去。"

> 女子专意不离乳房之中、浮皮之内，旬岁补满真气，其功与男子同焉。其妙也，在乎心无所思，耳无所闻，目无所视，一意专静，精进勤行，则寒暑不侵，蜂蛰不毒，攫鸟不搏，鸷兽不噬，色返乎孺子，力壮乎虎兕，七孔洞彻，夜视如昼，心识开悟，道气自归，吹呵可以治疾病，噀吐可以叱鬼神。于是神移于上霄矣。彼清都阆苑，夫何远之有？

这段有关女丹修持的关键资料迄今不见学者提起。

至于女丹道派的起源，我认为全真七子之一的孙不二已经创立了成熟的、传承连续的女丹道派。孙不二的女丹传承主要有两条主线，其一是源自全真教祖王重阳与马丹阳，在王重阳的《重阳真人金关玉锁诀》中已经介绍女子修炼丹道的独特法门："女子运宝前安乳香，频进真火，如行此功一年，令妇人如童男。"如果我们再联系此前苗善时《纯阳帝君神化妙通纪》的记载，则女丹道与女丹道派应与全真道紧密关联。而马丹阳作为孙不二夫君、王重阳仙逝后全真教首任掌教，也传了孙不二内丹法诀。马丹阳的《洞玄金玉集》中有一首《赠清静散人》："休执拗，莫痴顽，休迷假相莫悭贪，休起愁，莫害惭，听予劝访长安，逍遥坦荡得真欢，守清净，结大丹。"① 孙不二女丹传承的另一条主线是风仙姑。元代道教著名教史家赵道一在《历世真仙体道通鉴后集》中，引用进士王宇所作《姑铭序》详细介绍了风仙姑：

> 有风仙姑者，俗呼小二娘。按进士王宇作《姑铭序》云：风仙姑始自皇统（1141—1149），关西来寓东周，不显姓氏寿，亦不言何处人，以语音较之，似秦人也。乞食度日，垢面髽头，以秽污身而远世魔。昼则佯狂于尘市，夜则栖泊于荒祠。不起爱憎，不言非是。无为淡泊，任性自然。盖内修仙道，外隐仙踪，而能信口放言以畅玄旨。有云：绿叶漫天长，黄花满地开。千里觅不得，万里捉将来。又曰：油尽盏干灯自灭，随风却见剔灯人。若此语言，不可殚录。仙姑至洛阳，依而居焉。风仙姑之居有二洞，命仙姑居下洞，

① （宋）马丹阳：《洞玄金玉集》卷八，《道藏》第25册，上海：上海书店、北京：文物出版社、天津：天津古籍出版社，1988年版，第600页。

> 己居上洞。常积砖石于前，凡男子过下洞者，必以砖石击之，而外魔不能作障。加之训奖，则六年道成。行化度人，而归向者甚众。①

风仙姑从金熙宗皇统年间（1141—1149）就到洛阳修道，这个时间略早于王重阳创立全真教，据此可以推知，风仙姑并不归属于全真教，应属于北宋、金代的众多内丹派别之一，与北宋后期的刘高尚等人为同一类。孙不二从风仙姑处具体学到什么，史缺有间，我们不好揣测。但从孙不二大定二十二年（1182）归化时所撰《卜算子》看，她是经由内丹修练证道的："握固披衣候，水火频交媾。万道霞光海底生，一撞三关透。仙乐频频奏，常饮醍醐酒。妙药都无顷刻间，九转丹砂就。"② 又全真教史家秦志安所撰《金莲正宗记·清静散人》赞，也明确提到孙不二系修炼丹道而证道：

> 不二名高，守一功大。……七年环堵，炼成九转丹砂，一句真诠，撞透三关正路。六回赐芋，十化分梨，栽培劫外之因缘，反复壶中之造化。养胎仙而心游汗漫，委蜕壳而身到蓬莱。③

更为重要的是孙不二的传承一直延续不断，北京白云观抄藏《诸真宗派总簿》中，记有归属于孙不二名下的清静派传承派字谱：

> 全真通玄里，大道德无为。性合灰尸解，只此百功夫。虚静明常应，宏仁守至诚。嗣教宗元化，悟本自遐龄。保命登云会，妙中演洞清。超升广智慧，三界永康宁。长存修万古，行满法光明。勤用生利益，金木续乾坤。丹书祥速现，普照瑞龙鳞。高上神霄太，炼成运相逢。④

过去对于《诸真宗派总簿》所载传承派字谱，学界一直半信半疑，近年

---

① （元）赵道一：《历世真仙体道通鉴后集》，《道藏》第5册第488页。

② （元）秦志安：《金莲正宗记》卷五，《道藏》第3册第364页

③ （元）秦志安：《金莲正宗记》卷五，《道藏》第3册第365页。

④ ［日］小柳司气太编：《白云观志》卷三，"诸真宗派总簿"，《藏外道书》20，成都：巴蜀书社，1994年版，第576页。

来对全真传承派字谱的研究表明，这份传承派字谱的记载真实可信。事实上日本学者吉冈义丰于20世纪40年代在北京白云观进行田野调查时，通过对清代全真教传戒的资料的研究，整理出《登真录所载宗派势力比较表》①，可以看到从同治十年（1871）至民国十六年（1927）50余年间，清静派还有人授戒，此即同治十年（1871）坛1人，光绪三十四年（1908）坛2人，民国十六年（1927）坛1人。由此可见孙不二清静派的传承法脉一直在延续。（本文已经作者审阅）

2018年4月15日晚，受中央民族大学道教与术数学研究中心主任谢路军教授邀请，北京大学哲学系教授、博士生导师、丹道与养生文化研究会会长、老子道学文化研究会副会长张广保先生在中央民族大学举行了题为“数术与丹道”的学术演讲。本文系张广保教授提供。

① ［日］吉冈义丰：《道教の研究》，法藏馆，1953年版，第230～233页。

二
内丹与科学

主讲：孔令宏

内丹由内观、存思等内修方式发展而来，从已有文献记载来看，《庄子》书中已提到“心斋”“坐忘”等概念，内丹出现之后，人们便逐渐以“外丹”代替“金丹”的说法。经过隋唐孙思邈真人、晚唐钟离权祖师与吕洞宾仙祖、北宋张伯端祖师等的努力，内丹体系逐步形成，与外丹、科仪共同构成道教的三大体系。炼丹的三要素分为炉鼎（人体）、药物（精气神）和火候（呼吸强弱、意念轻重等）。在修炼中，火候不轻传。建议结合现代自然科学的方法研究内丹。

孔令宏　博士，浙江大学哲学系教授、博士生导师，浙江大学道教文化研究中心主任，浙江大学东西方文化与管理研究中心执行主任。

过去讲以儒治国、以道养生、以佛修心，这个认识对儒释道三家做了基本的定位。在养生当中最有成就的方法是内丹，今天的讲座介绍内丹的基本情况，并进一步讨论如何从现代科学的角度对其做古今、东西结合的研究，以完整系统地理解这一套东西。下面讲几个问题：内丹的概念、形成与发展，分类、哲理和基本理论，内丹修炼的特点、意义，80 年代气功热的反思以及内丹科学研究的可能途径。

一、内丹的概念

内丹的来源和概念问题首先涉及内修方术，内丹最早是从内观、存思等内修方术发展而来的。内观和存思这两种方法起源很早，战国时期的《庄子》一书中已出现“心斋”和“坐忘”的概念。战国中后期出现了金丹的烧炼，在内丹出现之后，金丹才被称为外丹。东晋葛洪的《抱朴子·内篇》中出现了“丹田”“中丹田”的概念，魏华存整理的《黄庭经》明确提出了“三丹田”“二十四景”等概念，丹田概念的出现在很大程度上催生了内丹术，我们认为《黄庭经》是丹道从外丹向内丹转折的很重要的一部里程碑式的著作。在此之前的东汉出现了《周易参同契》，但从当时的历史背景来看主要是一部外丹烧炼的著作，后来人们才从内丹的角度去理解它，所以对其的内丹解读属于后人追溯。到了南北朝末期，开始明确地出现“内丹”的词汇，“内丹”出现之后，才把以前说的“金丹”改称为“外丹”。

经过隋唐的孙思邈、晚唐的钟离权与吕洞宾、北宋张伯端等人的努力，内丹体系不断发展，张伯端的代表作《悟真篇》标志着内丹术的完全形成。到清代，内丹术划分出东南西北中五大派系，内丹术升格为内丹学。我认为，内丹、外丹和科仪共同构成了道教的三大体系，三大体系统合成道教的知识体系。以上是今天讲座内容的背景介绍。

从《周易参同契》开始，就确立了炼丹的三要素：炉鼎、药物与火候，内丹与外丹三要素的基本含义大致一致。内丹术通过移植外丹的基础理论，把炉鼎、药物和火候这三要素做了实用性的变换，在基本层面上两者有比较多的类似性，这种类似性导致后人也会从内丹的角度去理解《周易参同契》，学术史上也有关于《周易参同契》到底属于内丹著作还是外丹著作的争论，我们认为，若从历史的清晰的痕迹来进行辨认，可以很明确地说它主要是一部外丹的著作。三要素在外丹里是很明确的，都是身外之物，道观里的炼丹炉即是炉鼎，药物有铅、汞、硫磺、丹砂等；外丹烧炼使用炭火，火候有文火、武火之分，通过拉风箱（即橐籥）加大供氧量，炉子会燃烧得很旺，这就是武火，如果不拉风箱，炉子烧得比较慢，温度较低，即为文火，文火、武火交替使用。内丹用的三要素又不一样，炉鼎是人的身体，药物是精气神，火候包含呼吸的强弱和意念的轻重。不管外丹还是内丹，火候都是最重要的因素，很多丹经中把炉鼎、药物交代得很清楚，唯有火候不轻传，它是关键中的关键。火候起什么作用呢？它其实是一种定量化的操作技巧和诀窍，在什么时候该进武火，什么时候该退阴符，使武火转化为文火，如果掌握不好这个关键，炼丹就不能成功，所以火候在炼丹当中是非常重要的。

内丹与气功有什么区别和联系？简单地说，气功是内丹的初级入门功夫，很多气功属于命功的层次。气功一词古代已有，但很少有人用，直到20世纪初才被较多地使用，1980年代气功热中该词汇被大量地使用。很多人知道气功，但不知道气功和内丹的关系。

内丹与禅定也有很明确的区别和联系。在一般人的认识里，禅定是佛家的，内丹是道家的，这样的区分当然没错，但是要看到这两者之间是有联系的，这种联系表现在两者之间的相互影响乃至融合的关系。张伯端的《悟真篇》先讲命功，再讲性功，在讲性功的阶段引入了大量的禅诗来阐释、描绘内丹修炼到高级阶段后的形态，所以内丹和禅定有紧密的联系，而且如果从表象上来比较，可以发现两者有很多的相似之处。比如，内丹修炼分为“炼精化气、炼气化神、炼神还虚、炼虚得道”四个阶段，禅定功夫也分为“初、二、三、四”四个阶段，前者和后者的四个阶段有比较多的相似之处，有些共同的征兆可以比较。但内丹和禅定也有明确的区别。因为禅定属于佛家，强调万法唯心，只管人的思想意识和心理，基本上不考虑人的生理；而内丹所属的道家讲身心并重、形神兼顾，内丹出现后把这种说法转化为“性命双修”，把人的生理和心理同时并重，共同地进行考虑，这是内丹与禅修的重大差别。这种差别可在第三阶段看出来，禅定按传统的讲法只能出阴神，不能出阳神，内丹才能够出阳神。阳神和阴神的差别在哪呢？在传说中，《悟真篇》的作者张伯端与一位僧人斗法，同时坐在一间屋子里出神，相约到洛阳去看牡丹，坐了一个时辰之后两人同时醒来，张伯端从袖子中掏出一串水灵灵的牡丹花，僧人掏不出来，因为僧人阴神出窍只能感知所到之处的信息，但不能够“隔空取物”，出阳神则可以“隔空取物”，而“隔空取物”是可以被验证的，这就是阳神与阴神的根本差别。还有最终归宿的区别，出阴神的归宿是到西方极乐世界去，乃至成佛，身体这个臭皮囊是累赘，早一点抛弃可以轻装上阵，快速地到西方极乐世界去；道教的出阳神并不是一个终点，而只是一个高级阶段的中间阶段，出阳神之后还要经过九年的面壁功夫来炼化，炼化之后，形与神转换为另外一种崭新的统一的整体，炼虚得道成功。炼虚得道阶段成功的验证标准有分身化形、对日无影、遁地、穿墙越壁等，而修禅定不一定有这些功夫，这是内丹与禅定的区别。

现在很多人学西方的冥想（Meditation），冥想包含了内丹的某些方面，但因为佛教传到西方发达国家后影响比较广，所以西方对冥想的研究以禅定为主，他们对内丹的了解较少。但我们把内丹的术语翻译成英语时，还得用 Meditation 这个词，因为道家在向西方的文化传播当中走得慢了一点。

二、内丹术的发展和丹法分类

内丹术的形成，由钟离权、吕洞宾、陈抟、张无梦等人（钟吕陈抟张无梦学派）作为开端，到张伯端写《悟真篇》，标志着内丹术的完整形成。内丹术的发展，从张伯端之后，开创了金丹派南宗，一脉单传到陈楠、白玉蟾等人，白玉蟾改单传为普传，正式建立该宗派。金丹派南宗丹法强调先命后性，重命轻性，这是从性、命关系上来讲的；根据对阴阳关系的理解不同，又区分出清修、双修两个支系。上面提到的陈楠、白玉蟾等人属于清修一系，即一个人修炼，在古代社会以男性为主，这一系将阴阳理解为一个人体内的阴气和阳气；双修一系则把阴阳理解为男人和女人，宋代以后，随着伦理关系的日趋保守，双修被污名化，其实双修并不一定意味着男女之间的性关系，而是重在阴阳二气的交汇，可以不需要肉体接触，将社会公共的伦理标准和内丹修炼的标准搅在一起会把问题搞得很复杂。

全真派的形成与发展从王重阳开始，他到胶东半岛收了马钰（丹阳子）、孙不二（清静散人）、谭处端（长真子）、王处一（玉阳子）、郝大通（太古子）、刘处玄（长生子）和丘处机（长春子）这七大弟子，开创了全真派，又称北派。全真派的丹法与金丹派南宗较为近似，都强调性命双修，但在路数上有所不同，全真派强调先性后命，重性轻命。相较而言，全真派和禅宗的关系更紧密一些，金丹派南宗和禅宗的联系要少一些。全真派强调先性后命，对修行人的心性素质要求较高，悟性较好；金丹派南宗强调先命后性，先把身体的基础打扎实，把身体调好再去修炼，这样比较符合绝大多数人的情况，所以一般来说，南宗适用的面更广，要安全一些。

明代出现了内丹的东派，清代又出现了西派，东派和西派其实是双修在新的时代条件下的发展。东派和西派本来是一家，但因为李西月对东派陆西星丹法不满意，在一些基本问题的理解上有差异，所以他自己标榜的一套丹法又形成了西派。这两派之中，传承较广的是西派，直到今天西派还在传承，东派则很少听闻，但不代表已失传。清代中期出现了黄元吉的中派丹法，其思想主要起源于元代李道纯的中和思想，受印度瑜伽和婆罗门教的影响，讲究左右脉、中脉的修为。前面提到的全真派和南宗，强调小周天的修为，把人体前面的任脉和后面的督脉打通，让气周流运转，即为打通小周天。中派不讲任督二脉，而讲中脉，即从头顶百会穴到会阴穴的直上直下的一条线，黄元吉一派的修法让气走中脉，不走任督二脉，是为中派丹法。这样就形成了内丹的东南西北中五大派。

我们再来看内丹丹法的分类，从人数来说有清修、双修、群修三大类。清修即是一个人单独修炼，包括男性、女性各自的修炼。女性内丹修炼从马钰之妻孙不二开始创立，出现了女丹功，更早可追溯到晋代的魏华存，她的《黄庭经》在某种意义上可以看作女丹功的最早的源头。清修分男丹、女丹，因为男女两性在生理和心理上有比较大的差别，所以内丹功法上也有比较大的差别——比如男丹修炼一般从下丹田开始修，以精的不漏作为核心，而女丹的修炼从中丹田开始，其主要任务是“斩赤龙”，就是把每个月的月经断了——按照丹功的理论，男性的精、女性的经血都是身体中的宝贝，精为精华之意，把它们保住，进一步就可以炼精化气、还精补脑，使修炼可以往下进行。因为内丹修炼以炼精化气、还精补脑作为基础，所以得有精的不漏作为前提，要是漏了，还得补亏。双修有两类，一类称为泥水丹法，男女性之间有肉体交合，另一种称为隔体神交，男女性之间没有肉体的接触。关于群修，全真派在胶东半岛传道时经常搞“坐团”或称“坐蒲”的群修活动，由若干人集中在一起来集体进行内丹的修炼，各人的气场可以相互起到叠加放大效应，达到更好的修炼效果。1980 年代时髦的带功报告，经常性的很多人集中在一起练，其实就是由群修发展而来的一种形式。

从渐与顿的角度来看，内丹可分为渐法和顿法两大类体系，前者是慢慢地进展，后者是一下子就有跳跃性的进步。上述东南西北中五大派系都属于渐法。渐法之外还有顿法，即以清净修炼，在一瞬间如禅宗开悟般的顿悟并达到很高境界，但顿法在理论上有，具体的操作方法并没有传播，而且此法的成功应用在历史上也极为罕见。修炼者在一瞬间能结丹成道，要么有外力相助，要么先天的身体素质非常棒，才有可能做到。下面还会讨论到，渐法属于少阳丹法，顿法属于元始丹法。

后世出现了三元丹法的区分，包括天元、地元、人元三种，这三种分别对应灵丹、神丹、金丹。其实天元和地元都属于外丹，人元包括上面提到的东南西北中五派和顿法。天元和地元有什么差别呢？简单地说，地元是用硫黄、铅、汞等药物进行传统的外丹烧炼所得的神丹。一般人认为传统的外丹有毒性，并举例说唐代有十个皇帝吃外丹中毒而死，但这是表象上的认识。确实有人吃了外丹中毒而死，历史上案例还不少，但不足以说明所有人吃了金丹都必然要死。比如武则天也是唐代的皇帝，她也吃了外丹，而能高寿，活到 85 岁，中国历史上的皇帝能活到 85 岁的当属凤毛麟角，很多皇帝活到五六十岁就呜呼哀哉了，武则天的例子说明不是所有人服食外丹都会死。天元的灵丹，是在内丹修为达到高级阶段之后，用人本身的力量来改变普通的物质成分所得，可以用它来辅助修炼。灵丹之法现在还有传承，一些派系强调三元丹法可以同时并用，所以不要认为——内丹兴起之后外丹就没落乃至没有了——这是不对的。我们要看到，在文化的传承当中，后来兴起的东西可能会占据主流地位，但不等于说它前面的东西就从此完全消失了。比如我们搞《东方道藏》，从民间找到了很多过去道教学术著作当中认为某个宗派中已经消失了的东西。实际上这些东西直到今天还在传承，而且我们在福建还看到原始社会的巫术跟道教的神仙信仰怎么进行结合，比如福鼎地区的马仙信仰就是把青蛙神这种巫术信仰跟马仙这样的道教信仰杂交在一起，还在鲜活地存在于人间。西方社会那种把巫术斩断以后才能进入文明社会的理念，可能对欧洲社会是适用的，但是对中国是不适用的，这点大家务必要记牢。

同样，在三元丹法的传承中也是一样。

按胡孚琛的观点，人元大丹分为文始派（顿法）和少阳派（渐法），少阳派至钟离权、吕洞宾大开法门，后又有南宗、北宗、中派、东派、西派之传。人元大丹（渐法）从修炼实践上讲，可分为炼养自身阴阳、同类阴阳、虚空阴阳三种途径。修炼自身阴阳者，俗称清净派丹法；修炼同类阴阳者，俗称阴阳派丹法；修炼虚空阴阳者，俗称虚无派丹法。同类阴阳的丹法中，有借彼家为鼎、男女双修的同类阴阳丹法，为双修法门，称作彼家丹法；还有以乾坤为鼎器、灵父圣母、生龙活虎、三家相见的同类阴阳丹法，为栽接法门，称作龙虎丹法。三元丹法本自相通，地元可上接天元，外丹亦赖内丹。三家四派人元大丹亦相互承接。自身阴阳可上接虚空阴阳，同类阴阳须清净筑基，虚无丹法也盗取龙虎二弦之气，各自手段不同，原理则相通。

三元丹法分类体系如表1所示。

表1　三元丹法分类体系

<table>
<tr><td rowspan="7">三元丹法</td><td colspan="4">天元（灵丹）</td></tr>
<tr><td rowspan="5">人元（金丹）</td><td colspan="3">文始派（顿法）</td></tr>
<tr><td rowspan="4">少阳派（渐法）</td><td colspan="2">清净派（自身阴阳）</td></tr>
<tr><td rowspan="2">阴阳派（同类阴阳）</td><td>彼家丹法（双修）</td></tr>
<tr><td>龙虎丹法（栽接）</td></tr>
<tr><td colspan="2">虚无派（虚空阴阳）</td></tr>
<tr><td colspan="4">地元（神丹）</td></tr>
</table>

上述丹法分类基于目前可见的文献资料，但据我们了解，民间还有很多内丹丹法密不外传。比如清代出现的九宫道，当时以丹法传承为主，至今仍有传承，属于将法术与内丹杂交的一派，近似于藏传佛教，由师父给徒弟布功——相当于灌顶，把徒弟的天目打开，这样在徒弟身体中丹母已经形成。还有玉虚派，该派比较奇怪，好几个地方都打着玉虚派的旗子，但他们向我们描述的丹法又各不相同，有江苏的、浙江的、四川的，都不一样。这两个例子说明民间还有很多仍在传承的丹法是我们还没有发现的，所以前述丹法分类体系也只是初步的、不完备的。

三、内丹学的形成及哲理

进一步我们看内丹学的形成。前面说的是内丹术，“术”只是操作的技巧、方法、程序、步骤，但术与术之间的联系是什么，术与道之间的联系是什么，并不清楚，发展到“学”，则是一个成体系的、知识化的完整系统。内丹学的形成过程中最重要的是南北宗的交汇、东派和西派的形成与交融（双修的发展）、中派的形成这三个里程碑。

南北宗的交汇从元代中期就开始了，后来南北宗合并为统一的全真道——其实质是把南宗吞并到北宗里面去，本来张伯端的一系称为金丹派或金丹派南宗，王重阳的一系称为全真道，两者统一之后才区分为南宗与北宗，但这种区分只是相对的，没有一个很刚硬的界限。

东派和西派的形成与交汇以对双修的理解为主线。东派从明代陆西星开始，西派是清代中期李西月自称吕洞宾降临到他家教给他而创立的，但我们从文献证据可以看到，西派其实是学习了东派的丹法，对其解释、方法不满而有所创新，有一些新的解释，所以这两派是有所交汇的。

另外是中派的形成，前一节已经提过。这五派都归属少阳派，属于渐法，加上文始派顿法，就形成一个比较完整的内丹学理体系，从最高层次的哲理到中间层次的知识体系，再到底层的术、方法、技巧、诀窍等，形成了一个较为完备的知识体系，我们称之为内丹学。

要理解内丹，首先要从哲理上把内丹最高的基本道理弄清楚，然后才能够在自己的修为过程中融会贯通，而且如果没有师父指点或师父不在场的时候，你依据这些哲理也能够获得一些启发性的思考方向。内丹的哲理简单地说就是一个太极图，即宋代周敦颐的无极图，围绕此图历史上有一个公案——到底是周敦颐自己创作的还是来源于陈抟在华山所刻的太极图，后者我们今天已经找不到，所以围绕此图出处又是没完没了的争论。最近四川社科院李远国发表的论文为无极图来自道教提供了有力的支撑。大致来说，无极图有从上往下和从下往上两个方向，这两个方向的理解围绕着本源论和本体论的关系展开。本源论强调老子《道德经》所说的“道生一，一生二，二生三，三生万物。万物负阴而抱阳，冲气以为和”，追溯宇宙万物在时间上的最早源头，分为哪几个阶段，有什么样的动力机制来使它逐步形成我们今天共时态存在的宇宙万物，这与20世纪40年代所提出的大爆炸膨胀宇宙假说比较接近。大爆炸膨胀宇宙假说提出以后得到了很多科学证据的支持，逐步由假说转化为理论。一些学者写了很多文章来探讨《道德经》的本原论，本原论是时间上的先后关系，这种关系与因果关系直接相关，因果关系中肯定是原因在前、结果在后，所以这一套又跟西方的实证科学有非常紧密的联系。所以本原论或宇宙发生论是构成理解丹道哲学的基本层面。本原论理想地确定万事万物在时间上最早的源头，那就是道，这个道同时也被道家从本体论的角度进行理解。“本体”是一个外来词汇，但在中国哲学中最早从本体论角度思考问题的是《道德经》，老子明确强调万事万物共时态地同时存在必定有一个共同的根本依据，他同样把这个根本依据认定为道，所以把本原论和本体论水乳交融地从两个层面来共同地对事物的本质进行解释和说明，这个是道家哲学和受其深刻影响的儒家哲学的共同基本点。西方哲学中最早有本原论，但后来都强调哲学的成熟形态或标准形态应该是本体论，而认为本原论是哲学早期的不成熟的幼稚的萌芽的表现形式，这是西方哲学的看法。印度哲学主要强调梵或佛性，不重视时间的概念，其本体论与西方哲学的本体论又不太一样。中国哲学的本体论具有由《道德经》所开创的本原论和本体论水乳交融、两者相依而用的基本形态。

这里的本原和本体如何来具体理解呢？刚才说“道生一，一生二，二生三，三生万物”，那么“一”“二”“三”是什么东西？这是个大问题。“万物负阴而抱阳，冲气以为和”，从后往前理解则很简单，“三”是什么？“三”是阴气、阳气和两者交叉融合的中和之气，“二”是阴气和阳气，“一”是什么？“一”是阴阳还没有分化出来的太极阶段。“道”是什么？“道”就是无极。无极而生太极，这个关系可以从图1中看出来，而且看得很清楚。抽象地说，这个世界分为“有”和“无”两个阶段、两个层次、两种状态，或者从两个范畴来说。能够作为万物的本原和本体的东西必定不是形而下领域经验之中的具体事物，形而下经验领域的具体事物我们看得见、听得到、闻得着、嗅得到、能够摸得到，万物的本原和本体肯定不是它们当中的任何一个具体事物，因为具体的某一个东西不可能生化出来其他东西，同样不可能作为其他东西的根本依据，根本依据只能是超越或不在这个范围之内的东西。如果把形而下的东西称之为“有”的话，那么另外的跟它不同的东西就是“无”，但这个“无”只是相对于形而下而言的，就形而上来说，它是存在的，所以“有”与“无”不是关于“存在”和“不存在”的概念，而是区分形而下和形而上的状态。就这种区分，老子《道德经》当中还明确地说：“有无相生”，“有生于无”，同样地，也可以自有归无。这些范畴，如果用一个字（“道”字）来概括，有时候很麻烦，因为我们承接了西方人文学科的分类体系，老是要把道家和道教区分得清清楚楚，而且要认定：一个是哲学，一个是宗教，其实这种认识本质上是跟历史的真实不相吻合的，因为历史上虽然有道家、黄老之学、老庄之学、道教这些词汇，但是它们在古人的眼里是同一个东西，不像我们今天要认定一个是哲学、一个是宗教，认定是宗教以后就要带有某种贬义在里面，这是不对的。讲到这里，如果非要讲道家跟道教的区分，我们说，道家注重阐述自无生有，道教更多地讲自有归无，所以前者更多地强调理论，后者更多地强调实践，而丹道修炼就是自有归无。

自有归无具体落实到时间的标度，从本原论的角度来说，又把人的生命历程分为先天和后天两个阶段，先天被认为是最理想的、最美满的、最纯真的阶段，这个观念在庄子、老子那里就已经说了，老子讲的“赤子”“婴儿”等象征美满、纯真的概念，庄子进一步把“真”的概念反反复复地进行强调，“原初性”是纯真无瑕、朴实无华、美满、圆满的，“原初性之为美”是道家哲学的一个基本理念。具体落实到内丹修炼当中，从人自娘胎出生的一瞬间“哇”地一叫时开始区分，在此之前属于先天，在此之后属于后天。先天与后天的区分又有什么意义呢？借后天修先天，或者说从后天回返到先天，先天是理想的、美满的状态，后天是现实当中不圆满、不美满、不饱满、不充实或某种意义上说堕落的状态，为什么这样说呢？因为先天的人是元气饱满丰足、生命最为旺盛的，从一出生开始，人要吃喝拉撒睡、穿住行用，有了各种情感、欲望的困扰，使得我们的元气在一天一天地耗散，当元气耗散完了，人也就呜呼哀哉了。庄子说人本身就是一团气，气聚拢，人就出现了，气散了，人就死了，所以庄子的老婆死的时候，他敲着盆唱歌，为什么敲着盆唱歌呢？这样做会被世人视为不是人，简直禽兽不如，你老婆跟你几十年一

图1　无极图

起辛辛苦苦过日子，她死了，你不哭还敲着盆唱歌，你还是人吗？庄子解释了，人的出生不就是一团气的聚拢吗？人死了不就是一团气散开吗？都是回归大自然啊，为什么要厚此薄彼呢？懂了这个道理就用不着厚此薄彼，所以庄子从这种豁达开通的角度去理解，我们这里讲先天与后天也是一样道理，都是从元气来着眼。后天的元气是在逐渐耗散的，如果顺着自无生有的规律走下去，人或物有生就必然有死，那怎么避免这种后果呢？因为人跟其他物不一样，他能够有一个主观的意识能动性，能够从有回归到无，首先要紧的是保养自己的元气不泄露、不丢失、不少掉，人既能够回到先天那个最饱满、最充实的阶段，就意味着他/她和道是完整、合一的。道是永恒长存的，从这个意义上看人能够长生不死。所以道教的信仰，简单地概括就是长生不死、得道成仙。仙是什么？是以得道作为前提，而得道又以长生不死作为前提，长生不死是一个在时间上可以很容易进行验证的可观测的客观指标，而不死首先意味着长寿，所以道教先天地就跟科学技术发生了千丝万缕的联系，道教跟西方科学本质上都是一套实证性的体系。

四、内丹的基本理论和阶段

在内丹的哲理框架下，其基本理论涉及身心、形神，即人的生理和心理两者并重，这个观念从老子《道德经》萌芽，庄子明确地把它讲清楚了；进一步涉及意、识、情、欲，现代汉语往往用两个字连在一起来表达一个概念，在古代文献当中往往用一个字表达一个概念，所以“意”是意念，“识”往往指识神，能够起认知作用，“情”是情感，“欲”是欲望。重要的是精、气、神，这是炼内丹药物的三大要素，“精”是人体的精华，包括男之精、女之血，都是精华。“气”不是空气的气，比空气要抽象，层次要高一点，但空气的气不是无用之物，在内丹的呼吸锻炼中以胎息作为目标——胎息是胎儿在母亲子宫中的呼吸状态，不是靠鼻子嘴巴进行呼吸，而是靠全身十万八千个毛孔同时打开来进行呼吸——我们的炼气也要从呼吸入手，即所谓的吐纳功夫，力求做到呼吸的深、长、缓、慢、细、匀、微，普通人吸入的气仅仅到喉咙，训练有素的到中丹田，训练到高级阶段的直接通到脚底板的涌泉穴，跟大地贯通，那就是胎息的真正功夫，而且达到胎息之后，后天的呼吸之气转化为先天的元气。“神”其实就是人的意志力，或者说约束自己的情感、欲望等身体行为的一种主宰、控制力量。结合先天、后天的概念，又有先天精气神和后天精气神的说法。所谓后天之精，就是现实生活当中的男之精、女之血；后天之气就是空气；后天之神就是我们的识神，我们的眼睛往外看，观察到并区分不同的事物，并有了选择和欲望，进一步化为行动，这就是识神。先天的精气神是我们要追求的先天之精、先天之气、先天之神。精气神的三元划分有些复杂，人们又引入性、命这一对概念，大致来说，精和气属于命，神进一步转化为性。在性和命的区分之下有性功与命功的区分，大致地说，命功以精、气的锻炼为主，解决人的身体健康，生理上的健康，性跟人的思想意识、价值观等直接相关。所以要练性功，如果一个人欲望太深、心思太重、好奇心太强——则属于“性”方面不行，所以练气功练得好或者练内丹容易见成效的人心思比较简单，不会有那么多龌龌龊龊的、工于心计的七弯八绕的东西，往往很真诚、发自内心、不会做作或修饰，心里面想什么会直接说出来，好奇心也不是那么重，该做的就做，做了好像有感觉就满足了；如果什么都想要、什么都想得，整天汲汲于奔命，是不适合修炼的。为什么知识分子里练气功、练内丹有成就的人不多，就是这个原因。所以强调修行者悟性要好，与性、命的性就有直接的关系，这是讲修行落实到性当中，当然也要落实到命当中。进一步地，性、命落实到丹道当中就有了性、命双修的主张，性、命双修当中哪一个为先、哪一个为后，哪一个为轻、哪一个为重，各个宗派有不同的区分。

内丹基本阶段的介绍以渐法为主。顿法真的很难把握，而且有关传世文献的描述语焉不详，对其介绍没办法详细地展开。按渐法来大致地讲，首先是筑基，一般来讲需要筑基一百天，把基本的身体问题解决，身体变得比较强壮，打好命功的基础。进一步是炼精化气，进入真正的丹道修炼的功夫当中，炼精化气又分为小周天和大周天两个阶段，这两个阶段还有另一种说法：金液还丹、玉液还丹。所谓的小周天，一般从下丹田开始，往下进入会阴，顺着背后的脊椎骨往上，到头顶百会穴，然后舌顶上腭，下到前面的任脉，经过中丹田，回到下丹田，这样的一周称为小周天。关于小周天，《庄子·养生主》中有“缘督以为经”的说法，天津博物馆保存的行气玉佩铭，根据碳 14 同位素测定为战国中期的东西，描述的内容与小周天运行非常类似，说明最晚到战国中期，小周天的基本运功锻炼方法已经形成。后来画出的内经图等不同图像，更加形象地表达了周天功法，通过小周天的行气路线可以把周天功法看得更清楚。如图 2 所示，小周天功法包含吐纳的功夫，吐纳是呼吸的要领，即深、长、缓、慢、细、微、匀，这些并不要求一步到位，一步到位是做不到的，需要慢慢地循序渐进，还有头脑当中杂念的控制，通过炼形秘诀图可以把这一阶段的功夫看得更清楚。这些都属于炼精化气，这一阶段要达到一些相应的指标和标准，这在后面会讲到。炼精化气通常要三年的功夫。

经过百日筑基、三年炼精化气的阶段，进一步进入炼气化神，大致也是三年的功夫，之后是结丹（见图 3），结丹之后化圣胎，然后是“婴儿现形”，图 4 左边的图表现了“婴儿现形”的图景，一个秘密的微小的我，就是你自己，你可以清清楚楚地看到他在你体内，再进一步是出阳神，这个时候阳神从头顶百会穴往上出去，这是炼气化神阶段结束之后会出现的景观。再进一步是炼神还虚，经过九年面壁的功夫，就能够做到分身化形，你自己可以化出若干个不同形状、高矮胖瘦的男女老幼，可以随心所欲展示出来的人，其实都是同一个我，无非就是能够分身化形，如图 5 所示。大家看看《封神榜》《西游记》，尤其是《西游记》，大家不要当作小说看，它就是一部内丹修炼的著作，如果从内丹修炼的角度去读《西游记》，会完全感受到另外一种不同的知识点或有另外一番体悟，孙悟空的七十二变其实大致就是分身化形的阶段所表现出来的功夫。再进一步炼虚还道，该阶段的几个检测指标是遁地、穿墙越壁、对日无影（太阳光照他照不出影子来），这样的人虽然我自己没有亲眼见过，但是有众多的案例可以来证明，而且最近有跟我联系的人说过他的师父能够做到这一点，但这个我没有亲眼验证，在这里仅仅是聊备一说。

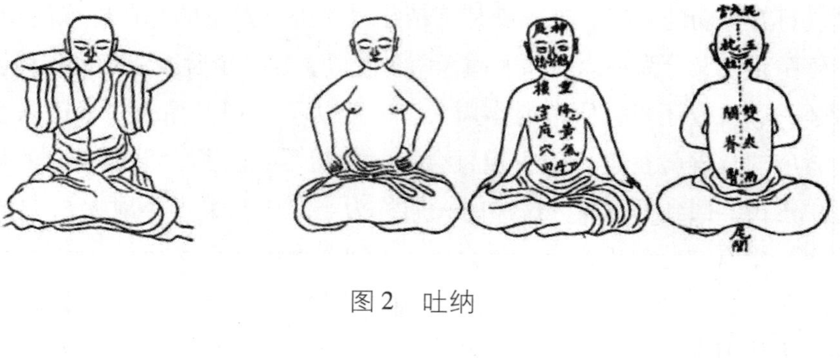

图 2　吐纳

图 3　炼气化神与结丹

图 4　怀圣胎、婴儿现形与出阳神

图 5　分身化形图

五、内丹的特点与意义

内丹总的一个特点是强调“我命由我不由天”，要修炼者充分发挥人的主观能动性、积极性和创造性，来挽救自己的生命。按照大自然的规律，人有生就必然有死，但道教不强调这点，而是要求修道者像《阴符经》所说的“宇宙在乎手，万化生乎身”，要把生命的主动权和控制权从大自然那里抢夺回来，牢牢地掌控在自己的手中，要“跳出三界外，不在五行中”，摆脱自然规律的束缚，从庄子所说的“有待”达到“无待”的境界。

内丹的基本意义是性命双修，具有身心探索的意义。其在身心探索方面主要有两个指标，一个是鹤发童颜，另一个是健康长寿。至于不死，我们现在不好说，但至少健康长寿应该是可以做得到的。这方面意义的展现，《太乙金华宗旨》是一个典型的案例。瑞士心理学家荣格创立分析心理学，就是从《太乙金华宗旨》这部书开始的，对内丹和心理学感兴趣的朋友可以参考这部书。图 6 为内丹修炼图。

图 6　内丹修炼图

六、内丹科学研究的可能途径

20 世纪 80 年代的气功热为什么很快销声匿迹，这里面有多方面的因素，通过对其进行反思，我们强调内丹研究要注意的几点：一是要建立内丹修炼各阶段相对客观的评判指标体系；二是加强学理研究，尤其是符合范式的科学研究；三是强化知识普及，纳入非物质文化遗产传承体系；四是健全法律法规。

下面重点讲内丹科学研究的可能途径，这也是针对 80 年代气功热和 80 年代之后陷入低谷的内丹研究，我们希望梳理、总结并提出进一步研究的思路。

1. 经络，若干假说

对于经络的科学研究从 1950 年代开始，此后基本上每隔几年都有学者提出新的研究方法和假说，认为他们已经用现代科学的方法找到了经络。最新的假说出现在 2018 年，因为没有进行广泛的验证，所以我们只能称之为假说。

2018 年，基于探针的共焦激光显微内镜发现了一条“流动流体的高速公路”。研究人员说，这个新发现的网络遍布人体的致密结缔组织薄层，是互相连接的间质，这些间质组织位于皮肤之下，以及肠道、肺部、血管和肌肉内部，并连接在一起形成由强大的柔性蛋白质网支撑的网络，其间充满了液体。

2009 年，饶平凡、刘树滔、郭静科等人首次通过自由基特定显影技术获得清晰度最高的经络路线照片，并刊登在 Bioscience Hypotheses 杂志上。

2005 年，代启彬提出经络是“类分化细胞集合”论断。

1996 年，邓宇等“分形分维的经络形态及解剖结构”（非间隙经络，细胞充填的非管经络）。

1996 年，张声闳“间隙维”经络。

1992 年，曾邦哲提出“神经—内分泌—免疫调控”功能整合（经络宽带效应是三体互动的混沌现象）与系统医学模型等。

1985 年，法国 de Vernejoul P 同位素示踪显像方法；另外，法国 Niboyet 对皮肤电研究。

1984 年，谢浩然的“人体经络间隙结构解剖观察”。

1984 年，匈牙利 Eore 用二氧化碳测定仪研究经络。

1980 年，张保真等采用的肉眼实地观察铺片及血管灌注法。

1978 年，孟昭威的经络第三平衡系统。

1972 年，汪桐提出经络的实质是二重反射假说。

20 世纪 70 年代，日本学者本山博用液晶薄膜法观察，循经感传线上的温度变化。

1970 年，法国 J. Borsarello 使用红外热像方法进行经络研究。

1956 年，Nogierop 对中国耳针穴位图谱及作用的研究等。

1955 年，中古义雄等“良导络之研究”成果，笹川“良导点”“良导络”。

1952 年，藤田六郎提出了关于经络的假说。

1950 年，日本长滨善夫报道了循经感传现象。

2. 气、真气、炁

除了经络，内丹研究中更复杂的对象是与经络有直接联系的气，以及真气和炁。炁是什么？丹是什么？阳神是什么？这些问题，今天在科学上都说不清楚。对于气，我们可以通过内在感知到，阳神、丹都可以被感知到。丹起初是一个银白色的雾一样的东西，后面逐步凝聚成一个气团，气团的颜色会从最初的银白色变成金黄色，然后是朱橘色——有点紫色到金黄色之间的状态。还有一些丹派比如刚才提到的九宫道的师傅告诉我，一般人的丹只是一个气团，他们门派的丹还有一朵莲花，莲花跟丹是结合在一起的，这又是一种新的说法。所以究竟丹是什么？现在还没法搞清楚。关于炁，核心的是元炁，元炁是什么？可以说是内丹研究最大的难点和痛点，有人提供了可供启发的物理学思路，比如说量子隧道效应、量子纠缠效应、狄拉克费米子、外尔费米子、狄拉克锥、扰场、太赫兹波，有人建议用太赫兹频段的电磁波来检测人发放出来的外气，关键的问题是我们对元炁的种种理解不能停留在内证的层面，一定要用现代的仪器设备能够客观地检测得到，说明它是什么，要能够定量化地进行描述。可能用到的仪器有太赫兹波检测仪、基里尔相机、光子计数器。据说基里尔相机能把人的经络隧道及各部分气场强弱在照片上成像显示出来。但我认为这些检验手段都是很初步的，仅仅依靠这些很难说明炁是什么，而且可能做不了定量化的检测。

3. 脑神经、脑垂体和松果体

对于脑部的研究，我认为这是在目前科技水平下可以花大力气，也有指望取得成功的一条路径。大陆以外（包括港澳台和国外）对冥想的研究已经有 20 多年的历史，主要是对佛教禅定做了大量研究，已发表 2000 篇左右的论文，并出版了一些著作。这些研究得出的结论可以概括为三点：冥想有助于提高人的认知能力，可以改变大脑神经结构，可以提高人的情绪调控能力。但哥伦比亚大学东亚系和宗教学系教授 Bernard Faure 在前几天到浙大讲座时指出，冥想对认知功能的改变及其产生的神经可塑性被夸大了。浙江大学脑科学研究中心发表的论文指出，利用超高场磁共振成像技术（MRI）研究大脑功能联结组，可以让对大脑的研究深入到意识和认知层次。他们利用该技术已对抑郁症做了研究，认为抑郁症与脑神经结构有关。借鉴这些研究，可以深入到内丹高级境界的层次，我认为，冥想能够达到的效果，道教的内丹肯定能够做到，但这目前还只是假说，还要去进行验证。另外，冥想等修行方法对脑部神经结构重新塑造的机理能不能引入到人工智能中去？我们希望这种想法能够应用到新一代电子计算机等信息技术的发展中去。另外，我们能不能用人工的声、光、电、磁等手段来人为地缩短内丹修炼的时间，内丹修炼的传统方法至少要十年的功夫，如果我们能够借助声、光、电、磁等手段来解决修炼时间长的问题，人为地促成一些改变，那就可以达到一些好的效果。总之，内丹与冥想有差异，深入的研究有待进行。

与此相关，内丹的脑部研究应该重视对脑垂体和松果体等具体部位的研究。垂体是人体最重要的内分泌腺，分泌多种激素，如生长激素、促甲状腺激素、促肾上腺皮质激素、促性腺素、催产素、催乳素、黑色细胞刺激素等，还能够贮藏并释放下丘脑分泌的抗利尿激素。这些激素对代谢、生长、发育和生殖等有重要作用。内丹中开天眼、开天目的说法，松果体俗称第三只眼，是内丹中所谓天眼的生理部位，是约 $7 \times 4mm^2$ 大小的扁锥形小体，位于丘脑后上方，以柄附于第三脑室顶的后部。松果体在儿童时期较发达，一般 7 岁后逐渐萎缩，成年后不断有钙盐沉着。松果体能合成、分泌多种生物胶和肽类物质，主要是调节神经的分泌和生殖系统的功能，而这种调节具有很强的生物节律性（一种周期性特征），并与光线的强度有关。对松果体的强化研究，我认为是内丹科学研究的一个突破口。

4. 性机能的研究

还有过去大家没有关注到的性机能的研究，内丹渐法的东南西北中五派都是以性能量的利用和转化作为基本前提的，这个前提在于炼精化气、还精补脑。精的常见表现形式，对于男性来说是精液，对于女性来说是月经。这两样东西在正常情况下都是排出到体外的，当作废物，这是按西医来说；按中医或丹道来讲，是宝贝无比的东西，不能随便地漏掉。另外还有双修，更是利用了男女双方——如果是肉体接触的话，是性高潮的能量的转化利用。

在修炼的初期，一般人的性欲、性能力都会有比较显著的增强。炼精化气结束后，男子呈现“马阴藏相”，即男性生殖器缩回到体内，只有个尿道口还可以看得见，这个不是假的，因为我亲自看过到了这个阶段的人的情况。这个时候性欲消失。女子斩赤龙，即断了月经，两乳扁平，均与性机能相关。双修也是同样。所以我们必须对还精补脑的机理做出一个科学的解释。我认为这是内丹修炼当中一个重要的突破口。

5. 脉搏、心脏、呼吸

另外还有脉搏、心跳、呼吸等可研究的指标。庄子说："真人之息以踵，众人之息以喉。"入定后"息停脉住"，即呼吸停止，脉搏停止跳动。到了胎息阶段，呼吸当然也是没有了。到了入定阶段，其实还有一个指标，我们普通人每分钟大致有 16 到 20 次的眨眼睛，而入定后，眨眼睛的次数很少很少，几乎不眨眼，这是判断是不是高人的一个标准，我们也可以把它纳入内丹修炼的检验标准中。心跳速率可以用心电图检测。内丹修炼中脉搏、呼吸的停止，心跳速率等的下降，是不是一种超级的低觉醒状态？这种超级的低觉醒状态对于人的生理和心理究竟有什么样的影响？我相信这些问题应该从科学的角度进行研究。

6. 内丹修炼者的抗衰老指标

我们总强调内丹修炼有养生延年的效果，如果对抗衰老一点作用都没有，那就说明要么修炼方法不得当，要么自身修为不够。所以我们看一个人修炼是不是有成就，那就看他的抗衰老指标怎么样。衰老是有严格的科学指标的，每个年龄段都有具体的生理指标显示衰老的程度。年龄段可以分成 40 岁、50 岁、60 岁、70 岁、80 岁五个档次，每档设立 20 个或 30 个衰老指标，检验其衰老的程度。修炼内丹的人，最起码要应该比同龄人的衰老指标低 12—15 岁。抗衰老指标达到一定程度的修炼者，才有资格进入内丹修炼层次的考核。

内丹修炼的圈子江湖习气太重，80 年代气功热的时候我们就看到坑蒙拐骗的不良现象，有些人拼命地神话自己、抬高自己，贬低别人，说假话，弄虚作假，这种现象层出不穷，尤其相当一批的所谓特异功能人，其实后来都证明是假的。痛定思痛，这些现象给我们的启发是，一定要建立内丹修炼各阶段相对客观的评判指标体系。

历史上的丹经本来有这样的评判指标体系，但是都属于定性的指标，而且说得不够确切明晰。比如说小周天通了，强调人的神清气爽，这是一种主观的感觉，大周天通了之后呢，冬天不怕冷，夏天不怕热，眼神光可以返回到婴儿的清澈透亮的地步。炼气化神结束之后，出现六神通，即天眼通、天耳通、他心通、神足通、宿命通、漏尽通等特异功能出现。炼神还虚结束之后，还有一个指标，即古书上说的血液呈现白色，与普通人的血液呈现红色不同。炼虚得道阶段的指标，刚才说过，有对日无影等。类似的指标要能用现代的科学仪器进行客观的检测，现代科学研究需要有定量化的因果关系和可重复的实验验证，在此基础上建立起一套内丹修炼水平的评判标准体系。这不仅仅关乎这个行业的打假，其实更重要的意义是为广大的修炼者提供一个详细的参照标准，可以自我进行检测的标准，所以我认为这个也很重要。为什么有关部门老是对这一块持不是那么坚定的支持，而且是时不时还来整顿一下的态度，就是因为这个圈子最容易出现江湖习气，扰乱社会公共秩序。如果我们建立起这么一套评判标准，我相信这个状况会有很大的改观。

七、用科学研究内丹的思考

我们强调要用科学来研究内丹。第一点，用科学研究内丹会促进内丹和道教的普及，但也可能带来对二者理解的扁平化，这是可能存在的局限性。因为科学的研究方法只能逐步地靠近，而不可能一下子就把丹是什么、元炁是什么搞清楚，在这一领域还有漫长的路要走。第二点，科学和智能技术会在理解人性和人心的基础上开辟人类生存的新的可能性，发挥塑造人性和人类社会的力量。

美国科学院社会科学院士谢宇说："美国科学的最大优势不是钱，也不是人，而是……多元的、开放的、自由的、推崇个人创造力的文化……中国现在有钱、有人才，但是缺乏创新的文化土壤!"国家治理的本质，不是观念的同一化，不是泛意识形态，更不是形而上的文化标签，而是自由、宽容、尊重和社会福祉。（本文已经作者审阅）

2018 年 5 月 29 日晚，受中央民族大学道教与术数学研究中心主任谢路军教授邀请，浙江大学道教文化研究中心主任孔令宏教授在中央民族大学举行了题为"内丹与科学"的学术演讲。谢路军教授对讲座做了点评，并希望两校能更好地进行合作，共同推动道教研究领域的发展。本文系根据录音整理。

三

命理学法理体系简介

——兼论命理“文化断层”和正本清源

主讲：何重建

命理学的“文化断层”始于明清时期，在民国时期被扩大，尤其是简单否定前人经过长期研究的五柱至九柱的命盘架构，将命盘简化为四柱，对后学影响不容忽视。当前命理学的明显“短板”体现在三个方面：命盘架构，大运、流年（流月），纳音体系运用。命理学面临着“正本清源”的重大课题，在越来越多的古籍被发现，越来越多的古法得到研究的情况下，命理学的法理体系，有必要重新进行全面的疏理，进行“重新组合”，“重塑原始”，“恢复古制真相”。

何重建 中国当代命理界泰斗梁湘润先生在大陆的首位入室亲传弟子，现任国家二级社团“易学与现代数理研究会”执行会长、民间术数研究机构“梁湘润禄命文化研究会”会长。2006年起，以“澹然居士的博客”为专业平台，介绍学习梁湘润老师著作的体会，公开实务经验，受到命理学界人士和爱好者的广泛欢迎，迄今博客的点击量已超过120万。

最近几年，随着国力的提升，人民生活水平的提高，传承发展中国优秀传统文化，已经成为国家战略。习主席在《新时代属于每一个人》的文章中指出："中国人民是具有伟大梦想精神的人民。在几千年历史长河中，中国人民始终心怀梦想，不懈追求，我们不仅形成了小康生活的理念，而且秉承天下为公的情怀，盘古开天、女娲补天、伏羲画卦、神农尝草、夸父追日、精卫填海、愚公移山等我国古代神话，深刻反映了中国人民勇于追求和实现梦想的执着精神。"其中"伏羲画卦"，阴阳五行，天干地支这些中华民族特有的文化符号，就是命理学的源头。

一、命理"文化断层"

当代两岸命理界有"老五篇"之说，即认为所谓"子平法"的代表著作，就是《三命通会》、《渊海子平》、《滴天髓》、《穷通宝鉴》、《子平真诠》等五本著作。1949 年之后，命理学在大陆处于"休止"状态将近 40 年。20 世纪 90 年代初，易学在大陆复苏。1994 年河南中州古籍出版社出版了一套《中国古代术数全书》，第一版印刷就达八千册之多，在大陆易学界影响很大。其中，有大陆易学学者孙正治（1957 年出生）先生点校的《子平真诠评注》《滴天髓》两本古籍。他在这两本书的"序"中，一方面否定明代的《渊海子平》《三命通会》，称之为"杂而不精"，"不足以作为一种成熟的学说传世"；另一方面，竭力推崇《子平真诠》《滴天髓》为"堪称中华命理学的大成之作"，他还引用了民国命理学家方重审先生对这两本书的评述：《滴天髓》和《子平真诠》在诸多命理古籍中"最为完备精审"，"后之言命学者，千言万语，不能越其范围，如江河日月，不可废者"。而且还进一步推崇说：《滴天髓》"正本清源"，"使命理学重归大道，并更加成熟"；说《子平真诠》是学习命理学"循序渐进的课本"，"后学者研究命学原理，得此二书，不致误入歧途"云云。在这种说法下，"老五篇"实际缩水为"老三篇"或"老两篇"。

当时大陆的命理学爱好者混沌初开，一无所知，嗷嗷待哺。可以想见，在这种先入为主的思想引导下，爱好者自然把“用神”“格局”“旺衰”三大技法，认为是“子平学”法理真缔。在业界，“用神”、“格局”、“旺衰”，至今仍是论命的主流，甚至出现了单独的“格局派”、“旺衰派”、“用神派”，自以为挟一技就能平天下……命理学完整、丰富的“法理体系”，被“阉割”、“窄化”得惨不忍睹。台湾的状况也十分类似。梁湘润老师发现1949年后，台湾书商“由上海采购之命书，约以《渊海子平》《神峰通考》《栏江网》《滴天髓》《三命通会》《子平真诠》等为主”，造成人们误以为“老五篇”就是“子平法”的全部，而《子平真诠》更是会使人“误以为子平法全部规则，只是论格局之缩版”。命理学于是陷入瓶颈：“始终在身强身弱，格局用神、财官……等框架中徘徊不定”，而造成这种残缺状况的，“是后天人为之所致”，作者称之为“后子平法”或“简化命理”。为提高论断的准确性，丰富论断的内容，不少业者在运用“后子平法”的同时，或加入星命斗数，或加入奇门、六壬，进而发展到加入占卜、面相手相、姓名学、星座性格、水晶开运、风水改运、制解、吉祥物品……多种预测术“大杂烩”，命理学失去了本来面貌。

命理界一代宗师梁湘润老师认为，当代所谓“子平法”（实际只能算“后子平法”），大抵是明代正德年间（1506—1521）以后的“禄命法”。也就是说，1949年以后命理界所“传承”的，只是近500年来的文化；如果按沈孝瞻的《子平真诠》年代（乾隆己未年，公元1739年）计，现代命理界传承的只是不足300年的文化。因为万育吾《三命通会》介绍的“子平法”，与后来沈孝瞻《子平真诠》、任铁樵《滴天髓》改造后的“后子平法”，区别还是相当大的。“后子平法”是“误取断代命学”所导致。现代业界的实际情况是：大多数人终日忙于为人断命、占卜、看风水赚钱，追求“快来钱”，“来快钱”，方法当然越简单越好，现代甚至有人称之为“大道至简”。如对命盘的架构，有人认为连四柱都不用了，三柱就可以论命；台湾甚至还出现“八字真学一柱论命法”，宣称“以日干支一柱为主轴”就能论“人一生命运的穷凶祸福”！为了抢占市场，博得眼球，各恃一技，或自说自话“发明创造”，或自诩为“祖传”“正宗”“真宗”或“新派”“新论”……中国命理文化危机重重。表1为命理体系支撑比较。

表1 命理体系（古籍）支撑比较

子平命理	简化命理（后子平法）	梁湘润命理	江湖（盲派）
五行大义（隋）	渊海子平（宋）	除子平命理全部外，再加以下文选	鬼谷子、东方朔秘法
李虚中命书（唐）	三命通会（明）	残经（神白经等）	渊海子平
消息赋（宋）	滴天髓（清）	诀法（宰公、林开、鬼谷）	继善篇、明通赋、络绎赋
五行精纪（宋）	子平真诠（清）	历代星命学古籍	玄通赋、月谈赋、玉衡赋
渊海子平（宋）	穷通宝鉴（清）	江湖私家秘抄	万金赋、幽微赋、三盘赋等
应天歌（宋）	注：以上号称“老五篇”	天元巫咸经（明）	造微论、元妙论、步天经等
玉照定真经		子平母法总则	寸金搜髓歌
三命通会（明）		刑冲合会透解	一掌经、两头钳
神峰通考（明）		大流年判例、流年法典	演禽三世
星平会海（明）		细批终身详解	四言、五言独步
星命大成（明）		金不换大运详解	九星照命、十神宫位
兰台妙选（明）		格局生旺库今论	十二神秘法
三车一览（明）		神煞探源	英耀篇、军马篇等
滴天髓（清）		星盘法流星诀	密传口诀，金钳诀等
子平真诠（清）		星相法卷	
穷通宝鉴（清）		实务论命系列	
命理约言（清）			
新命理探源（民）			
子平粹言（民）			
新命，人鉴（民）			

通过研究，我们可以发现，命理学的“文化断层”始于明清时期，主要

以清初陈素庵的《命理约言》为标志，该书有学术探讨的成分，也有“妄自尊大”的成分；民国时期“文化断层”被扩大，有“民国三大家”之称的韦千里先生重新出版了《命理约言》，韦先生虽然有传承先哲的成分，但希望“快速出名”而“标新立异”的成分也很明显，产生谬误的成分，尤其是简单否定前人经过长期研究的五柱至九柱的命盘架构，将命盘简化为四柱，对后学影响不容忽视。

二、正本清源

越来越多的有识之士开始认识到，“简化命理”（后子平法）对命理文化造成的危害，将直接影响到这门中华绝学的传承和发展。2016 年 9 月 7 日，上海复旦大学上海史国际研究中心、复旦大学中外现代化进程研究中心，主办了“中国都市亚文化研讨会，以命理文化为中心”国际命理文化研讨会，邀请了 14 位对中国命理文化学术有深入研究，并在相关领域中有影响的专家学者与会并研讨。主办方邀请了国际上有影响的、对中国命理学有深入研究和独到见解的德国专家朗宓榭教授与会。作者有幸受到邀请，并在研讨会上发表论文“命理学法理体系初探”。论文着重指出，当前命理业界在命局架构（四柱）问题上，忽略“胎元”“命宫”两柱，以及“拱、夹、暗带”，造成了命盘出现“结构性”问题。论文中首次提出了命理学要向健康、癌症、死亡等这些专题研究发展，必须将胎元、命宫纳入命盘一起考虑，否则看不清楚或无从入手。2018 年 4 月 15 日由国家民政部批准成立的国家二级社团，国际易学联合会，易学与现代数理研究会在上海成立，本人有幸被推举担任该会执行会长。成立大会达成的共识是：恢复历史原貌，正本清源，是当代命理界面临的首要课题。今天晚上，应中央民族大学邀请，本人作“命理学法理体系——历史断层和正本清源”的学术报告，首次用案例对恢复命盘七柱论命架构后的命局、大运、流年分析作了演示。

梁湘润老师认为：八字之起例（即四柱）是属于基础组合，至于胎元命宫，则是月时动态五行，批八字，不批流年，可以不用胎元命宫，批八字，亦批流年，则须要用胎元命宫。也就是说，一般批命，四柱也可以了。但如果深入到大运流年的层面，必须加入胎元、命宫身宫。胎、命、身是从月柱和时柱延伸出来的重要架构。因此，强调四柱是命盘架构的“标准模型”，是“大道至简”，认为运用七柱论命是“死执旧法”，等等的一些说法，显然是有问题的。

以太极拳为例，正宗的太极拳是88式，但后来国家为了推广太极拳，推出了24式。因此，24式也是太极拳，但叫“简化太极拳”。同理，四柱命盘，是命理学，但属“简化命理”，我称之为“后子平法”。因为从徐子平到万育吾，都是讲胎命的。民国大家袁树珊先生对“四柱”的架构说过四个字：“最便初学。”

近年来一批古籍问世，发现从命理学最早的著作《珞琭子三命消息赋》起，历经唐代的《李虚中命书》，宋代的《五行精纪》，明代的《三命通会》、《命理正宗》等等这些里程碑性质的经典古籍，都有胎元、命宫的介绍。到了近代，民国大家袁树珊、林庚白、徐乐吾等都是讲胎元或命宫的。民国大家之一的韦千里先生，年轻时出版了清初陈素庵的《命理约言》，他开始是反对用胎元命宫的，但到了晚年，韦千里先生发现自己的错误，在他79岁时（1980年）出版了《命理正宗》，这本古籍的第一句话，就是“安身命宫”。

可是到了“文化大革命”以后，大陆命理学兴起，命盘架构只知道是四柱，不知道有胎命一说。甚至把四柱说成是“标准模型”。至今未能走出这个模式。还有些朋友，包括一些知名研究者，推崇《命理约言》为精读本、教科书，居然认定，胎命到了近代早就被扬弃了，这完全是对历史的无知。

四柱和七柱，并不是简单的“架构”问题，实际是千年以来无数前辈先贤所研究的成果被曲解、被否定了，命理学出现了严重的历史文化断层。就实务而言，直接影响到了命理学预测的准确性，尤其是重疾癌症，突发性凶灾。而现代人最关心的，恰恰就是健康，会不会生癌，会不会有意外凶灾。最近本人在撰写《胎命（七柱论命）的原理和实务》一书，这本书的所有案例，基本都是涉及癌症死亡的大事，这些案例充分说明，胎命身宫受到严重刑冲，是导致癌症、突发死亡的重要指标之一。

命理体系（系统）比较见表2。

表2　命理体系（系统）比较

	子平命理	简化命理	梁湘润命理	江湖（盲派）命理
1. 架构	五—六柱	四柱	六柱（胎命）	七柱（胎命身） （有只用四柱）

续表

	子平命理	简化命理	梁湘润命理	江湖（盲派）命理
2. 视角加减	多视角	提倡大道至简单个或少数视角	多视角加减灾福	六爻奇门六壬梅花金口等
3. 拱夹暗带	拱夹	基本不用	特殊拱夹、暗带	有飞、伏技法
4. 刑冲合会	三刑六冲六合三合会	三刑六冲六合三合会	基本、特殊刑冲三刑组合六法冲克等	破、穿（害）、绝
5. 神煞	较多神煞	少数神煞	神煞加符门客有专著介绍	大量星学神煞，有“神煞派”
6. 干支	十天干十二地支	十天干十二地支	天元巫咸经等借鉴江湖口诀	干支（组合）口诀甚多擅长干支直断
7. 十神	成熟运用	成熟运用	灵活实用如坐引，论生死等	十神结合象法擅长家计小谈
8. 诀法	较多口诀	少数口诀	年时、日时三合诀等有专著	各系统全面运用
9. 生旺库	较多运用	很少运用	有专著介绍	相当重视
10. 格局	成熟运用十神从格外格等	成熟运用十神从格外格等	有专著介绍十神格局有纳音格局	较少谈及
11. 旺衰	较少论及	发展，干支打分百分比	只论强弱极限	区别于日元旺衰论主要用于取象定性
12. 用神	调候	发展，调候扶抑通关	余、徐、扬、金、万氏	少而精的有用之神
13. 大运	五行精纪重视	简略	有专著成体系	有特殊论法
14. 流年	五行精纪重视	简略	有数本专著形成完整体系	小限、小运、十二宫串宫压运等
15. 流月	空白	空白	有流月法体系	有专法
16. 取象	较少	较少	较少	特别擅长且灵活
17. 纳音体系	三命通会重视	基本否定	十分重视	有纳音法运用
18. 制解	基本未谈及	否定	有专著介绍	重视且有多种方法
19. 研究方向	妻财子禄寿	重财官层次	由家计小谈向专题研究发展	以满足市场客户为主

如表 2 所示，由于篇幅限制，只能是一个粗浅的表述，肯定有不足之处。

通过对上述表式的初步分析可以看出，当前命理学的明显“短板”体现在三个方面：一是命盘架构；二是大运、流年（流月）；三是纳音体系运用。

“中国命理学文化断层研究”计划首先从这三个方面入手。《胎命（七柱论命）的原理和实务》是该研究首先完成的第一本书。

梁湘润老师认为，“真正对命理有研究之人，今日之禄命范围，吾人最多只能算是一个初中生而已。再接连数代之后贤努力，也未必能办得到，将一切法则容纳于一个大系统之中。故此，吾人只有尽力去研究先贤之成果而已，其余一切，都是妄论。故此，人须知己，庶几是治学之道。命理之为人视之为‘学’，或者视之为‘术’，也只以此为区分耳”。他指出命理学面临着“正本清源”的重大课题，在越来越多的古籍被发现，越来越多的古法得到研究的情况下，命理学的法理体系，有必要重新进行全面的疏理，进行“重新组合”，“重塑原始”，“恢复古制真相”。在他的最后一本著作《诀法今论》的“后语”中，写有这样一段话：“依作者个人之预测，禄命法大约在今后四十年左右，始能有新的‘万育吾’（《三命通会》作者）、‘沈孝瞻’（《子平真诠》作者）应世。”他寄希望于年轻人，寄希望于现在30岁左右的禄命文化研究者中，出现有能力、有担当的“后贤”，以完成这项“重新组合”的伟业，开创出中国传统命理文化的崭新周期。

三、文化自信

2019年11月应德国钮伦堡大学国际人文学院，著名汉学家朗宓榭教授的邀请，去那里进行了一次学术交流，介绍了命理学“文化断层”，及我们所进行胎命研究成果。得到朗宓榭教授和美国、瑞士、俄罗斯、捷克、波兰等外国访问学者的肯定。

他们研究的总课题，就是中国命理学，当前的分课题是：命运、自由、预测及规避应对策略。认为命运是客观存在，但不是一成不变，存在着一定的变化空间（自由），而关键是对吉凶，能够提前进行比较客观、准确的预测，从而在有条件的范围内，有针对性地制定规避的办法。

在“预测”方面，他们十分认可中国的命理学，认为中国命理学研究，历史文化悠久，形成了一整套经过验证的法理体系，而推理的逻辑性是规范、严谨的，有着相当的可信度和参考意义。德国政府为这项研究十年间投入

2100万欧元。可能是因为“语境”和“思维方式”不同的关系，他们到现在只是停留在理论和历史的研究层面，在预测的实务研究方面的水准相当有限，因此才会有这次邀请。德国学者希望与中国的研究者合作。

现在不少年轻人对西方的“星座文化”很有兴趣，津津乐道。其实“星命学”是西方一门十分复杂艰深的预测学问，而“星座”文化，只不过是“星命学”的极度“简化版”，但从十二星座就能判断出人的一些性格倾向，简单易学，一看就懂，普及性很强。而我可以负责任地告诉各位，中国命理文化的巨大魅力，是你很难想象的。我与研究星命学的同道有过交流，西方星命学固然有其独特的优势，但与中国命理学比较，虽然各有所长，但在某些细节上仍有差距。实际上，中国命理学早就学习并吸收了西方星命学的某些长处或精华部分，如命宫、身宫的运用，如某些神煞，并将其融入自己的体系。

普及命理文化的任务的重要性不言而喻，如何让人们从阴阳五行，天干地支的神秘符号中，能够简单快捷、生动有趣地解读人生，值得研究。其中实际是缺少了一个“转换”的环节，即类似“星座”，我们要做出命理学的“简化版”。只是因为种种原因，多少年来没有人来做这件事，期待出现有志气的年轻人来填补这个空白。

上海市社会科学院原副院长熊月之先生写过一篇文章——《近代中国读书人的命理信仰》，他研究了一批近代历史名人，如曾国藩、郭嵩焘、冯桂芬、李文田、严复、吴宓、陈寅恪、沈有鼎等，他们在社会科学、自然科学方面做出了杰出成就的同时，却都有着深厚的命理信仰或命理兴趣的现象，都会占卜算命。他认为在这些人身上，“所谓的迷信与科学，不是此消彼长，而是在同步发展”。熊教授指出，“未知领域永远大于已知领域。已知领域越大越奇妙，未知领域就更大更奇妙。任何科学领域都是可以思议领域，未知领域均为不可思议领域”。他认为“命理世界是个极其复杂的世界，命理信仰是个具有重要研究价值的课题”。

成为一代名士或大师，一定只是极少数人；而掌握一些命理文化知识，成为一个有生活智慧的人并不是奢望。

我相信，中国命理学必定能够被很多中国年轻人所喜闻乐见，未来命理学也必定会走出国门，展示中国文化的非凡魅力，助推中华民族的“文化自信”。(本文已经作者审阅)

2018 年 6 月 6 日晚，受中央民族大学道教与术数学研究中心主任谢路军教授邀请，命理学家何重建先生在中央民族大学举行了题为“命理学法理体系简介——兼论命理‘文化断层’和正本清源”的学术演讲。本文系何重建先生提供。

四

“丝绸之路”上
宗教传播的和平佳话
——丘处机对成吉思汗的传道及其意义

主讲：吕锡琛

800 年前发生在丝绸之路上的这段宗教传播佳话，值得今人浓墨重彩进行描画，它有力地促进了蒙汉文化的交流融汇，开启了宗教传播的和平之旅、文化融合之旅，文明进步之旅。随着中国政府一带一路倡议的实施，当年的丝绸之路已经揭开崭新的篇章。在中国人民走向世界，与各种文明相遇、碰撞与融汇的复杂过程中，丘处机万里弘道，一言止杀，与各族人民、各宗教人士和谐相处的千古佳话，依然具有积极的启示意义。

吕锡琛　中南大学哲学系教授、博士生导师，中南大学道学国际传播研究院执行院长、中南大学宗教文化研究中心主任，兼任中国医学救援协会心理救援分会副会长、湖南省炎黄文化研究会副会长、湖南省船山学社副社长、纽约世界老子研究院联合院长。

成吉思汗被誉为“千年风云第一人”（1995 年《华盛顿邮报》所评选），他对全真道领袖丘处机极为尊崇，遣使专程长途跋涉敦请他传授长生之道，丘处机亦秉持济世救民的慈爱胸怀，以道家身国同治的伦理主张和治世安民思想对成吉思汗进行了坦诚的道德劝诫，在一定程度上促使成吉思汗调整了武力征伐的既定策略，开启了宗教传播的和平之旅、文化融合之旅，文明进步之旅，成就了“丝绸之路”上宗教传播过程中“一语止杀”的千古佳话。在当今世界各种文明相遇、碰撞与融会的复杂过程中，很多战争、冲突的背后有着宗教的原因。丘处机的万里弘道、“一语止杀”，把宗教与和平结合起来，用宗教来促进和平的发展，很好地实现了转机，这段千古佳话在今天依然具有积极意义。

一、丘处机向成吉思汗传道的机缘

成吉思汗这样一位风云人物，为什么要向丘处机发出请帖，敦请他不远万里来传道？成吉思汗对丘处机给以很高重视，派刘仲禄专程带虎头金牌前往中原，金牌上写着“如朕亲行，便宜行事”，带着它便具有最高的权威，一路上享有各种方便和特权；而且为了保证丘处机能够平安地到达，他专门派卫兵来接应和保卫，一路上嘘寒问暖，非常特别地表达了对丘处机的尊崇，让丘处机得以向成吉思汗传道。这里面包含了哪些机缘呢？

1. 道教养生之术的独特魅力

道家道教尊重生命，向往得道成仙，为了达到这一人生最高目标，道门中人注重对生命的养护，追求身、心、灵的整体健康，总结出诸多让人健康长寿的养生之术。这些思想和方法适应了人们关注身心健康、祛病延寿的基本需求，具有独特的魅力，素为历代帝王所向往和追求。成吉思汗因为连年征战，身体出现了一些问题，而他通过手下之人得到丘处机懂得养生之术的信息。这样一种独特的背景，正好适应了成吉思汗追求健康和祛病延寿的基本信念，使他希望请丘处机来提供长生甚至是成仙的方法。

2. 全真道及其领袖丘处机的崇高声望

宋金之际，社会动荡，民不聊生，人们急于寻求精神避难所，全真道创始人王重阳融合、吸收儒、释二家入道，强调清心寡欲的内修真功和积德行善的外修真行相结合，并且将“救一切众”与“忠君王”紧密结合，既得到统治者的认可，又吸引着包括落魄士人在内的众多民众。当时王重阳在当地有非常高的威望，史籍记载“闻其风者，咸敬惮之；杖屦所临，人如雾集”①。他的门徒丘处机继承其宗旨，周济众人，大获民心，成为全真道领袖人物，身处战乱和天灾之中的广大民众将他视为救星，甚至官方都不得不借助其力，请他出面平息当地的杨安儿、耿格之乱，“所至皆投戈拜命，二州遂定”。

3. 道家道教思想有助于抚众安民

道家道教主张顺应民心，以柔克刚，反战止杀、无为而治，具有安抚人心、稳定社会的积极功能。而成吉思汗率领的蒙古军队虽已攻下金国的中都，但遭到顽强抵抗。这让他认识到武力镇压的局限性，必须辅之以安抚手段，才能真正有效地统治被征服的广大地区的众多民族。他看到了丘处机具备的才华和素养能帮助他实现道家道教的安抚功能。

4. 联宋灭金、进而统治中原的战略需要

成吉思汗不仅希图联宋灭金并赢得金国的民心，同时还希图在灭金之后，进而取代南宋政权，统治广大的汉人地区。虽然他当时已攻下中都，但局势还不稳定，也没有真正的获得人心。他想要得到金国的民心，必须借助丘处机的声望，因为丘处机不仅在广大的汉人中间，而且在金人中间还有大批的拥趸。因此，成吉思汗有这样的眼光——在金人和汉人中影响颇大的全真道领袖丘处机，正是值得借助的精神力量。

综合考量以上各种因素，成吉思汗延请丘处机可谓是深谋远虑之举。成吉思汗的上述意图，可以从他延请丘处机的手诏中清楚地反映出来。诏书的主要内容如下：

“天厌中原骄华太极之性，朕居北野嗜欲莫生之情，反朴还淳，

---

① （金）王重阳著，白如祥辑校：《王重阳集》，济南：齐鲁书社，2005年版。

去奢从俭，每一衣一食，与牛竖马圉共弊同飧。视民如赤子，养士若弟兄，谋素和，恩素畜，练万众以身人之先，临百阵无念我之后，七载之中成大业，六合之内为一统。非朕之行有德，盖金之政无恒，是以受之天佑，获承至尊。南连蛮宋，北接回纥，东夏西夷，悉称臣佐。念我单于国千载百世已来，未之有也。然而任大守重，治平犹惧有阙，且夫刳舟剡楫，将欲济江河也；聘贤选佐，将已安天下也。朕践祚以来，勤心庶政，而三九之位未见其人。访闻丘师先生，体真履规，博物恰闻，探赜穷理，道充德著，怀古君子之肃夙，抱真上人之雅操。久栖岩谷，藏身隐行。阐祖师之遗化，坐致有道之士，云集仙径，莫可称数。自干戈而后，伏知先生犹隐山东旧境，朕心仰怀无已。岂不闻渭水同车，茅庐三顾之事，奈何山川弦阔，有失躬迎之礼。朕但避位侧身，斋戒沐浴，选差近侍官刘仲禄备轻骑素车，不远数千里，谨邀先生暂屈仙步，不以沙漠游远为念，或以忧民当世之务，或以恤朕保身之术，朕亲侍仙座，钦惟先生将咳唾之余，但授一言，斯可矣。今者，聊发朕之微意万一，明于诏章，诚望先生既着大道之端，要善无不应，亦岂违众生小愿哉！故咨诏示，惟宜知悉。”①

成吉思汗专门派刘仲禄去敦请丘处机时就带上了这个手诏，应该说，这个手诏非常高明，可能是出于成吉思汗手下的耶律楚材等熟知汉文化的谋士。它不仅有战略眼光，措辞非常谦恭，而且列举了很多理由。首先强调“天厌中原骄华太极之性”，老天爷已经厌弃了金国统治者的骄华、腐朽，骄奢淫逸也不得人心，那么我呢？“朕居北野嗜欲莫生之情，反朴还淳，去奢从俭，每一衣一食，与牛竖马圉共弊同飧。视民如赤子，养士若弟兄……”他讲自己与金国统治者恰恰相反：你们是骄奢淫逸，而“我”是非常简朴的，“我”是跟养马牛、牧马的人过同样的生活，同甘共苦，而且“我”非常爱民。这实际上否定了金国政权的正义性与合理性，它已经被老天所蔑弃了；而自己的政权与之相反，所以显示了自己可以取而代之的那种合理性。

金政权的合理性就被否定了。接下来就讲自己的大业：“七载之中成大

① 成吉思皇帝赐丘神仙手诏谒，邓州石堂山普济宫至大二年（1309）碑文。

业，六合之内为一统。”然后又来几句谦虚：“非朕之行有德，盖金之政无恒，是以受之天佑……”金朝已经没有资格来统治了，那么“我”是受天之佑，“然而任大守重，治平犹惧有阙……”这么重大的责任落在“我”身上，“我”就觉得还是有一些缺点难以承此重任，所以“我”要“聘贤选佐，将已安天下也……”“我”希望选用很多贤士能人，来帮助“我”安天下。

“访闻丘师先生，体真履规，博物洽闻，探赜穷理，道充德著……”表达了对丘处机非常的仰慕。因此“朕心仰怀无已。岂不闻渭水同车，茅庐三顾之事”，我们发现，成吉思汗手下一定是有精通汉文化的高人，你看这个典故用得非常好。渭水同车，就是讲周文王当时要延请姜太公出来的时候，姜太公为了试他是不是真心，就说你要能给我拉车我就出来，当时西伯侯就真的为姜太公拉车，据说向西走了 301 步，然后摔倒了，摔晕了，他爬起来以后继续跌跌撞撞地拉车，结果走错了，向东走了 507 步，然后实在是没劲了，姜太公就说：那周朝就只有 808 年这样一个气数，据说当时西伯侯非常地后悔，我为什么不多拉一点？他还要继续拉，姜太公就说天数已定，再拉也没用了。据说西周就是 301 年，东周就是 507 年，加起来就是周朝的年数。向西的时候他力气很足，走得很稳，因此西周治理得非常有序，东周却是群雄逐鹿，因为他是跌跌撞撞，脑袋已经摔晕了。这也是民间的一个传说故事。这说明什么呢？说明成吉思汗把丘处机视为姜太公那样的人物来尊重、视为诸葛亮那样的人物来尊重。

“奈何山川弘阔，有失躬迎之礼……”我非常期望来看丘师您，但是山河辽阔，我不能亲自来，因此派我的近侍官刘仲禄，“选差近侍官刘仲禄备轻骑素车”，当时刘仲禄还在新疆蒙古一带，所以离丘处机所在的山东大概是数千里，“不远数千里，谨邀先生暂屈仙步，不以沙漠游远为念，或以忧民当世之务，或以恤朕保身之术”，那老先生，请您“暂屈仙步”，这是非常谦恭的用语，希望您能够给我教一点安民之方或保身之术，“朕亲侍仙座，钦惟先生将咳唾之余，但授一言，斯可矣”，先生您给我们讲一点点养生之术吧。

从整个诏书来看，丘处机是非常受到尊重的，而且成吉思汗用了充分的理由来拉近和丘处机的心理上的距离，完全把道家的返璞归真、少私寡欲这些思想作为自己崇尚的原则，这是从思想上、从法理上都为自己延请丘处机做了种种的铺垫；而且手诏措辞非常谦恭，完全没有一介武夫对山野之人的气势。有这样一个手诏，相信任何人都会非常地受感动。这篇诏书充分体现了成吉思汗团队中的高人的智慧，当然也更体现出成吉思汗本人的深谋远虑。

以上诸多因素正是丘处机得以向成吉思汗传道并进行道德教化的难得机缘，这是从成吉思汗方面来考虑的。

二、丘处机力致太平的政治抱负

丘处机对于成吉思汗的诏请，也表现出了与往常大不相同的态度。在此之前，他曾多次拒绝了金和南宋对他的聘请，而在 72 岁高龄时却不惧艰辛，接受了远在中亚的成吉思汗之诏。察其缘由，当为以下几方面的考虑。

第一，希望此行能够劝诫以成吉思汗为首的蒙古贵族集团，使他们不至于杀戮太过。我们知道，当时的蒙古军队非常残暴，经常屠杀人民、毁灭城镇。根据史籍如《蒙鞑备录》（南宋·赵珙）记载，当时蒙古军队，“凡攻大城，先击小郡，掠其人民以供驱使。乃下令曰：每一骑兵必欲掠十人。人足备，则每名需草或柴薪或土石若干。昼夜迫逐，缓者杀之。迫逐填塞，壕堑立平，或供鹅洞炮座等用，不惜数万人，以此攻城壁，无不破者。城破，不问老幼妍丑、贫富逆顺，皆诛之，略不少恕”。下令每一个骑兵要抓十个人，然后要这十个人中的每个人去筹粮草、筹柴薪，或者是抬着土石若干，然后把这些人“昼夜逐迫”，就是推着他们走，如果慢怎么办？“缓者杀之”。推着他们去干什么呢？就是让他们担着土石或者柴薪或者草去填沟壑，赶着这些人往前面走，所填的沟壑马上就平了。不惜让数万人跟着军队走，以此攻城，无不破者。就是带着这么一大批被驱赶的民众为他运石搬柴，因此很快这个城就被破了。然后城破以后，不问老幼贫富逆顺妍丑，所有的人，只要是这城里的人，统统杀光，无一幸免。

丘处机是希望能对成吉思汗进行一定的道德劝诫，解除人民所受的兵祸之苦。在他赴召北上途中寄友人的诗中，就充分表现出了这种抱负。诗中说：“十年兵火万民愁，千万中无一二留。去岁幸逢慈诏下，今春须合冒寒游。不辞岭北三千里，仍念山东二百州。穷急漏诛残喘在，早教身命得消忧。”（《长春子磻溪集·复寄燕京道友》①）“吴越楼台歌吹满，燕秦部曲酒肴盈。

① （金）丘处机：《丘处机集》，济南：齐鲁书社，2005 年版，第 206 页。

我之帝所临河上，欲罢干戈致太平。”（《中秋以诗赠三太子医官郑公》[①]）千万人当中没有一二人留下来，人民为战争付出了惨重的代价。“去岁幸逢慈诏下”，指的是成吉思汗对他的召请。“今春须合冒寒游。”于是今春就出发了。“不辞岭北三千里，但念山东二百州。”虽然是三千里远，但是我是想着山东（太行山以东）这些老百姓。为什么呢？因为他们“穷急漏诛残喘在”，因为他们在生死线上苦苦地挣扎，我希望“早教身命得消忧”，能够让他们早早地脱离命悬一线的残窘。“我之帝所临河上，欲罢干戈致太平。”都是讲到我为什么到成吉思汗的府上去，到那么远的地方去呢？我是希望罢干戈而致太平。

第二，希望通过此行影响蒙古上层统治集团接受中原地区原有的统治方式，稳定这一地区的社会秩序，保护此地区的经济发展。蒙古是游牧民族，丘处机希望影响蒙古统治集团接受中原地区原有的统治方式，而放弃游牧民族的方式。所以丘处机的应诏很大程度上出于，希望能把汉族地区的经济和社会秩序好好地保护下来，免遭铁蹄的践踏。

第三，希望为全真教的进一步发展奠定基础。这个时候，全真道在山东需要一个进一步发展的空间，而丘处机此时也认识到，教团要发展，不能靠当时的金或南宋政权，因为这两个政权已是落日将至，靠他们是没有什么希望了；而他也看到了成吉思汗的勃勃生机，看到了其政权的生命力。而且成吉思汗的诏书表现出相当的坦诚和谦恭，这就更加强了他对蒙古统治集团的信心。所以丘处机寄希望于成吉思汗支持教团的发展。他在一首诗中讲自己“良朋出塞同归雁，破帽经霜更续貂，一自玄元西去后，到今无似北庭召。”就是把自己比喻成为老子西行去化胡，“续貂”，就是重新教化胡人，教化汉族以外的人。他谦称自己是续貂。

正是出于以上考虑，丘处机才不顾72岁的高龄，毅然应召，带领十八名弟子——赵道坚、尹志平、李志常(《长春真人西游记》的作者）等，不远万里，历尽艰辛，来到成吉思汗的帐前。

丘处机西行路线为：从山东莱州出发，经潍阳（潍县）、青州（益都）、常山（今河北正定）至燕京（今北京城西南）；然后又出居庸关北上，经宣德州（今宣化)、野狐岭（在今河北张家口外万全县)、翠屏口（今张家口西

---

① （金）丘处机：《丘处机集》，济南：齐鲁书社，2005年版，第194页。

30 里）、抚州（今内蒙古乌兰察布市兴和县）、盖里泊（今内蒙古锡林郭勒盟太仆寺旗巴彦查干诺尔）、渔儿泺（今内蒙古赤峰市的达里诺湖，又称达儿海子）到达内蒙古北部的贝尔湖北；又西行经呼伦湖，翻越库伦（今蒙古乌兰巴托）以南的高山、长松岭（今杭爱山），翻越阿尔泰山，来到准噶尔盆地东侧的博尔腾戈壁（今古尔班通古特大沙漠）；又翻天山的五个大山顶，经古代高昌国的故土进入吐鲁番盆地之北到达天池海；又经过大石林牙（今吉尔吉斯斯坦比会凯克），西行至赛兰城（今哈萨克斯坦南部一带），经过沙漠绿洲碣石城，经过千仞耸立、石壁如铁的铁门关（今阿富汗库尔勒城北），来到雪海茫茫的大雪山（今阿富汗兴都库什山），踏着深五尺的积雪前行，到达今阿富汗东北巴达克山西南成吉思汗的行宫。

这段路程异常艰辛，从 1220 年 2 月出发，1224 年春回到燕京，历时四年，丘处机门徒李志常所撰《长春真人西游记》对此行作了详细记录。书中记载他们途中遇到过盗贼，经过非常危险的城邦，路过尸横遍野的战场，走过没有水草的死域……门徒赵道坚（又叫赵九古）病死于途中，丘处机自己也生过病，曾经七天不食，靠喝开水和道家的养生术来延缓生命，最后康复了。所以说他真是有道之人——那样艰苦的征程，而且生病了七天，七天不食，居然被他挺过来了，还是在 70 多岁的高龄——说他真是有道之士，此言不虚。正如西溪居士孙锡在该书的《序言》中说：“崎岖数万里之远，际版图之所不载，雨露之所弗濡。虽其所以礼遇之者不为不厚，然劳惫亦甚矣。”

三、丘处机对成吉思汗的道德规劝

丘处机与成吉思汗正式论道共有三次，论道内容用蒙、汉两种文字记录，成吉思汗命令“勿泄于外”，因此李志常所作《长春真人西游记》一书，便没有论道内容的详细记录。后来，侍臣耶律楚材奉敕将其整理，编成《玄风庆会录》。由此，我们得以了解丘处机向成吉思汗弘道的具体内容。

1. 长生之道在于节欲

丘处机以道家的崇俭寡欲的道德修养主张和精气理论来阐述养生之道。他说：“人以饮食为本，其清者为精气……气全则生，气亡则死，气盛则壮，气衰则老”，如果恣情于声、色、味、情，则散气伤身：“眼见乎色，耳听乎声，口嗜乎味，性逐乎情，则散其气……人以气为主，逐物动念则元气散……愚迷之徒，以酒为浆，以妄为常，恣其情，逐其欢，耗其精，损其神，是致阳衰而阴盛，则沉于地为鬼，如水之流下也。”所以，知晓修炼长生之术的学道之士反其道而行之，“去声色，以清静为娱；屏滋味，以恬淡为美……去奢屏欲，固精守神，唯炼乎阳，是致阴消而阳全，则升乎天而为仙，如火之炎上也”。他劝成吉思汗：“但能节色欲，减思虑，亦获天佑”；“宜修德保身，以介眉寿”。丘处机否定了长生之药、摒弃了前代道教所宣扬的肉身成仙等神话，以节欲作为卫生长寿之术，希望以此引导这位雄踞世界的可汗谨守节欲去奢等修德养心的主张，这是极具政治伦理意蕴的。

2. 帝王修行应“外修阴德，内固精神”

丘处机劝诫说：“在世之间，切宜减声色，省嗜欲，得圣体康宁，睿弄遐远耳。”“贪欲好色则丧精耗气，乃成衰惫，陛下宜加珍啬。”“陛下修行之法无他，当外修阴德，内固精神耳。恤民保众，使天下怀安则为外行，省欲保神为乎内行。”“省欲保神”只是修行的“内行”，还必须“外修阴德”，对于帝王来说，即要做到“恤民保众，使天下怀安”，对于成吉思汗来说，实际上是劝诫他少杀人，要为民众着想，对老百姓有一种体恤之情。丘处机的这番教导，将作为最高统治者所应承担的恤民保众、安定天下职责与个体的养生修炼与道德培育有机地结合起来，不仅充分体现出他的政治智慧，而且也展现出道家身国同治思维模式的独特作用。这种思维模式有助于劝说统治者把对自己身体的爱护扩展到治国安民中。

为了提高道学治国智慧对成吉思汗的影响力，丘处机还极力神化道教经典，他说，道经乃上天所降，太上老君曾在不同时代多次赐道经给张道陵、寇谦之等道教徒，降经的目的，是要“使古今帝王臣民皆令行善”；《太平经》等诸多道经具有祈福禳灾的特效，“皆治心修道，祈福禳灾，扫除魑魅，拯疾疫之术”；“皆修真治国之方，中国道人诵之行之，可获福成道”。《太平经》等道经中有“承负说”，“承负说”认为，家族中一代人的所作所为，不仅自己身受其报，而且还要传到下一代去；这一代无论做坏事还是好事，善恶在自己身上不见得马上受报，可能要流传到下一代，由他们承负这一代人所做的善恶之报。

他又将承负说和佛教轮回说加以改造，对成吉思汗进行道德劝诫。“行善进道则升天为之仙；作恶背道，则入地为之鬼。夫道生众生，如金为众器，销其像则返成乎金，人行乎善则返成乎道。人间声色衣食，人皆以为娱乐，此非真乐，本为苦耳。世人以妄为真，以苦为乐，不亦悲哉！殊不知天上至乐，乃真乐耳……帝王悉天人谪降人间，若行善修福，则升天之时位逾前职，不行善修福则反是。天人有功微行薄者，再令下世修福济民，方得高位。昔轩辕氏天命降世，一世为民，再世为臣，三世为君，济世安民，累功积德，数尽升天而位尊于昔。”为了提升“修真治国之方”和积善行道之术对成吉思汗的影响力，他许诺，只要能够“积善行道，胡患不能为仙乎？”

丘处机对全真道所倡导的“精神成仙”主张作了很详尽的阐扬，将修道成仙、治国、行善和养生健体的理论融会贯通、联为一体，甚有感化力量。成吉思汗当即表示“敢不遵依仙命、勤而行之？”从后来成吉思汗的一些举措来看，这些“修真治国之方”的确在一定程度上发挥了恤民保众，平治天下的功效。

3. 建议选贤与能治理中原

丘处机抓住了向成吉思汗传授养生之道的机会，运用道家身国同治的理论，将个人养命长生的话题引入了济世安民和道德修养的内容，并提出了“恤民保众，使天下怀安”的要求。围绕着万里赴诏以图济世救民这一重要目的，丘处机还献上了安定中原的治平之策。比如，他建议免除其三年赋税，以便使国家和军队“足丝、帛之用”，使老百姓“获苏息之安”，这是“安民祈福”的一个重要方面。他还建议成吉思汗仿效金朝，在不熟悉中原的情况时，先立傀儡皇帝统治中原，然后再取而代之。

从以上一系列建议来看，丘处机的见识和胸怀远非一般宗教人士所能及，他成功地将养命长生的话题引向了具体的济世安民之策，这为他的弘道活动增添了和平与道德的光辉。

四、丘处机西行论道的社会意义

前面介绍了丘处机讲道的具体内容，那他的效果如何呢？我们来看丘处机西行论道的社会意义。丘处机的一番教诲，实际上适应了成吉思汗要巩固权力、进而统治全中国的长远计划，而且还涂抹上了上天神秘的光辉。成吉思汗认为丘处机是上天派来让自己有所醒悟的，他命令左右把丘处机的话记下来，不仅自己依循，而且以此来告诫子孙，所以他还对丘处机说：“谆谆道诲，敬闻命也，斯皆难行之事，然则敢不遵？依仙命勤而行之。传道之语已，命近臣录之简册，朕将亲览。其有玄旨未明者，续当请益焉。”（《玄风庆会录》）你的这些话我非常恭敬地听到了，虽然是非常难以实践，但是我还要努力地去做。到底他是仅在口头上说呢？还是真正地加强了对自己的约束呢？我们来看下面几个事例。

1. 促使成吉思汗加强了自我约束

据《长春真人西游记》记载：岁癸未（1223 年），成吉思汗猎于东山，因马踣而失驭，捽于马下。丘处机谏曰：“天道好生，今圣寿已高，宜少出猎。坠马，天戒也。”成吉思汗马上接受他的谏言说：“朕已深省，神仙劝我良是。我蒙古人骑射，少所习，未能遽已。虽然，神仙之教在衷焉。”还对臣下表示：“但神仙劝我语，以后都依也。”此后，他在较长一段时间内没有打猎。

2. 影响成吉思汗在一定程度上减少了屠杀行为

在丘处机会见成吉思汗以后，成吉思汗的军事政策有了一些变化，在一定程度上减少了屠杀行为。在丘处机与成吉思汗论道之前，成吉思汗奉行的完全是武力征服和屠杀政策。而在此后，即 1222 年年底至 1223 年成吉思汗起程东归，据《元史》等史书以及韩儒林主编的《元朝史》所载，这段时间他们没有在钦察草原进行大征战。之所以产生这种转折，除了军事形势、气候和地理条件等方面的因素之外，还应当归功于丘处机对成吉思汗的道德规劝，是他在某种程度上接受道家道教伦理道德主张的结果。

又如，在 1226 年秋开始进攻西夏的战争中，成吉思汗因为出现了五星聚于西南这一天象而下令不杀掠。到第二年六月，他又再次向臣下提起这件事说：“朕自去冬五星聚时，已尝许不杀掠，遽忘下诏耶。今可布告中外，令彼行人，亦知朕意。”这也说明，他从内心接受了道教的星占术和丘处机的止杀主张。这样做的目的，一方面是要向天下证明，自己的一切行为皆顺乎天道，并力图通过止杀这一怀柔之术来获取民心；另一方面，也体现出道教的方术以及尊重生命、止杀好生等道家生命伦理思想对他产生了实际作用。

3. 促进了日后汉法的采用

丘处机与成吉思汗论道的时候，还陈述了以农业为主的中原文明的优越性，建议尊重汉地风俗，保留原有的统治方式，这影响了后来蒙元政权的构建。当时在成吉思汗身边听讲而且担任记录的是契丹人耶律楚材，耶律楚材当时的地位是侍臣。后来，蒙元统治者到了中原以后，发生了汉法与旧俗的争论。保守派希望继续延续他们的旧俗，把所有的地变为跑马场，把农耕文明破坏掉；但是耶律楚材一直是坚持推行汉法的重要人物。所谓汉法，就是中原地区比较先进的生产方式及与之相适应的全部上层建筑。成吉思汗去世后，他的儿子窝阔台执政。蒙古贵族中有一个叫别迭的，他仍然主张用蒙古的旧俗来统治汉地，来取代汉地先进的生产方式。耶律楚材坚决反对，而且他把从中原征收来的物产、各种各样的农产品，让窝阔台来看，让他体会到汉法的好处。你看中原的物产这么地丰富，各种各样的农产品，各种各样的水果、丝织品，真是琳琅满目，那我们要用汉法来治理这个国家的话，我们的经济会更加地发展，所以窝阔台就切实体会到了汉法的好处。耶律楚材任朝廷高官达 30 年之久，官至中书，他一直参照汉法，定策必依之，建议军民分治，建议赋税制度，废除屠城制度，因此他奠定了元朝的立国规模，而且他还利用汉人、采用汉法，但这些国策的确立，与丘处机当年对成吉思汗的影响是分不开的。

当然耶律楚材在丘处机死后，对其态度发生了反转，说丘处机有多少罪行。因为那时形势变了，他不希望汉人的道教太过于鼎盛，因为当时全真道的势力有一个大的发展，所以形势变了以后他觉得全真道丘处机的影响太大了，需要压一压，所以对丘处机的态度有一个转变。那是以后的事情。但是元朝建国时汉法的推行，是与耶律楚材受到丘处机的影响分不开的。

五、余论

800 年前发生在丝绸之路上的这段宗教传播故事，对当代人也很有启示，我们从几个方面来看它对当代的意义。白云观邱祖殿有一副乾隆皇帝写的对联：“万古长春，不用餐霞求秘诀”，这是讲丘祖不用所谓离尘静修的求仙之术去说服别人，“一言止杀，始知济世有奇功”，表达了对丘处机的景仰，说得非常贴切。这段宗教传播的佳话，引发我们诸多思考。

1. 道教具有融通多元文化、适应人性需求的特质

道教尊道重生，道教所崇尚的“道”非常有普世价值。它是非常具有包容性的抽象概念，它既是一种概念，又是一种体验性的、人们能够体悟的、通过修炼能够得到的一种非常特殊的东西，很难用言语表达。因此，正由于

它很难用言语表达，正由于它无形无象，不可捉摸，因此留下了非常宏远的诠释空间。正好我前几天参加了汤一介先生生前主持的一个重大的国家招标课题《中国诠释学史》，其中道教的诠释学史就请刘笑敢先生来担纲、来作为主持，刘先生邀请了我们这些研究道家的学者共同写作。大家在讨论时说，为什么后人对《道德经》中的“道”留下了那么丰富的诠释呢？这是由于道家的“道”本身是超越性的，它是面对人生的最根本的一个存在。它又具有一种不可言说性，又具有不可见性，因此它具有极大的诠释空间，所以它具有一种融通多元文化的特点。

而且道教还倡导返朴还淳，要去奢从俭、抱朴守真、顺应自然、贵和止杀，而且它有丰富的养生之术。从心理的养生一直到躯体的养生，它有一套完备的具体方法。中央民族大学成立道教与术数学研究中心，这是非常有意义的事情，有非常多的对象值得我们去研究。丘处机对成吉思汗的劝诫，主要是讲如何从心灵层面来养生；道教里还有非常丰富的从躯体层面养护身心的宝贵道术——这样的一些内容适应了人性的需求。因为每个人，不管是高尊帝王还是一般民众，都需要让生命有一个更加健康的状态。能够很好地满足人们健体强身的最基本需求的道家方术对广大民众和最高层的帝王都有一种吸引力。因此，信奉萨满教和喇嘛教的蒙古贵族成吉思汗，能够对丘处机表现出非同寻常的尊重，而且在较大的程度上来遵从他的一些说法，虽然具有复杂的历史、政治、文化诸多方面的特殊背景，但也是由于道教具有融通多元文化、适应人性需求的特点。这些特点是超越时空的，在当代社会，它还有着能够融通文化、适应人性的优长之处，这需要我们认真地去发掘、去弘扬。

2. 道教善于与不同宗教和不同民族和谐相处

我们知道，成吉思汗在和丘处机第一次见面以后，有一股回鹘的军队抵抗蒙古军队的入侵，花剌子模的王子到成吉思汗的蒙古部队前面来挑战，成吉思汗就派他的养子去应战，这养子不行，出战不利，成吉思汗就亲征，于是讲道之事就放下了，放下了多久呢？丘处机回到了中亚境内的乌兹别克斯坦附近，一等就从五月份到十月份整整等了五个月，等成吉思汗西征回来下一步跟他再进一步讲道。在这五个月的时间，他所在的是什么地方呢？这个地方是信仰伊斯兰教的，《长春真人西游记》记载，每天早晚，阿訇要登上高处的亭子礼拜西方，这个仪式叫作告天，行伊斯兰教的仪式。他们这个地方是不奉佛、不尊道，就是念《古兰经》，“丁男女闻之，皆趋拜其下”，听到阿訇在这个台子上念经以后，所有的丁男女就是超过了18岁的全都要跪下来，跟他一起来拜，“举国皆然”，“不尔则弃市”，如果你不下跪、不跟着他朝拜的话你要被杀头，这很严重啊，是吧？你要不跟着他去遵循那个礼教的话，你就有生命之虞。所以这说明当地的伊斯兰教的礼仪是非常厉害的，但是丘处机一行在这样一个氛围当中，居然能够和和平平地、能够平平安安地度过五个月，那除了成吉思汗的有力的保护之外，丘处机一行的那种道教式的和平、谦让、不扰民等等处世原则，我认为也是重要的一个因素。成吉思汗的士兵不能时刻跟着他们，但是整个过程当中没有出现什么不利的状态，说明他们非常能够和不同的民族、和不同的宗教和谐相处。即使在极端宗教的氛围当中，也能够和平相处。

除了这五个月和当地的民众能够和谐相处之外，还有一个事例也说明丘处机能够和不同的宗教、不同民族的人来和谐相处。那就是成吉思汗手下那些人，来自不同的宗教、不同的民族，而且很多是信仰萨满教和喇嘛教，同时也有信仰佛教其他宗派、伊斯兰教的，但是与丘处机这一行人都相处得非常好。何以见得？丘处机一行辞别要回中原的时候，下至各个认识丘处机的官员和平民，上至答剌罕（比较高的官员），他们都带着各种各样的礼品，带着葡萄酒，带着珍奇果品，相送数十里。不仅相送数十里，而且临别的时候，“众皆挥泪”，临别的时候都留下了眼泪，依依惜别。那说明什么呢？说明丘处机他们跟不同民族、不同宗教信仰的人相处得非常好。你说是由于丘处机是帝王之师，那么这些人要拍马屁、要来送一下丘处机，送他一些东西，这也是一个门面上说得过去的，但是相送数十里，而且还挥泪惜别，这个就是真情实感的流露了，这就说明他的确和他们相处得非常好，的确是结下了非常深厚的友谊。那就说明，道教确实能够和不同的宗教、不同的民族和谐相处。

3. 成吉思汗的政治谋略和文化包容气度在当代仍有启示

我就是觉得，成吉思汗也是非常了不起的。我们以前往往认为成吉思汗就是一个武夫，无非就是横扫千军如卷席，他没有什么谋略。但是从他的手诏，从他跟丘处机相处的种种具体行为来看，成吉思汗是非常有深谋远虑的，政治上深谋远虑而且非常敏锐，文化上他是兼容并蓄，而且善于接纳各种意见。比如说，他不仅非常诚恳地学道，而且在论道之外也非常虚心地向丘处机请教。有一次，天打雷，成吉思汗就问，这是怎么回事啊？天打雷，这有什么样的警诫啊？丘处机告诉他："三千之罪，莫大于不孝。"最大的罪就是不孝，天就是警告你，现在我看到贵国有不孝顺父母的，那么希望仗着皇帝您的威德，你要告诫你的臣民，要孝顺父母。成吉思汗就心悦诚服地接受了，"神仙是言，正合朕心"。你的话正合我的心，然后命令左右用回鹘的文字把这记录下来，"遍喻国人"，把丘处机所说的要孝顺父母的这样一番教诲告诫他下面的这些人，又把太子、诸王召集到旁边，说："汉人尊重神仙，犹汝等敬天。"汉人尊重神仙，就好像我们要敬长生天，"我今愈信，真天人也"，今越来越相信，这丘神仙真的是上天派来的、告诫我的仙人。用丘处机的很多的话来告诫下面的人，说："天俾神仙为朕言此，汝辈各铭诸心。"不仅我要记在心里，你们这些人也要记住丘神仙的这样的一些教诲，说明他是非常宽容的、非常善于纳谏的。所以，我们难道不应对成吉思汗这一历史人物重新进行审视和评价吗？这样的一种文化包容、政治谋略对当代人难道不是非常有启示意义的吗？

4. 丘处机的不畏艰辛、拯救苍生以及良好的政治素质亦有积极启示

丘处机个人的政治素质，他那种不畏艰辛、拯救苍生的情怀，也是很有积极意义的。他穿越一个个完全陌生的异族之邦，风尘万里、历尽艰辛，对于一个 70 多岁的老人来说，这是何等的大智大勇。而且他不仅有着虔诚的宗教信仰，不仅有深厚的理论根底，而且博学多才，还有悲天悯人、坚忍不拔的品格，更有保持身心健康的方法和能力。

而且成吉思汗给他号称"位极人臣"的很高的地位，但是丘处机在成吉思汗面前不卑不亢，保持自己的独立性。比如，他在见成吉思汗的时候就说明：出家之人，我不会下跪，我只是鞠躬、拱手就可以。成吉思汗对他嘘寒问暖，又派请近侍官来向他征求意见，说：丘神仙啊，我们大汗想请您跟他一起吃饭，您是不是一起去？丘处机婉拒，说：我是修道之人，最喜欢清静，那么多手下太热闹了我不愿意一起吃饭。但是，他与手下之人却是那么融洽地相处，深受爱戴。这就体现出他平等待人、而且不卑不亢的独立的一种品格。

我们还看到，道门中人在尊奉研习《道德经》理论的过程中，确实接受了其中的社会管理智慧，这点可以说是世界宗教史当中非常独特的一个现象——就是作为一个宗教界人士，在治国安民方面有很多很好的素养——这与学习《道德经》，以《道德经》为基本的经典来每日诵读，有密切的联系。具有这样的一种政治素养和文化底蕴，就提供一个很好的契机，当他们要适

时地向统治者宣讲、传播道家治国主张时，他们随时能够拿得出来，因为这些素养已经是烂熟于心，这些无为不争、谦敬爱民等治国方略和基本原则随时可以发出来，随时可以向帝王进行传道，因此这就增添了道家治国之道对于社会治理产生影响、产生一定效度的契机。在老庄思想被神圣化的过程中，这样的一些治国之略很好地在传道过程中得到了传播，有助于协调社会成员，有助于治国安民，有助于社会稳定，所以道教的这个特殊传统，对于当代道教的领袖也有一定的启发作用，因为他们很多人就是政协委员，对他们的参政议政也是有积极意义的，就是如何把《道德经》当中的很多治国安民之策作为自己的政治素养，能够在参政议政的时候及时地提出很好的建议，我觉得这也是一个非常重要的方面。这是道教和《道德经》非常有特色的一个方面，也是在世界宗教史上难得的一个现象，值得我们好好地去研究。

800年前发生在丝绸之路上的这段宗教传播佳话，值得今人浓墨重彩进行描画，它有力地促进了汉蒙文化的交流融会，开启了宗教传播的和平之旅、文化融合之旅，文明进步之旅。宗教传播在很多情况下依靠战争和征服，但丘处机开启的是宗教传播的和平之旅，而且在这样的一个过程当中，是蒙汉文化的融合，不是强力的压制，同时他还促进了汉法的实施，所以它是文明进步之旅。随着中国政府“一带一路”倡议的实施，当年的“丝绸之路”已经揭开了崭新的篇章。我们的文明、文化，是能够促进人们强身健体、能够促进世界和平的这么好的文化，我们要好好地把它传播。在中国人民走向世界的过程中，我们会与世界各种文明相遇、碰撞与融会。在这样的复杂过程中，丘处机万里弘道，“一语止杀”，与各民族、各宗教人士和谐相处的千古佳话，依然具有积极的启示意义，值得我们好好地去挖掘、研究和弘扬。（本文已经作者审阅）

2018年7月9日晚，受中央民族大学道教与术数学研究中心主任谢路军教授邀请，中南大学哲学系教授吕锡琛女士在中央民族大学举行了题为“‘丝绸之路’上宗教传播的和平佳话——丘处机对成吉思汗的传道及其意义”的学术讲座。本文系根据录音整理。

五

易道显密文化体系鸟瞰

主讲：金烜德

本讲在世界观、方法论与实践体系的建构方面，全方位整体地介绍“易道显密文化体系”，再从“易道术数学原理与方法体系”“易道修证学理论与实践体系”“易道显密传承法脉源流体系”和“易道与术数学民俗文化体系”四大部分进行系统阐释。学习“易道显密文化体系”首先要分清古圣先贤遗教后世的“易道显密传承”与“民俗易文化”的差异，应时刻把握如下原则：1）世人好术，投其所好；以术入道，寻师明究。2）正知正见，知行合一；学以致用，实践检验；实修实证，实事求是；以道御术，修己利人。

金烜德　原名金志友，中央民族大学哲学与宗教学博士，曾任中国自然辩证法研究会易学与科学委员会理事、国际易学联合会特约教授等。现任深圳市一带一路经济文化交流促进会特约教授（首席专家顾问），七星书院·北京光环无上瑜伽中心创建人，海南唐宋文化研究会名誉会长。

《四库全书总目提要》有言："易道广大，无所不包。旁及天文、地理、乐律、兵法、韵学、算术，以逮方外之炉火，皆可援易以为说。"① 意思是指——"易道"所涵盖的范畴极其广大，没有祂不能容纳和统摄的。祂能触类旁通，比如，能摄及天文学、地理学、乐理音律学、军事学、声韵学、算术学等，以至那些超然世外的修士或术士，其修炼内丹或外丹的炉鼎器具与炼养火候，都可以凭借易道原理来支持自己的学说和指导实践活动。通常而言，易道显密文化体系研究范式包括两大范畴，其一，人文社会学层面的实证研究范式：包括但不限于历史、宗教、哲学、文学、艺术等文化现象中的"指导实践之理论、实践或实用方法"等价值发现。其二，自然科学层面的实证研究范式：包括但不限于整理其中具有实用价值的科学体系，以实践实证（含外证科学与内证科学）方法检验并完善之。本讲座主要以《术藏》《道藏》《大藏经》《四书五经》中相关典籍为参考，试图从人文、科学等多个维度整体地介绍"易道显密文化体系"，以便人们可以从多种视角来体会祂的博大精微。进而不难推知——本文所界定的"易道显密文化体系"可以圆通、融摄、集成中华"易、医、儒、道、佛"等核心思想密切相关的各家优秀传统文化，是中华传统文化体系的典型代表。

一、易道显密文化基本公理

基于儒道佛三家殊途同归之思想而言——宇宙生命等一切之本元及其真相，或者说宇宙生命一切现象，归根结底是从哪里来？又将到哪里去？这一切的产生、存续、变异、消亡的真相是什么？所谓"本元"，就是"祂"能生成一切现象且遍在于一切现象而没有能生成"祂"的这样一种存在，故"宇宙生命一切之本元"即"'能生成宇宙生命之一切'同时'遍在于宇宙

① （清）永瑢，纪昀：《四库全书总目》（卷一百八子部十八）[DB/OL]，国家图书馆中国基本古籍库清乾隆武英殿刻本，第2页。

生命之一切’且‘没有能生成祂’的这样一种存在”。

从逻辑上讲，宇宙生命一切的产生、存续、变异、消亡的终极事实真相是独一无二的，即任何事物的产生、存续、变异、消亡的终极事实真相都是独一无二的，这也是人类通过各种方式（比如自然科学的外证科学实验、身心修炼的内证科学实践、宗教活动等）探索宇宙生命一切现象的天然标准规范，即最终都要以事实为依据，都要回归到事实真相。

虽然这种独一无二是合乎正常逻辑推理的，但由于宇宙生命一切现象无量无边，凭借自然科学的外证科学实践，那也应是一个无限趋近而遥不可及的认知过程。难道人类对宇宙生命的一切终极事实真相永远无法认知吗？答曰：非也。因为伟大的中华文明的古今圣贤智者一直实践着“见证宇宙生命一切终极本元真相的、身心修炼领域的、内证科学的知识体系”，他们把各自身心修炼的实践实证经验总结成著述、典籍、口诀、图式等形式，并以显传或密传方式传承于世，历经数千年而绵延不绝，其中传承最为广泛的主要体现在中华儒道佛各家文化的系列典籍之中，尤其是道家的《道藏》和佛家的《大藏经》中的内容最为全面丰富。基于宇宙生命现象殊途同归一个终极本元的真相实相，可以推知佛道儒医易等诸家文化——对“这个宇宙生命一切终极本元”所定义的名词，其相互对应关系如表 1 所示。（按：有关引用《道藏》《大藏经》等典籍的相关内容与解释，因篇幅所限此文暂略）

表 1　易道显密文化体系与诸家文化的核心名相对应表

易道显密实学文化体系所建立的通识名相	无极 （密易）	太极 “阴阳的对立统一体”，乃至一切基于易道建立的“对立多元之易象”的统一体。 （密易、简易或显易之统一体；变易、不易之统一体）	阴阳 融摄三才四象五行八卦等。 （显易或简易、变易）
	体大	相大	用大
	“本元”或“易元” 能生能成一切法、遍在一切法而非一切法且没有任何法能生成祂。	“易象” “本元”变现出一切事物之各种象状及其一切共性共象。	“易用” “本元”变现出一切事物之间皆相互作用及其共性共象。

续表

	无极“本元”或体大“本元”	太极“本元”或相大“本元”	阴阳“本元”或用大“本元”
佛家显密法门所立名相	真如 （真如门：绝对的无生无灭）	如来藏或心 含藏一切法之业种子 真如门与生灭门之统一体	业用 业种子功能差别 （生灭门或流转门：绝对的有生有灭）
	空性（真空）	光明（妙有） 真空、妙相、妙用之统一体	力用（妙用）
	实相 （真相）	总相 （一合相、一相）	别相 （多分相、异相或用相）
	六大、七大、八大、九大、十大 地水火风空识见智照元	四曼 大曼陀罗（总相）、三昧耶曼陀罗（别相）、法曼陀罗（名相）、羯磨曼陀罗（动相）	三密 身密、语密或口密、意密
	本初佛或法身佛	报身佛	化身佛
道家显密法门所立名相	道 有物混成，先天地生，独立而不改，周行而不殆，可以为天下母，吾不知其名，字之曰道。……。为学日益，为道日损。损之又损，以至于无为。无为而无不为。 （无上究竟圆满无为）	道生一 （元神：阴神与阳神统一体） （精炁神之统一体）	三生万物 一生二、二生三、三生万物。一分二与二合一的分合作用而名为“三”。 （识神）
	玉清元始圆明天尊	太清道德圆明天尊	上清灵宝圆明天尊
儒家显密法门所立名相	道或易 易有太极	太极 太极生两仪	两仪 两仪生四象，四象生八卦，八卦定吉凶，吉凶生大业。

续表

中医文化所立名相	道 归根于易道或道家本元	精炁神统一体	精炁神
易道显密法脉之名相：法性与法相	无为法 出世间法 密法	无为法与有为法之统一体 出世间法与世间法统一体 密法与显法之统一体	有为法、世间法 显法
易道显密文化通识名相总结： 本元能生一切 本元遍一切处 本元遍一切时 本元遍一切法 一切法乃本元所变现	实证的本元 其无可言说、无可思议、无可分别，只能通过“与之对应的系统科学的身心修证体系”实修实证，最终以“无为相应法”亲自体验内证、觉悟乃至圆满地彻悟祂。	合一的本元 乃“实证的本元”所生成一切法之全息统一体；是实证与非实证的统一体；是感应与非感应的统一体；是名相与非名相的统一体。能运用可言说、可思议、可分别的“有为相应法”，或以“无言说、无思议、无分别”的“无为相应法”来认知、理悟和证悟祂。	感应的本元 乃“实证的本元”所显化的各种感应或作用。可以“有为相应法”或“无为相应法”直接感应体验祂。
核心宗旨	实修实证·无我利他	正知正见·知行合一 科学精神·科学实践	实修实证·实践检验

因此，“易道显密文化体系”基于“儒、道、佛、医、易”等众家历代圣贤传承于世的言传身教和身心修证实践案例（按：这些内容主要收录在儒家的《四书五经》、道家的《道藏》、佛家的《大藏经》、中医的相关典籍之中，尤其是《道藏》和《大藏经》中所传承的内容最为细致入微、理致周详、实例丰富）高度归纳、概括总结出——圣贤们所见证的宇宙生命一切之本元真相及由此而衍生的世界观和方法论体系，其传承于世的、殊途同归的最基本、最核心的思想概括如下。

1. 宇宙生命等一切存在一个统一的本元，祂能生成一切法且遍在一切法、一切时、一切处而没有能生成祂的。一切法都是阴阳对立统一相互分合作用（一分为二、合二为一）而生生不息，此二者乃建立易道符号系统之基本公理，统称“太极阴阳之道”。

2. 依上述原理，可知宇宙中一切文化、学说、学科最终都是殊途同归，具体而言即人类社会的一切科学、宗教等文化归根结底都是同宗同源，其差异性、对立性、对抗性、冲突性等特征恰恰体现了这个同一本元所能衍生出一切法的丰富性、多样性。但真正能够让一切和谐共存的是一切法的统一性即万有之本元。本元可显现为一切法之一切共性。

3. 宇宙生命一切之本元同时具足“空性（对应一切即一、真如门、无极门）”和“有性（对应一即一切、生灭门、阴阳门）”，是“空性”和“有性”的“统一体（对应一真法界、如来藏、太极门、密严世界、秘密庄严心）”，而实际上“空性”即“有性”，此处量分概念表法上的一种方便，真如、无极乃实证的、离一切名相的本元，如来藏、太极则是“实证与非实证（包括名相的、认知的或理悟的等范畴界定的本元）合于一体的本元”，故而以阴阳相对的概念来表达之。太极对应一切对立二元即阴阳之统一体，在此统一体中一切皆回归平等而无任何差别相，即“阴即阳，阳即阴；心即物、物即心……”

4. 任一众生之心与宇宙的一切事物都是同一本元，故从心地法门去回归见证这个本元最方便也最可行。宇宙虚空（简称：宇空）是一切物质存在的共性及统一体，心境灵空（简称：心空）是一切精神存在的共性及统一体，当“宇空”和“心空”同体合一时，则会亲自见证宇宙生命万有本元之“空性（绝对的无生无灭之真如门，即能示现一切法‘从未变易，寂灭如如’的自性之功能）”且同时也会见证本元之“有性（绝对的有生有灭之生灭门，即能生成一切法‘相续不断、生灭不已’的自性之功能）”。

5. 如果真正如实如是地彻悟内证了宇宙生命万有之本元真相，则于一切心法或物法都不会再有疑惑，证悟者会清楚明了地觉照到一切法皆由祂（本元）而来。此时才能如实了知自心真相实相，对每一个起心动念都会清晰地照见其如何从本元而来；在此基础上进一步实修实证，则还能清楚地觉照了知宇宙生命一切现象如何从本元而来，最终圆满觉悟一切。

6. 宇宙生命之一切都遵循“心物全息六道四生轮回的三世因果感应法则”。以众生的生殖方式之差别而分为“卵生、胎生、湿生、化生”（简称“四生”）；以众生的“形体有无”等差别而分为“有色、无色、非有色、非无色”；以众生的“情想有无”等差别而分为“有想、无想、非有想、非无想”；上述三种分类所说明的生命形态，统名为“十二类众生”。而以众生智慧境界的高低分类则有“六道”众生与“四道”圣尊之生命存在状态，众生自无始以来即在“六道四生”中依循心物全息因果感应法则而轮回不已。

通过如理如法地身心修炼实践，进而亲自见证上述基本公理所对应的宇宙生命真相实相，其中修炼实践的验证标准可参照《道藏》和《大藏经》的相关典籍。比如，六祖慧能在《坛经》中所说的“五个何期等修证境界”，以及在《道德经》《庄子》《列子》《清静经》《周易参同契》《悟真篇》《楞伽经》《圆觉经》《楞严经》《心经》《坛经》《金刚经总持论》《地藏经》等经典中皆有具体的相关说明。

二、易道显密文化分类方式

基于“易道显密文化体系”的基本原理，可以对古往今来通过文献传承（显传）下来的整个易文化体系，以及民间密传的易文化体系，进行圆融一体的梳理并做如下分类。

1. 依传承而分易显文化与易密文化

从文化的传承形式而言，“易道显密文化体系”可分为“易显文化体系（简称：易显文化）”和“易密文化体系（简称：易密文化）”。

所谓“易显文化”，即指那些适合且便于进行广泛公开传播或传承（比如借助图书、音像制品、网络、影视等）的“易道文化”，故也名之为“易道显传文化”；所谓“易密文化”，是指那些不适合且不便于进行广泛公开传播或传承（通常采用口传心授、天人感应等类似方式才能令学习者心领神会）的“易道文化”，故也名之为“易道密传文化”。因此，“易显文化”与“易密文化”合起来即名为“易道显密文化”，二者你中有我、我中有你、互依共存。事实上，人类各种文化的传承，自古以来都是显传和密传两种方式并行发展的。一般而言，那些必须在相应老师的“口传心授”等类似的实践活动中学习和掌握的、且不适合或不便于广泛传播的知识或技能，通常属于“密传范畴”；而不必通过“口传心授”等类似的实践活动，就能学习和掌握的、且适合或便于广泛传播的知识或技能，通常属于“显传范畴”。

古代大德有言“密法显传，令法速灭”，也就是说当一个必须凭借“口传心授”才能真正领会和掌握的“实践性学问”，一旦丧失了“口传心授的传承方式”而普遍被其他方式所取代时，那就说明这门“实践性学问”已接近失传，将要湮灭于历史的长河之中了。

2. 圆融人文社科与自然科学而分类

人文易：基于易道本旨，运用现代哲学、宗教学等人文社会学的“外证科学与内证科学”之研究范式，对整个易道显密文化体系进行探索、研究所形成的理论与实践知识系统。

易人文：基于易道的核心思想、基本原理、世界观与方法论系统，对哲学、宗教学等人文社会学领域的相关学科进行探索研究所形成的理论与实践知识系统。

科学易：基于易道本旨，运用现代自然科学的“外证科学与内证科学”之研究范式，对整个易道显密文化体系进行探索、研究、实证所形成的理论与实践知识系统。

易科学：基于易道的核心思想、基本原理、世界观与方法论系统，对自然科学领域的相关学科进行探索研究实证所形成的理论与实践知识系统。

3. 基于人文与科学一体视角之分类

从“文化发展”与“科学实证（外证与内证）”二者同体合一的角度来看，“易道显密文化体系”主要包括如下四大分支体系：兼容文化体系、法脉文化体系、术数学文化体系和修证学文化体系，下面详述后两者。

（1）易道显密术数学文化体系（简称：易道术数学）

易道祖师有言：“世人好术，投其所好；以术入道，寻师明窍。”该组成部分的核心宗旨是——以外证科学研究范式为主，以内证科学研究范式为辅，通过探究、感悟和运用“道法自然、天人合一、天人感应、因果相续、无极、太极、阴阳、五行”等宇宙法则或基本原理，进行“预测、决策、趋吉避凶（属于外证科学范畴）”，以及“健康养生、激发潜能、开发智慧、修身养性、济世度人、修证身心了悟自心实相及生命真相乃至圆满彻悟宇宙生命一切之本元及其衍化规律（属于内证科学范畴）”，由此而建构的“能探究一切现象基于时间和空间的变化发展趋势（属于外证科学范畴）”的知识与实践体系及其所衍生的文化体系。

易道显密文化博大精微、无所不摄，这就是为什么历朝历代的精英人士，都选择易道显密文化中的经典作为自己人生必修课程的根本原因。那么，为什么易道显密文化能够“如此融摄贯通一切学问”呢？其真正且根本的原因就是——易道显密文化是由历代圣贤智者基于亲自证悟宇宙生命一切的同归本元及其能生一切的真相后，以及经过长期的社会实践活动不断检验、丰富、完善而建立的文化体系，而传承易道显密文化灵魂的最核心、最有特色的文化载体就是——基于“宇宙生命一切之本元”能生成“宇宙生命一切现象”的“这个事实真相”而构建的“易道全息符号系统”（按：全息即一切现象的共性信息）。

在“易道术数学”体系中，认知或研究一切现象基于时空变化规律的基本方式，就是首先要建立不同特征的“太极坐标系”，然后将被研究对象及其相应的时空状态映射到该坐标系中，以便在此“太极坐标系”中，通过分析被研究对象及其时空状态所分别对应的阴阳五行特征，以及这些符号不同层面和不同程度的生克关系，进而得出被认知对象基于时空状态的变化发展趋势。

所谓“太极坐标系”，就是把“太极（太一、真一）、阴阳（两仪）、三才、四象、五行、八卦、十天干、十二地支、六十干支组合、六十四重卦、伏羲八卦图、文王八卦图、河图、洛书”等基本的“易道符号系统”即“易道术数学体系中基于易道本旨的全息的图式符号系统”与“东、南、中、西、北等‘各种量化维度’的时间及空间方位”按照自然规律建立起相互对应关系，进而形成的“时空合一的方位坐标系”。

依托“太极坐标系”，进一步建构形成“一切现象基于时空变化趋势的普适模型”，其基本思想是：其一，在“太极坐标系”中，一切现象全部对应转化为“易道符号系统”的表现形式；其二，通过易道天文历法，时空也可以用这些“易道符号系统”对应表达，这样“一切现象所对应的时空状态”都有相应的“易道符号系统”与之对应；其三，把“一切现象基于时空的变化趋势问题”转化为“太极坐标系中‘一切现象及其相应的时空状态’所分别对应的‘易道符号系统’之间的相互关系问题”；其四，通过分析“‘一切现象’及‘其时空状态’所分别对应的‘易道符号系统’”之间的相互作用关系，比如不同程度、不同层面的阴阳五行生克关系等，可推知“一切现象所对应的易道符号系统”基于“不同时空状态”的变化规律；其五，按照“一切现象”与“易道符号系统”的对应关系，逆向推知“一切现象”基于“不同时空状态”的产生、发展、变化、消灭等衍化规律。

概言之，易道术数学研究一切事物现象基于时空的变化规律，首先要

“把无限的事物现象与有限的‘易道符号系统’建立起对应关系”，从而实现“无限←对应→有限”的广义函数关系。而在应用过程中，则需要“根据‘易道符号系统’的变化特征及其所对应的事物现象”，以及研究者“对实际情况的分析理解”和“基于综合经验能力的易道相应法（即相当于综合知识能力下的第一直觉，属于在意识未进行逻辑推理分析之前的一种直接感应觉知的智慧）”，进而把“有限的‘易道符号系统’与无限的‘任何具体的事物现象’对应起来”，则实现了“有限←对应→无限”的广义函数关系。此种“无限←对应→有限”和“有限←对应→无限”的相互关系属于“一即一切，一切即一”的内涵范畴。

具体而言，比如任一组“具体的阴阳现象对”即“（阴象X，阳象Y）”都是“共性的阴阳对”即“（阴--，阳—）”的具体表现形式之一，由于“表示本元的二元一体”之“共性的阴阳对”变量组符号可与“所有的阴阳现象对”即“（阴象，阳象）”建立一一对应关系，并且任一组“具体的阴阳现象对”与“共性的阴阳对”的符号本质是相同的，再有任一组“具体的阴阳现象对”中同时都蕴含着“共性的阴阳对”之内涵，所以任一组“具体的阴阳现象对”符号都可以作为“共性的阴阳对”符号变量组而与“所有的阴阳现象对”符号建立一一对应关系，由于“一切现象”都能对应归类为“阴阳现象对”，故知任一组“具体的阴阳现象对”都能与“一切现象”建立对应关系。

也就是说万事万物之中的“任一现象”都能全息地映现“一切现象”，有如佛家经典《华严经》所揭示的“一真法界”之内涵，“一法融摄一切法”，一切法之“法性”都必然由任一法之“法相”来表现，所谓“一花一世界”“一叶一菩提”，见“象”即见“性”，万事万物的“道、理、象（相）、数、术”，皆可于“一象（相）”之中全息蕴含，皆可由“一象（相）”来全息显发。故知“一象即一切现象”，而一切现象之全息整体对应“太极之象”，故亦可名为“一象一太极”。太极之内、外依然是太极本身，因为太极乃“其小无内，其大无外”的宇宙全息整体；“太极”一方面分化为“阴阳两仪”，同时“阴阳两仪”对立和合统一于“太极”，即太极蕴含“互相依存、非此即彼、相互转化、极而必反、同体相应、对立统一、分合变化”的“阴阳两仪”。把握“太极”的最方便之法就是把握“对立统一于太极的阴阳之道”。基于“阴阳之道”，向上体悟修证可以回归太极和无极之道，向下演绎论证则可以得知三才、四象、五行、八卦、十天干、十二地支、六十干支组合、六十四重卦，以及伏羲先天八卦方位图、文王后天八卦方位图、河图、洛书等“易道符号系统”的逻辑建构过程。

“易道术数学”是以“古今玄学、哲学与自然科学相互融通的研究方法和学术理路”以及“外证科学与内证科学”的实修实证之实践范式，最大限度地“呈现”易道显密文化探究“一切现象”之“全面彻底、全息系统整体的世界观与方法论”，名为“太极阴阳观”或“易道认知范式”。所谓“易道认知范式”，是将“其小无内，其大无外”即“从无穷小到无穷大”的宇宙虚空及其含藏的一切现象作为一个全息系统整体即“太极”进行研究实践，其基础核心是“太极坐标系”及其衍生的“一切现象基于时空变化趋势的普适模型”。

“易道术数学”通过对易道衍生的最基本原理——阴阳之道的分析、论证和梳理，彰显出“太极阴阳之道”是整个易道显密文化的核心枢纽，从而使得易道显密文化的逻辑脉络更加清晰，更有利于整个易道显密文化的系统化与科学化的发展完善。

以现代科学（如数学、天文学等）与现代哲学视角，深入研究易道基本符号系统，对打通古代易道术数学与现代科学之间潜在连接的气脉、促进易道术数学及其相关传统文化与现代文明发展相适应、推动“科学易（借助现代科学方法或科学知识实现的易道术数学研究成果）”及“易科学（采用易道术数学原理与方法实现的现代科学研究成果）”等学术研究发展具有深远的战略意义。由于现代数学已成为全球公认的最基础的科学，同时每一学科都有其相对应的哲学，比如数学哲学。故在运用“阴阳之道”推演论证易道基本符号系统的过程中，深入分析了这些符号系统所蕴藏的现代数学与哲学内涵。著名科学家伽里略曾说：“自然界这部伟大的书是用数学写成的。”如今，在天文、物理、化学、信息技术、经济金融、生物工程、航天技术等自然和社会科学、工程技术领域中，数学已经扮演了不可或缺的重要角色，常成为解决问题的关键工具。从易道显密文化的象数符号系统来看，“易道术数学”在某种程度相当于“中华数学”，是具有中华文化特色的“象数科学”。事实上，易理（易道术数学的基本原理学说系统）、易象（易道术数学的符号系统与各种事物现象建立象征或表达关系的学说系统）、易数（易道术数学的符号系统与各种事物现象建立数量或排序关系的学说系统）、易占

（易道术数学的易理、易象、易数应用于推测事物发展变化规律的学说系统）共同形成了整个易道术数学体系。在现代数学中，集合论[①]是最伟大的成果之一，目前已经渗透到数学的所有领域，可以说是整个现代数学的核心基础。因此，将易道术数学体系中最基础最核心的“阴阳象数思想”与数学的“集合论”建立起对应关系，则自然为以现代数学视角重新梳理建构整个易道术数学的象数体系奠定了基础。同时，还可从现代哲学视角说明，易道显密文化中阴阳之道的独特之处还在于不仅揭示出阴阳就是衍生、推动万有现象发展变化的对立统一的二元力量，而且还把所抽象出来的阴阳概念，转化成了能与“阴阳变量组符号（--，—）或（阴，阳）”分别对应的、具体化的“阴阳现象对（阴象，阳象）”的信息库集合；从而使得阴阳思想这种抽象的世界观变成了可量化可操作的具体方法论，真正实现了世界观与方法论的完全统一，构建并形成了易道术数学体系中抽象理论与应用方法的完美融合。有关“易道术数学原理与方法”的详细分析论证及实践内容，可参阅我的如下系列专著：《易道术数学原理与方法》，以及“易道术数学”相应的典型分支学科如《易道全息生涯规划学系列实践教程》《易道全息卦爻预测决策学系列实践教程》《易道全息环境风水优化设计学系列实践教程》《易道全息奇门遁甲预测决策学实践教程》《易道全息六壬神课预测决策学实践教程》《易道全息太乙神数预测决策学实践教程》《易道符咒相应密法之无创伤诊疗与开智养生学实践教程》等。

（2）易道显密修证学文化体系（简称：易道修证学）

易道显密文化体系是以“中华圆觉智慧等潜能开发显密修证文化（即指任何个人通过如理如法的身心修炼实践，最终圆满地证悟了知宇宙生命一切本元及其衍化真相而成为圆觉圣者的理论与实践体系）”为核心内容，再扩充以相关领域的世间法知识与实践体系，而形成的博大精微的“多样性与统

---

① “集合”是现代数学的基本概念之一，其定义是：把主观或客观存在的事物或符号等现象称作“对象”，而把有限或无限的能够明确描述的不同对象之全体，称作由所有这些对象构成的“集合”；集合中的每个对象都叫作这个集合的“元素”；通常用大写拉丁字母A、B、C、D……表示。例如：全体自然数构成了自然数集合，通常用N表示，记为N＝｛0，1，2，3，……｝；又如：｛2000年出版印刷的《新华字典》中全体汉字｝＝C，而全体中华民族构成的集合＝｛“中华民族的每一个人”或“每一个民族”｝，等等。在现代数学体系中，专门研究集合的理论名为“集合论”。

一性”圆融一体的复杂文化体系。

“易道修证学”的核心宗旨是——以内证科学研究范式为主，以外证科学研究范式为辅，探索如何从身心灵、精气神内在修养（也即修身养性）方面，真正长期有效地提升个人或群体的智慧、健康、幸福、成功等理想或目标，以及如何见证宇宙生命一切的终极本元真相及其演化规律。换言之，即全面开发提升个人或群体之身心灵或精气神的健康素质、灵感智慧与创新创意潜能，有效促进“易道修证学的修炼实践者”在其所从事或感兴趣的专业领域中实现超越梦想并获得独特成功，乃至于进一步回归身心真正自由自在的生命境界。“易道修证学”能融摄贯通儒、道、佛、中医、武术、炁功、瑜伽、养生术等各家身心修炼文化（属于内证科学范畴）。

“易道修证学”的身心修炼方法，主要是源于人类各种优秀传统文化与生命科学之共通的“相应法”，为便于区别“易道修证学”多元文化传承的特色，名之为“易道相应法（含‘易显相应法’和‘易密相应法’）”。其中包括“易道有为相应法（苦修法）、易道自然相应法（乐修法）、易道无为相应法（中道法）和易道复合相应法（和修法）”。在学习者将其身心调节到松静自然之际，由“易道显密法脉传承师”为该学习者开启宇宙生命全息密码（相当于儒道两家所讲的“感通天地”、佛家显宗密宗所说的“法界灌顶”），进而使得学员在意识清醒觉知的状态下——自主、自然、自动地演练各种调理修复身心灵与精气神的动功或静功修炼法门，以体验和内证上述的“易道修证学的核心宗旨”。

“易道相应法”的各种身心调理修炼方法，可有效净化身心灵、升华精气神，使之能逐步返回天人合一的先天境界。其内容包括但不限于“天人感应形式（即在意识清醒觉知状态下的自动演练）”的“舞蹈、武术、养生术、瑜伽术、导引术、天医符咒法、丹道、禅修法、诸家密法、音乐、书画、茶道”等，以及与各种专业技能课程相结合的“开智养生有为相应法”和“开智养生自然相应法”。具体方法包括但不限于如下内容：易道自然相应法之天人感应“舞蹈法门，武术、养生功、炁功、丹道、禅定等法门，易道天医符咒法门，瑜伽法门，琴棋书画等同类技艺之修养身心法门”。

综上所述，可以说——“易道相应法”属于能够融摄涵盖“与一切向善信仰之对象相互感应”的独特总持法门。比如，具有神化人格形象的“易道圣尊相应法（含易道本尊相应法、易道上师相应法、易道祖师相应法、易道圣贤相应法）”，以及不立神化人格形象的“易道智慧相应法（含易道善信念系统相应法、易道善价值观相应法、易道如来藏真如‘空性·光明·力用’相应法、易道‘阴阳·太极·无极·无上道’相应法等）”。无论是哪一种天人感应法门，学习者大都可以在多喜乐而少苦痛的身心觉受状态下，通过自动练习各种易道自然相应法来修炼身心灵与精气神，进而实现清理负能量、提升正能量、祛病保健、开发智慧等种种意想不到的实用效果。由此可知“易道相应法”能够贯通所有身心修炼法门，故而“易道修证学”可建立“一切向善的身心灵与精气神修炼法门（含实证无上道的各类修炼法门）”之“统一修证范式”，如表2所示。

表2　“易道相应法”统摄一切向善之身心灵与精气神修炼法门的修证范式

易道统摄一切向善之身心灵与精气神修炼法门口诀：松静、中正、自然		
易道统摄一切实证无上道的身心灵与精气神修炼法门之口诀： 正知正见，知行合一；学以致用，实践检验； 实修实证，实事求是；科学精神，科学实践；以道御术，无我利他		
（体大）本元	（相大）本元	（用大）本元
（无极）本元	（太极）本元	（阴阳）本元
（真相）本元	（总相）本元	（别相）本元
（道）本元	（一）本元	（二）本元
（空性）本元	（光明）本元	（力用）本元
（法身）本元	（报身）本元	（化身）本元
实证的本元 本元遍在无为而无不为 境界：证悟明心见性且与本元时时相应而不退失	合一的本元 本元遍在能成一切法相 境界：以所信仰的对象作为修证需要相应的目标	感应的本元 本元遍在能成一切效用 境界：修证历程中生起的一切身心灵的感应体验
本元即自然无为法尔如是	依本元来修证的信仰对象	依本元而感应的修证效用

以“易道显密文化”的视角观之，易、医、儒、道、佛等文化是中华优秀传统文化的典型代表，祂们的核心内容不属于西方文化视角下的宗教，其本质是通过个体的身心实践来体验证悟宇宙生命万有本元真相的知识体系，其中可以提炼出并纳入以“易道符号系统”为核心知识架构的全息系统科学的“生命内证科学体系”即“易道显密文化”之“易道显密修证学体系

(简称：易道修证学)”。换言之，也可以说“易道显密文化”以其博大精深、无所不包之特色，则能全面融会贯通儒、道、佛、中医诸家文化乃至其他一切向善文化。

故而“易道显密文化”对“善、恶、正能量、负能量”作如下符合宇宙生命终极本元真相的普适定义：“善（对应正能量）”是指能促进身心健康、智慧层级、生命境界向上升华的一切，它能招感各种吉运顺缘；“恶（对应负能量)”是指能促进身心健康、智慧层级、生命境界向下堕落的一切，它能招感各种凶运逆缘。“易道显密文化”认为：一切生命皆殊途同归——最终必然向高层级进化，向下堕落必然是种种“苦果”，而向上升华才能从根本上“离苦得乐”以致最终觉悟与行愿圆满而成就无上圆觉正果。

概括而言，易道的认知与修证宗旨有如下次第：表道，即以诸象表达易道；显道，即以诸象开显易道；悟道或明道，即以正心、净心、明心而觉悟易道；见道或证道，即以身心实修实证而见证易道；得道或合道，即以修证功德及无为无得而与易道合一；布道或传道，即传授布施易道以自觉觉他、自利利他、普度众生而最终回归于具足一切福报与智慧功德的无上究竟圆满的生命境界。关于“易道修证学”的详细论证和修证实践说明，可参阅我的如下系列专著：《易道修证学原理与方法》和《易道术数学原理与方法》，以及“易道修证学”相应的典型分支内容——比如《易道金丹大圆满显密圆通修证法门教程》《易道药师圆觉显密圆通修证法门教程》《易道准提普觉显密圆通修证法门教程》《易道秽迹金刚显密圆通修证法门教程》《易道观音普觉耳根显密圆通修证法门教程》《易道财神圣尊相应法显密圆通修证法门系列教程》《易道智慧相应法显密圆通修证法门系列教程》《易道诸家善信文化圣尊相应法显密圆通修证法门系列教程》《易道开启智慧·激发潜能·养生保健相应法修证实践系列教程》《易道诵读观想“诸家圣贤经典”或“科学技术专业学科”之显密相应法修证实践系列教程》《易道相应法之“基于各种善良价值观信仰”的修证法门实践教程》等。

三、结语

由于“易道显密文化”最核心最基本的传承载体即“易道符号系统”，而“易道符号系统”是“无上究竟圆满正觉圣尊”在“无上究竟圆满地证悟了宇宙生命一切法之本元真相（即开显圆觉智慧）”后，因其慈悲济世、普度众生之本愿而建立了“基于宇宙生命一切法之本元的易道全息变量符号与图式系统（简称：‘易道本元全息变量符号系统’或‘易道符号系统’，此乃‘易道太极阴阳本元全息论’的基石）”，进而依此“以类万物之情（即用来表达、探究或预测一切法，属于‘易道术数学’应用范畴）”，“以通神明之德（即用来指导身心修证以便感通神明开显无上智慧、圆觉智慧，属于‘易道修证学’实践范畴）”。故“易道符号系统”即“易道本元全息变量符号系统”可与“一切法（即一切事物现象）”建立对应关系，自然可与各家文化建立对应关系。

由此可知——易道符号系统所对应的“宇宙生命一切法的本元（即‘体大’）及其所变现的‘相大’和‘用大’”在各家文化中都有不同的核心名相与之对应，由此深入探究，即可发现——“易道显密文化体系”可以融摄贯通一切文化，祂为打通各家文化殊途同归的气脉，化除各家文化之间的壁垒，促进各文明之间的对话交流，推动人类和谐共存及世界和平，提供了一个无限开放包容的“理论与实践体系”，“易道显密文化体系”没有任何排他性，祂不立自己的宗教相故而能融纳一切善教相与善文化，祂能与古今自然科学及人文社会学互相融通，祂能普遍适合并助力一切“有宗教信仰与无宗教信仰、有神论与无神论”等向善人士——全面提升身心灵与精气神的健康水平、开启无尽智慧、激发内在潜能、升华生命境界，乃至最终实现——无上究竟圆满地证悟宇宙生命一切法的本元真相而获得生命的终极圆满。

总之，“易道显密文化体系”这一系统学科的建立，必然会加速推进“历史悠久的中华儒、道、佛、中医等优秀传统文化”摆脱“迷信”乃至“神秘”的标签，让真正的“中华易道”及其“科学价值与文化价值”彰显于世、贡献于世，进而为“现代文明视角的易道显密文化之探究”和“易道显密文化视角的现代文明之融通”注入清新的“甘露活水”。（本文已经作者审阅）

2018 年 10 月 12 日晚，受中央民族大学道教与术数学研究中心主任谢路军教授邀请，中央民族大学哲学与宗教学博士金炟德先生在中央民族大学举行了题为“易道显密文化体系鸟瞰——先后天八卦图、河图、洛书等易道符号系统千古之迷解密”的学术演讲。本文系根据讲座的相关资料整理。

六

《周易参同契》的通神之意

主讲：温海明

如何对被称为万古丹经王的《周易参同契》做哲学性的解读？如果把该书解读为外丹之学，其中研制丹药的讲法，的确比较接近古代自然科学特别是化学实验的记录；如果把该书解读为内丹之学，则古往今来已经有多种维度的解读，但哲学角度的解读稍显不足。从哲学的角度来说，《周易参同契》是对心身关系的重大发明和建构，是对心灵意识与肉体气息运动流变之间规律的深刻琢磨和探索。本讲探讨成就丹道的元神、元精与心神之间的互动关系，同时讨论如何通过神意对元精元神的活动进行调理和控制，从而修炼成丹的哲学意义。

温海明　中国人民大学哲学院教授、博士生导师，美国夏威夷大学比较哲学博士。山东省泰山学者，孔子研究院特聘专家。国际易学联合会秘书长兼学术部部长，国际儒学联合会理事、学术委员会委员，山东大学易学与中国古代哲学研究中心、燕京学堂（YCA）、北京中国学中心（TBC）、闽南佛学院客座教授。

《周易参同契》有“万古丹经王”之称，我们如何对其做哲学性的解读？如果把该书理解为外丹之学，其中研制丹药的讲法，的确比较接近古代自然科学特别是化学实验的记录。有的学者认为，它最早是一部外丹著作，后来修炼内丹的学问借用了炼制外丹的说法。还有的学者在把它翻译成现代文时，先译成外丹版本，再译成内丹版本，将其视为内外丹兼修、兼说之书①。如果把该书解读为内丹之学，古往今来已经有多种维度的解读，但哲学角度的解读稍显不足。本讲座讨论《周易参同契》的通神之意，不从内外丹学派归属或历史版本流变的角度去辨析，而试图从该书内容义理入手做出哲学的理解。从哲学的角度来说，《周易参同契》是对心身关系的重大发明和建构，是对心灵意识与肉体气息运动流变之间的规律的深刻琢磨和探索。总的来说，本讲座探讨成就丹道的元神、元精与心神之间的互动关系，同时讨论如何通过神意对元精元神的活动进行调理和控制，从而修炼成丹的哲学意义。

一、心意发动

通行本《周易参同契》开篇“大易总叙章第一”有一段：

> 赏罚应春秋，昏明顺寒暑，爻辞有仁义，随时发喜怒，如是应四时，五行得其理。

后面还有一些与此内容相关的段落，应该如何解释和理解？《参同契》的核心是炼丹，如何理解“丹”？火候是其中一个很难把握的要素，甚至是炼丹中最难的一点。炼丹时火候的加赏或减罚，跟一年之间的春生秋杀之道相应证；一日从昏晚到明晨之间所用的火候，跟一年之间寒往暑来的变化节奏相应和。这是讲火候与把握天时的关系。对自身意识的把控和领会，跟一

---

① 参章伟文译注：《周易参同契》，北京：中华书局，2014 年版。

年四季天地之间阴阳气息运化的过程相通。身意时时刻刻通于天意，通于阴阳变化之大道。这种基本的理解，是本次讲座的基石。

我们在理解“丹”，不管是内丹还是外丹——在面对、把握“丹”的时候，其实一定是所指一个非常微妙的存在，这微妙的存在跟天时、人的心意状态，以及心意状态对外在时间、空间的领会等连接在一起。可见，所谓“丹”之微妙存在贯穿天人，合于四时，通于五行。心意的发动要顺应春生秋杀，寒往暑来。爻辞说明心意发动的仁爱与合宜的状态。在乾阳适合发动的时候，即有生生之能。在坤阴适合发动之时，即存自灭之宜。中庸平和的喜怒情感表达，合于时势流转，心意合于四季，恒通于季节、时令、天道之变。此正是本讲座表达基本主旨：人神意运动与天道地理五行运转高度和谐。

在《周易参同契》的文本背景及传统的解释脉络下，因为不能够离开传统诠释的基本语境，对其理解与延伸空间自然有限。天地有阴阳，人身有阴阳，我们的心意也有阴阳，心灵发动的一瞬间就分阴阳。这一瞬间分的阴阳和外在于肉身的阴阳、四时的阴阳之间存在一种配合关系。心意发动的阴阳有“已发”和“未发”两种状态，那么发露的状态如何配合天地阴阳，心意未发的状态又应如何把握其内在和谐的原生情态？后天八卦配一年四季及二十四节气（见图1），又配干支（见图2）显现了易道与天时能量、与地理阴阳五行的配合关系，并可应用到丹道的心意与外在状态的配合中。

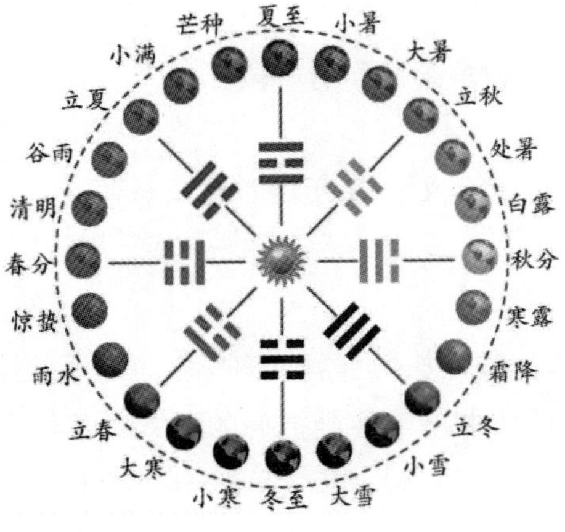

图1　后天八卦配一年四季及二十四节气

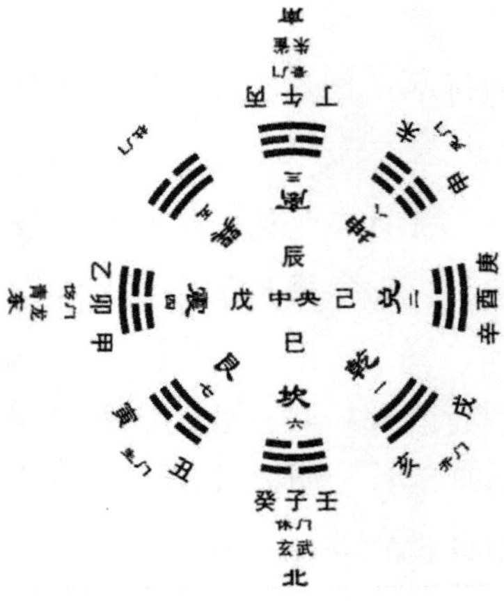

图2　后天八卦配干支

二、乾坤立意

“乾坤设位章第二”云：

> 天地设位，而易行乎其中矣。天地者，乾坤之象也；设位者，列阴阳配合之位也；易谓坎离，坎离者，乾坤二用。
>
> 二用无爻位，周流行六虚。往来既不定，上下亦无常，幽潜沦匿，变化于中，包囊万物，为道纪纲。

易道于天地定位之后、日月与万物在天地间变易流转化生。天地一高一低，一阳一阴，以乾坤之象来表征。因为天地实在无边无际，言不可尽，于是只能用象来指代。天地定位，阴阳设位，二者互相配合。坎离为阴阳之交，象征物（元神、元精）交互作用。成就丹道的流转与变易，本质上是对意的锤炼，是丹药合乎日月坎离运转之道。意随阴阳交转变化，通过六个爻位的时空系统来加以表达。上下不定，往来不息，有时深隐、有时藏匿，意在或隐或显当中不断转化。

一切生物形成与化育，皆因阴意与阳意的感应相合与化生而成，从而形成丹药并使之凝聚成形。神意修炼的难处在于，如何于后天的意念发动领会并体现出对于先天之意的领悟和把握。这种先天元炁的力量在意念发动之处的体现就是有意于无境的状态，可以从日月交媾，即日月之会神妙难言的奇妙境界来领会。

《参同契》有一个传统的诠释语境，由此语境展开哲学性的解释有其合理性。比如成就丹道的流转与变易，本质上是对“意”的锤炼，而对“意”的把握，其实是一个非常复杂的问题，不是简单地把握意念状态的概念，还需要通达丹药合乎日月坎离运转之道。“意”随阴阳交转变化，通过六个爻位的时空系统来加以表达。卦爻的阴阳消长变化，属于《周易》的基础知识，譬如乾卦六爻从初九到上九，根据爻辞分别对应潜龙、见（现）龙、惕龙、跃龙、飞龙和亢龙，相应的又有“初难知、二多誉、三多凶、四多惧、五多功、六易知”的时空特点。

以无制有，器用者空，故推消息，坎离没亡。

通过丹的无，可以置身于万物之有。不管外丹还是内丹，一般的解释都把丹看成“有”；而“丹”其实比较复杂，它既是有又是无。如果执着于外丹或内丹的“有”，则它被视为一种有限的、占有一定空间的存在。应该把“丹”作为有限的空间性存在，还是作为一种无限的、超越时空的存在？我的讲法不同于传统具象讲法，综合外丹与内丹各门派之说，可以认为，丹药可以不理解为具体存在物，而丹道核心在于“意”随着天时之道盈虚消长，故而无形，而非有形。无形之意通过共感与天地相合，可以感受到阴阳交流的先天力量。以丹之“无”，可合道于万物之“有”。若是执着于某种器物性意念之丹，最后可能一无所获。

三、通神之意

修丹本身有其意义，不管是外丹、内丹，如果能够修出某种具体存在物，当然不可忽略其意义。丹道的核心在于神意随着天时之道盈虚消长，真丹所用为无形丹药（心神），而非有形药物。坎离不是用有形的意念，而是以“无”通先天意念的存有，通过共感与天地相合，阴阳感应力量巨大，这种力量不可落入后天，因此要用先天的意念契机调动先天阳气。神意发动，皆要合乎天道进退，而阴阳之力的流转本身没有固定的时位，故不可拘执其中。

关于神意的理论建构并非凭空构造，而是在传统的诠释境域基础上做出的一点推进。神意依托天地阴阳四时运化，而非心念空虚想象而成。修炼之意可以在实践当中落实而验证，其中修丹的分寸，可以与神明相对应和校正。易（意）本身就是日月经天流转变化而成，坎月本无光，借离日之真阳放生光辉，所以光辉能够进入意念，使日光合乎月精并为“意”所领会。日光与月精之交合而成光辉之丹，丹药也是在意（土）的作用下，将火与水相融贯通，使之既济，又融会金与木，使金木相恋，而成丹药，而丹药全凭神意交汇作功。这里涉及到后天八卦配五行（见图3）。

“易者，象也。悬象著明，莫大乎日月。”此处以日月比喻炼丹所需的元精与元神，以日月经天流转成易说明元精与元神流转而成丹药。人身的阴阳运行合乎大道，意念可与易道相贯通，丹药之意与易意之间的体用两面性神

图3　后天八卦配五行

妙莫测。元精与元神在身上的运行如日月经天，如车轮回转于鼎炉、天根月窟之间，唯有用先天的神意，才能调动后天元精与元神的运化。爻动于易卦之中，彰显易道生生之机，而可得而意之。

修炼神意者，于人身一阳发动之几之生意之中采药修炼。一阳初动是修炼的时机，一阳初动是修炼的时机，一阳发动，人身与天地配合气机发动，阳气发生，此时用意的分寸非常微妙，有的修丹方法讲到这个时候不用意念去导引，让其自生作用，即能采药修炼而出；很明显，完全不着一意的修炼不可取，那么此时便有疑问——用意用到何种程度？若是纯粹用很明确之意念，无法导引过去；合适的用意程度需在有无之间，分寸微妙难论。阳气发动，一阳初动，人身与大自然气机相应的一瞬间，身体体会如何？要以多大的意念参与？于我而言，阳气发动的时候，不可能没有意识，此时应有反身意念观照，以判断阳气初动的状态，这用意的尺度和力度便是修炼之难。

一阳发动，如爻象周游六虚，变化无常，皆可因时因地而采之，无穷神化，不可为典要，唯神意之阳动所适，如震卦一阳生于下，阴阳交媾开始，后天之身意上不着相而可使阴阳交媾继续稳定。阴阳之气的交流与转化之中，阳气神意溢于天地生生不息之阳气，生之神意持续发动，玄妙播出精气，阴气受到生生之阳气的触动与感化，把如阳气之生生的神意转化为丹药的孕育过程，从而促进丹药的形成与化育。

一切生物的形成与化育，皆由于阴意与阳意的感应相合与化生，是对彼此神意的调动，从而调动彼此的气象，形成丹药并坚持使之凝聚成形，此谓神意的无为而有知的过程。通于神意的圣人并非无故至于世间，圣人通晓阴意阳意交流沟通机制，于阴阳二意的沟通之中，能够领会到天地之中的阴阳交流之道，知人间阴阳二意之沟通，皆合天体阴阳之道的运行之法。

着实用意是阳意，不着实用意、把意虚化是阴意。天地阴阳二意之交换，此间意念进与退的分寸如何把握？一方面要反身自省，非常清晰地知道意念的状态；另一方面意念的分寸要与天时即天地的阴阳运行相配合。先后天八卦配四时，揭示了天地阴阳之运行在一定程度上的外化，与之配合即可。不但人身的阴阳之气符合阴阳之意的运用，内心的力量什么时候可以进，什么时候可以退，意念参与其中的分寸既是本能的，又是可以运意而动的。

人间阴意与阳意的沟通，当符合天体阴阳之道的运行规律和运行状态。阴意与阳意沟通，如复卦初九一阳复生，代表长子从父之气那里继承了生生不息的创造之力，而能够调动母体的气息，也就是阳意萌动生长能够调动阴气之体。虽然阳意发动足以改变阳意所关联的天地宇宙之境遇，但对整个阴性的境遇的调动要以阴气的背景境遇为前提。阴意与阳意的消长关系有若黄钟大吕等钟律的变化，阴意与阳意的生长消息因此可能完美配合北极星的运转，随顺天地之间阴阳之气运转所体现的元气运行之道，可让神意顺天道而行。

四、先天之意

丹药修炼养成在调动后天气息过程之中，使元气运行符合先天阴阳运化节奏。从月相的弦望盈缩对应卦象的屈伸进退中，领会用意的分寸与尺度；从日影的标杆移动的方式，去推理太阳气息的分寸。神意先天维度的调度要符合日月运行的先天节奏。当人来到世间，在有意地去修行之前，本来就存有一个先天的结构和状态，需要人们去配合。也就是说，调动元气来修行的过程要跟先天的节奏相配合，毫无疑问，意念的把握和运化也要符合先天节奏，这便是修丹的基础。

炼丹要把天、地、人三才之道贯彻落实于神意的修炼中。但神意的运行与日月星辰、山川草木、动植物生长人心之动相配合。丹药的修炼和形成，是随时要极度谨慎地把先天之意落实于后天契机的实化状态之中，所以要极度谨慎。意念每一个发动的原生情态，都要依照卦爻象的变化作为指南。每一个意念平复的状态，都要依循卦爻辞所体现的义理，让乾坤阴阳之意得到良好的交流和实化，神意通于先天之意，而与宇宙大化融为一体。意念的发动过程基本落实在后天的修意、用意的过程，除了非常好的领悟、理解和把握之外，还要以敬畏的心态小心地契合这种状态，以后天的单向状态去契合先天的节奏。

所以神意的发动，需要极度专注、谨慎，如紫微中宫居中不动，如万民之首心顺天时。心正意诚，方能如紫微统御众星一般统御天下之星。丹药修炼可成与否，可以说取决于神意的调试与运行的分寸，犹如天体众星依赖紫微的意念状态、人类的治乱依赖君王的意念状态一般。

丹药的形成就要在意念的发动之处上接天心，在意念发动的瞬间具有善的状态，这种善的状态既是先天又是后天。先天具有天地自然之善，后天则可善可恶，因此需要调节到先天纯善的状态，才能安宁应物，起意若无意，不可起意发念于后天之境，否则如卦爻之中爻，爻一动则吉凶立即升起，天时人情立即失时失序。

神意修炼的难处在于如何于后天的意念发动、触发意念而通于万物之化的过程之中，领会并体现出对于天下之意的把握，即先天八卦体现出来的宇宙原初结构与力量。这种先天元气的力量在意念发动之处的体现就是有而无之，即有意于无境。先天真心灵异通天，用先天意调动后天气息。这种有意于无境神意的发动，可以从日月之间的交媾，有意于无境的状态中领会出来，即日月之会的神妙难言的奇妙境界。这里需要体会心灵的意念发动的原生情态如何回到先天状态，能够去引导后天气息的交流与变化，达到圆满的融贯的状态，阴阳交媾的状态，如日月相会的神妙状态。

五、意有而无

神意的有意于无境的状态，则如日月之交汇，要在若有若无之间，阳意的调动当如太阳运行，符合先天之意的状态；而阴意的显而未发，则如月质隐而未显。神意的发动，念念皆存亡之枢机，稍有不慎，调动后天之气便会出现错乱的状态，偏离自然的轨迹，有若国家将乱，皆因君王妄意失度。故丹药之难成，在于神意无序。而丹药之凝结，有如“蒙以养正”的圣功——只有把意念的状态调整到有而无之之臻境，才能有结为丹药的可能。丹药来自意念发动的一瞬间，它和天地气息相沟通的那种已发未发之间、还没有发动的状态，来自修习者对意念还没有发动之前状态的理解和把握。

神意要调试到如君王治国中正平和、万物自度这样有意于无境的最高境界有意于无境实际上是有而无之，从本体论上讲，宇宙可以说没有“起源”，它是“有而无之”，也就是可以有，也可以没有。《易传》说“易有太极”，宋明理学家讲“无极而太极”，太极和无极也是“有而无之”。在意念发动的瞬间是“有”，并与天地万物相往来，与后天之气融成一片；在发动之前，它又不是纯粹的无、虚无、不存在，因此总的来说它是“有而无之”的状态。它没有实有但又是存在，类似无极、太极，既是有又是无，是有无相生、有而无之、既有既无、体用一元、显微无间的最原始、最根本的状态，这是最难的本体论问题之一。

宇宙论中，宇宙的开端是有而无之。本体论上，世界怎么存在的，这还是有而无之，因为它没有办法解释。如果世界的“有”一定得有一个基础，那么世界一定得以“有”为开端，而“有”一定要以“无”为基础，这是传统上“有无”论辩的基本结论。对于意念跟世界交欢的瞬间来说，理解它，跟理解“有而无之”的本体论和宇宙论上理论困境几乎一样。所以，意念的有，是一种有意于无境，它既是有——随时变成有，能够为我们所感知和领会——又不是纯粹的有；也是无，当你去把握它的时候，它又是没有；但它又在那儿，它明明是有，而同时是无。

所以，“意”可谓清静无为，绵绵若存，似有若无，和顺自然。意在心间调动心力，神意即是丹药的根基，所以调试神意的状态，如人生的中枢通达天体与众星的中枢，则心意平和自然，万物自然顺命，丹药自然凝结。可以把丹药理解成具体存在，也可以把丹药理解为有而无之的状态——它存在但似有若无，不再是纯粹的形而下的有，而是超越了形而下具体的存在——这样的存在一定与意并存，因为真正具体的存在可以超越而独立于意之外。如果“有而无之”的状态是“丹”的基本状态，“丹”的存在必须时刻与意关联、与意的有而无之合一而成“意丹”。这就不再是一般的、具体的丹药，而是最根本的丹——神丹、天地之丹、意念之丹、宇宙之丹。这种“意丹”必须在你的意念（与天地万物）交欢的瞬间得以体会，因为它是有而无之，它不是任何具体的“有”，不是具体的东西，或存在物。

这种神意的修行与涵养，可以先从调试自己的身体基础开始。身体的基础欠佳则心意容易出偏，心意之发就无法发用于正道之中，所以意所要实现的最高状态和境界就难达到了。这就把筑基当中调节身体气息的功夫，理解为对意念的调控——如何将意念把控到一个最具有原初形态的中正状态中。意念的中正比调节身体的阴阳平衡要难多了。首先要知道人的意念有阴有阳，意念的阴阳平衡要比肉身的阴阳平衡要难得多。

首先，心身应皆归于安静虚无的清净状态，心念不妄动，如天意升出，发动于无意之中。先天虚气正意用意调动元气，去体会神意调动的虚灵窈冥之气，这些意念所关联的似有若无的宇宙的力量为性命之源，能调动这些宇宙能量就是修行的基础。但是大部分人因为缺乏反身意念（reflexive intentionality），从来不去这样思考，就不会知道性命之源可以超越肉身的本来的力量，尤其是气血的力量——一般人把性命之源理解为气血的力量，这是很有限的，其实，跟人气血相关的意念所观测的整个宇宙的所有信息都是人的性命之源，但这些信息需要人用意念去把握，但在把握的时候，又好像没有把握的对象一般，因为它是有而无之的状态，不能用实在的意念去把握，必须要在意念虚化的状态去把握。可见，意念要实而虚之，才能把握到宇宙原初的根本力量。

其次，不让意念从感官的空窍中流出，需使元气、元精、元神凝而不散，因为神与意发动，则精气流泻出去。不可随心通物，要凝神固守。神意发出、精气外泄时，要收视返听，如将日月星之光的能量都收摄于人心之中，以此温养神意，增长隐而未发的力量，好像小鸡待孵一般，这样就能理解原初意念的有而无之，以及这种“无”当中所观测的整个宇宙的信息。如果你理解了那种状态——也许是打坐的入定状态，也许是悟透了以后心通天地的状态，对于你的心意所观测的整个宇宙能量，你还是要用意，不用意就散掉了，没有观照，但又不能着实用意，要用一种很特殊的意念状态去把这些宇宙的信息、隐而未发的力量收拢起来。这种孵化丹药的状态，并不是看得见的，而是看不见摸不着的，只可领会于神意隐而未发的状态之中，因为这种状态是心通于虚空、心通于宇宙所有力量的状态，不可能用一种可见的方式去把握，只能用意念来领会，但因为就在意念当下之中，所以近在眼前，不难求得。

可见，炼丹要有所成，关键在于神意端正到原初的意念之中，于未发之中通于先天之炁的运行状态。意念有而无之，可以观测到所有的宇宙能量，又能够温养到一个很小的状态当中去，所以是于未发之中通于先天之炁。意可以通于先天元炁的状态，即把身上的元气的契机与天地之元炁的契机相交通，则人身元炁之发动可与天地元炁之运化相贯通而和谐。心灵的气息、观测的气息和宇宙气息之间有一种配合。在人身之上让元炁顺布，和谐而有力，久而丹药自成。这里调动的气息不仅是人身的气息，是人身和宇宙关联的所有力量的气息。调动人身之元炁通达于天地之元炁，让人身的元炁之契机发动，皆若天地元炁的自然流行，力量无穷。此二者即神意通于天地之意之“一”，即让神意调整到元精元神交融发动的凝结状态，并持之不失。

六、意境之无

纯任天然，意念之发合于天机。较低的境界在意念上多下有为之功，从未休止却难有所成。因为意念的状态要有而无之，通达的境遇又无限广泛，所以不能下有为之功，那是任何有为的把握无法达到的。元神调动要尽意无为，修炼神意于无境之中，毫不做作，无意为之。

人身上面的孔窍闭合，则元神自然发动如有意。人身下面的孔窍闭合，元气不失，精气化无形之气，自然上升。此无之境，与元神之意交汇，则为有意于无境之中。收视返听或闭合阴窍，不是不与物接，而是与物交接之中，因神意的调节之力而不让元气流失，也就是元气既不从五官的孔窍流失出去，也不从阴窍的活动之中流散出去。反而能够以神意御动外气，让身之元气通达天地元气，皆可为神意所调动，这种神意的元神调动人身与世界的元气是非常美妙的化境。当然，这一境界需要具身体验之后才能领会，怎样用神意来调动外气？怎样才能以意念来领会身的气息和天地元气交融的状态？实然如果能够调动的话，这种状态确是美妙难言。

神意调动元气于阴阳交汇之所，让元气之生气生长孕育，并且成为身内五经的主宰。神意调动人生元气而在人身之中周天运行，则有若北斗驾驶太一之神，巡游天河，并随天河而轮转，即神意调动元气，在人身真气运行的任督二脉之中运行。可见神意调动的元气如铅之黑、如水配黑色，但此元气却是外表毫不起眼的状态下包裹的金华之水。可见神意调动的真气，看起来粗犷不羁，毫无纹饰，但骨子里精神纯粹，有着黄金和圣人一般的纯粹质地，也因此一般人的意念太难调动人身的元气。元气狂放不羁，外表毫不起眼，因此常人难于领会其中自有的真阳之力。这就是神意调动元气的状态，因为意念的参与，除了调动气息在身体上运行之外，还调动气息超越人的身体和外在所有的气息相关联。

外表如铅之元气初动，即元气最初与神意相交接而能够调动之时，好比金是水的母亲，金中自然含有水的胚胎。刚刚被神意调动的元气是非常美妙的，好像有又好像无的样子，又好像存在深渊之中，一会儿起来，一会儿下去，让神意捉摸不定。这种由神意调动的先天元阳真一之气，看似难以领会，但流动散开之后，则化为精神魂魄之不同境遇，安宁自守，让丹药贯穿于全身，通达宇宙。这里讲的是超越全身的元气，一般的元气按内丹讲法是长在身体里的，身体通过修行而形成某种丹的感觉，这种元气之丹运行于周身，贯穿于天地之间。因为意念的参与，这种“意丹”贯穿宇宙，带着贯通整个天地人之气息，“意丹”是对《周易参同契》传统解释语境的推进。

七、温养意丹

由神意领会并调动的先天元阳真一之气，一开始好像是白色之金，再加以真火温养锻造之后，可以锻炼成红色，即火候用上而加火成红，也就是锻造锤炼元气的过程如炼铁一样加热，使之看起来像红色一般。这是神意或心神之火的颜色。先用神意采先天元阳真气如白金，用温火锻养，好像红色一般。内里如白色，而外表则如红色，如鸡蛋的状态，外红里白、白金为里，居于正位，这样所结成的丹药，方圆大小只有一寸左右。

丹药初成，固守不失，元神温养，阴阳和合。使元神安宁平和，充沛自养，如无失意而自养。任何运用失意与元神的努力，反而会使丹药消亡。丹药温养固守的阶段，人的一动一静、一休一息，都与人身与心意不可分离，所以都与人的神意融为一体。阴阳温火，锻炼温养有时，而悟得此丹药大旨。这是丹药在跟元神互动，不断地修养锤炼的过程。人的一生就是从天地父母那里秉受的真阳元气经大地之火候猛烈锻炼的过程。

自宇宙创生以来，日月如其光明朗照其间，从未有任何变化，真阳元气如真金，修炼也不会减其斤两，一直像日月一样光辉如常。人身的真阳元气之金如月体本来有质无光，故色黑，但受日光而生辉，也就是受神意的激发，如神意和精气结合融汇而成丹药。丹药初成就如月体有质无名，但接受太阳光华的锻炼而能够焕发其光明。可见真意即意与水火相融汇，都是先天一元精炁所化，本体上与先天元炁无二。

子水数一、午火数二，相合为三，戊己土数为五，水流下，火炎上，水火不能相遇，必须通过中间真意之土来化合致水火既济。可见神意是使得先天精气与后天药物融混化合的关键，好像把水火融为一体而形成丹药一样。人身的水火药物通过神意使二者交接融会，使精气神意如夫妇融为一体，在阴阳化合的时候通过呼吸虚心凝神静气积累精气，意为中，为根本，通过运转先天之意来化合镇抚后天之精气。

土色黄，生金故为金之父，汞为液体，水为金之质，所以水被土克，因为水被土克，被土镇抚，才不四溢泛滥，也才能为神意所化合融汇。修丹以克为生，朱雀为南方之神属火，水被土镇而不泛滥，再加神意的火候来化合融汇，就会把水汞精气蒸化成为气体上升，但此过程中，水火要保持平衡才行，如果意识之火太旺，水气被蒸化干涸，则神气皆散，如果意识之火被水之泛滥淹没，则神意消亡，复归于无火之质，意与水皆完归于土。这是通神之意说法的五行基础，这种五行之说在《周易参同契》中有类似的讲法和根据。

意土有融汇化合的力量，但融汇化合的分寸非常微妙。意念要有而无之，它所调动的真阳元气也是有而无之，在不同的时间空间条件下，意念的参与有不同的形式状态，它在不同的性质状态的形式下去做融化和合的妙功。因为时空转化，五行属性也不停地随着意在变化，怎么样去把握好分寸是很难的；这实际上也是最核心、最难判断，但是又最重要的理论要点。在历代《周易参同契》的解释和我关于“通神之意”的解释中，其实共享了一个内在结构，即基于神意的五行生克关系。传统的解释必须要把意土和神火之间、水火之间的关系把握清楚，在这个基础上，又怎样去把握好意的状态呢？这其实很不容易。真意即神意与水和火的相合融汇，如土为木火水金之祖宗，本来都是先天一元精气所化，可见丹药为精气所化，本体上与先天元气无二。无论水弱水胜，皆不得成丹药，因为修成丹药必于水火平衡既济的状态。

丹药温养既成，人食之可以延年益寿，如服先天之意，天意凝结的先天元气之丹，这种元精与元神的真丹永不败朽，是万物之中通天达地、横亘古今、最为宝贵之物。如果你的意念能够调动元精、元神融化成丹，这个丹肯定是永不败朽的，因为它跟日月精华同质而出关键在于怎么把它凝固下来，转化下来；它永远是“有而无之”，不可能是很实在的物性存在；而它又是肯定可领会的，就如我们不说日月光华是虚的——日月光华实实在在地就在那里，尽管你抓不到，但可领会到其先天的力量所在。意念修到，便能够把这种力量转化为自己内在的力量，我们神意之力可以通于那种无限的、有而无之的、先天的、日月光华之力量，这种日月光华的力量如果能够为意念所收摄，如果能够用《周易参同契》所说的这套五行运转的方式来运化的话，它就能实实在在地成为一个具体的意念对象，只是这具体的意念对象，并不是一个真正的、物性实在的东西，它是意念的实在，但是意念去把握作为对象的存在的时候，它又是空的，就像用意念去感悟阳光，阳光本来是实实在在的，但你用意去把握阳光，却把握不到作为实物的阳光。日月的光芒都是如此，这是先天的力量，本来就在那个地方，可以意会，无法言传。人来到世间，如果有一种修行的方式，能够把先天的日月光华转化为先天元气的内在状态，它就是永远不失、绝不可能朽败的；所以“意丹”是实实在在存在的，关键是怎样把它意会出来。

如何修炼“意丹”，进而精通养生术？元精元神之真气凝结成丹药，人即可延年益寿，得以长生。神意如土之调和木火金水四行，能够调和节制它们并都有规矩可寻而凝成丹药。铅的材质本来即是铅，投入水火锻炼之后仍可返回铅的原质，人身的元精、元神经神意的火候修炼，其意会之元神的本始状态并不改变，这就好比冰与雪其实就是水的慢慢变化。坎水居北，可用北方玄武之神来代表，元神主气，本来就需先天的神意来调动，使元气与元阳之精并合融会，精气的一切变化皆因为本来就是真气，并由真意调动。自始至终，互为本因，可见要想修炼而成丹药、自己服食成仙，最好用同类的真阳元气与心身真意共同作用犹如春分与秋分正好平分了阴阳，但如果以正常计时之法不相应和，就会风雨失调，导致水灾或者旱灾，甚至蝗虫四起，各种奇形怪状的东西层出不穷，天上出现怪象，地上山崩地裂，这些都是神意不能顺合四时之序，神意偏而人身与天地阴阳违逆失序导致错乱的状态。

炼丹要极度小心谨慎，要像孝子孝顺天地父母那样恭敬虔诚；意念极度专注，不受外物的纷扰，忘意、忘身、忘天、忘地，才能感通天地、扭转乾坤。神意的修行好像人之言语，从口中发出，发至近处，在遥远的他乡都能够感应到，或招来祸患，或接引福气。好比一个主政者的心意，或者开创一个太平的时代，或者让金装甲戈之武装斗争延续。灾祸还是福气，和平还是纷争，这四样东西的来到和招引都是由于心中的神意控制与调试的分寸。修行神意，动静皆合于天时之常，遵守炼丹的法则，身体气息流动与天道阴阳合拍。人的神意之运用顺应配合四时节令，与阴阳之气的运行节奏完美配合。人的意念本来就不是肉身的意念，而是一种宇宙性的存在，元气性的存在，一种有而无之的、通于宇宙所有力量的存在。

“通神之意”不是一般理解的意念，只是用“神意”一词来帮助理解，因为这种意念的状态通达于宇宙全体的力量，对这种力量的把握、意念的调动，可以通达于无限的时空并与过去、未来完全打通，可以调用当下的阴阳之力。意念有这个力量，能够照应出宇宙中你原先感知不到的气息的状态，一个人的意念的状态可以感通无限的空间、无限的时间。

八、文武意火

修炼意丹之时，文火与武火不同，犹如刚柔有分，不可混同。意丹不是一个小丹、外丹或内丹，而是大丹、宇宙之丹——心神通达宇宙的大丹、神丹。在采药归炉之时，要用武火猛炼，在丹药初成之后，要用文火温养，所以火候在不同时候使用，不可混淆。人在炼意的过程之中，可以模仿五行之化，土意居中，主于四方。调动精神魂魄意化而成丹药，他们彼此之间的消长都有土意控制调试完好，不宜越界、随意盈满消缩。炼丹如日月经天周游天地之间，调运阴阳之气，在任督二脉上下周流，如同日月运行于黄道之间，昼夜往来，屈伸反复、不眠不休。

修炼意丹要阴阳相感，同类相应。日月阴阳之气，何等玄妙幽远，通过感化尚且能够相通，何况自身之精、气与神本来就在心胸之间，咫尺之内。只要神意清明澄澈，调动阴阳大化之力，即可感应玄通，丹药凝结。此中要有内观的功夫，往内虽然没有光，但仍然能够看；这是意念之光，意念不需要借助实际的光华，而能够内观真气在身体上的运行。其实我们看宇宙之间的气息运行，并不是借助于外在的日月光华，而是借助于意念之光。外在的日月光华就像房间里的灯光，只是把空间照亮，但你真正看到的东西，意念所感通的东西，只能用意念的光所照耀，那才是真正意念所观测的东西；所以意念所观测的东西和屋子里有没有灯光，和外面有没有日月光华没有关系，它只和你意念的光华有关系，而意念的光华和真正外在的日月光华、有形的光没有关系。

神意有其本来的光华，它清明澄澈，能够调动阴阳大化之力，感应玄通而丹药凝结。神韵于身内世间，通天贯地。人身之阴阳可配日月，通过调动水火之运，而可炼成丹药，而有效验于身、于天下。这种丹药除了是内在的身体之丹，同时也是身体与整个天下气息相感应的意丹，由于身体合于宇宙气息之间的感应，它是身体通达天下的大丹。此中运用真意如何调节调动神意为根本，要对准光源，安宁平和，神意也要清净不动，神凝气静，方可调配人身阴阳，如调动天地日月之育。故所成丹药，乃时刻贯通人身与天地之丹药。这里的意丹是贯通人身与天地的丹药，这是很根本的东西。

今天讲了我对《周易参同契》的“通神之意”的理解，其中最核心的是在修炼过程当中对意念的参与、把握的状态的反思和理解，在修丹过程当中所形成的、与意念关联的“意丹”，是超越人的有限存在的、通于宇宙力量的“丹”，是一种有而无之的存在。从这个角度，我希望从哲学上，对《周易参同契》的修丹传统，无论是内丹还是外丹的解释，都做一个系统性的超越。其实，“意丹”和传统的“丹”本质上并没有太大的不同，但可以说首先不是外在的物理性的丹药，也就不是外丹；其次因为强调意，与传统的内丹也有所不同，区别于身体之丹、物性之丹、气感之丹的实体性理解，而强调如“神意”一般有而无之、通天贯地、跨越时空的永恒特性。（本文已经作者审阅）

2018 年 10 月 17 日晚，受中央民族大学道教与术数学研究中心主任谢路军教授邀请，中国人民大学哲学院教授、国际易学联合会秘书长温海明先生在中央民族大学作题为“周易参同契的通神之意”的学术演讲。温海明教授现为山东省泰山学者，孔子研究院特聘专家。本文系编者根据录音整理，经作者审阅。

七

北宋邵雍《皇极经世》导读

——元会运世推步及闰卦、正卦、运卦、世卦、旬卦、年卦的推演方法简述

主讲：杨景磐

《皇极经世》书虽被列入易数类，但历代都给予了很高的评价，被称之为“易外别传”，其观物内外篇中所阐述的深邃哲理，在易学的义理派中独树一帜。尤其邵子独创的元会运世学说和天时与人事相互对应的天人相应观，并由此转化为周易卦爻，用以验证古代历史，观察现代历史，推测未来历史，在古老的周易术数派系中更是一枝独秀。

杨景磐　字沧石，河北清河县人，1939年出生于易医世家，幼年即学习周易及三式术数。20世纪90年代初秉承家学，潜心探索周易古筮法、皇极经世推演法、三式术数、古代地理以及择日学等，出版著作十余部。

《皇极经世》书虽被列入易数类，但历代都给予了很高的评价，被称之为"易外别传"，其中的加一倍法和二进制数学，不仅与现代自然科学有紧密联系，其观物内外篇中所阐述的深邃哲理，在易学的义理派中，也是独树一帜的。尤其邵子独创的元会运世学说和天时与人事相互对应的天人相应观，并由此转化为周易卦爻，用以验证古代历史，观察现代历史，推测未来历史，在古老的周易术数派系中更是一枝独秀的。

一、古今评说

朱熹称《皇极经世》为易外别传、推步之书。《四库》将其列入数学之属（即易学术数）。邵雍的《皇极经世》在易学史上具有划时代的意义和里程碑式的价值。宋杨时说："皇极之书，皆孔子所未言也。"蔡元定称邵子"自秦汉以来，一人而已"。清人王植说："邵子探造化之源，究极天人之蕴，尽天地之终始，古今之往来，以穷万物之理与数，其眼底则海阔天空也，其胸中则春晴日午也，于先儒中别具神奇，其微言渺论，原自难得解人也。"

邵子自道辛苦说："为使《经世》藏千古，已占西轩度十春。""若非先圣开蒙吝，几作人间浅丈夫。"也曾非常自信地说："一部书严惊鬼神。"但也说"书成当自有人知"。

导读者将详析邵子独创的元会运世学说，以先天六十四卦中的闰卦、正卦、运卦、世卦、旬卦（十年卦）、年卦的配置和变化，来说明邵子此书"以天时验人事，以人事证天时"的"天人相应"的主旨，并以卦爻之象和卦爻之辞解析所对应的自唐尧以来（依据《皇极经世》历史编年）各历史时代和历史阶段的重大历史事件和历史朝代的更替变迁。从而，彰显元会运世学说与六十四卦的结合所起到的验证古代历史，观察现代历史，推知未来历史的作用和价值。

南宋朱熹说：周易"天下道理无不包藏其中"，今人冯友兰教授说："周易是宇宙代数学"，唐明邦教授说：邵雍"元会运世（是）弥纶天地的世界历史年谱”。导读者认为，上述三位易学方家之论，为中国易学走向世界指引了方向，而邵子的《皇极经世》及其元会运世学说应首当其冲，即邵子的学说不仅对应中国的古今历史及未来历史，同时也可对应世界的古今历史和未来历史，而要打开这条通道，邵子《皇极经世》中的律吕声音图和南宋张行成、祝泌所传邵子的掛一图、既济阴阳图正是开锁的金钥匙。导读者本人对此三图已作了初步（仅仅是初步）破译，并写成二十万字《祝泌观物篇解释义》书稿。在此次导读中，将提示此初步成果与大家分享，并将同广大术数爱好者一起共同研究这一重大课题。

二、元会运世学说与天人相应

邵子的元会运世学说是前所未有的。其规定是：一元分为十二会，一会分为三十运，一运分为十二世，一世分为三十年。即 1 元 = 12 会 = 360 运 = 4320 世 = 129600 年。十二会用十二地支标注。第一会即子会。子会对应第 1 运至第 30 运，第 1 世至第 360 世，第 1 年至第 10800 年。先天大圆图共有 64 卦，乾坤坎离四卦为直闰之卦不用，余下 60 卦以对应 12 会，每会对应 5 卦，称为正卦。每 1 正卦可变为 6 卦，5 个正卦可变为 30 卦，其中每卦对应一运，称为运卦。每 1 个运卦又可变为 6 卦，每一卦对应 2 世，此为世卦，即每一世卦对应 2 世（60 年）。每一世卦又可变为 6 卦，此一卦对应 10 年，称为旬卦（因每 60 年从甲子至癸亥共分为六甲旬，故称旬卦）。换一种说法，即每一正卦对应 6 运 2160 年，每一运卦对应 1 运 360 年，每一世卦对应二世 60 年，每一旬卦对应 10 年。另外，还有年卦，即每年对应一卦。

怎样来体现天时与人事相互对应关系呢？元会运世都属于时间概念，都可以用“年”来表示，因此，都可以配上中国古代的干支纪年法，用六十甲子来表示，这样一来，就可以把六十四卦的卦爻同元会运世年的时间、六十花甲融为一体了，再按照《皇极经世》中的中国古代历史纪年表，就把卦爻之象和卦爻之辞与历代史事一一对应起来，同时，也可推中国当代和未来的历史。

对于验证中国古代历史，举例来说，明末崇祯十七年岁次甲申（1644），其年卦为艮卦，其旬卦为困卦。甲申年为该旬之首，困卦初六爻用事，初六爻辞说：“臀，困于株木，入于幽谷，三岁不觌。”“象曰：入于幽谷，幽不明也。”艮卦为停止，即明王朝止于此年。困卦初六爻辞对应崇祯皇帝吊死于景山槐树上，“幽不明也”，大明王朝于此灭亡了。可以说年卦之义与旬卦动爻之辞与历史事实的对应关系是非常明确的。

公元1924年岁次甲子至公元1933年岁次癸亥，此旬十年为小畜卦。小畜卦辞说“密云不雨，自我西郊”。小畜是积蓄力量的意思，卦辞已指出蓄聚之地应是陕西一带。虽然当代史已证明此旬十年之中中国工农红军还未到达陕北，但是“山雨欲来风满楼”，卦象已提前兆示了。日本侵略中国的“九·一八”事变就发生在此旬之中，小畜卦含有巽、震（东方，外卦的反象）、离（南方）、兑（毁折）和乾。综合卦象，并结合史实，导读者赋首一首曰：

甲子十年小畜卦，西郊密云待雨期；
故宫屡空帝王座，城关频换大帅旗；
东溟饿虎咆长哮，南山睡狮尚迷离；
中华自古多英俊，此时岂无热血儿！

公元1934年岁次甲戌至公元1943年岁次癸未，此旬十年对应渐卦。这十年是抗日战争最为艰苦壮烈的阶段。爻辞中有“夫征不复”“妇孕不育”“利用禦寇”等语。渐卦六爻以鸿鸟飞行设喻，鸿与红谐音。共产党领导的红军是抗日的中坚力量。渐卦上九爻辞鸿鸟“其羽可用为仪，吉”，尚秉和先生解为“仪型万方，赉一切也”，红旗必将插遍中华大地，中国共产党领导的红色政权必将取得最终胜利，登上中国的政治舞台。

以上为验证以往。对于未来历史的卦象推演，以台湾的前途为例，可以指出：台湾当局对应鼎卦九四爻：“九四，鼎折足，覆公餗，其形渥，凶。”“象曰：覆公餗，信如何也。”《系辞下传》引孔子曰：“德薄而位尊，知小而谋大，力小而任重，鲜不及矣。”爻辞和孔子之语，其含义是非常明确的。《序卦传》曰：“丰者大也。穷大者必失其居，故受之以旅。旅而无所容，故受之以巽，巽者入也，入而后说之。”丰卦是大。中国现代史自1928年东北奉系张学良宣布“易帜”，国民党成为中国执政党，对应丰卦。1949年中华人民共和国成立，国民党政权被迫迁至台湾，这就由丰卦变为旅卦，程颐说：“人君无旅，旅则失位。”蒋介石失去了在大陆的统治地位，行旅至台湾。而世界许多国家与台湾政权纷纷断交，联合国于1971年驱逐台湾代表，这就是“旅而无所容”。再下一步就是“受之以巽，巽者入也，入而后说之”。六十四卦中的巽卦的象形及其意义，不解自明。只有伟大的中国共产党领导下的一国两制的台湾回归之后，才是皆大欢喜之时。台湾什么时间回归，以何种方式回归，有哪些人受到宽大处理，哪些人受到制裁，等等，尽含在丰、旅、巽、鼎四卦之中。

为了说明周易大衍卦、六壬卦与皇极经世卦的异同，还可举出美国总统选举大衍案、台湾地区领导人选举大衍案和某学生升学六壬案加以比较，这里就不一一详述了。

三、进一步的研究

邵雍所传律吕声音图、挂一图和既济图等三图如何应用，有何价值？导读者在《祝泌观物篇解释义》书稿中将研究的初步成果作了简介。另外，张行成、祝泌和黄宗羲三家之论不一定符合邵子的本意。导读者特别赞成唐明邦教授的“元会运世学说是弥纶天地的世界历史年谱”之论，而且上述三图很可能是用以推演世界历史年谱的。坦诚地说，导读者只是有此朦胧的认识，具体的研究工作还未开始，希望有更多学者参与此项讨论和研究工作。

关于《皇极经世》原著中的天数、地数和人数。张行成对此三数作了推演和完善，定格为“极数九十七位”。即个十百千万十万百万千万。此后皆万万进位：亿、兆、京、垓、秭、穰、沟、涧、正、载、极、万万极。数字之大，实在令人惊叹。但邵雍之后，迄今，尚未能揭开这一谜底。我们应当借助现代科技，对此加以研究探讨。

北宋邵雍夫子的《皇极经世》气象博大，包罗宏富，迄今为止，对《皇极经世》的研究成果，仅仅是邵雍夫子撰荐的一出大剧中的一个序幕，甚至连这个序幕还未能完全拉开。导读者愿与大家一道，进一步深入到实质性的发掘中，以回答千年之前邵夫子“书成当自有人知”的期望。[①]（本文已经作者审阅）

---

① 杨景磐先生的导读别具一格，令听众耳目一新。尤其杨先生的结语，更令人深思，也向我们的术数学者提出了新的课题。

2018年10月20日下午，受中央民族大学道教与术数学研究中心主任谢路军教授邀请，北京三式乾坤研究院名誉院长杨景磐先生在中央民族大学举行了题为“北宋邵雍《皇极经世》导读——元会运世推步及闰卦、正卦、运卦、世卦、旬卦、年卦的推演方法简述”的学术演讲。本文系北京三式乾坤研究院根据讲座内容整理提供。

八

民族学视野下巫蛊术的实证研究
——兼论“四重证据法”

主讲：容志毅

隋唐以后，原先在中原地区放蛊的人被朝廷流放到南方，于是巫蛊便借着南方毒物众多的便利，不仅传承了下来，还发扬光大，获得了广泛的传习，同时也产生了许多与巫蛊有关的习俗，并深刻影响了当地人的疾病观和宗教活动。更由于一些历史的、宗教的、习俗的原因，而使得某些微妙的问题难于在传统的文献、考古、田野的框架内得到解决，故有必要引入现代科学的实验手段，对文献、考古、田野所获材料进行模拟、复原、测量和数据分析，使之成为所谓的“四重证据法”。

容志毅 祖籍广西容县，1957 年出生于海南岛，获山东大学历史文化学院“中国古代史”专业中国道教文化方向历史学博士学位，现为广西民族大学民族学与社会学学院教授、博士生导师，兼四川大学“道教与宗教文化研究所”博士生导师，并任广西大学国学中心特聘教授、中国科学技术史学会理事。主要从事道教文化、科技史及中国少数民族宗教研究。

关于巫蛊的研究，即使是在民族学和人类学的视野下，也是一个比较偏狭的范畴。之所以进入这个领域，也许与我从小在海南岛黎族和贵州省苗族地区的生活经历有关吧。2012 年央视 9 台找我拍摄 2 集《祸起巫蛊》专题片时，我就阐述了这样的观点：虽然现在巫蛊大多在南方流行，但巫蛊的出现最早是在中原地区，还在甲骨文中就有了“蛊”字的记载。隋唐以后，原先在中原地区放蛊的人被流放到南方，于是巫蛊便借着南方毒物众多的便利，不仅传承了下来，还有所创发，在南部山区广为流传，同时也产生了许多与巫蛊有关的习俗，并深刻影响了当地人的疾病观和宗教活动。至 20 世纪 30 年代，由于日本的侵略，北方的不少高校被迫南迁，学界与巫蛊的接触便渐渐多了起来，巫蛊开始进入学术界的视野。迄今，相关的专著也有六七部了，论文更在几十篇以上。

但由于一些历史的、宗教的、习俗的原因，使得某些巫蛊的一些操作细节方面的问题难以在传统的文献、考古、田野的框架内得到解决，故有必要引入现代科学的实验手段，对文献、考古、田野所获材料进行模拟、复原、测量和数据分析，使之成为所谓的“四重证据法”。事实上，无论是科技史还是考古学，抑或在更宽泛的史学和人类学研究中，科技的手段早已获得广泛的应用，只是尚未提高到方法论的层面。有鉴于此，20 多年来，我们在对巫蛊的考察中自觉践行“四重证据法”法，尝试将蛊毒展示在学界及民众的面前，希望借此走出一条人文学科研究的新路。

一、写在前面的话

在中国南方以及东南亚的一些偏远地区，巫蛊的身影就像一个古老而又挥之不去的恶梦，从遥远的过去一直投射到民众的心灵底层。尽管历史有时候像幕布一般，想涂抹或遮掩住巫蛊的身影，但却无能为力，它就像一把刻刀，在民众有意与无意之间、在民众自觉或不自觉的时候，悄然地把自己的痕迹刻在了世俗的碑柱上，留存在民众恐惧的心灵空间中，相伴着他们的信仰、宗教、习俗、战争及医药等世俗活动，如云雨、如空气……这就是巫蛊，是巫蛊所积淀的沉重的习俗。

2018 年 10 月 24 日，在中央民族大学文华西楼 1326 的会议厅里，来自广西民族大学的容志毅教授向来自京城各高校及相关部门的听众，作了题为“民族学视野下巫蛊术的实证研究：兼论‘四重证据法’”的演讲。从殷商甲骨文最早的蛊字，到巫蛊术在隋唐时期向南方毒虫盛行的地区的传播；从幼年在海南黎族地区受巫蛊氛围的浸染，到成年时期在贵州、广西、云南等巫蛊盛行地区的考察；从“湘西赶尸”与非洲巫毒教的比较，到实验室中对巫蛊毒药的复原模拟实验……容志毅教授的演讲将巫蛊术起源、迁徙、影响和演变的过程，置于久远的历史背景和宽广的人类学视野中予以多侧面地展示，深刻揭示了巫蛊这一独特的文化事项及其对民族心理、宗教、习俗的广泛影响。

据容志毅教授说，早在殷商甲骨文中就有“蛊”这个象形文字的出现，其字形是在器皿中画了两条或三条蛇，即“”字。我们知道，象形文字的出现，一定是先有其事，然后再据其具体情形创作出的文字。因此巫蛊的存在，应该还在甲骨文出现之前就已经有了，是古人在毒－毒相加会成为更毒的东西的具象思维观念下制作出的一种毒药。在“”这一文字中，不仅毒蛇与毒蛇相加，而且古人甚至还将毒蛇制作加工，让它们进一步腐烂发霉并散发出恶臭，然后再将这些肮脏的东西视为奇毒无比的毒药用来加害他人，并最终发展演变成令人闻之恐惧的巫蛊。以此而论，巫蛊并不是近代才有的，也不是少数民族才有的，更不是强势民族与强势文化对弱势民族与弱势文化的一种栽赃，而是先民在与自然接触和适应的过程中，总结并发展出来的一种抗争手段，是属于世界上最早的人工制作的生物毒剂的一种原初形态，也是巫术起源的最早形态之一，当然也是文化的形态之一。其发生与发展，或与殷商乃至更早时期人类在战争中使用生物毒素有关。

二、巫蛊的源流与既往的学术研究

巫蛊有着悠久的历史。与神灵不同，巫蛊不是虚幻的想象，也不是超自然的幻化，而是自古就在民间流传的以蛊毒害人的“黑巫术”。殷墟甲骨文即有“蛊”字，写作“”，像器皿中的虫；秦代已有“以狗御蛊”的习俗；周代更设有专门“掌除毒蛊”的官员；汉代许慎《说文》和清代段玉裁的注解对蛊有详细的论述：“蛊，腹中虫也。《春秋传》曰：‘皿虫为蛊’，晦淫之所生也。”① 近代南方民间则多将养蛊蓄蛊者称为“药王”。药王害人，通常是将蛊毒直接施于食物或皮肤上，一旦染上又得不到及时治疗，中蛊者就只有在病痛与恐惧的折磨中慢慢死去。以此而言，巫蛊更像是一种可以实际操作的“巫技”，除具有客观的实在性外，还涉及医药、生理、民俗等领域，而神灵则大多属于祈禳之类的宗教信仰，与医药和生理似无直接联系。

那么，何为“巫蛊”？一言以蔽之，就是养蛊蓄蛊者以蛊毒（毒药）害人。关于蛊毒，《左传·疏》说：“以毒药毒人，令人不自知者，谓之蛊毒。”因此，从这个意义上说，凡一切能以隐蔽方式致人中毒的毒药，均属蛊毒的范围，它是自然界中的一些有毒动、植物经由某些特殊巫技操作后制成的毒药。蛊毒的类型也因其操作手段的不同而有多样：有以多种有毒动物共置皿中，使其自相啖食而为蛊的，此类蛊以其最后幸存物的不同又分为多种，如猫蛊、蛇蛊、蛤蟆蛊等；有以某种有毒动物尸体置水中，一半浸水里，一半裸露空气中，日久则于水面滋生一层霉菌，取出晾干为蛊的，如旧时海南岛的苗族、黎族所施之蛊即多属此类；有直接利用动物毒素（如河豚、毒蛇、毒毛虫、毒蜘蛛等体内的毒素）相配为蛊的；有以多种有毒动植物在野外置锅内熬制加工为蛊的，如非洲巫毒教所熬制的毒药等等。

历史上，各民族民间多有养蛊蓄蛊为害的，有的甚至波及朝廷。如汉代有名的“巫蛊案”即是一例，因当时以偶像害人的巫术也叫巫蛊。至南北朝及隋唐，偶像巫蛊术大多被称为“作法”，已渐渐演变为纯迷信的巫术，而以动物和植物毒素为害的巫蛊则已然成为风气。据《北史·独孤罗传》第四十九载：“会献皇后及杨素妻郑氏俱有疾，召医视之，皆曰此猫鬼疾。”②《北史·穆提婆传》：“（穆提婆）恐胡后不可以正义离间，乃外求左道行厌蛊之术。旬朔之间，胡氏遂精神恍惚，言笑无恒。后主遂渐相畏恶。”③《北史·

① （东汉）许慎撰，（清）段玉裁注：《说文解字注》，杭州：浙江古籍出版社，1999 年版。

② （唐）李延寿撰：《北史》，北京：中华书局，1974 年版，第 217 页。

③ （唐）李延寿撰：《北史》，北京：中华书局，1974 年版，第 348 页。

魏本记》："帝曾中蛊，呕吐之地乃生榆参，合陂土无榆，故时人异之。"① 连宫廷也不能幸免，以至隋高祖文帝在开皇十八年（598）不得不下诏禁止蓄蛊，诏曰："诏蓄猫鬼蛊毒厌魅野道之家，并投于四裔。"②

此处所谓"四裔"，主要是指长江以南地区。由于蓄蛊者被大量流放，加上南方毒物众多的便利，故隋唐以后，巫蛊便主要在江南地区尤其是一些少数民族地区流传，同时也促进了与放蛊、解蛊有关的习俗和医药的形成发展。故究其源头，可知南方的巫蛊文化来自中原。《隋书·地理志（下）》云："新安、永嘉、建安、遂安、鄱阳、九江、临川、庐陵、南康、宜春……数郡，往往畜蛊，而宜春偏甚。其法以五月五日聚百种虫，大者至蛇，小者至虱，合置器中，令自相啖，余一种存者留之，蛇则曰蛇蛊，虱则曰虱蛊。行以杀人，因食入人腹中，食其五脏。"③ 唐代孙思邈《千金方》卷二十四亦云："凡人中蛊，有人行蛊毒病人者。若服药知蛊虫姓名，当呼唤将去，若欲知蛊主之姓名者，以败鼓皮烧作末以饮，服方寸七。须臾，自呼蛊主姓名，可语令去则愈。又有以蛇涎合作蛊药著饮食中，使人得瘕病者，此种积年乃死，疗之各自有药。江南山间人有此，不可不信之。"④ 宋仁宗甚至因福建蛊毒案频发，而于庆历八年（1048）特意颁行了介绍治蛊方法的《庆历善治方》一书。

隋唐以后，巫蛊主要在我国南方一些少数民族地区流传，并深刻影响着当地人们的生活及宗教活动，同时也产生了大量与巫蛊有关的习俗。至明清以后，由于巫蛊的持续猖獗和医药的进步，民间与放蛊、解蛊有关的习俗才在医乃至药的观念下，渐渐获得了一种微妙的平衡。

虽然制蛊来源已久，但历史上学界对其没有太多的关注。直到20世纪30年代，由于日本的侵略，中国北方和东部的很多高校往西南迁徙，随迁的学者们在与当地人的日常交往中了解到蛊的"厉害"，遂引起他们对蛊的重视，想弄清楚蛊到底是什么东西。20世纪30—40年代，巫蛊开始进入学术视野。留法归国的凌纯声与留美归国的芮逸夫，他们把西方现代的民族学理

---

①（唐）李延寿撰：《北史》，北京：中华书局，1974年版，第386页。

②（唐）李延寿撰：《北史》，北京：中华书局，1974年版，第422页。

③（唐）魏徵：《隋书·地理志（下）》，北京：中华书局，1973年版。

④（唐）孙思邈：《千金方·卷第二十四·蛊毒第四》，北京：中国中医药出版社，1998年版。

论及田野调查方法用来研究巫蛊，在他们所著的《湘西苗族调查报告》中，很大一部分都与蛊毒有关。遗憾的是，尽管他们做了大量的田野调查工作，但书中关于蛊毒的记载都来自他人的转述，两位学者并没有得到蛊毒的实在证据。因为蛊毒在当地名声很坏，有蛊的人很不得人心，家族里只要有一个放蛊的人，整个家族会为此感到脸上无光，所以有蛊的人不能把制蛊的技术公开展示，这是由蛊毒的“黑巫术”性质决定的。从1930年代迄今，学术界出版的研究蛊毒的专著有《中国巫蛊考察》（邓启耀）、《蛊毒：财富和权力的幻觉》（黄世杰）、《湘西巫蛊》（陆群）等近十部，发表的学术论文数十篇，但所有的这些专著和论文都没有拿出蛊毒的实际证据，做的都是文献梳理或田野访谈的工作。

三、从童年的巫蛊记忆到学术之思

我从小生活在海南黎苗聚居区，从小耳濡目染，目光所及之处的黎族同胞，无论男女大多是“纹面”的。到市场买菜，看到卖菜的黎族妇女，她们的脸上、手上、腿上都有纹身。去年我回海南考察巫蛊时，发现老一代纹身的黎族人大多已不在世了，年轻一代的黎族姑娘已不再纹面，只是在一些旅游景区，看到他们把纹面、纹身的过程作为传统技艺的表演节目，展示给游客观赏。

我今年61岁，小时候在海南听说了很多放蛊的方法。小学三年级赶上“文化大革命”中的学工、学农、学兵，7月份夏收时节，学校会组织我们去帮助黎寨收割稻谷。我是很愿意去的，因为去帮助黎族收稻期间，每天的饭是免费的，而且每天早上会发一个咸鸭蛋，这在20世纪60年代中期对我们是很有诱惑力的。并且我听说被放蛊的一般是小女孩，很少有放男孩的，所以我就放心地去黎寨收割稻谷。那时，我所在的海南石碌铁矿学校，从小学、初中到高中，每年去帮助黎寨收割稻谷的学生、老师约有一千多人，其中每年大概有4到6人在此期间被放蛊。当病发被发现以后，这些据说是被放蛊的学生会被送到医院治疗，治疗结果基本是一半对一半：一半治好，一半没治好——所谓治好，也基本是整个神经被摧毁了，像僵尸一样①，基本失去了大脑的思维，另外一半没治好的就过世了。我从小就在黎族地区这种环境中生活。去年夏天我又再次回到海南黎族地区调研，海南黎族以前的住房多是“干打垒”，房屋的墙是用土坯舂成的。夏天海南岛气候闷热，而闷热是造蛊的必备条件，我们学过生物学的就知道，一般来说霉菌在摄氏37度左右繁衍最快。造蛊的人在其住处不远的地方垒一间小土坯房，上面用茅草盖好，四周不设窗户，只有一个小门供进出。我从小听说，他们在土坯房里放置一个腹大口小的陶缸，在缸底加入一层液体——据说是用某些植物加工、熬煮而成的，起着培养基的作用。然后把采集来的蛇打死——海南岛蛇多，有眼镜蛇、银环蛇、竹叶青等——将蛇身的一半浸泡在缸里的液体中，一半裸露在空气中，就在夏天这种闷热、黑暗、潮湿的环境里，蛇身及周围的液体表面会滋生一层霉菌，制蛊人用竹片把霉菌刮起来、晾干，不能晒，一晒霉菌就死了，晾干后获得的霉菌粉末就是所谓的蛊了，将其存放在竹筒里备用。海南岛有一种鹅叫作“狮头鹅”，黎族妇女用这种鹅的羽毛管（简称“鹅管”）作为发髻（贵州苗族妇女则多用纯银打造的发髻），当欲行蛊术害人时，便把蛊药预先置于发髻的鹅管里，施放蛊毒时候便将鹅管从发髻取下，将里面的蛊毒施放在食物或衣物里，让人防不胜防。

1971年我14岁时，父亲因支援三线建设从海南调到贵州西部六盘水地区。那里自古是多民族聚居地，尤以苗族为多，因此，各种有关苗族放蛊的传说，作为茶余饭后的谈资会被反复聊起，不免令人心生些许的恐惧。遗憾的是，这些恐惧又在蛊毒传说的不断强化下，被自觉或不自觉地转化为对苗族妇女的恐惧，甚至于演变为对苗族文化的心理拒斥。但所有的这些文化隔阂，都是因了交通的闭塞和交往的匮乏等历史因素造成的。但也有例外，如每年的农历二月十五日，正是贵州水城县苗族欢度“跳花节”的日子，每当这天，苗族青年男女便会集在山谷平缓处，身着盛装对歌唱和、你情我意，歌声婉转于山谷直至午夜，而漫山遍野围观欣赏的，却大多是从周边涌来的汉族职工、家属和子弟。每年的这一天，几乎成为那个娱乐匮乏年代必须要

① 非洲的巫毒教和中国的“湘西赶鬼”，其实质都是用含有神经毒素的巫蛊将受害人的神经系统部分摧毁，使他们失去自主意识，成为任施蛊者操纵的“活死人”或“僵尸”（并没有死），前者利用受害人干活，后者利用“僵尸”背在外地死去的人回乡。

看的节目。想不到，20 年眨眼过去，当我大学毕业专门从事研究后，冥冥中来到我身边的夫人正巧是一位苗族姑娘，这是当年挤在“跳花节”人群中看热闹时懵懂无知的我所未曾料到的。她作为黔东南雷山县报德村的第一位苗族女大学生，不仅熟悉本民族的文化，更熟悉作为她母语的苗话，通过她，我对苗族的文化乃至放蛊造蛊习俗的了解，又有了更深层面的感受。蛊毒本是一个非常偏狭的研究领域，起先并未引起我的关注，但偶然的涉猎却改变了这一切，这其中更多的也许是因缘际会吧，是因了小时候与巫蛊的无意邂逅，更因了和夫人一起走入苗寨、一起到据说有蛊的苗妇家喝酒……因此，当看到学界众多有关蛊毒的研究，却居然没有一个能明白地告诉我们：蛊毒到底是什么？它的原料和制作过程又到底为何？……这一系列的具体问题，之前似乎都只停留在文献的描述和缺乏具体个案的考察和记录之上。但我深知，这完全怨不得此前的学界，他们已经做了相当出色的工作，只是囿于宗教的、民俗的等多种因素的影响，不仅田野的考察根本不可能看到蛊毒的具体制作过程，而要想在浩若烟海的古籍文献中查找到可怜的几条文献记载，则真如大海捞针一般，几乎不可能完成。但这恰恰激发了我究根问底的好奇心，于是便打算从以往与黎族和苗族同胞交往过程中所了解到的蛊毒内情出发，加上更细致的民族学田野调查，同时利用现代电子出版物的检索功能及现代实验复原手段对蛊毒做重新的审视和研究。这才有了我之后多次走访贵州、广西、海南、云南等地考察的经历。

四、一次关于巫蛊的对话：2009 年昆明第十六届世界民族学人类学大会侧记

2009 年 7 月下旬，在云南昆明市召开的“第十六届世界民族学人类学大会”召开前夕，我一直待在贵州省雷山苗族自治县一个叫“格头”的苗寨里。寨子就坐落在雷公山脚下一处像炒菜铁锅样的山谷底部，从四周山坡密林中流出的溪水汇聚成一条清流从寨子中淌过，充沛的水量养育了众多的鱼类和蛙类，当然，也引来了不少以蛙为食的蛇类，尤以蝮蛇为多。那段时间我就住在前村长家，他叫杨光银，不仅是县里有名的蛇医，曾救活过 100 多位被毒蛇咬伤的危重病人，同时也是一个养蛇能手。在大会召开前，我原打算在格头苗寨做蛊毒的复制实验，为此杨光银还特意捉来一条很大的蝮蛇，

但后来我却放弃了复制的实验计划。因为苗族对蛊毒非常敏感，对造蛊蓄蛊的人则更是欲逐之而后快，若我贸然做蛊毒的复制实验，这在苗族同胞的眼里无异于造蛊，事情若传出去，会对我夫人娘家造成很不好的影响，而这又是我不愿看到的，于是只好把那条蝮蛇还给了杨光银。离大会召开还有两天，我才匆忙赶往昆明。

记得大会召开的那天下午，在专场讨论少数民族宗教信仰的分会场上，我作了一场有关巫蛊的报告。在报告后的提问间隙，一位来自苗区的官员型学者说："我在苗区工作十多年，尽管也听说过不少有关苗人放蛊的传说，但却从未见过真正放蛊的事。因此，所谓的放蛊，基本可以肯定，它是一种强势民族和强势文化对弱势民族和弱势文化的栽赃。"可以听出这话中的暗示意味颇强，但学术的问题还是要放到学术的背景中讨论为好。于是便回答说：

> 且不论强势或弱势吧。我们先回到殷墟甲骨文那里，看看当时的"蛊"字是怎么写的。巧的是，在殷墟甲骨文中，的确发现了现有最早的"蛊"字，写作""，是器皿中放了两条或三条蛇的象形文字。而象形文字一般是按照具体事物的形象摹写的，是先有事物再有象形文字的产生，而不是相反。具体到""这个象形文字，其所摹写的那个称之为""的东西，至于应该在甲骨文之前何时产生的，似乎已不可考，但起码在殷商时期就已经有了。而我们知道，殷商时期是没有所谓汉族或苗族之分的，因而也就没有什么强势民族、强势文化或弱势民族、弱势文化的区别。
>
> 但有一点是基本可以肯定的，即制蛊和放蛊这种巫术，最早的确不是在南方少数民族地区产生的，起码在中原地区殷商时期有蛊这种巫术时，南方还没有巫蛊术，因为无论是文献还是考古发掘，都没有发现当时南方已有巫蛊出现的相关文字记载或出土资料的证实，而按文化传播学的一般理论，像巫蛊这类较为复杂的制作技艺，应该是随着人流、物流、信息流而由一地出发向四周扩散辐射传播的。因此，今天南方地区的蛊毒，更可能是随着中原地区制蛊放蛊者被流放至南方，且借着南方河汉纵横、温度适宜且毒蛇、毒蝎等

有毒动植物众多的便利，才得以幸存并传习至今的。

五、蛊毒田野考察侧记

今人马学良先生在其《倮族的招魂与放鬼》① 一文中曾载："曾记一倮妪告我，彼于某村被仇人置蛊于饭中，食后眇一目。市上亦常见苗人卖解蛊之药，中蛊者食之即愈。且倮村中常明示某人某家为放蛊者，称之'药王'，人皆敬而远之。倮胞议婚，若访明某家为药王，则不与通婚。"据笔者 20 世纪 90 年代初期在贵州省雷山苗族自治县报德中寨的调查，该地苗人通常将蛊称为"药"，将放蛊称为"弄药"，而中蛊则称为"中药"。与"药"并存的是雷山苗族中的另一种称为"飞蛊"或"蛊鬼"的东西，实际上是某种啖食了多种毒物后的动物。与之相应，当地苗人称放蛊鬼为"放鬼"，中蛊鬼为"中鬼"，这与马学良先生所谓"放鬼"正好互为印证。人一旦被"放鬼"，其解救的方法亦甚为奇特，是用一渔网扣罩住病人全身，据说如此一来，病人就会"看见"放鬼者的影像，进而得知是何人所放。但病人多因惧怕，一般不敢直接找放鬼人评理，又因没有确凿证据，法院亦不承认放鬼之说，故只有偷偷摸到放鬼人家，趁其不在时从她的房屋上任砍下一木块放火焚烧，以此警告蛊妇将鬼收回。若不敢偷砍木块，则可朝天鸣枪，用于震慑并驱逐蛊鬼。比起单纯的蛊毒，当地苗人更惧怕放鬼。但蛊妇亦不是随便就以蛊鬼害人，据说中鬼者一旦请来高明的鬼师（即巫师）作法，若将蛊妇所埋蛊鬼挖出，则蛊妇即会毙命。因此，若不是仇怨甚大，蛊妇一般不敢滥施蛊鬼。放蛊的一般是妇女。从传统的阴阳观念看，因为毒物属阴，而男性属阳，男性放蛊会不同程度地把它中和掉。放蛊一般是祖传的，蛊妇一般会把制蛊、放蛊的方法传给女儿，可称之为"传蛊"。据说巫蛊的传播有一种特点，就是传蛊、放蛊往往是"被迫"的，这种"被迫"不是因为他人强逼，而是被传蛊者潜意识里的一种强大的传蛊、放蛊动力所驱使。她在传蛊、学蛊之初，就会发誓把蛊传续下去，如果不找继承人把蛊传下去，她就会生病；如果继承了传下来的蛊而不放蛊，蛊妇也会很不舒服，她必须放蛊，放给人、牛、猪、树，都可以。这或许是一种世代传续而累积下来的心理动力。放蛊的人

① 倮族属于彝族支系。

一般都有蛊的解药。

调查中另一情况引起了作者的兴趣，即当地蛊妇的子女都能顺利地婚嫁。而这与一些学者的结论可能略有出入，如上述所引马学良先生“倮胞议婚，若访明某家为药王，则不与通婚”之论。因此，蛊妇子女成家的现象，在民俗学范畴内应有一较为合理的解释。事实上，蛊妇子女的婚姻通常有三类情形，以女儿为例说明：一是男方与之通婚前即已访明其为蛊家；二是男方与之通婚前根本不知女方为蛊家，待到知晓时生米已然煮成熟饭。对于第一类情形，又有两种不同情况：一种是男女双方尽管相识，但却非亲非故，大多因彼此村寨相近，有机会相互了解，且女方又大多出落得比较漂亮，两情相悦。在这种情况下，即使明知女方为蛊家之女，男方也不再顾忌而迎娶，只是在婚礼的形式上作些改变，即不明媒正娶，而是沿用本民族的“偷婚”形式，即两人相约某日夜里，女方不带娘家任何嫁妆，独自私奔至寨边的小河旁。此时在对岸迎候的男方已为女方备来新的衣裙。于是，女方便将身上所着衣裙全都脱净扔进水里，遂裸身涉水过河。其间需在河里略作冲洗，以示娘家所有肮脏如蛊毒者均已随水逝去，亦象征其本人从今往后是清白的。待上岸穿上新衣裙后，方由男方娶回。另一种情况是女方因受蛊家名声的拖累，难于在周围村寨中找到婆家。这时便可采用如下两种通融的办法解决：一是嫁到舅妈或姑姑家；二是两个药王家相互通婚。正是这后一种情况的存在，才为蛊妇成家提供了最主要的途径。

至于第二类情形的出现，一方面由于寨子里的苗人通常不公开议论某家为“药王”，而只在私下里传说，这除了害怕“药王”放蛊报复外，还怕被“药王”家告官。因蛊是隐蔽的，你很难拿出实凭来证明其为蛊家。这种不公开议论，使男方在婚前很难对女方有透彻的了解，以至蛊女娶回后方才知晓，但已悔之晚矣！若想退婚，则又慑于会陷入种种对己不利的传统习俗中，甚至会倾家荡产，所以男方大都自认倒霉。另一方面，寨中同姓家族多会因族中有蓄蛊者而背负恶名，受到村寨其他族人的歧视，因此，蓄蛊者会受到同族与外族人的双重压力。在此情况下，蛊家均要想方设法将所蓄之蛊转嫁出去，而将女儿嫁往远处不相识的男家就是最好的办法。正因为如此，男女双方在结婚前都要想方设法了解对方的底细。这些“底细”主要包括有四大禁忌：一禁为蛊家，二禁为“鬼”家，三禁有过麻疯病人，四禁有过不明原因暴死之人。这四项禁忌中只要对方有其一，便不嫁或不娶。但在男方自己或请别人进寨调查时，寨人一般不会将实情告知，因为大家都想尽早将蛊鬼连同女方一起嫁往别处。故难免有蛊女嫁到不相识男方家的。

与苗族相似，壮族亦颇多巫蛊之事。据作者在广西左江上游龙州地区的见闻，该地壮族民间旧时有所谓“左江箭”“右江蛊”之说。此处之“箭”与上述贵州雷山苗人的“放鬼”相似，且形象地将其喻为能如箭般疾速伤人甚或取人性命。按当地壮族旧时的巫蛊习俗，放“箭”者须于每年农历正月十五将“箭”放出，否则自己要肚痛生病。是日，放“箭”者趁天将亮未亮时到一处白天热闹的路口，然后焚香磕头念咒，待天明人多时将“箭”放出，有恰巧碰到者便会中“箭”。故每年该日，凡家中有小孩的，其父母多要劝孩子不要外出，以免被人放“箭”。20 世纪 50 年代以前，龙州地区的“箭”是出了名的，而养“箭”者则多为当地的师公师婆。他们家中一般都建有一塔形砖笼，平日即将“箭”放养于塔笼内，需不时投以活雄鸡喂养，多日不喂，“箭”饿极后即跑出塔笼外伤人，令村民心惊胆战（我猜测这种“箭”可能是龙州地区一种喝雄鸡血的毒蝙蝠，蝙蝠飞行速度快，符合“箭”“来无影、去无踪”的特点）。故当地人多将“箭”称为“鸡鬼”，以至旧时广西有“鬼出龙州”之说，使外人视龙州如鬼域一般。为此，明代时位于左江下游的崇左县，更特意在江心岛上修了一座向上游倾斜的“鸡笼塔”，其意是一旦龙州的鸡鬼沿江下到崇左，就会被此塔镇住而不能继续为害。该塔至今完好，只是被不明就里的人依当地方言而改呼为“归龙塔”，失其意远矣。

人中了鸡鬼就会神志恍惚、言行失控，如延误治疗，便会慢慢死去。有了解内情的人说，治鸡鬼的程序分两步：首先是“赶鬼”，要趁患者满口胡言之际，由其家人或亲戚向患者问话，要反复问中的是哪家的鬼、是哪家放的鬼？在不断的问话中，患者会在无意中说出放鬼的人家，因附近能放鬼的就那么几家，大家心里亦都有数。故一俟问出，“赶鬼”仪式便告开始。先由其家人将一雄鸡挟于患者腋下，之后即推搡着痴呆状的患者朝放鬼家走去。见此，左邻右舍的孩子们便乱敲着锅碗瓢盘之类的东西加入到赶鬼的人群中，同时高声起哄骂些赶鬼杀鬼的话，如：“鸡鬼，还不赶快出来，不然宰了你！”那放鬼的人家听得叫骂声后赶紧将大门闩上，但赶鬼的人群不予理会，依然推搡着患者向放鬼家走去。待至放鬼家，因其大门紧闭，患者多会在不断的推搡中跌倒，其腋下所挟雄鸡亦趁松落之机逃之夭夭。见此，众人即以为雄鸡已将鸡鬼带回放鬼家的塔笼内，遂扶患者返家并延巫治疗。

这第二步的治疗，实际是一种亦医亦巫的操作。先由巫医在患者家的屋堂内设一供台，上摆一碗米（米上需放一红纸包着的利市，无论多少，几分几厘亦可）、一块姜、六柱香、一碗水（其水通常用“七月七水”。每年农历七月七日，巫医即到河里或井中挑水储缸中备用）。治疗开始后，巫医将六柱香点燃插米碗内，然后磕头念咒请师。待以为仙师已至，便拿起姜块嚼一口，再将嚼后的姜液吐于水碗内，算是一口姜液。如此连续吐三口后，即以右手从米碗内抽出三柱燃着的香捏于拇指、食指与中指间，将香头在左手水碗上画空符，画时需默念咒语，连画三次。如此，“姜符水”即告制成。之后再以右手所捏之香朝患者病痛处画符，这时同样需配合念咒。由于连续的念咒并精神高度集中，巫医会感到喉咙干涩，这时要稍喝少许姜符水润嗓子，候气息调顺，即口含姜符水向患者病痛处用劲喷去。病情较轻者喷一口即可，重者则连喷三口。至此，治病的程序便告结束，此时患者家人要将米碗内的利市及米一同送给巫医，巫医接过即走至门外，并松手让三柱香落地。若香互不重叠且平行排列，表明疾病不日可痊愈；若相互重叠且零乱排列，则表明病情较重需多治几次。一般小病经此治疗后多可痊愈，如若病情较重，仅凭姜符水尚不足治愈时，则需借助几味草药。这几味草药的采集亦颇多讲究：当巫医上山寻到草药的植株后，需先于其根部撒一圈米粒，谓“喂药根”，之后方可采挖。至家后将采得的草药捣烂如泥，再以新鲜的鸡屎拌合，然后用蕉叶包作几份交患者，嘱其返家后埋炭火中煨热敷病处。一俟病愈，按当地巫蛊习俗，患者即需携一红布条至巫医家，并将其贴于供台的墙壁上，以示谢意。这第二步的治疗操作不独用于治鸡鬼，凡一切疾病巫医大致均以此治疗，据说亦颇有愈者，无怪一些巫医家每年要清理一次贴满墙上的红布条。

居住在左右江之间靖西县的壮、苗二族，多将放蛊称为“下药”，将中蛊称为“中闷”。他们的蛊分黑、白两种，黑蛊放则无活，白蛊在三月内尚可解救，过期则无救。当地的蛊毒通常以毒毛虫粉和一些有毒植物（如草乌等）配制而成。放蛊时把蛊暗藏于指甲内，趁对方不注意时下于食物内。解救的方法是取一种当地人称为“避蛊药”的东西与甘草一同泡酒，连服三次即愈。

云南普米族的制蛊方法，与《春秋传》之所谓“皿虫为蛊”如出一辙。其法是将蜂、蛇、鼠、蝶、蜘蛛等放一陶罐内，任其互相啖食，最后活下来的被制为蛊，故有蜂蛊、蛇蛊等名目。此类蛊偶有直接为蛊害人的，有以其毒投于食物内害人的。前者类似于龙州的“鸡鬼”，后者则类似于靖西的“中闷”。中蛊后的表现为腹泻、腹痛、头晕，直至死亡。

南方汉族的蛊亦有多种，其中最主要的当属金蚕蛊与疳蛊两种，制法亦都不外“皿虫为蛊”的范围。金蚕蛊多出现在福建、广东等沿海地区，此蛊是把毒毛虫、毒蛇、蜈蚣、蝎子、毒蜘蛛等21种有毒动物盛坛内，然后择一岔路口埋地下49天，至期取出置香炉上供奉即成。蓄蛊者相信此蛊有灵，既能让其发财得禄，又能致仇人腹肿、七窍出血，甚至死亡。但蓄蛊者亦有忌讳，即便是家财万贯，也要对外诈称欠债贫穷，否则蓄蛊者迷信蚕蛊会作祟。

如蓄蛊者不想养了，可用布将蚕蛊裹了，同时放些银子、花粉及香灰后置于路口，有见钱眼开的自然会拾去。疳蛊亦称放蛋、放疳、放蜂，于每年端午日出外捉蛇、蜈蚣、蝎子、蚯蚓、蚂蚁等，再以烘干头发所研之末共置罐内供于瘟神前，日久自成。将疳蛊暗投食物中可致人罹病而亡。

实际上，巫蛊在南方各民族中均有遗存，尽管其中的习俗和操作手段略有不同，但本质却是一样的，都是以有毒动物的毒素或单味、或多味配制成蛊毒害人。凡中蛊者均应及早治疗，并据所中蛊毒之不同服用（或擦洗）不同的解药。也许是受了原始五行观念物物相生克理论的影响，巫医的解药中有不少是采用以蛊克蛊的。对此，明代著名医学家李时珍认为：凡蛊虫疗蛊，但知蛊名后即可治之。如蛇蛊可用蜈蚣蛊治，蜈蚣蛊可用蛤蟆蛊治，蛤蟆蛊则可用蛇蛊治之，等等。那么，对不知蛊名的中蛊者又何以治之呢？关键要判明是否真中蛊。民间常用的辨别法有三种：一是用木盆盛水，然后吐口涎于水中，若口涎下沉，表明确是中蛊了，反之则未中蛊；二是取生黄豆一粒入嘴咀嚼，觉无腥味者为中蛊，有腥味者则未中蛊；三是于口中含一插银针的鸭蛋白，若蛋白及银针变黑，显示是中蛊了，否则即非。

以上三种辨别法虽未可全信，但毕竟是建立在物质文化基础上的，有其一定的合理性，比之巫术色彩甚浓的“咒蛊毒文”，其医学的成分显然要多些。唐代孙思邈《千金翼方》即载有不少全凭念咒解蛊的迷信方法，如其中“禁蛊毒第十三”记载的“咒蛊毒文”就是通过念咒解蛊的。其咒如下：“毒父龙盘推，毒母龙盘脂，毒孙无度，毒子龙盘牙。若是蛆蛛蜣螂，还汝本乡；蛤蟆蚂蛇蜥，还汝槽枥。今日甲乙，蛊毒须出；今日甲寅，蛊毒不神；今日丙丁，蛊毒不行；今日丙午，还着本主。虽然不死，腰脊偻拒。急急如律令！”[①] 等等，甚至连佛教的《大藏经》也载有类似的避蛊毒咒语[②]。所以，尽管在唐代这样一个历史上的鼎盛时期，社会上对蛊毒的认识及医治仍大多停留在巫术的迷信范围。只是到了明清以后，由于蛊毒的猖獗和医药的进步，才渐渐有了在医的范畴内的解药，以至集市上竟有公开叫卖解药的郎中。于是，南方民间的放蛊与解蛊习俗，便在巫和医的观念下，渐渐获得了一种微妙的平衡。

六、蛊毒研究的新思路：从文献、田野走向实证

从1930年代到现在，学界关于蛊毒研究的专著已有七八本，论文也有几十篇了，但遗憾的是，所有这些研究，无论是从文献的角度，还是从田野的角度，都没有搞清楚蛊毒到底是什么东西？这个我们不能去责怪学术界的前辈，因为这其中不仅由于蛊毒传授和制作的隐蔽性，使得学界无法直接观察到蛊毒的制作过程，也由于在浩如烟海的古代文献中，要想找到几条有关蛊毒的记载，实在是太难太难了。今天我们所以在蛊毒的研究上获得一点突破，除童年的偶然接触外，也得益于今天便捷的技术手段，利用电子文档的检索功能，可以在网上的海量文献中很快地找到需要的信息。我们在前人研究的基础上，在网上搜索到五六条关于制蛊的文献，与我在海南田野调查中发现的当地人制蛊方法颇为相似。举其中两例：

> 晋代李石《续博物志》：“胡蔓草（断肠草）出二广……或取毒蛇杀之覆以此草，浇水生菌，为毒药害人。”
>
> 宋代方勺《泊宅编》：“先用毒蛇，不计多少，杀埋庭中，浇以米泔，令生菌，因取合药。”

上述两条文献中的“菌”，与海南黎族制蛊的操作过程是大体类似，均是取毒蛇腐烂后所滋生的霉菌制作成蛊毒。《泊宅编》中指明用米泔水浇，

---

① （唐）孙思邈：《千金翼方》，北京：人民卫生出版社，1982年版。

② （唐）孙思邈：《千金翼方》，北京：人民卫生出版社，1982年版。

而海南黎族则是用一种经过加工后的液体将毒物的一半泡在缸中，但这种液体究竟如何制作还有待进一步考察。蛊毒虽然是害人的“黑巫术”，但它作为一种文化曾经客观存在，并且有着悠久的历史。这样，我们做学问的人就有义务、有责任把它搞清楚，撇开道德、伦理的争执，这是一种学术研究的责任。

两条文献记载与田野调查基本吻合，都是把蛇浇湿后滋生出霉菌，再取霉菌“为毒药害人”，或“因取合药”，这里的“毒药”或“合药”就是蛊毒。研究到这一步，实现了田野调查与文献研究的证据重合，这是二重证据法。三重证据法是在此基础上加上考古发现，但人们不可能在古墓中挖出蛊毒，因为蛊毒是有机物，几天到几个月的时间即会分解，不再作为蛊毒存在了。除非在古墓中发现制蛊的壁画，但由于放蛊属于害人的“黑巫术”，一般不会把它的制作过程绘制成壁画。所以在巫蛊的研究中，我们舍弃了考古的路径，而从文献、田野和实验数据这三个方面去探索，最重要的是通过实验去尝试着复原蛊毒。

2012 年，中央电视台第九套（CCTV9）记录片频道与我合作，拍摄了两集名为《祸起巫蛊》的电视专题片，共一小时，专题片记录了我们通过实验复原蛊毒的制作过程。这个实验做得很辛苦，而且还要忍受奇臭。制作场所是在广西民族大学一个很偏僻的小房子里，使用不透明的陶罐，然后把死去的金环蛇（与眼镜蛇、灰鼠蛇并列为当地三大毒蛇，虽性情温顺，行动迟缓，但有剧毒）放在陶罐中，浇上米泔水，让蛇身的一半浸泡在米泔水中，一半则裸露在空气中。虽然把门锁了，但是掩盖不住臭味挥发出来。每次进到房子里查看蛊毒时，简直是奇臭无比。进门前要深吸一口气，再捏着鼻子进去，赶快观测、拍照样品，憋不住了就出门口透口气，然后再进去。这个实验做了好几次，有一次是失败了，为什么失败呢？因为盖住陶罐口的塑料盖刚好有一个小洞，苍蝇闻到臭就飞过来，把卵排到罐里并孵化成了蛆虫。我一看到就知道实验失败了，为什么呢？因为苍蝇总到很脏的地方去吃东西，但它们从不会得病，这是因为苍蝇会分泌一种抗菌素，其抗菌能力要比现在医用抗菌素的抗菌能力强 100 倍以上，正是因为有如此强的抗菌本领，所以苍蝇才不得病。蛆虫也有这样的本领，南美洲一些部落的族人会把蛆虫放在自已疮伤的口上，让它们在疮口上清理腐肉，利用的就是蛆虫分泌的抗菌素。所以做实验的蛇身上有了蛆虫，提取霉菌制蛊的实验自然是失败了。

因为文献与田野的证据吻合，我才在此方法和条件的基础上通过实验去尝试复原蛊毒的制作。虽然不知道黎族制蛊所用的液体是如何加工的，但可以暂时按文献的记载用米泔水来代替。但这样制作出来的“蛊”，与海南黎族的蛊是否相同还不能断定，也许黎族用特制的液体制蛊，可以生长出另外一种比较致命的病菌，而我们用米泔水长出来的霉菌，其毒性或许没有黎族的强烈。我们将提取出霉菌，送到南京理工大学化工学院分析测试中心进行检测。检测用到了目前较为先进的核磁共振方法，可测定出有机物分子的结构和成分。通过生物化学的分析，证实了这种分泌物的成分的确具有毒性作用。我们不敢完全肯定该分泌物就是蛊，但实验结果最起码可以说明：这种制作出来的霉菌对人乃至所有的有机体是有害的，其实质应该界定为民间传统使用的一种生物毒药，它应该是与蛊毒有某种联系。这个实验使得我们用科学实证的方法揭示蛊毒有了一种可行的手段。

七、关于四重证据法

传统考据学是对古籍加以整理、校勘、注疏、辑佚的一种治学方法，采用此法治学的典型代表为清代乾嘉学派，因此它是从文献到文献的一重证据法。1899 年，甲骨文首次被发现，其后又在安阳殷墟出土了大量甲骨文，加之各地不断出土的青铜器上的铭文，于是王国维于 1915 年首倡二重证据法，是取“纸上之材料”与“地下之新材料”相互印证的研究方法，这对 20 世纪的中国学术研究，尤其是史学研究产生了巨大影响。而三重证据法则是在二重证据法的基础上，加上田野资料而形成的一种史学研究方法。迄今，学界比较认可的是民族学家黄现璠的三重证据法，即文献、文物材料、田野材料相结合的方法。无论是一重、二重还是三重证据法，均强调“无证不信”“有一分证据说一分话”。

叶舒宪先生的四重证据法是“将口碑材料称为‘第三重证据’，将文物和图像称为‘第四重证据’”。这是将“三重”拆分为“四重”的节奏。事实上，“口碑材料”原本就包含在第三重证据“田野材料”中的“口述”部分，因此似乎没有必要将“口碑材料”从“田野材料”中抽提出来再单独作为“第三重证据”；而就“图像”而言，不仅文物中有图像，而且文献和田野材料中也都有图像。倘若将“文物材料”中的图像抽提出来再与文物一起构成“第四重证据”，这在逻辑似乎有些问题。更进一步，那些被抽提了图像的文献和田野材料，是否还能被称之为“文献”或“田野材料”？因此，似乎没有必要将简单的事情复杂化。

我的“四重证据法”：一是文献材料（包括文字、图像、图案、符号）；二是文物材料（包括出土的器物、图像、图案、文字、符号以及古代的壁画、岩画等）；三是田野材料（包括田野收集的口述记录、抄本、器物、图像、图案、符号、录音、录像等）；四是实验材料（利用科学仪器进行实验、测定、分析得到的数据和结果）。故所谓“四重证据法”，就是以古籍文献、文物材料、田野材料和实验材料为证据以研究人文学科的一种方法。

在民族学、人类学乃至更宽泛的人文学科的研究中，由于一些历史的、宗教的、信仰的和习俗的原因，使问题难于通过文献的、考古的和田野的方法得到解决，须借助科学试验的方法，对文献的、文物的、田野的材料进行必要的模拟、复原、测量及分析等手段，进而获得对问题的较为真实的诠释。因此，“四重证据法”的提出，应成为人文学科积极倡导与践行的方法。

所谓“试验人类学”，是以科学试验为手段，对文献的、文物的、田野的材料进行模拟、实验、测量和分析，进而达到研究人类本质目的的学说。（本文已经作者审阅）

2018 年 10 月 24 日晚，受中央民族大学道教与术数学研究中心主任谢路军教授邀请，广西民族大学民族学与社会学学院教授、博士生导师容志毅先生在中央民族大学举行了题为“民族学视野下巫蛊术的实证研究——兼论‘四重证据法’”的学术演讲。本文系根据录音整理。

九

文化自信与中国第五大发明

——谈二十四节气的来源以及传统文化中若干问题的天文学原理

主讲：冉景中

二十四节气，是中国古人通过观察太阳周年运动而形成的时间知识体系。在国际气象界，它被誉为“中国第五大发明”。二十四节气是如何形成的？它与中国的传统文化是一个什么关系？它对于我们今天的生产、生活、生态有什么启示？“中”“国”“年”“岁”这些汉字背后有着怎样美丽的故事？中国哲学的基本范畴“天人合一”思想、中国原始宗教“北斗与猪神崇拜”以及中国古代神话人物“九天玄女”的身世，这些问题有怎样的一个来源？本讲将带您解开这些谜题。

冉景中　中国社会科学院哲学博士，国际易学联合会学术部副部长；夔州人氏（今重庆奉节），本名冉夔涛，字景中（测景求中。周公测景台有诗云：道通天地有形外，石蕴阴阳无影中）；曾在军队服役14年至少校，期间获工学学士（解放军理工大学）、管理学硕士（解放军装甲兵工程学院）；已发表学术论文数篇；已出版专著《军校大学生成才之友》（2006年），其代表作《大六壬的古天文学原理及心智哲学机理研究》（2019年初版，2020年再版）是首部研讨数术学原理、机理的著作。

2016年11月30日，联合国教科文组织批准中国申报的“二十四节气”列入人类非物质文化遗产代表作名录。二十四节气，是中国古人通过观察太阳周年运动而形成的时间知识体系。在国际气象界，它被誉为“中国第五大发明”。二十四节气是如何形成的？古人怎么认识时间和空间？二十四节气与中国的传统文化是一个什么关系？它对于我们今天的生产、生活、生态有什么启示？

中国哲学的基本范畴“天人合一”思想、中国原始宗教“北斗与猪神崇拜”以及中国古代神话人物“九天玄女”的身世，这些问题有怎样的一个来源？共工触不周山导致“天倾西北，地陷东南”的神话传说究竟是怎么回事？数术学中“天一贵神”和“天门地户”的说法是何来历？让我们走进博大精深的中华传统文化，追溯其源头，领略其风采！

一、文化自信

党的十八大以来，习近平总书记在多个场合谈到中国传统文化，表达了自己对传统文化、传统思想价值体系的认同与尊崇，展现了中国政府与人民的精神志气，提振了中华民族的文化自信。党的十八届六中全会明确提出“道路自信、理论自信、制度自信、文化自信”，要坚定“四个自信”，不断把中国特色社会主义伟大事业推向前进。

过去的100多年，我们对自己的文化很不自信，甚至到了自卑的程度。从明代后期起，中国科技逐渐落后于西方，科技的落后必然导致武器的落后，然而“真理在大炮的射程之内”，武器落后的民族必然丧失“真理”，其实是话语权的丧失。国人把落后的原因归结于传统文化，恨不得全部打倒。反观邻国，中医药方被日本人拿去申请了专利；端午节被韩国人拿去申请世界非物质文化遗产……我们是不是该深刻反省？

只有深入了解传统文化才会有真正的文化自信。作为“中国第五大发明”的二十四节气，追溯它的形成，可以领略源远流长、博大精深的中国传统文化，可以增强我们的文化自信。“二十四节气歌”是将二十四个节气编排起来的民谣：

春雨惊春清谷天，夏满芒夏暑相连，
秋处露秋寒霜降，冬雪雪冬小大寒。

从北天极俯瞰，地球绕太阳公转，同时自转，二十四节气依次出现在地球公转的椭圆形轨道上。二十四节气的命名反应了季节、气候、物候变化等。表示寒来暑往变化的有：立春、春分、立夏、夏至、立秋、秋分、立冬、冬至八个节气；表示温度变化的有：小暑、大暑、处暑、小寒、大寒五个节气；表示降水量的则是：雨水、谷雨、白露、寒露、霜降、小雪、大雪七个节气；表示物候现象或农事活动的节气有：惊蛰、清明、小满、芒种四个节气。

二十四节气有悠久的历史。《尚书·尧典》以“观象授时历”的形式记载了二十四节气的天象和物候：

乃命羲和，钦若昊天，历象日月星辰，敬授人时。分命羲仲，宅嵎夷，曰旸谷。寅宾出日，平秩东作。日中，星鸟，以殷仲春。厥民析，鸟兽孳尾。申命羲叔，宅南极，曰交阯。寅敬致日，平秩南为。日永，星火，以正仲夏。厥民因，鸟兽希革。分命和仲，宅西土，曰昧谷。寅饯纳日，平秩西成。宵中，星虚，以殷仲秋。厥民夷，鸟兽毛毨。申命和叔，宅朔方，曰幽都。寅在易日，平秩朔伏。日短，星昴，以正仲冬。厥民隩，鸟兽鹬毛。

帝曰：“咨！汝羲暨和。期三百有六旬有六日，以闰月定四时，成岁。允厘百工，庶绩咸熙。”

——《尚书·尧典》

为了服务农业生产和宗教、政治，原始粗疏的观象授时历逐渐发展为精度更高的推步历。《淮南子·天文训》以“推步历”的形式详细记载了每个节气的时间推演及其气候、物候情况：

斗指子，则冬至……加十五日指癸，则小寒……加十五日指丑，则大寒……加十五日指报德之维……故曰距日冬至四十六日而立春……加十五日指寅，则雨水……加十五日指甲，则雷惊蛰……加十五日指卯中绳，故曰春分则雷行……加十五日指乙，则清明风至……加十日指辰，则谷雨……加十五日指常羊之维，则春分尽，故曰有四十六日而立夏，大风济……加十五日指巳，则小满……加十五日指丙，则芒种……加十五日指午，则阳气极，故曰有四四十六日而夏至……加十五指丁，则小暑，……加十五日指未，则大暑……加十五日指背阳之维，则夏分尽，故曰有四十六日而立秋，凉风至……加十五日指申，则处暑……加十五日指庚，则白露降，……加十五日指酉中绳，故曰秋分雷臧，蛰虫北向……加十五日指辛，则寒露……加十五日指戌，则霜降……加十五日指蹄通之维，则秋分尽，故曰有四十六日而立冬，草木毕死……。加十五日指亥，则小雪……加十五日指壬，则大雪，……加十五日指子。故曰：阳生于子，阴生于午。阳生于子，故十一月日冬至，鹊始加巢，人气钟首。阴生于午，故五月为小刑，荠麦亭历枯，冬生草木必死。

——《淮南子·天文训》

二、古人对时间和空间的认识

我们从古文字说起，首先来看“中国”一词。“何尊”，是中国西周早期一个名叫“何”的西周宗室贵族所作的祭器。1963 年出土于陕西省宝鸡市宝鸡县贾村镇（今宝鸡市陈仓区），收藏于中国宝鸡青铜器博物院。尊内底铸有铭文 12 行、122 字铭文，其中“宅兹中国”为“中国”一词最早的文字记载，记述的是成王继承武王遗志，营建成周（今河南省洛阳市）之事。从“中”“国”的铭文，表示空间的“邑”“郭”“城”“卫”和与时间有关的“年岁”“禾”“未（来）”“（结）果”“（往）昔”的甲骨文，可以体会古人的造字意图和他们对空间、时间的理解。这又与“立表测影”的测量技术有关。

古人“昼观日影，夜考极星”，通过“立表测影”，即利用圭表测影技术认识空间、方位、时辰和一年中的两分两至（春分、秋分、夏至、冬至）。《周礼·考工记》有：“匠人建国，水地以县，置槷以县，眡以景，为规，识日出之景与日入之景，昼参诸日中之景，夜考之极星，以正朝夕。”《淮南子·天文训》云：“正朝夕，先树一表东方，操一表却去前表十步，以参望日始出北廉。日直入，又树一表于东方，因西方之表以参望日，方入北廉则定东方。两表之中，与西方之表，则东西之正也。日冬至，日出东南维，入西南维。至春、秋分，日出东中，入西中。夏至，出东北维，入西北维，至则正南。”《淮南子·天文训》以日出日入的方位判断两分两至，误差比较大。

古人如何认识星空？他们通过对“天之中”（天空的中心）及日行轨道的观察来了解星空。《周髀算经》的“七衡六间图”，即以“天之中”的北极为中心画出七个同心圆，绘出春分、秋分、夏至、冬至的日出和日入（落）方位。《史记·天官书》云：“北斗七星，所谓‘旋、玑、玉衡以齐七政’。杓携龙角，衡殷南斗，魁枕参首。用昏建者杓；杓，自华以西南。夜半建者衡；衡，殷中州河、济之间。平旦建者魁；魁，海岱以东北也。”“斗为帝车，运于中央，临制四乡。分阴阳，建四时，均五行，移节度，定诸纪，皆系于斗。”处在“天之中”的是“璇玑”，“斗为帝车”，“璇玑”也是帝庭的象征，是“上帝”所居之所。

其次，来看古人对“地之中”的认识。《周礼·地官·大司徒》：“以土（度）圭之法测土深，正日景，以求地中。日南则景短，多暑。日北则景长，多寒。”地中，谓天下的中央，为东西南北之中。日南，标杆影子短于土圭长度谓之日南……反之则日影长。《周髀算经》曰：“周髀长八尺，夏至之日晷一尺六寸。髀者，股也。髀者，表也。”“髀”“股”都是大腿之意，可以推测，很可能人类在半爬行半直立行走的时代就已经懂得通过观测自己直立时在太阳下的影子来判断时间。《吕氏春秋·慎势》云：“古之王者，择天下之中而立国，择国之中而立宫，择宫之中而立庙。”对应“天之中”的帝庭，“古之王者”在“地之中”建立王廷。如此可见“天地之中”的对应关系，古人法天象故“居中而治”，又如《论语·为政》所说的“为政以德，譬如北辰，居其所而众星拱之”。从此“居中而治”的观念出发，可以看到王者“逐鹿中原”“允执厥中”“中庸之道”等思想的演化脉络。

再次，来看古人对恒星（二十八宿）、日月和五大行星（七曜）的认识。他们用“偕日法”“冲日法”“观中星”“观斗柄”等方法观察恒星；体会到日月如梭，并有光阴似箭之感；他们观察行星的运行规律和显现特征，给它们取了很贴切的名字，如金星（长庚、启明）、木星（岁）、水星（辰）、火星（荧惑）、土星（镇）。上引《尚书·尧典》记载了古人将时令与星象结合，产生了观象授时历。二十八宿包括：

东方青龙：角、亢、氐、房、心、尾、箕；
北方玄武：斗、牛、女、虚、危、室、壁；
西方白虎：奎、娄、胃、昴、毕、觜、参；
南方朱雀：井、鬼、柳、星、张、翼、轸。

天上的日月星辰一直在周而复始地运动，永不停息，周易以乾卦来表征天的德行。《周易》中乾卦的卦辞为："元亨利贞"，象辞有"天行健，君子以自强不息"，爻辞为："初九，潜龙勿用；九二，见龙在田，利见大人；九三，君子终日乾乾，夕惕若厉，无咎；九四，或跃在渊，无咎；九五，飞龙在天，利见大人；上九，亢龙有悔；用九，见群龙无首，吉。"彖辞曰："大哉乾元，万物资始，乃统天。云行雨施，品物流形。大明始终，六位时成，时乘六龙以御天。乾道变化，各正性命，保合太和，乃利贞。首出庶物，万国咸宁。"这里出现的"龙"究竟是什么呢？东汉许慎《说文解字》言："龙：鳞虫之长，能幽能明，能细能巨，能长能短，春分而登天，秋分而潜渊。"日晷测得的日影长度，恰恰也是随着一年四季变化的，这个长度变化标示了四季中阳气的消长。上引《周髀算经》有："周髀长八尺，夏至之日晷一尺六寸。髀者，股也。髀者，表也。"

天上的"斗"是一个大"表"，它的指向标示着一年四季乃至具体的月份。二十八宿出现的方位也是月份的表征。《鹖冠子·环流》曰："斗柄东指，天下皆春。斗柄南指，天下皆夏。斗柄西指，天下皆秋。斗柄北指，天下皆冬。"《夏小正》云：

正月——鞠则见；初昏参中；斗柄悬在下。
二月——无。
三月——参则伏。
四月——昴则见；初昏南门正。
五月——参则见；时有养日；初昏大火中。

六月——初昏斗柄正在上。

七月——汉案户；初昏织女正东乡；斗柄悬在下则旦。

八月——辰则伏；参中则旦。

九月——辰系于日。

十月——初昏南门见；时有养夜；织女正北乡则旦。

十一月——无。

十二月——无。

三、二十四节气的来源

天文观测的逐渐精确产生了二十四节气。正是在漫长的生产生活实践中，古人对太阳在恒星背景下运行的观测精度不断提高，由此产生了二十四节气。《左传·僖公五年》（前655）载：“春，王正月辛亥朔，日南至。公既视朔，遂登观台以望而书，礼也。凡分至启闭，必书云物（雾），为备故也。”其中，“分至”指“春分、秋分、夏至、冬至”，“立春、立夏”为“启”，“立秋、立冬”为“闭”。中国史书上第一部记载完整的历法为《三统历》，它由西汉著名学者刘歆整理而成，于西汉绥和二年（前7）开始实施，至东汉章帝元和二年（85）为四分历取代。地球每年绕太阳公转一周，从地球上看，太阳每年在黄道上移动一圈。将黄道带①分成十二部分，称为“十二星次”，《三统历》以二十八宿出现的方位标记每一“星次”的开始、中点和结束时间，其中每个开始和中点就是节气的时间。

星纪，初斗十二度，大雪。中牵牛初，冬至。终于婺女七度。

玄枵，初婺女八度，小寒。中危初，大寒。终于危十五度。

诹訾，初危十六度，立春。中营室十四度，惊蛰（今雨水），终于奎四度。

降娄，初奎五度，雨水（今惊蛰）。中娄四度，春分。终于胃

① 黄道带，指天球上黄道南北两边各9°宽的环形区域；天球，指以地球质心为球心、半径为任意长的球体。

六度。

大梁，初胃七度，谷雨（今清明）。中昴八度，清明（今谷雨）终于毕十一度。

实沈、初毕十二度，立夏。中井初，小满。终于井十五度。

鹑首，初井十六度，芒种。中井三十一度，夏至。终于柳八度。

鹑火，初柳九度，小暑。中张三度，大暑。终于张十七度。

鹑尾，初张十八度，立秋。中翼十五度，处暑。终于轸十一度。

寿星，初轸十二度，白露。中角十度，秋分。终于氐四度。

大火，初氐五度，寒露。中房五度，霜降。终于尾九度。

析木，初尾十度，立冬。中箕七度，小雪。终于斗十一度。

——西汉刘歆《三统历》

《淮南子·天文训》以“斗”的方位标示二十四节气的时间，在节气之间还有以日为单位的推演过程，每加十五日为下一个节气。古代历法家曾长期把一个回归年等分成 24 份，比如四分历所给的回归年长度是 365. 25 日，那么，每一个节气的时间就是 15. 218 日（365. 25 ÷ 24），也就是说，每过大约 15. 218 日交一个节气。这种节气划分法被称为“平气”。

斗指子，则冬至，音比黄钟。加十五日指癸，则小寒，音比应钟。加十五日指丑，则大寒，音比无射。加十五日指报德之维，则越阴在地，故曰距日冬至四十六日而立春，阳气冻解，音比南吕。加十五日指寅，则雨水，音比夷则。加十五日指甲，则雷惊蛰，音比林钟。加十五日指卯中绳，故曰春分则雷行，音比蕤宾。加十五日指乙，则清明风至，音比仲吕。加十日指辰，则谷雨，音比姑洗。加十五日指常羊之维，则春分尽，故曰有四十六日而立夏，大风济，音比夹钟。加十五日指巳，则小满，音比太蔟。加十五日指丙，则芒种，音比大吕。加十五日指午，则阳气极，故曰有四十六日而夏至，音比黄钟。加十五指丁，则小暑，音比大吕。加十五日指未，则大暑，音比太蔟。加十五日指背阳之维，则夏分尽，故曰有四十六日而立秋，凉风至，音比夹钟。加十五日指申，则处暑，音比姑洗。加十五日指庚，则白露降，音比仲吕。加十五日指酉中绳，故曰秋分雷臧，蛰虫北向，音比蕤宾。加十五日指辛，则寒露，音比林钟。加十五日指戌，则霜降，音比夷则。加十五日指蹄通之维，则秋分尽，故曰有四十六日而立冬，草木毕死，音比南吕。加十五日指亥，则小雪，音比无射。加十五日指壬，则大雪，音比应钟。加十五日指子。故曰：阳生于子，阴生于午。阳生于子，故十一月日冬至，鹊始加巢，人气钟首。阴生于午，故五月为小刑，荠麦亭历枯，冬生草木必死。

——《淮南子·天文训》

北朝的天文学家张子信发现“平气”存在问题。张子信，活动于北魏、北齐时代，为北齐“学士”，《隋书·天文志》载：“至后魏末，清河张子信，学艺博通，尤精历数。……言日行在春分后则迟，秋分后则速。”北魏末年，张子信因避葛荣之乱隐居海岛三十余载，用浑仪测天，发现太阳视运动不均匀现象，指出：“日行在春分后则迟，秋分后则速。”这一发现为我国古历法抛弃平均运动进入不均匀运动的新阶段打下了理论基础。首先运用这一成果改历的是隋朝天文学家刘焯。他从冬至开始，把周天360°均匀地分成24份，每个节气是15度，太阳每走过15度就交一个节气。这种节气划分法被称为“定气”。太阳虽然在每个节气走过的角度是相等的，但太阳走完一个节气的日数是不等的，因此两节气之间的天数不一样，冬至前后太阳运动得快些，两节气之间只有14天多，夏至前后太阳运动得慢些，两节气之间达16天多。定气法能表示每个节气太阳所在的真实位置。

采用定气划分二十四节气无疑是一大进步，但定气法对民用历法来说却无关紧要，因为农事活动只要求有相对固定的标准把季节时令的变化和农事联系固定下来就行了。而这种联系用平气系统也是可以的，加上人们积久成习的影响，所以在刘焯之后并未用定气注历，直到清世祖顺治二年（1645）颁行的时宪历，才正式采用定气。

四、二十四节气的启示

老子《道德经》云：“人法地，地法天，天法道，道法自然。”指出人应向自然学习，而反映地球公转的二十四节气会给人类怎样的启示呢？这里简述一二：1）顺时施政；2）因地制宜，爱护环境；3）守典奉法，加强法制建设；4）顺时养生。

春生夏长秋收冬藏是大自然的规律，我们发展生产要遵循规律，顺应季节，不能急于求成。《礼记》有《月令》篇，月令是上古一种文章体裁，按照一年12个月的时令，记述政府的祭祀礼仪、职务、法令、禁令。四时各有气候特征，每个月又有各自的征候。与四时相对应，每个月各有相应的祭祀规定的礼制。各种人事活动，如生产、政令等，要受到太阳、四时、月、神、五行各种力量的制约。人，包括帝王在内，不能是绝对自由的。人的自由不光表现在利用自然，而首先表现在遵循自然。政令应以生产规律为依据，应有益于生产的发展和正常的进行，不能站在它的对立面破坏它。

孟春之月，日在营室，昏参中，旦尾中。

东风解冻，蛰虫始振，鱼上冰，獭祭鱼，鸿雁来。

是月也，以立春，先立春三日，大史谒之天子，曰：某日立春。立春之日，天子亲帅三公、九卿、诸侯、大夫，以迎春于东郊。还反，赏公卿诸侯大夫于朝。

乃命大史，守典奉法，司天日月星辰之行，宿离不贷，毋失经纪，以初为常。

是月也，天子乃以元日，祈谷于上帝，乃择元辰，天子亲载耒耜，措之于参保，介之御间，帅三公九卿诸侯、大夫，躬耕帝借。天子三推，三公五推，卿诸侯九推，反执爵于大寝，三公、九卿、诸侯、大夫皆御，命曰劳酒。

是月也，天气下降，地气上腾，天地和同，草木萌动，王命布农事，命田舍东郊，皆修封疆，审端经术，善相丘陵、阪险、原隰，土地所宜，五谷所殖，以教道，民必躬亲之。田事既饬，先定准直，农乃不惑。

禁止伐木。毋覆巢，毋杀孩虫，胎夭飞鸟，毋麛毋卵，毋聚大众，毋置城郭，掩骼埋胔。

是月也，不可以称兵，称兵必天殃，兵戎不起，不可从我始，毋变天之道，毋绝地之理，毋乱人之纪。

——《礼记·月令》

以太阳视运动位置以及对应的物候现象为时间节点的《月令》体现了古人遵循自然规律、因地制宜、因时制宜、爱护环境、守典奉法、顺时施政的思想，对我们今天的生产生活和国家治理依然有着重要的借鉴意义。

五、传统文化中若干问题的天文学原理

中国哲学的基本范畴“天人合一”思想、中国原始宗教“北斗与猪神崇拜”以及中国古代神话人物“九天玄女”的身世，这些问题有怎样的一个来源？共工触不周山导致“天倾西北，地陷东南”的神话传说究竟是怎么回事？数术学中“天一贵神”和“天门地户”的说法是何来历？

1. 北斗与猪神崇拜

在距今约 7000 年前的新石器时代，先民将北斗比附为猪，河姆渡文化陶钵上出现猪的图像，距今约 5200 年的崧泽文化有猪形的陶制斗魁模型。新石器晚期的猪崇拜，体现在红山文化的三孔玉饰、猪首形饰，距今约 4000 年。另外，凌家滩遗址的双头猪饰件，距今 7000 年。先民为何要崇拜猪？为什么要将北斗比附为猪？

我们先来看圭表测影。“圭表”是古人用来辨正方位、掌握时间、考订节气的最早的天文仪器，由“圭”和“表”两部分构成。“表”是一根直立地平面的杆子，“圭”则是量度日影的尺子。现今已经发现的最古老的圭表，出土于素有“尧都平阳”之称的山西襄汾陶寺遗址，距今约 4100 年。日晷测时的造型与原理和圭表类似，除了表示一天中的各个时辰，其上日影的长短还标示了当天在一年中的位置。上引《周髀算经》卷上云：“周髀长八尺，夏至之日晷一尺六寸。”《周髀算经》卷下云：“冬至晷长一丈三尺五寸，夏至晷长一尺六寸。”

从前面引文可知，古人把“斗”看作天上的“表”，那天上是不是还有个“圭”呢？“圭”的字形为“土上重土”，二十八宿中的“奎”与其字形相似。在出土的战国曾侯乙墓漆箱盖上出现了二十八宿的名字，其中代表“奎”的字为“”，其字形更像“圭”字。历数《史记 · 天官书》《汉书 · 天文志》《晋书 · 天文志》《尔雅》《庄子》《说文解字》等典籍，“奎”

字主要有如下解释：一、奎为天豕、封豕、封狶，均表示大猪（猪神）；二、奎为沟渎；三、奎为髀胯；四、奎为府库。先民把北斗比附为猪。北斗是天上的表，大猪是天上的圭，这只是一种巧合吗？“圭”度日影，莫非“奎”宿与此有关？

再来看日躔与岁差。太阳在巡天二十八宿的恒星背景中逆时针运动，每年转一圈。太阳的这种运动轨迹叫“日躔”（也叫“日在”），运动到某宿就叫日躔某宿，运动到某次就叫日躔某次。虽然日躔的位置不能直接观测，但是先民用昏旦中星的方法可以间接得到，在观测精度不高的新石器时代，这种方法得到的日躔位置大致不差。《夏小正》有“初昏参中”“初昏南门正”“参中则旦”的记载，这是先民使用昏旦中星观测法最早的证据。《礼记·月令》云：“孟春之月，日在营室，昏参中，旦尾中……仲春之月，日在奎，昏弧中，旦建星中……季春之月，日在胃，昏七星中，旦牵牛中……”《汉书·天文志》说，冬至日躔牵牛，距离北极最远，晷影最长；夏至日躔东井，距离北极最近，晷影最短。原文如下：

> 中道者，黄道，一曰光道。光道北至东井，去北极近；南至牵牛，去北极远；东至角，西至娄，去极中。夏至至于东井，北近极，故晷短；立八尺之表，而晷景长尺五寸八分。冬至至于牵牛，远极，故晷长；立八尺之表，而晷景长丈三尺一寸四分。春秋分日至娄、角，去极中，而晷中；立八尺之表，而晷景长七尺三寸六分。此日去极远近之差，晷景长短之制也。去极远近难知，要以晷景。晷景者，所以知日之南北也。
>
> ——《汉书·天文志》

冬至日躔牵牛（初度），这是公元前450年的天象，这个数据与汉代《三统历》记载相同。

邓平、落下闳编订《太初历》（前104）时，发现冬至点并不在牵牛初度，但是他们仍然忠实地接受传统的观测结果。西汉绥和二年（前7），刘歆编制《三统历》对冬至点西退的现象很疑惑，认为“冬至进退牛前四度五分”。东汉章帝元和二年（85）实施《四分历》，经实测改为斗二十一度又四分之一。直到公元330年，东晋的虞喜才打破陈规指出：“尧时，冬至日短星昴，今二千七百余年，乃东壁中，则知每岁渐差之所致。”

冬至点沿着黄道逐年西退，这种现象叫作“岁差”。“岁差”也是地球公转周期与四季周期的计时差。太阳和月亮对地轴的方向产生扰动，使赤极绕黄极顺时针旋转，同时，行星引力对地球绕日公转产生摄动，这些综合作用使两分点沿着黄道大约71年西退1度，25800年移动一周。按照冬至点每71年西退1度计算，当冬至点处于奎宿的范围内的时间段距离公元前450年应该大约是5250年到6350年，距今应该是7550年到8650年。可以推测，“奎”作为天上的“圭”，有其天文历法的来由。

古人冬至祭天，夏至祭地。明清两代祭天地的场所分别是天坛、地坛。天坛圜丘正北方向坐落着“皇穹宇”，殿正中石座最高处以坐北朝南供奉“皇天上帝”牌位。祭天的大礼其实是渊源有自的。《礼记·郊特牲》云：“郊之祭也，迎长日之至也，大报天而主日也。”孙希旦解曰：“迎长日之至，谓冬至祭天也。冬至一阳生，而日始长，故迎而祭之。礼之盛者谓之大，祭天岁有九，而冬至之礼最盛，故谓之大报天。”考古发现新石器时代晚期的许多祭祀天地的圜丘和方丘遗存，其中以东山嘴遗址祭坛（红山文化晚期，距今约5500年）和牛河梁“积石冢”群遗址（红山文化晚期，距今约5000年到5500年）较为著名。

先民告别了蒙昧，开启了智慧，便在思索“我从哪里来?”在他们眼里，生殖是一种神秘的力量，而猪的生殖力足以让人惊羡不已。六畜中猪繁殖得最快。一头母猪两年可生五次猪仔，一窝猪仔一般有十个上下，多的达二三十个。小猪生下来后，半年左右又可以配种繁殖。一头母猪喂养得好，半年可以繁殖四五十头小猪。而马要长三年才能配种，牛长两年配种，又都是一年产一次，一次产一个。羊至多两年配三次，一般只产一羔，至多产双羔、三羔。猪的生长速度也很快，一般七八个月，至多十来个月，就能长成百斤以上的大肥猪。母猪的发情不受季节的限制，而且妊娠期短，牛需要280天，羊需要150天，而猪只要114天。甲骨文的“家”，字形“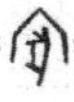”或“”就是屋下有猪。《天官书》云：“奎为天豕。”奎宿的形状与甲骨文中猪的字形“”相似。

《说文解字》云：“奎，两髀之间。从大。圭声。”段玉裁注：“奎与胯双声。奎宿十六星以像似得名。两髀之间，人身宽阔处，故从大。”《说文解字》又云："胯，股也。"段玉裁注："合两股言曰胯。胯，两股之间也。"显然奎就是胯，胯就是两股之间。我们知道"髀者股也，髀者表也"。所以"两髀之间"的含义，既是两股之间，也是两表之间。表影的变化反映的是日躔轨迹的变化，实质是阴阳消长的变化。7500年前，当太阳运行到奎宿，正是冬至阴极之处，太阳这个极阳之物走到奎宿这个极阴之地，阴阳一交合，新的生命便开始了。所以，奎宿既代表（由长变短和由短变长的）两条表影之间的冬至，也代表两条大腿之间的女性骨盆。甲骨文的"家"正是房子里面养了一只猪，猪就是奎，奎就是女性的骨盆。"家"是生养我们的地方。

从冬至开始，新一轮的生命周期就开始了。所以先民要在冬至这一天举行祭天大礼。人王带领百官，代表百姓，答谢皇天上帝在过去的一年中给予的恩赐，也祈求来年农业的丰收、人丁的繁衍。

我从哪里来？我是父母所生。父母从哪里来？父母是父母的父母所生。父母的父母又从哪里来？父母的父母的父母……从哪里来？山川河流从哪里来？日月星辰从哪里来？天地万物又从哪里来？这样追溯下去，先民认为是上帝创造了这一切，上帝住在天的中心，也就是众星环绕的北极。北斗围绕北极旋转，终年可见，先民就把北极视同上帝。由此可见，"上帝"是中国本有的概念，与英语中主宰万物的"GOD"是相似的含义。笔者认为，中国哲学的基本观念"天人合一"指天与人在本质上同宗同源，这个思想可以一直追溯到7500多年前的北斗与猪神崇拜。"猪"早已被先民当为生殖大神，当猪与北斗有了比附关系之后，猪的地位便上升到了万物起源的大神。

2. "九天玄女"的身世

我们从大六壬说起。大六壬历史悠久，西汉汝阴侯墓即出土式盘。清人俞正燮考证大六壬的起源说："六壬之起，《道藏》谓自黄帝，名六壬者，神机制胜。《太白阴经》云：'玄女式者，一名六壬式，玄女所造，主北方万物之始，因六甲之壬，故曰六壬。'《白虎通》云：'亥者，阴之始。又亥位为《易》之乾，为盖天之门。壬寄于亥，名六壬宜也。'"清代大学者纪晓岚对此也有考证云："六壬与遁甲、太乙，世谓之'三式'，而六壬其传尤古，或谓出于黄帝元女，固属无稽，要其为术，固非后世方技家所能造。大抵数根于五行，而五行始于水，举阴以起阳，故称壬焉；举成以该生，故用六焉。"俞正燮与纪晓岚的意见可以概括为：六壬的起源十分古老，壬寄宫于亥，水为五行之始，亥又为天门乾之方位，乾为八经卦之首，水的生数为一而成数在六，所以“六壬”二字包含万物起源的思想。

我们关心的是：制造六壬式的玄女是个什么人物？其身世如何？西北（亥）方位何以成为天之门？迄今出土的六壬式盘其天盘正中毫无例外都是北斗图案。这说明六壬之“壬”与北斗之“斗”有某种紧密的内在的逻辑关联。这些蛛丝马迹为本文的进一步研究提供了线索。

唐代李筌《太白阴经》云：“玄女式者，一名六壬式，玄女所造，主北方万物之始，因六甲之壬，故曰六壬。”《黄帝龙首经》说：“黄帝将上天，次召其三子而告之曰：吾昔受此《龙首经》于玄女，经章传义十有二绪……”明代陈公献所著《大六壬指南》卷二题为《大六壬九天玄女指掌赋》说：“九，天数。玄，天色。女，阴象。《黄帝阴符》亦如此解，言阴与之符也。故：九天之数，以玄女名，包于阴而阴与符合意。”以“玄女”命名的与六壬式有关的文献有《玄女式经要法》《黄帝授三子玄女经》《玄女经》等。九天玄女是谁？既然玄女主北方万物之始，我们当然有充分的理由认为九天玄女的真实身份就是天上的奎宿，也就是猪神。

3. “天倾西北，地陷东南”的传说

古代文献有共工触不周山导致“天倾西北，地陷东南”的传说。《列子·汤问》：“共工氏与颛顼争为帝，怒而触不周之山，折天柱，绝地维，故天倾西北，日月星辰就焉；地不满东南，故百川水潦归焉。”又见《淮南子·天文训》：“昔者共工与颛顼争为帝，怒而触不周之山，天柱折，地维绝，天倾西北，故日月星辰移焉；地不满东南，故水潦尘埃归焉。”学界多以中国的地形西北高东南低来诠释之。

我认为，所谓“天倾西北”是由于岁差的作用导致天极的位置发生了变化，5000 年前的天极在天一星附近，到西周初年移动到了帝星，帝星在天一星西北。战国至西汉年间天极进一步倾斜，那个时代的人们无法解释这个现象，便杜撰了“共工触不周山”导致“天倾西北，地陷东南”的神话传说。

极星即是上帝，万物都从中衍生出来，天极被众星环绕如同天之门户。既然天极向西北倾斜，天门当然在西北。而地户在东南的原因，其一是因为天地相对，其二大概是由于式盘的地盘上二十八宿起于角而终于轸，日月五星都要从这里经过，如同穿过门户一般，而角宿、轸宿正好在地盘的东南方位。这可以解释数术学中“天一贵神”和“天门地户”说法的来历。

图1 冉景中讲解天文图

概言之：古人认为，北斗是天上的大表，祂代替上帝主宰天地万物，奎宿是天上的大圭，祂是主宰生殖的猪神。在距今8650年至7550年前，太阳在寒冷的冬至运行到奎宿，阴阳一交合，新的生命周期便开始了，所以先民要在冬至这一天举行祭天大礼，祈求来年农业丰收、人丁兴旺；中国哲学的基本观念“天人合一”正是指天地万物与人在本质上同宗同源，这个思想可以一直追溯到7500多年前的“北斗与猪神崇拜”。当猪与北斗有了比附关系之后，猪的地位便上升到了万物起源的大神。史料记载“九天玄女”主北方万物之始，那么祂的真实身份就是天上的奎宿，也即是猪神。正是由于岁差的作用导致天极的位置发生了变化，古人为解释这种现象而杜撰了“共工触不周山”导致“天倾西北，地陷东南”的神话传说。[①]（本文已经作者审阅）

① 冉老师的讲解令现场和线上微信群的朋友们耳目一新，大家感到深受启发，既开拓了视野，也丰富了知识，享受了一场文化盛宴。大家对冉老师的精彩讲座报以热烈的掌声，并进行了长达30分钟的互动交流。

2018年10月26日晚，受中央民族大学道教与术数学研究中心主任谢路军教授邀请，中国社会科学院哲学博士、国际易学联合会学术部副部长冉景中先生在中央民族大学举行了题为“文化自信与中国第五大发明——谈二十四节气的来源以及传统文化中若干问题的天文学原理”的学术演讲。本文系根据录音整理。

十

道教易学

主讲：章伟文

道教易学这种学术形式的出现，旨在弥补道家哲学偏重形上学的缺陷，它结合《易》理，如纳甲、卦气、卦变、无极太极、先天后天、五行八卦、河洛数理等，来探讨天道的内容、表现以及由人事通向天道的路径，既能为道教信仰确立较明确的终极宗教目标，又能为道教的宗教修持提供切实的路径和方法。这在道教义理发展的过程中，具有重要的学术地位和理论价值。道教易和儒学易之间具有相待互补性。道教易学可分为三大类：丹道易学、道教易图学和道教易老学。

章伟文 历史学博士、哲学博士后，北京师范大学哲学学院、哲学思维与发展战略研究中心、价值与文化研究中心教授，中国哲学与文化研究所所长，博士生导师。曾在中国道教协会研究室工作，担任中国道教学院特聘教授。主要研究方向为中国传统哲学中的易学哲学、历史哲学、道家哲学、价值哲学。

易学是中国传统文化研究的热点之一，而国内外学术界一般多集中于对儒家易学进行研究，对道教易学的研究相对较少。道教易学，既不同于儒家易学，亦不同于道家易学，它是为道教性命双修之学提供理论基础的。

道教易学这种学术形式的出现，旨在弥补道家哲学偏重形上学的缺陷，它结合《易》理，如纳甲、卦气、卦变、无极太极、先天后天、五行八卦、河洛数理等，来探讨天道的内容、表现以及由人事通向天道的路径，既能为道教信仰确立较明确的终极宗教目标，又能为道教的宗教修持提供切实的路径和方法。这在道教义理发展的过程中，具有重要的学术地位和理论价值。应该说，儒学易同样重视对于天道的探究，但儒学易探索天道的主要目的是为政治和社会伦理问题提供本体论的根据。道教易和儒学易的不同之处就在于，它重在对自然天道及人与自然天道之合一这个问题进行研究，这种人与自然天道的相合更多地是以个体的、自然人的身份来进行，而不是以群体的、社会的人为基础。这样，儒学易和道教易之间就具有一种相待互补性。

根据道教易学思想的不同特点，可以将其概括为三大类型，即丹道易学、道教易图学和道教易老学。其中丹道易学主要是以个体为本位，对天道之理进行切身之体悟，以求得个体与天道之相通、相融的具体方法和路径；道教易图学主要是以易图的形式对天道之理进行理论探讨，以为道教内丹修炼提供理论的指导；道教易老学则是对上述这种天人之学的理论综合，以体用的方式来贯通天与人、道体与器用，沟通形而上与形而下。

一、何谓道教易学？

道教易学是指运用《周易》卦爻象、卦数、卦理等来阐发道教信仰和教义思想的一种学术形式。“道教易学”主要不是通过对《周易》经、传文的解释来阐发道教的教义、信仰；而是通过运用《周易》卦爻之象、数作为信仰的象征符号来阐发道教的教理、教义。因此，它应属“易外别传”。

易学文化和道教文化是在中国远古文化传统上发展出来的具有代表性的

两种文化。这两种文化既有不同特色，又有其内在关联。易学与道教文化有一个共同的文化源头，这就是中国远古的巫史文化。对中国远古巫史文化的继承，是道教形成的一个重要原因。其一，道教对史文化的继承。据《汉书·艺文志》称："道家者流，盖出于史官，历记成败存亡祸福古今之道，然后知秉本执要"，认为道家学派是源出于王官之学中的"史官"之学。而先秦道家思想是道教的一个重要来源，故道教与史官文化有着密切联系。其二，道教对巫术文化的继承。"所谓道教，是中国母系氏族社会自发的原始宗教在演变过程中，将各种巫术、禁忌、方技术数、鬼神祭祀、民俗信仰、神话传说等综合起来，以融汇道家和神仙家的黄老学说为旗帜和理论支柱，杂取儒家、墨家、阴阳家、五行家、医家、方技家、养生家等诸学派的修炼理论、伦理观念和宗教信仰成份，在劝世度人、长生成仙，进而追求与道合一的目标下神学化、方术化为多层次的宗教体系。"① 《周易》与巫、史文化的密切联系。其一，《周易》由"太卜""太史"等所掌。《周礼·大卜》："大卜掌三易之法，一曰《连山》，二曰《归藏》，三曰《周易》。其经卦皆八，其别皆六十有四。"其二，"易本卜筮之书"。《左传·僖公十五年》："龟，象也；筮，数也。""象"与"数"，再加上卜筮者对于这些"象""数"解读所形成的卜辞、筮辞以及理解，则形成了《周易》最重要的四个因素——象、数、理、辞。

道教文化与《周易》文化同源而异流。"同源"是指两者在源头方面有相近的文化精神：其一，两者都主张"神""帝"主宰说。认为在现实世界背后，有一种力量存在，它可以支配现实世界。其二，两者都持人神沟通说，认为天、神与人之间可以沟通。如《周易》"推天道以明人事"，天、地、人"三才说"等，皆认为人可以法天地之道而行。道教也认为人与天、神之间可以沟通，如道教的各种宗教科仪形式，皆被认为是人天沟通的形式。其三，道教与《周易》也都持趋福避祸说，认为人通过与天、神的沟通，能了知天、神的意旨，从而主动循天、神之意旨行事，以趋福、避祸。"异流"是指《周易》文化之大宗，在发展过程中，渐渐脱去筮史文化的神秘外衣，逐步理论化、理性化。关于《周易》的成书，《汉书·艺文志》提出"人更三

① 胡孚琛主编：《中华道教大辞典》，北京：中国社会科学出版社，1995 年版，第 44 页。

圣”，朱熹提出“人更四圣”，表明《周易》成书历程主要经历了从伏羲、周文王、（周公）到孔子这么一个过程。这个过程，从早期《周易》重卜筮、重对神意的前知和遵循，“人事”皆服从天、神之意；到周公的“以德配天”，积极从事人事，以与天德相配；再到以孔子为代表的儒家“敬鬼神而远之”“尽人事以听天命”，有一个重与鬼神沟通、重神秘体验到逐渐转向重人事、重理性的转变。

道教的产生是对汉末时代命题的一种回应。汉末的时代命题是如何解决限制、异化与发展的矛盾：其一，汉代儒学的僵化；其二，先秦道家切入现实的困难。道教既吸收了道家在人天关系上重“天道”之“自然”的思想，又吸收了儒家重现实教化的特点。

道教易学的出现，是和整个两汉社会大的政治、学术环境密不可分的。因为中央集权政治统治的需要，汉武帝实行“罢黜百家，独尊儒术”的方针，这使儒家学说成为官方的意识形态。作为意识形态，要对现实的生活进行引导、规范，要对至高无上的王权进行监控，故而以孟喜、京房为代表的汉儒官方易学的主要特点在于通过卦气说、奇偶之数、纳甲之法等解《易》形式，言阴阳灾异来探寻“天意”，利用“天意”来对现实的王权、人事进行“规范”。但在汉儒的易学之外，到东汉中后期又出现了讲阴阳变易和炉火修炼之事的最初的道教易学。这是因为儒学的独尊对于汉代社会来说有利有弊。其利主要在于儒家的纲常伦理以及其重视现实教化的特点和传统能发挥稳定社会、巩固皇权的作用；其弊则反映在儒家的一套定型的纲常伦理与活生生的、不断发展的社会生活之间通常存在一种“发展”和“限制”的矛盾。这种矛盾在一定情况下，可能会激化成为社会的主要矛盾，从而导致社会的动荡。

相对于汉代儒学的僵化，先秦道家思想则显得通融、无碍。先秦道家“道”的概念具有无限的包容性，一切变与不变皆可纳入到其中来，这是一个优点。但也导致其在切入现实生活方面存在一定的难度。而不能切入现实，则不能引领现实。道教以“道”名教，直接继承了先秦道家通融无碍的“道”的思想。但道教作为一种宗教，亦应考虑教化世人的问题，因此也就要考虑如何更好地教化现实、切入现实的问题。道教既吸收了先秦道家在天人关系上的思想，又吸收了儒家重人事、重现实教化的特点，对天人关系进行了重新审视。它一方面认为人道应该合于天道，天道是人道归趋的目标；

另一方面又重人道之本身，认为归趋于天道的落脚点还在于人道。无论是太平道的“大方”“小方”，还是早期天师道的“二十四治”“靖庐”“厨会”“祭酒”“鬼卒”等一系列政教合一的政治制度和宗教形式，都反映出道教的上述特点。

道教易学的提出源于引“易”入“道”。天道之理为何，由人道及于天道为什么可能，其具体路径为何？道教正是在对这些时代问题的思考中，引入“易学”，从而确立了“道教易学”这种独特的道教义理形式。汉代，人们普遍认同《易》与天道的关系，认为《易》理如卦气、纳甲、五行等即表现天道，循《易》理而行就能与天道相通，达到天与人的合一。天道之理、由人道及于天道的路径和阶次等问题因《易》引入道教而变得更加明晰。同时，引《易》入道，也可以解决先秦道家对“道”无法具体描述的困难。

因为《周易》经、传的义理内容和卦爻象的数理排列，如卦气说、纳甲说、卦的数理、卦序的排列、卦的取象、阴阳对待、流行的观念、阴阳与五行、八卦的关系等，对于天道的敷演，是非常有效的理论形式。将《易》引入道教，可以解决由人道及于天道的路径和阶次的问题。人通过法天地阴阳的消长，如四时、十二月、二十四气的卦气变化，卦象和卦理的变化，纳甲的方法，修丹以合于天道。如东汉魏伯阳的《周易参同契》以乾、坤、坎、离四正卦以为阴阳之橐籥；以屯、蒙等六十卦论一月三十日每日早晚之火候；以坎、离两卦结合震、兑、乾、巽、艮、坤六卦论月亮的盈亏，说明一月中用火的程序；以复、临、泰、大壮、夬、乾、姤、遁、否、观、剥、坤十二辟卦结合律吕以论一月或一年丹道炉火之用功，就系统地运用了《周易》的卦象和原理，以论天道和丹道炉火之理，从而建立起较为系统、完整的道教易学思想体系。《周易参同契》推阐《易》之天道，以之来引领人事，又以人事去印证《易》所言之天道。通过引《易》入道，《易》理即是天道之理，循《易》理而行就能与天道相通，达到人与天的合一。

道教易学的独特话题包括：其一，道教易学结合《易》理，要探讨天道及其表现，为道教确立终极的宗教信仰目标。其二，道教易学结合《易》理，要探讨修道之路径和方法，使道教修持切实可行。因此，以《易》之理、象、数等形式来论修道的方式，如鼎器、药物、火候等，皆属道教易学的范畴。其三，道教易学追求以人合天，从而得道成神、成仙。故道教易学还应包括以《易》之理、象、数等形式来论人性修养和人的精神超越，对生死问题的思考，对价值问题的思考，以及对社会生活所应采取的合适态度等问题。

二、道教易学的内容

道教易学主要包括丹道易学、道教易图学、道教易老学。其中，丹道易学主要是通过借助于《周易》之理来论道教内丹学的鼎器、药物、火候以及人性与道性等问题；道教易图学主要是以易图的方式来表达道教对宇宙生成问题的看法和态度所形成的道教易学的流派，它重点探究天道运行的法则和规律，以指导道教的炼丹实践；道教易老学是以《周易》卦爻变异的节序性、规律性的思想结合《老子》天道自然的道体观共同对世界和事物作出说明的理论体系。易老学的理论特质在于将宇宙生成论和宇宙本体论进行结合，形成一有体有用的理论体系。

1. 丹道易学

何谓丹道易学？丹道易学主要借助《周易》卦爻象之理来论道教修丹的鼎器、药物、火候以及人性与道性修养等问题，在这个过程中所形成的道教丹学理论及流派，我们称之为“丹道易学”。丹道理论分外丹学与内丹学。内丹学在道教史上影响巨大，它是在外丹学发展的基础上确立起来的道教修养理论。它采用外丹学的术语，将丹道理论中具有重要意义的鼎器、药物、火候等落实于人身之中，以人身的丹田为修持的鼎器，以人身的精气神为修炼的药物，以修炼过程中修炼者的意念和呼吸的调节为火候，由此形成的道教修持的理论体系，即是内丹学。

内丹学中，由于修持理念和修持方法所侧重的方面各不相同，形成了不同的流派。金元时期中国北方的全真北派，此派创始人为王重阳及其弟子马钰、谭处端、刘处玄、丘处机、王处一、郝大通、孙不二等，强调以“识心见性”为目标，同时辅以精气的修炼，此为“先性后命”的内丹学说。北宋张伯端强调“先命后性”，此后石泰、薛道光、陈楠、白玉蟾将之光大，成内丹学南宗。

我们来探究丹道易学兴起之因：第一，隋唐时期，道教得到了较快的发展，《周易参同契》的影响也逐渐加大。新、旧《唐志》已有对《周易参同契》的记载；在唐代，直接出现了关于《周易参同契》的两种外丹注本，即托名阴长生的注本和容字号无名氏的注本。在当时的很多炼丹的著作中，直接称引《周易参同契》中句子的情况较为普遍。如《道藏》珠帙《诸真论还丹诀》引青霞子《赞魏伯阳参同契》：“魏君三卷《参同契》，于中一一言真谛。子细说还丹，还丹事不难。制时何所似，黄白如鸡子。小小一事事，乾坤法象同。”唐玄宗朝，有绵州昌明县令刘知古著《日月玄枢论》，其云：“且道之至秘者，莫过还丹，还丹之近验者，必先龙虎。龙虎所自出者，莫若《参同契》。”《张真人金石灵砂论》“释还丹篇”引有当时流传歌谣的一首：“故谣曰：‘紫云顶上生，白虎含真气，自外闲文书，不及《参同契》。’”著名诗人白居易《寻郭道士不遇》诗一首：“郡中乞假来相访，洞里朝元去不远。看院只留双白鹤，入门唯见一青松。药炉有火丹应伏，云碓（duì）无人水自舂。欲问《参同契》中事，更期何日得从容。”另有大诗人李白写《草创大还赠柳官迪》一诗，基本是《周易参同契》丹道理论的缩写：

天地为橐籥，周流行太易。
造化合元符，交媾腾精魄。
自然成妙用，执知其指的。
罗络四季间，绵微无一隙。
日月更出没，双光岂云只。
姹女乘河车，黄金充辕轭。
执枢相管辖，摧伏伤羽翮。
朱鸟张炎成，白虎守本宅。
相煎成苦老，消炼凝津液。
仿佛明窗尘，死灰同至寂。
陶冶入赤色，十二周律历。
赫然成大还，与道本无隔。
白日可抚弄，清都在咫尺。
北丰落死名，南斗上生籍
……

第二，丹道易学是对道教重玄学的扬弃。从思想史和道教史的发展角度看，受佛教中观“有无双遣”思想以及魏晋玄学思想的影响，六朝后期至隋唐时期，道教中有“重玄”学派的兴起。所谓“重玄”学派的“重玄”，取自《老子》首章所云“玄之又玄”，并以之而开宗明义。唐代道士成玄英、李荣是“重玄”学派的重要代表。成玄英《道德经义疏》释《老子》“玄之又玄”句云：“有欲之人唯滞于有，无欲之人又滞于无，故说一玄，以遣双执。又恐行者滞于此玄，今说又玄，更祛后病。既而非但不滞于滞，亦乃不滞于不滞，此则遣之又遣，故曰玄之又玄。”李荣《道德真经注》释“玄之又玄”说：“非有无之表定名之曰玄，借玄以遣有无，有无既遣，玄亦自丧，故曰又玄。”

重玄学比玄学更进一步，玄学兴起的原因在于探究现象后面的本体的需要，以求得为现实制度和生活立法的功效，它一般是在有与无的范畴之内来讨论问题的，在其虚无、逍遥的学风中有着浓烈的现实关怀的情感在其中。重玄学虽也是为了求证最终的本体，但这个本体在确立的过程中，排斥任何的规定性，既不“贵无”，亦不“崇有”，也难说就是“独化”。其用来论证本体的方式、方法主要是“否定”。仅就学术思辨的水平言，相对于魏晋玄学，重玄学有了长足的进步。但重玄学的目的主要并不在于为现实的社会制度立法，不是为寻求现实制度的根据而建立，它侧重于引导人们去除对现实的执与滞，直接契入本体。应该说，道教重玄学更近于佛教中观学的出世主义，而与道教一贯重视现实教化的传统有所背离。

尽管从思想本身的发展看，从对宇宙生成本原的考察，过渡到对现象背后的本体的考察，再到诸多对本体思考中的心性本体的凸显，这个过程涵盖了对于世界的形成、世界的本质、人与世界的关系等重要哲学命题的思考，呈现出人类在哲学思考理路上的进步和哲学内容的丰富和发展。但是，思想反作用于现实的功效性的大小，毕竟是人们在进行思考时必须要顾及的功利性原则。重玄学直接开启了道教义学的心性之路，这是道教在魏晋南北朝和隋唐时期儒、释、道三教互融互摄的大的思想背景下，寻求自身发展的一个新突破，其功效性当然不容抹杀。但随着重玄学的发展，其“绝对否定”的方法论原则越来越构成对道教传统“重现实教化”宗风的破坏。而现实教化不仅表现在要因应、体察现实制度和生活以立教宗，还表现在哲学思考上，应建立起现实与本体之间建设性地、实在地联系，而不能仅用绝对否定的方式来论现实与本体，这样容易使得现实与本体之间隔绝，从而使现实与本体裂为两截。

丹道易学以汉易的卦气说、阴阳五行说、纳甲之说结合黄老思想和道教炉火炼丹的理论而形成。汉代象数易学认为宇宙的发生、发展是有规律的，这就是天道；天道不离阴阳消息，阴阳消息的规律可以用《周易》卦爻变化的规律来表征；《周易》卦爻的变化反映的是天道的内容，现实的一切无非是阴阳消息作用的结果，掌握阴阳消息的规律，就能认识天道的规律。此易理体现了天地之道，人法天地之道能修成还丹，与天地同在；更重要的是能认识天道规律、驾驭现实，沟通天与人。这对于恢复道教传统的重现实教化的宗风，在理论上更有价值，在实践中更有实效性。因此，尽管从隋唐一直发展到宋，道教重玄学仍然有所建树，但与此同时，以阐发《周易参同契》的天人思想为重要内容的道教丹道易学开始崛起并趋于兴盛。

“丹道易学”内容举例：其一，以乾、坤、坎、离四正卦论鼎器、药物：“乾坤者，易之门户，众卦之父母。坎离匡郭，运毂正轴。牝牡四卦，以为橐龠，覆冒阴阳之道。犹工、御者执衔辔，准绳墨，随轨辙，处中以制外，数在律历纪。”其二，以震、兑、乾、巽、艮、坤六卦纳甲论一月用火之功：“三日出为爽，震受庚西方。八日兑受丁，上弦平如绳。十五乾体就，盛满甲东方。蟾蜍与兔魄，日月气双明。蟾蜍视卦节，兔者吐生光。七八道已讫，屈折低下降。十六转受统，巽辛见平明。艮直于丙南，下弦二十三。坤乙三十日，东北丧其明。节尽相禅与，继体复生龙。壬癸配甲乙，乾坤括始终。七八数十五，九六亦相应。四者合三十，易气索灭藏。”（《周易参同契》）我们可以看到，《周易参同契》的易学内丹学引入卦气、纳甲等汉易象数理论，旨在说明气血在人体中有规律的运行，有如阴阳两气在天地间有规律的运转，这是一种天人合一、天人相感的哲学，体现了汉代哲学的显著特点。

2. 道教图书易学（易图学）

何谓道教图书易学？道教图书易学，主要是以易图的方式（诸如易龙图、河图、洛书、太极图、无极图、先天图、后天图等）来表达道教对宇宙生成等天道问题的看法所形成的道教易学流派。道教易图学的功能是什么？道教图书易学，主要通过以易图的方式对天地生成之理和节序进行理论的说明，以为道教的修丹实践服务。道教图书易学内容举例：太极图、陈图南本图（见图1）、河图与《悟真篇》七言律诗（见图2）、伏羲先天八卦图（见图3）等。

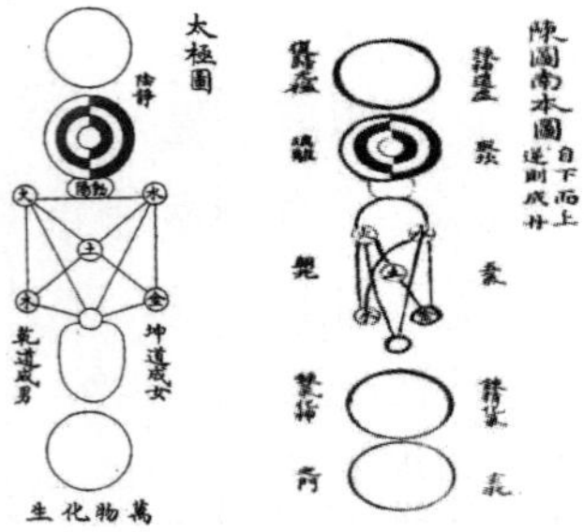

图 1　太极图与陈图南（陈抟）本图

东三南二同成五，北一西方四共之，
戊己自居生数五，三家相见结婴儿，
婴儿是一含真炁，十月胎圆入圣基。
——北宋·张伯端《悟真篇》

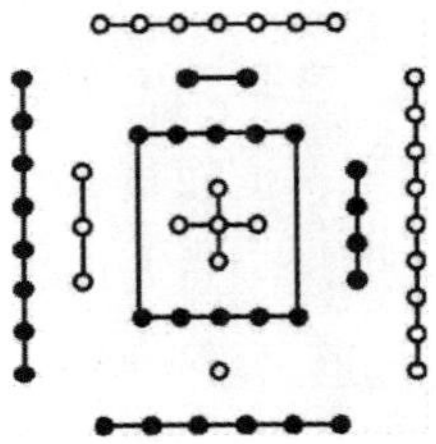

图 2　河图与《悟真篇》七言律诗

图 3　伏羲先天八卦图

如何看待清代乾嘉学者对道教易图学的批判？清代乾嘉学者如毛奇龄、胡渭、朱彝尊等为了全面清算宋明理学，认为宋明儒者以道教讲炉火炼丹术的所谓图书之学看作比文王、孔子的易学更早、更高明的易学形式，这是颠倒事实和无知，他们并要求将图书易学从经学易中剔除出去，使之不能紊乱文王、孔子《周易》圣经。

乾嘉学者对图书易学所作的考据，对于揭示图书易学与道教的关系，有重要的学术价值。但他们以门户之见，竭力排斥图书易学，没有看到图书易学（包括道教图书易学）对于中国哲学天道观的承传和发展所起的重要作用，因此也就没有能够正确地评判图书易学（包括道教图书易学）在宋明哲学史、易学史和道教史上的地位和贡献。

3. 道教易老学

何谓道教易老学？道教易老学是以《周易》卦爻变化的节序性、规律性思想结合《老子》天道自然的道体观共同对世界和事物作出说明的理论体系。易老学的理论特质在于将宇宙生成论和宇宙本体论进行结合，形成一套有体有用的理论体系。

道教易老学与魏晋玄学的不同：与魏晋玄学派的“以无为本”不同，道教易老学在对本体和现象的关系上，不是以“本”“末”，而是以“体”“用”来进行界定和说明。本体与现象是体用的关系，是即体即用，体即在用中，用中又有体，体不离用，用不离体。对于体的领悟，不是要舍弃体之表现的各种现象，才能认识体；相反，要对体有所领悟，必须在现象当中，才能有所认识。

道教易老学举例：李道纯的道教易老学思想。其一，“道本至无，易在其中”。

> 道本至虚，至虚无体，穷于无穷，始于无始。虚极化神，神变生气，气聚有形，一分为二。二则有感，感则有配，阴阳互交，乾坤定位，动静不已，四象相系，健顺推荡，八卦兹系。运五行而有常，定四时而成岁。冲和化醇，资始资生。在天则斡旋万象，在地则长养群情。形形相授，物物相孕，化化生生，奚有穷尽。天下万物生于有，有生于无，有无错综，隐显相扶。原其始也，一切万有未有不本乎气。推其终也，一切万物未有不变于形。是知万物本一形气也，形气本一神也，神本至虚，道本至无，易在其中矣。
>
> ——元・李道纯《中和集》

> 或以常无点作一句，或云无欲者常存，有欲者亡身，若有欲者果亡身，何必曰同谓之玄乎，亡身为玄可乎？予谓无欲者，无心作为自然也。有欲者，有心运用工夫也。无为则能见无名之妙，全其性也。有为则能见有名之徼，全其命也。有与无，性与命，同出而异名，同谓之玄，玄之又玄。有无交入，性命双全也。《记》云：“喜怒哀乐之未发谓之中。”中也者，天下之大本也，即无欲观妙之义也。发而皆中节谓之和。和也者，天下之达道也，即有欲观其徼之义也。致中和，天地位，万物育，即玄之又玄之义也。
>
> ——元・李道纯《道德会元序例》

其二，易象乃道之原，常变乃易之原。

易可易，非常易。象可象，非大象。常易不易，大象无象。常易，未画以前易也；变易，既画以后易也。常易不易，太极之体也。可易变易，造化之元也。大象，动静之始也。可象，形名之母也。历劫寂尔者，常易也。亘古不息者，变易也。至虚无体者，大象也。随事发见者，可象也。……易也，象也，其道之原乎。

常者，易之体。变者，易之用。古今不易，易之体。随时变易，易之用。无思无为，易之体。有感有应，易之用。知其用，则能极其体。全其体，则能利其用。圣人仰观俯察，远求近取，得其体也。君子进德修业，作事制器，因其用也。至于穷理尽性，乐天知命，修齐治平，纪纲法度，未有外乎易者也。

——元·李道纯《中和集》

其三，圣之为圣，用易而已；用易之成，虚静而已。

圣人所以为圣者，用易而已矣。用易所以成功者，虚静而已矣。虚则无所不容，静则无所不察。虚则能受物，静则能应事，虚静久久则灵明。……虚静也者，其神德圣功乎？

变动有时，安危在己。祸福得丧，皆自己始。是故通变者，趋时者也。趋时者，危亦安。通变者，乱亦治。不失其所守者，困亦亨。不谨其所行者，丰亦昧。晦其明者，处明夷而无伤。恃其有者，居大有而必害。至远而可应者，其志同也。至近而无与者，其意乖也。至弱而能胜者，得其辅也。至刚而无过者，有其道也。

——元·李道纯《中和集》

太上云：清净为天下正。所谓正者，至公无私也。惟天理之至公，为能胜人欲之至私。世人所以不能造道者，非不能也，为物欲之所眩也。绝欲之要，必先忘物我，忘物我者，内忘其心，外忘其形，远忘其物。三者既忘，复全天理，是名大。即艮止之义也。《易》云：“艮其背，不获其身，行其庭，不见其人，无咎。”艮其背，即内观其心，心无其心也。不获其身，即外观其形，形无其形也。行其庭不见其人，即远观其物，物无其物也。无咎，即无欲也。太上云：咎莫大于欲得，即此义也。至于物欲见空，则清净之天复矣。

——元·李道纯《太上老君说常清净经注》

易、老互训有其必要性。道教易老学乃是将《周易》卦爻变化的节序性、规律性的思想与《老子》论道体的自然无为思想相结合，将道体的虚无自然看作是具象个体变化的本质，而具象个体变化过程中表现出来的规律性和节序性又是虚无自然道体的内容和显现，道体不离个体变化之用，个体变化之用显现道体的内容，从而以体用的方式贯通道体与器用，沟通形而上与形而下，为道教修持确立形而上的本体的依据，也为形而上的道体奠定形而下的现实的、物质的基础。

三、道教易与玄学易、儒学易的关系

道教易与玄学易都重视对本体之天道的探讨，这是它们的相同之处。和玄学易（或谓之道家易学）重虚无本体，强调“得意忘象”“得象忘言”有所不同，道教易学重人道达于天道的具体方式、方法，重视对汉易象数学的改造、运用，以之来摹拟天地造化的过程以及人道达于天道的方式。

道教易学之所以成为易学的一支，是因为它亦有传统易学特别是儒家易学“推天道以明人事”的特点。在这个过程中，和儒家易学以政治和社会伦理问题作为“人事”的主要内容有所不同，道教易学的“人事”，主要指的是个人的修炼之事，是以个体的人为本位，通过个体的人修金丹炉火之事，使人道合于天道。应该说，儒学易同样重视对天道的探究，但儒学易探索天道的主要目的是为政治和社会伦理问题提供本体论的根据。如宋代理学开山之祖周濂溪的易学著作《太极图》及《太极图说》，其特点是将儒家具有政治和社会伦理特色的“中正仁义”等内容上升为“天道”，其立论的方法是以《周易》天、地、人“三才”一理为前提，从“天地自然之理”推及于“人之理”，又“原始返终”，将“人之理”上升至于“天地自然之理”。故《太极图》最上一圈为“无极而太极”，表明无形无象的太极是宇宙万物生成的本原和本体；第二圈“坎离相抱”，表明“太极”的动静产生了阳性和阴性的物质，它们两者统一于“太极”之中，既互相对立，又互相转化，从而生生不已；第三圈是“五行生成图”，指的是“太极”中阴阳两仪的变化和组合，形成了金、木、水、火、土五行；第四圈“乾道成男，坤道成女”；第五圈“万物化生”，指阴阳五行之气又生成人类和万物。其中，人为万物之灵，其所禀受的阴阳五行之气成为人的五常之性，即仁属木，义属金，火属礼，水属智，土属信。儒家的圣人于五常之性不偏、不执，取其中正而已，故无欲。无欲故静，从而能“与天地其合德，与日月合其明，与四时合其序，与鬼神合其吉凶”。由此可以看出，周子学说本身的内容是历史上儒家一贯强调的“中正仁义”，他将形而下的政治和社会伦理问题上升为形而上之天道，为政治和社会伦理问题提供本体论的根据，其立足点是人事，天道是为人事的需要而设定的。

儒学所谓的“人”是一种作为社会存在物的人，具有社会性的“人”要利用自然物和自然力，更多的要倚重群体的力量，要借助群体的力量来弥补单个人力量的不足。如荀子所谓人“力不若牛，走不若马”（《荀子·王制篇第九》），而牛、马却为人所役，因为“人能群，彼不能群也”，故“能群”才能“胜物”。儒学指导下的这种社会运作形式，要求社会群体组织原则的严密性，如孔子“道之以德，齐之以礼”的德治观，孟子的“制民之产”的仁政学说等，都是从如何使这个社会群体更为有效地运作所提出的方案。但这些理论也容易产生一个缺陷，即单个的人在这个过程中，往往容易被当作手段而不是被当作目的来看待。道教易学和儒学易的不同之处就在于，它重在对自然天道及人与自然天道之合一这个问题进行研究，这种人与自然天道的相合更多地是以个体的、自然人的身份来进行，认为通过积极的、能动的个体修道活动，能达到身体机能和精神的理想状态，从而增强人的主体性和自由度。人道及于天道的路径和阶次等问题因《易》被引入道教而变得更加明晰。因道教与《易》的沟通，产生了道教易学，也便形成了道教易学独特的论题：首先：道教易学结合《易》之理，要探讨天道及其表现，以为道教信仰确立终极的宗教目标，也为道教的宗教修持确立方向。其次，以《易》的理、象、数等形式来论修道的路径和方法，包括药物、火候、鼎器、路径、阶次等问题也都属道教易学的内容。最后，道教以及道教易学都要立足于人事教化，以人合天，故其内容还应包括以《易》之理来论人性修养和人的精神超越等问题。

道教易与儒家易的三个例子。举例一：儒家易学以政治和社会伦理问题作为“人事”，如易之屯卦（见图4）的象传有“《象》曰：云雷，《屯》。君子以经纶”。

举例二：儒家易学以政治和社会伦理问题作为“人事”，如泰卦（见图5）的象传有“《象》曰：天地交，《泰》。后以财成天地之道，辅相天地之宜，以左右民”。

图4　屯卦

图5　泰卦

举例三：道教易学的“人事”，主要指的是个人的修炼之事，如北宋张伯端《悟真篇》的七言律诗：

先把乾坤为鼎器，后搏乌兔药来烹。
既驱二物归黄道，争得金丹不解生。
取将坎位中心实，点化离宫腹里阴。
从此变成乾健体，潜藏飞跃尽由心。

——北宋·张伯端《悟真篇》

道教易学与儒家易学具有相待性。其一，儒家易学建人伦、明教化，强调“由人之天”。即从社会现实出发，建立文化制度体系，引领现实世界符合天道。其二，道教易学发天道、明自然，强调“由天之人”。即以自然之理作为人文化成的基础，反对文明制度的过度泛滥对人性的“异化”。

道教易学与儒家易学应该互补。其一，儒家易学强调礼乐教化，推崇人文精神，弊在容易导致社会的僵化和人性的“异化”。其二，道教易学强调自然无为，推崇自然精神，但可能缺乏一种“以天下为己任”的强烈社会责任感。其三，故应将儒家易学的人文精神与道教易学的自然精神相结合，既弘扬儒家易学刚健中正，济世、救世的担待精神，也培护道教易学涵虚脱俗，超越、恬淡的逍遥精神。

四、道教易学与西方文化的对比及其当代意义

道教易学认为，天道与人事之间，也即价值世界与现实世界之间并不是割裂开来的。天道与人事是一种双向互动的关系，个体的人在天道本体的价值性理想的引导下，能不断规正自己的发展方向；天道本体的内涵也不是凝固不变的，它能因应时代和社会的发展而不断更新自己的内容，生生不息。对于价值世界与现实世界之间的关系，西方文化一般先为人间秩序与一切价值确立一超越性源头，然后用理性去追溯和展示此价值之源，把超越的价值之源加以实质化、形式化。如柏拉图的理念、亚里士多德的实体以及西方哲学中普遍存在的逻各斯观念等。这使得西方哲学具有更多“外在超越”的特点，个体的价值实现有待于实质化、形式化的外在本体的赐予，从而在实现价值的能动性方面存在缺陷。和西方哲学所走的将本体实质化、形式化的外在超越之路不同，道教易学，尤其是宋以后之道教易学，对“本体存在”所作的独特思考是走的“天人合一”的内在超越之路，所谓“修丹与天地造化同途”“人与天地万物为一体”，个体的人能通向宇宙，与天地万物成为一体。人心中具有一种价值自觉的能力，每一个人都可以通过与天地造化的“同途”，而与天道的本体合一，从而实现“我命在我不在天”。道教易学这种“天人同构”的思想，是中国哲学走“天人合一”的内在超越之路的一个表现。内在超越对于个体积极主动地实现自身的价值，即使在今天，无疑还是有其重要的意义的。（本文已经作者审阅）

2018 年 11 月 1 日晚，受中央民族大学道教与术数学研究中心主任谢路军教授邀请，北京师范大学哲学学院教授章伟文先生在中央民族大学举行了题为“道教易学”的学术演讲。本文系根据讲座课件整理。

十一
汉代的尸解术

主讲：姜生

尸解是制约对战国两汉精神世界、进而对汉族文化传统研究的一个关键问题。将早期道教研究、汉墓考古文物研究、科技医史研究交叉结合起来，一幅全新的图景会呈现在我们面前：一个以尸解信仰为主轴、综合山海文化、融汇区域传统、包括迎生送死之礼的信仰体系，起自战国，成于汉代，存于汉墓，传于道教，而为汉族文化传统之核心，传承千年不失。这是一种新的解释体系和非常关键的原创性发现，对汉墓研究和原始道教史研究，有非常重要的意义。

姜生 博士，博士生导师，四川大学文化科技协同创新研发中心主任，四川大学历史学（中国史）“长江学者”特聘教授，国家“万人计划”哲学社会科学领军人才，全国第三届文化名家暨“四个一批”人才（理论界）。主要从事中国历史、宗教与传统思想文化的跨学科研究。

作为战国汉晋之间汉人核心信仰之一的“尸解”，过去往往只是根据后世道教文献的一些记载去理解和研究，谓“将登仙者，假托为尸以解化也”(参见《后汉书·王和平传》)，比喻为“蝉蜕”，解释为“先死后蜕”。然而，从其英译为“to release from the corpse”（从尸体中释放出来）所呈现的误解，可知近人并不了解尸解究竟是一种什么方术。其实这也是制约对战国两汉精神世界、进而对汉族文化传统研究的一个关键问题。此前有些相关的文献探讨，但均未形成系统的历史解释。将早期道教研究、汉墓考古文物研究、科技医史研究交叉结合起来，一幅全新的图景会呈现在我们面前：一个以尸解信仰为主轴、综合山海文化、融汇区域传统、包括迎生送死之礼的信仰体系，成于汉代，存于汉墓，传于道教，而为汉族文化传统之核心，传承千年不失。这是一种新的解释体系和非常关键的发现，可以说是第一次对汉墓所反映的时代信仰性质做了全局性判断，实现了对汉墓认识的质的飞跃，对此后的汉墓研究和原始道教史研究，有非常重要的意义。

一、何谓尸解

战国时期的尸解信仰，为汉唐信仰体系提供了最重要的内核，至今对中国文化仍有着重要影响。汉初，以窦太后为首的信仰者群体对老子及其思想虔诚信仰，大尊奉之。他们的终极追求是“乃合大道，混混冥冥，光耀天下，复反无名”（参见［西汉］司马谈著《论六家要指》）。要追求这样的终极理想，首先需要清楚，人是从哪里来的、最终要到哪里去。《淮南子·诠言训》曰：“稽古太初，人生于无，形于有，有形而制于物。能反其所生，若未有形，谓之真人。真人者，未始分于太一者也。”意思是，人是从大道化生而来的；修行大道，实现了信仰追求的终极目标，即能达到从有形返于无形，乃至合于大道的真人境界。那么通过什么途径才能达到这个境界呢？战国两汉的人们认为，在现实社会的层面无法实现，需经过“死”这个环节，才能实现其终极理想。所以尸解就成为当时人们追求信仰终极目标的唯一路径。

绵延于战国汉晋的尸解信仰，其终极依据为“阴阳不死”说。西方人的翻译显示出对“尸解”的误解，而所谓“先死后蜕”的说法也不甚确切。古人以“蝉蜕”比喻尸解，“言将登仙者，假托为尸以解化也”。尸解有水解、火解、杖解、兵解等多种方式，世俗文献记录较少，道教经典有较多记述。《无上秘要》（［北周］武帝宇文邕纂）卷八十七所存《洞真藏景录形神经》① 和《云笈七签》（［北宋］张君房辑）卷八十四、卷八十五等典籍中，对尸解作的基本定义和阐述如下：

夫尸解者，形之化也，本真之练蜕也，躯质之遁变也。……如蝉留皮换骨，保气固形于岩洞，然后飞升成于真仙。

尸解之法，有死而更生者；有头断已死，乃从旁出者；有死毕未殓而失骸者；有人形犹存而无复骨者；有衣在形去者；有发既脱而失形者。

——《无上秘要·卷八十七·洞真藏景录形神经》

夫解化之道，其有万途……或坐死空谷，或立化幽岩，或髻发但存，或衣结不解，乃至水火荡炼，经千载而复生，兵杖伤残，断四肢而犹活。

——《云笈七签·卷八十五·太一守尸》

真人曰：凡尸解者，皆寄一物而后去，或刀，或剑，或竹，或杖，及水火兵刃之解。

——《云笈七签·卷八十五·太极真人遗带散》

修剑尸解之道：以曲晨飞精书剑左右面。先逆自托疾，然后抱剑而卧。又以津和飞精作丸如大豆，于是吞之。又津和作一小丸如小豆，以口含缘，拭之于剑镮，密呼剑名字。祝曰：良非子干，今以曲晨飞精相哺，以汝代身，使形无泄漏。……祝毕，因闭目咽气九十息。毕，开目忽见太一以天马来迎于寝卧之前，于是上马，顾见所抱剑已变成我之死尸在彼中也。

——《云笈七签·卷八十四·尸解次第事迹法度》

---

① 《道藏》第 25 册，北京：文物出版社、上海：上海书店、天津：天津古籍出版社 1988 年联合影印本。

当然，这已是汉魏以后道书中的说法。

总的来说，尸解如蝉蜕，留下或皮、或发、或衣履……乃至刀剑等有形之物，如蝉蜕后之旧壳，而“本真”得以蜕去，飞升成为真仙，有的尸解过程甚至要经过“千载”“而复生”。通过尸解成为真仙后，其相貌也与凡人不同，在汉画中常表现为鸟头人身或兽头人身的形象，这是当时人们对尸解的基本看法。现代汉族人和一些少数民族丧葬仪式中的某些用语和过程，仍保留着尸解信仰的某些痕迹。

作为西汉初期的墓葬，马王堆汉墓整个表达了战国到汉晋时期墓葬中的尸解信仰。其中出土的彩绘T形帛画，可以说是《史记·封禅书》所记战国时期“形解销化依于鬼神之事”的尸解信仰的形象化表达。画中从下到上三部分为尸解的三个阶段：九泉之下（蓬莱得仙药）——昆仑（饮玉浆）——九天（飞升天宫），马王堆1号墓四重棺的锦饰内棺、朱地彩绘棺、黑地彩绘棺、黑漆素棺，其上的颜色与图案，象征了尸解的四阶段（层次）：下九泉（鬼）——登昆仑（仙）——上九天（神）——合大道（道）。四重棺上的花纹图案和覆盖在内棺上的彩绘帛画，在入葬时作为尸解信仰仪式架构的一部分，表达了墓主人尸解升仙的思想。

图1　马王堆一号墓四重棺

T形帛画的最上部分可解读为“九天”，其中有九日之象，与东晋道书《上清三元玉检三元布经》《太上玉佩金珰太极金书上经》等道书中“九天开”“九日俱明于东方”“九日焕明东方”的内容互证。东汉墓葬画像石也有九日、九月并明之象。T形帛画顶部的年轻女子是成为神真之后的墓主人，此时已由帛画中部那个羸弱的老妇人形象完成“返老还童”的变仙过程。

《上清三元玉检三元布经》云“九千年，九天一开；九天开，则九日俱明于东方，此文则自明于得道之人南轩之上也”，《太上玉佩金珰太极金书上经》云“是日忽天光昏翳，日月昼冥，八炁回谢，七元隐精，玄象冥滞，万真奔灵，三日三夜，碧鸡启晨。时有九日焕明东方，玄光朗耀天元，复有青乌来翔……”，可与汉墓画像形成互证。

帛画中间部分的斜柱T形台（即贺西林教授判断的“倾宫”）上，二人给老妇人进献文书和杯子，老妇人身后有数名侍女相随，台上的菱形纹是山石的象征（这是我的发现，参看我的论文《界定者》），可解读为神使致送墓主人道书和玉液，墓主人（老妇人）到昆仑后饮玉浆而成仙，飞升九天。

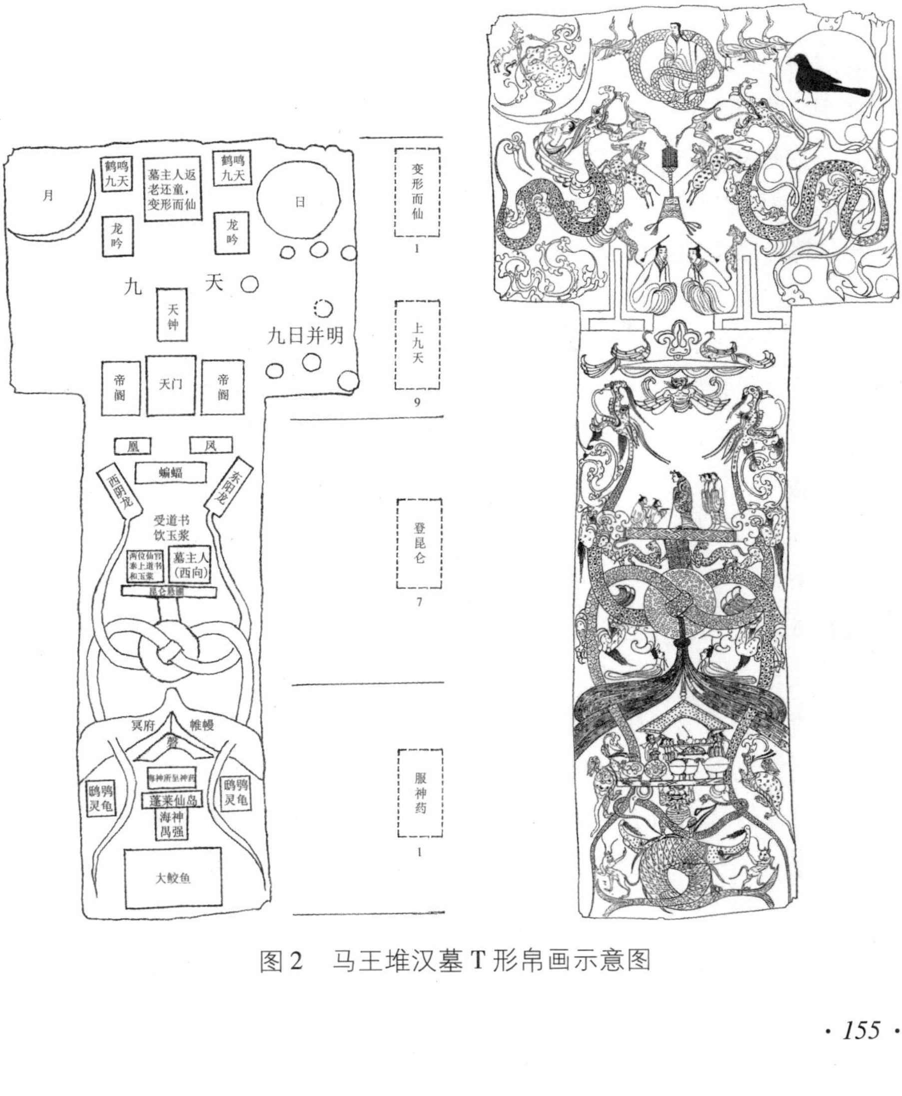

图2　马王堆汉墓T形帛画示意图

帛画最下部分的一双大鱼象征“九泉之下”的幽冥世界，器皿象征仙药，此部分应解读为墓主人于蓬莱得仙药，蓬莱仙岛是她尸解过程中最初来到的地方。

尸解过程的最高境界是“合于道”，这也是最外层黑漆素棺黑中泛红的“玄色”所象征的，至此墓主人的“合大道”信仰最终实现。这就是汉初“道者”的信仰，如《论六家要旨》所言：“因阴阳之大顺，采儒墨之善，撮名法之要，与时迁移，应物变化，立俗施事，无所不宜”，其终极目标是“乃合大道，混混冥冥；光耀天下，复反无名”。

二、如何尸解

通过对马王堆汉墓帛画的解读，我们对当时人们所理解的尸解成仙有了初步认识。现在我们从汉墓的“太阴炼形”时空（炼形之宫）和仪轨（炼度科仪）、存神术、龙虎交媾等方面再具体研究上述尸解过程是如何实现的。

《老子想尔注》（［东汉］张修撰）有两段关于“炼形之宫”的阐述：“太阴道积，炼形之宫也。世有不可处，贤者避去，托死过太阴中，而复一边生像，没而不殆也。俗人不能积善行，死便真死，属地官去也。”“道人行备，道神归之，避世托死过太阴中，复生去为不亡，故寿也。俗人无善功，死者属地官，便为亡矣。”[①]《老子变化经》（大英博物馆藏隋大业八年敦煌写本）称老子言：“吾变易身形，托死更生，周流四海……愚者不知死更复生。”

东晋道书《真诰》（［南朝］陶弘景整编）中也有“太阴炼形”的说法：

> 若其人暂死，适太阴，权过三官者，肉既灰烂，血沉脉散者，而犹五藏自生，白骨如玉，七魄营侍，三魂守宅，三元权息，太神内闭。或三十年二十年，或十年三年，随意而出。当生之时，即更收血育肉，生津成液，复质成形，乃胜于昔未死之容也。真人炼形于太阴，易貌于三官者，此之谓也。天帝曰：“太阴炼身形，胜服九转丹。形容端且严，面色似灵云。上登太极阙，受书为真人。”

① 饶宗颐：《老子想尔注校正》，上海：上海古籍出版社，1991 年版。

上述炼形的时空应该是在太阴中，这是一个“公共空间”，不是炼形或尸解之人私人独有的长居之所，而是暂借此地修炼，如马王堆汉墓帛画中的蓬莱、昆仑等场所，墓主人炼形成功后即飞升离去。（青神、彭山、乐山等）东汉崖墓洞室、偃师新莽时期壁画墓、东汉画像石墓（滕州汉画像石馆）等文化遗存也有对“太阴炼形”信仰的形象描述和对“炼形之宫”的模拟。

汉墓出土资料中可见三官、神鸟携丹、鼎与神药、壶与玉浆、神吏及酒与歌戏等庆祝性质的场面，盛宴豪饮，且伴以乐舞。学界传统的观念多认为此乃描绘墓主人生前的功绩德行及奢华生活，实则非也。结合前面太阴炼形之宫的“公共空间”说，可认为，不管墓主人生前生活水平如何，太阴炼形之宫中的种种器物与场面只是墓主人炼仙时暂用的“公共财产”，并非“私有”。

1969 年 4 月济南市无影山南坡发现的西汉墓 M11，从其信仰形态判断应属西汉晚期，其中出土了系列彩陶明器[1]，明器的形态种类反映了炼度科仪的几大要素：（1）致送仙丹（食）的神吏护送双鼎鸟（神吏站于鸟背，双鼎载于鸟的双翼）；（2）致送瑶池玉浆（酒）的双壶鸟（双壶载于鸟的双翼）；（3）三官守护、仙人歌舞杂技庆贺墓主得药成仙、神吏接引墓主人升天的情景；（4）即将载墓主人升天的来自“太一帝君”的车马。这些器物和陶俑，表达的是一套前后逻辑秩序紧密衔接的宗教活动，揭示了汉代尸解变仙信仰及其在墓葬中的仪式表达。其仪式结构大体包括：（1）“三官”守护墓主“太阴炼形”；（2）获神界致送神仙饮食——壶和鼎所象征的“神药”，伴以仙人歌戏，神吏侍迎；（3）“太一帝君”遣车马来迎，欢庆之后，上登仙界。

图 3　济南市无影山汉墓出土的彩绘陶载人鸠

① 明器，指古代人们下葬时带入地下的随葬器物，即冥器。

1. 三官

三官[1]，掌管人们死后“太阴炼形”的过程。死者进入地下世界，皆经“三官”的考查“试观”，视其生前德行与修行水平，以决定墓中的死者是“暂死”（所谓“托死”）而“权过三官”，速即变仙，还是被三官判为“真死”。被三官判为可成仙的死者，将在三官府经历一个“易貌”的过程。这可以解释为什么汉墓画像中可见大量变形为鸟兽之身的人物——他们都是死后以“易貌”而证仙的标范。所以我们会看到东汉《白虎通》说“圣人皆有异表”。更多的如王充《论衡·卷七》“道虚篇”：“好道之人……谓人能生毛羽，毛羽具备，能升天也。”《太平经合校》[2] 卷十八至三十四“阙题（二）”：“真人问：‘何以知道效乎？’神人曰：‘决之于明师，行之于身，身变形易，与神道同门，与真为邻，与神人同户。’”东晋葛洪《抱朴子·内篇·对俗》也以批评的方式保存了两汉的变形而仙信仰：“古之得仙者，或身生羽翼，变化飞行，失人之本，更受异形。”

2. 神鸟携丹

神界致送神仙饮食的“使者”常以背驮丹壶、口衔丹丸的神鸟形象出现。以神鸟形象出现的“治疾使者”又有多种不同的形态。《太平经》将此称为“生物行精”，可使墓主得仙界“神药”“丹水”而不死。《太平经·卷八十六·八卦还精念文第一百三十》有“朱雀治病，黄气正中，君而行之，寿命无穷”。该经丙部“生物方诀第七十一”对“生物行精”之义做了说明：“生物行精，谓飞步禽兽跂行之属，能立治病。禽者，天上神药在其身中，天使其圆方而行。十十治愈者，天神方在其身中；十九治愈者，地精方在其身中；十八治愈者，人精中和神药在其身中。此三者，为天地中和阴阳行方，名为治疾使者，比若人有道而称使者，神人、神师也。”东汉的这种

图4　神鸟背驮丹壶、口衔丹丸

成都市出土摇钱树顶部，2000 年 5 月摄

① 指赐福天官、赦罪地官、解厄水官，主管天地人三界的罪福考校。

② 王明编：《太平经合校》，北京：中华书局，1960 年版。

“生物行精”“朱雀治病”信仰，为后世道教所继承，唯传世文献载述不丰。《南岳总胜集》（［南宋］陈田夫撰）中“叙观寺·九仙宫”说：“又有邓郁之，南阳新野人也。幼梦一鸟吐印与之，自是人间有疾，以印治救，求为符章，病者自愈。”

3. 鼎与神药

相关文物有四川绵阳梓潼出土的汉“神鼎”铭文画像砖（绵阳博物馆藏）、泸州合江27号石棺刻龙虎座上的西王母与丹鼎图、徐州博物馆藏1954年江苏睢宁朱集东汉墓出土的以神鼎为中心的画像石，等等。从这些出土的明器特征来看，可以相信，这类器具的功用是运送来自西王母的不死之药，目标指向墓主，象征着他（她）获得西王母赐予的仙药，将飞升为“宜侯王”“寿万年”“千秋万岁”的天上仙官。通过识读梓潼出土的这方画像砖题记，可以认为，汉墓中出现的许多神鼎图像应识为“神丹”之象征。

4. 壶与玉浆

1990年四川绵阳何家山2号墓出土的东汉摇钱树叶片（绵阳博物馆藏）呈现出“大象运丹鼎图”，大象背上驮着两壶，或为盛玉浆之壶。这类图像，往往象征死者获赐昆仑“丹水”（醴泉、玉浆），将饮而升仙。《淮南子·坠形训》谓：“倾宫、旋室、悬圃、凉风、樊桐、在昆仑阊阖之中，是谓疏圃。疏圃之池，浸之黄水，黄水三周复其原，是谓丹水，饮之不死。”东汉道书《老子中经·神仙》（《云笈七签》卷18～19收录）引古《经》曰：“食芝服丹即不老。人万八千岁更为童子，男八女七，从此始。”曹操《秋胡行》云：“愿登泰华山，神人共远游。愿登泰华山，神人共远游。经历昆仑山，到蓬莱。飘遥八极，与神人俱。思得神药，万岁为期。歌以言志，愿登泰华山。”《真诰·卷四·运象篇第四》有：“俱挹玉醴津，倏忽已婴童。”

5. 酒与歌戏庆死者升仙

根据前面的分析可知，乐舞宴饮实为墓主完成太阴炼形、得药成仙之时，众仙共为庆贺的仪式。尤其是马王堆1号墓黑地棺上的鼓瑟者，便是以兽面仙人的形象出现，奏乐庆祝墓主得道升仙。

6. 存神术（存思术）

“炼形”信仰认为，要想太阴炼形成功，墓主生前需要有修行的基础，如修炼存神术。此术如东汉相关文献所载：

图5　济南无影山汉墓出土的歌舞杂技陶俑盘

好道之俦，自远方集，或弦琴以歌太一，或覃思以历丹田，知至德之宅兆，实真人之祖先。

——蔡邕《王子乔碑》

若夫导引蓄气，历藏内视，过则失中，可以治疾。

邻脐二寸谓之关，关者，所以关藏呼之气，以授四体也。故长气者以关息，气短者其息稍升，其脉稍促，其神稍越，至于以肩息而气舒。其神稍专，至于以关息而气衍矣。故道者常致气于关，是谓要术。

——荀悦《申鉴·俗嫌篇》

是非历藏法，内视有所思。

——《周易参同契》

帝尧者，盖昔世之圣王也。……圣汉龙兴，缵尧之绪，祠以上牺。暨于亡新，圮汉之业，祠祠（阙五字）祀（阙）是故廷尉卿（阙二字）以为大圣亲垂隆烈，遗歌在民，而坛场夷替，屏慑无位，非所以表神圣（阙五字）民者（阙四字）焉（阙三字）复旧典，造立灵庙，以一太牢，春秋秩祠。是以好道之畴，自远方集，或弦琴（以歌太）一，或谭（思以）历丹田（阙三字）疴者静恭祈福，即获胙。若不虔恪，则赴癫。故知至德之宅兆，实真圣之祖也。

——熹平四年《帝尧碑》

少年神加，年衰即神灭，谓五藏精神也，中内之侯也。千二百二十善神为其使，进退司候，万神为其民，皆随人盛衰。……其真神在内，使人常喜，欣欣然不欲贪财宝，辩讼争，竞功名。久久自能见神。神长二尺五寸，随五行五藏服饰。君仁者道兴，君柔者德生。中心少有邪意，远方为之乱。神气周流，疾于雷电。急还神明，以自照内，故病自愈而人自治。

——《太平经钞·癸部》

一不在人身也，诸附身者悉世间常伪伎，非真道也，……世间常伪伎指五藏以名一，瞑目思想，欲从求福，非也；去生遂远矣。

——《老子想尔注》

陕北靖边杨桥畔东汉墓前室东壁下层后段歌舞图、长清大街村出土的四灵汉画像石、南阳麒麟岗出土的四灵及伏羲女娲汉画像石、武氏祠后石室第三石等文物显示，存神术（存思术）的修炼场景既与存思对象有关，又与东汉边韶《老子铭》（165）记载的时人崇祀老子时的修炼景象相契合——“规矩、三光、四灵在旁，存想丹田，太一紫房，道成身化，蝉蜕渡世。”

图6　南阳麒麟岗出土的四灵及伏羲女娲汉画像石

《老子铭》不仅记载了当时关于老子的神化、形象等内容，而且记载了时人崇祀老子的社会现象：“其二篇之书，称天地所以能长且久者，以其不自生也。厥初生民，遗体相续，其死生之义可知也。或有谷神不死，是谓玄牝之言。由是世之好道者，触类而长之，以老子离合于混沌之气，与三光为终始，观天作谶，升降斗星，随日九变，与时消息，规矩、三光、四灵在旁，存想丹田，太一紫房，道成身化，蝉蜕渡世。自羲农以来，世为圣者作师……（铭曰）……同光日月，合之五星。出入丹庐，上下黄庭。背弃流俗，舍景匿形。苞元神化，呼吸至精。世不能原，仰其永生……”

所谓“规矩”乃指伏羲女娲所代表的混沌初开二分的境界——规和矩分别为汉画中经常可见的伏羲、女娲手中的工具；“三光”指日、月、星；“四灵”则指青龙、白虎、朱雀、玄武，表示四象。这种四灵在旁、复归浑沌的宗教神学思想，在汉墓中即有明确之表达。为了表现墓主最后归于浑沌——“道”（不死不朽）的生命形态，汉墓往往刻画“四灵在旁”而人居其中的场景，来暗示死后升仙仪式话语的最后达成。

关于存神术（存思术），《老子中经》（参见《云笈七签》卷十八至十九）“第四十一神仙”条引《经》言：

> 经曰：鬼箭十二，可以辟兵。常思心中十二芝，茎上与肺连，以意挹之，名曰鬼箭。兆常行之，五兵自辟，凶恶自亡。以击四夷，捐撝电光，但间兵楯刀戟、金银，天神皆助真也，雷公击鼓也。太白扬光，白帝持弩，蚩尤辟兵，青龙守门，武夷在庭，螣蛇玄武，主辟凶殃。白兔捣药，蟾蜍在旁，太一和剂，彭祖先当；服一刀圭，面目生光，身出毛羽，上谒上皇。此道也，使诸神气与子合同，慎之，勿解殆也。

在存思内修过程中，想象自己体内的“十二芝”（待考），即可辟除凶恶。冥想过程中，众天神前来帮助对阵凶恶邪佞。所以有雷公击鼓、蚩尤避兵、青龙守门云云，助辟凶殃，最后达到“使诸神气与子合同”的修行、养生目的。《老子中经》记载的这种修炼方法，可基本断定为存思体内神的方法。

7. 龙虎交媾结丹

汉墓中常见龙虎交媾的画像，表现的是在《周易参同契》（［东汉］魏伯阳撰）之前就已经出现的丹田说，此种图像象征了阴阳和合之意。汉晋道教文献也证明，这是龙虎交媾中阴阳合气结精成丹的形象刻画（这一信仰传统甚至在明代《性命圭旨》中的龙虎交媾图依然可见），还有媒婆从中撮合，为后世丹家“黄婆”概念之起源。从龙虎相悦相戏到龙虎交璧[①]，到龙虎合

① 参见龚廷万等著《巴蜀汉代画像集》，北京：文物出版社，1998 年版，图 286 ~ 288；方城东关汉画像石墓门楣上层，采自《文物》1980 年第 3 期。

体为“龙虎座”[①]，再到龙虎作“鱼水之欢”[②]，汉画中龙虎图像蕴含的阴阳和合之意甚明。

宜宾和泸州出土的东汉石棺皆有龙虎交于鼎的画像。综合前述出土文物，可见其时俨然为宫府的墓室里，引导龙虎入室合气的“媒”，承载交媾结精成丹过程的“太一紫房”丹田、鼎器等道教丹家话语符号，均已出现。例如，“龙虎交璧”中“璧”之内涵为何？《说文解字》曰：“璧，瑞玉圜也。”《周礼·春官宗伯》有：“以苍璧礼天，以黄琮礼地。”郑玄注：“礼神者必象其类，璧圆象天，琮八方象地。”璧为圆天之象，龙虎交于璧之中，即交于天之“中宫”，即太一神之居“紫房”（紫宫）；复按《老子铭》：“（老子）观天作谶……四灵在旁，存想丹田，太一紫房……出入丹庐，上下黄庭。”因此，璧所象征的龙虎相交之所，正是前面《老子铭》《帝尧碑》以及《王子乔碑》等东汉文献所述“丹田”（即“太一紫房”或“丹庐”）的具象表述。《周易参同契》中“举东以合西，魂魄自相拘”句，正是描述丹田、鼎器和媒妁的作用。

图7　龙虎交于鼎（宜宾出土东汉石棺）

图8　龙虎之间的“媒”，采自张志民主编：《大汉雄魂》，山东美术出版社，2008年，第97页。

洛阳金谷园新莽壁画墓后室顶脊呈现龙虎交媾于“太一紫房”丹田之画

① 四川合江三号石棺左侧画像，成都市考古所刘雨茂博士提供；四川新繁出土西王母画像砖，四川博物馆藏；凉山博物馆藏西昌高草东汉砖室墓出土摇钱树残片。

② 黄留春编著：《许昌汉砖石画像》，郑州：河南美术出版社，1994年版，第81页；薛文灿、刘松根编：《河南新郑汉画像砖》，上海：上海书画出版社，1993年版，第82页。

像，其颜色、形态正对应于“上丹田”和“太一”“紫宫”的相关文献描述：东晋《大洞玉经·卷上·真阳元老玄一君道经》：“泥丸上一天帝君，名赤子玄凝天，字三元光，一名伯克上，一名伯史原。常镇泥丸之中，九孔之户。”原注：“即上丹田，内有九宫，四雌五雄，各方一寸，其形内圆虚中，红而莹，乃神之所居。”《易纬乾凿度·卷下》：“太一者，北辰之神名也，居其所曰太一，常行于八卦日辰之间，曰天一，或曰太一。出入所游，息于紫宫之内外，其星因以为名焉。故《星经》曰：天一、太一，主气之神。……四正四维，以八卦神所居，故亦名之曰宫。……太一下行八卦之宫，每四乃还于中央，中央者北神之所居，故因谓之九宫。……是以太一下九宫，从坎宫始。……上游息于太一太天之宫，而反于紫宫。”

《周易参同契》作为东汉道教文献，包含对龙虎交媾思想之总结。《老子想尔注》注解《老子》，同时也批判了东汉流行的“培胎练形”信仰：“今世间伪伎，因缘真文设诈巧，言道有天毂，人身有毂，专炁为柔辐，指形为錧鎋；又培胎练形，当如土为瓦时；又言道有户牖在人身中；皆耶伪不可用，用之者大迷矣。”“毂”即车轮中心用以穿插承担车轴的圆孔。所谓“专炁为柔辐”的“辐”是构成车轮的辐条；“柔辐”即柔而能撑的“辐条”；专即抟，专（抟）炁为柔辐，即通过抟炁的修炼，形成以炁为柔性辐条支撑的车轮以承载生命机体之运行。所谓“指形为錧鎋”：“錧”同“輨”，指轮毂端包的帽盖。

《周易参同契·卷上》曰：“乾坤者，《易》之门户，众卦之父母。坎离匡郭，运毂正辐。”《系辞》曰：“乾、坤，其《易》之门耶？盖乾得乎纯阳，坤得乎纯阴。凡众卦之阳爻，皆得乎乾之阳；众卦之阴爻，皆得乎坤之阴。故乾、坤之阴阳，所以为入众卦之门户也。在人，则乾为首，而备耳、目、鼻、口、舌之显于外者也；坤为腹，而备心、肝、脾、肺、肾之在乎内者也。……在人，则肾属坎，而居乎下；心属离，而居乎上。及坎、离一合，则坎运其阳，离运其阴，以成六十卦。人之坎男离女交媾，则众石实自此而基也。故曰运毂正辐。”

《老子想尔注》与《周易参同契》之间更为重要的相同点体现在“运毂正辐（轴）”（培胎炼形）的信仰。《周易参同契》对龙虎交媾之象作了完整的描写：“火记不虚作，演易以明之。偃月法鼎炉，白虎为熬枢。汞日为流珠，青龙与之俱。举东以合西，魂魄自相拘。”“子当右转，午乃东旋。卯酉界隔，主定二名。龙呼于虎，虎吸龙精，两相饮食，俱相贪便，遂相衔咽，咀嚼相吞。”

陕北东汉墓墓门画像的龙虎＋凤凰＋铺首组合①（铺首表示天上帝宫“太一紫房”之所在），乃龙虎合气于紫宫丹田信仰之直观呈现。凤凰与丹穴山（象征丹田）的联系可见于古文献《山海经·南次三经》：“又东五百里，曰丹穴之山，其上多金玉。丹水出焉，而南流注于渤海。有鸟焉，其状如鸡，五采而文，名曰凤皇。首文曰德，翼文曰义，背文曰礼，膺文曰仁，腹文曰信。是鸟也，饮食自然，自歌自舞，见则天下安宁。”汉代无名氏《春秋说题辞》曰：“凤，离封（卦）之精，故出于南方丹穴山，以比陆生也。”丹穴山，即《楚辞·远游》中的丹丘：“仍羽人于丹丘兮，留不死之旧乡……”

8. 从“形易寿增”到“结精成神”

东汉王充《论衡·无形篇》对“形可变化”思想的怀疑和批判，从反对者的角度，传递了当时盛行的人可以“炼形”“易形”而变化成仙的信仰内容：“人禀元气于天，各受寿夭之命，以立长短之形，犹陶者用土为簋廉（甂），冶者用铜为柈杅矣。器形已成，不可小大；人体已定，不可减增。……形不可变化，命不可减加。以陶冶言之，人命短长，可得论也。”“或难曰：‘陶者用埴为簋廉（甂），簋廉（甂）壹成，遂至毁败，不可复变。若夫冶者用铜为柈杅，柈杅虽已成器，犹可复烁。柈可得为尊，尊不可为簋。人禀气于天，虽各受寿夭之命，立以形体，如得善道神药，形可变化，命可加增。’”“曰：冶者变更成器，须先以火燔烁，乃可大小短长。人冀延年，欲比于铜器，宜有若炉炭之化乃易形，形易寿亦可增。人何由变易其形，便如火烁铜器乎？……”“人生能行，死则僵仆，死则气减形消而坏。禀气生人，形不可得变，其年安可增？……故人老寿迟死，骨肉不可变更，寿极则死矣。五行之物，可变改者，唯土也。埏以为马，变以为人，是谓未入陶灶更火者也。如使成器，入灶更火，牢坚不可复变。今人以（已）为天地所陶冶矣，形已成定，何可复更也？”然而汉代盛行这一信仰，王充是孤独的。

9. 在“炼形之宫”结精成神

洛阳卜千秋壁画墓后山墙的彩色龙虎合气图，龙虎吐舌，欢悦缠绵；前

① 陕西绥德四十铺东汉墓左右门扉画像。见《中国画像石全集5·陕西、山西汉画像石》，济南：山东美术出版社、郑州：河南美术出版社，2000年版，图172、173。

图 9　洛阳卜千秋墓壁画的媒婆撮合龙虎合气图

引河南方城新莽时期或东汉初期 1 号画像石墓门楣上龙虎张口吐舌，舌尖相触；上引陕北汉墓墓门如绥德四十铺东汉墓左右门扉龙虎相对吐舌，均强烈突显二气相交之意，表示墓内正在发生阴阳合气、氤氲再生的“复形”过程，墓室乃为“炼形之宫”。整个墓室建筑空间结构及其内部程序因此可得定性。

汉墓不仅表达了在“炼形之宫”即墓室中实现“培胎炼形”的“太阴炼形”信仰，而且呈现了它的方法：龙虎指代魂魄，炉鼎、丹田指代龙虎合气结精的空间，凤凰则代表丹田之所在，炼得魂魄复合而仙。通过引导魂魄即阴阳两大生命要素的再度媾合，实现死者的不死化。所谓“有终而死，有始而生”，正是汉墓的信仰逻辑：从《老子》的“万物负阴而抱阳、冲气以为和”，到《易传》的“一阴一阳之谓道”，以及马王堆帛书《十问》由“阴阳不死”寻求人的终极性不死，春秋战国到两汉，思想界从阴阳两维结构思维中，探求生命本质和人类不死的可能性。凤凰所居的丹穴之山（丹田、丹丘、丹庐）——以凤凰交颈于璧喻示其在天的属性，即天神太一所居的中宫（紫宫、紫房）——以龙虎交媾于璧喻示其中央属性，为阴阳媾合的焦点；映射在人身小宇宙即丹田；明其理者得其用，可于其中炼得魂魄阴阳结合不死。

三、尸解之证：尸解神仙谱

汉初“因阴阳之大顺，采儒墨之善”的“道者”群体的神仙信仰，经过与儒家道德准则的融合，成为儒生的“道教”，盛行于两汉社会，并在墓葬中得到体现。汉代儒生的“道教”在宗教意义上解答了“如何才能得尸解成仙”的问题，其以“合大道”为终极追求，以神仙方术为宗教方法，以践行“儒”“墨”德目为人生途径。这一认知的达成，带来了原始道教史研究的突破。

山东嘉祥武梁祠为东汉山东名儒武梁生前亲自设计的墓祠，其三面石壁为人物画像（西—北—东）：西壁第一层为圣王：伏羲、女娲、祝融、神农、黄帝、颛顼、帝喾、尧、舜、禹、夏桀（从右至左，下同）；第二层为孝子：（曾母）曾子，闵子骞，老莱子（莱子母、莱子父），丁兰；第三层为忠义：管仲、齐桓公、曹子劫桓、鲁庄公，二侍郎、专诸、吴王（僚），荆轲、樊于其（期）的头、秦武阳、秦王。后（北）壁第一层为贞节，第二层为孝子，第三层为忠义。东壁第一层为贞节，第二层为孝子，第三层为忠义。

以武梁祠东壁、西壁及后壁为中心，综合考察各类画像石图像可以发现，汉代墓葬画像背后实际上隐含了一套宗教的价值评判标准：帝王、贤相、能将及刺客类图像，反映了汉代“自三代以来贤圣及英雄者为仙”（《真诰·阐幽微第二》）的成仙标准。忠臣、孝子及烈女类图像则表明，在汉代，生前为忠、孝、节、义之典范者亦得死后成仙。“自三代以来贤圣及英雄者为仙”，这一套汉儒主导的神祇与仙真谱系，包含最高意义（道）的化身太上老君（老子）、“太极上真公”孔子、三代以前的北太帝君炎帝（神农氏），以及因隆崇信义、节义、贞爱而为仙官的季札、苏武、韩凭夫妇等，实际上是汉代士民在现世的道德教化楷模。

图 10　山东嘉祥武梁祠三面石壁画像

东汉明、章二帝之际（58—88）的益州太守王阜撰《老子圣母碑》：“老子者，道也。乃生于无形之先，起于太初之前，行于太素之元；浮游六虚，出入幽冥，观混合之未别，窥清浊之未分。”东汉延熹八年（165）陈相边韶受帝命作《老子铭》：“世之好道者触类而长之，以老子离合于混沌之气，与三光为终始……道成身化，蝉蜕渡世。自牺、农以来，世为圣者作师。”（圣者包括孔子）陕西神木出土的东汉画像石、山东东平彩绘壁画墓、新津崖墓石函等画像表达的正是孔子拜师于老子的情景。老子是极崇高的“太上老君”，神格仅次于西王母；孔子率众弟子拜见老君，乃“得道受书”，证明其命“上属九天君”，死后不须经鬼官之考谪，只是暂经阴界，拜见老子并受道书后，即受署为仙界地位较高的真人。

图 11　老君与炎帝“变形而仙”

太上老君与炎帝为仙、鬼之主，他们在汉墓画像中的形相契合了“变形而仙”

（《周易参同契》语）。炎帝神农氏，即北太帝君，为天下鬼神之主，现牛头形象（罗缅）；太上老君现鸟喙形象（灵鸺）。东汉班固《白虎通·圣人》言："圣人皆有异表。"山东费县潘家疃汉墓墓门，有"鸟喙老子+胡人浮屠+窣堵坡"的组合画像。其上部的鸟喙老君像，是汉代老子神化为老君的"真形"。此形象乃汉代"化形而仙"信仰之体现。中部的胡人浮屠，则是老子西去化作浮屠、教化胡王及其臣民时的形象，与《老子变化经》的"变易身形""周流四海"诸说吻合。底部半圆形的窣堵坡则是佛教信仰的表征。整组图像位于朝西的墓门的北柱西面，恰可对应《老子化胡经》（见于敦煌道书）、《三天内解经》（见于《道藏》）中老子"西去化伏胡王"的记载，证明了墓主生活年代老子化胡说的流行。

作为西王母配神的子路，生前在卫国临难不苟、舍身尽忠，秉持"食其食者不避其难""利其禄，必救其患"的观念，从容乎"君子死，冠不免"，至终不失大丈夫威仪。此等气质，正是汉帝国所需。

诚信为君子立身之本。西汉刘向《新序》说，季札挂剑，履行心中的承诺，隆崇信义，故列为仙官。班固(《汉书·苏武传》）盛赞："孔子称'志士仁人，有杀身以成仁，无求生以害仁'，'使于四方，不辱君命'，苏武有之矣。"李陵置酒贺苏武曰："今足下还归，扬名于匈奴，功显于汉室，虽古竹帛所载，丹青所画，何以过子卿?"因隆崇节义，苏武亦列为仙官。韩凭夫妇故事，则是用生命信守贞爱，隆崇贞爱，亦位列仙官。

图12　费县潘家疃汉墓墓门北柱外（西）面所刻"老子+浮屠+窣堵坡"（拓片）

四、结　语

如何理解汉人太阴炼形信仰？"太阴炼形"说充分利用人类对死亡观察中获得的肉易烂、骨难朽之经验为支撑点，建立起通往不朽的道路。其具体模式即在人死之后，别作一空间，依乎尸骨，寄托丘墓，宣称修道之人死后虽筋肉可烂，而骨如青玉，历数年或数十年将再生五脏血肉，起死回生，或归乡里，或随太一飞升而去。于是在死亡和神仙之间，建立起完整的逻辑衔接，尽管是以超验（荒诞）逻辑为其环节。这是尸解信仰的新发展形态，是早期道教在东汉的关键内容之一。

尸解信仰作为汉族文化传统的意义何在？这种信仰是汉民族，甚至华夏民族的一套终极意义系统，作为东亚的墓葬信仰与传统，也是道教信仰之基石，可作为“中国根柢”问题的一个解答。[①]（本文已经作者审阅）

2018 年 11 月 9 日晚，受中央民族大学道教与术数学研究中心主任谢路军教授邀请，四川大学文化科技协同创新中心主任、中国史“长江学者”特聘教授姜生先生在中央民族大学举行了题为“汉代的尸解术”的学术演讲。本文系根据讲座课件整理。

---

① 姜生教授展示了大量的文物图片，其内容主要是教授的原创成果。演讲生动活泼，引人入胜，精彩纷呈，现场数十位听众非常专注地听完三个小时的讲座。有些是专程前来的外省听众，有些不远千里从上海专程而来，更有次日将赴非洲工作的听众。讲座即将结束，现场突现一组二十多位年轻书友，向教授赠送了 40 多位书友过去一年多研读《汉帝国的遗产：汉鬼考》的 10 多万字读书笔记精选。这些书友来自社会各界，他们的自发研读行为出乎姜教授意料之外，他为年轻人对传统文化的热爱和担承意识深感欣慰，并与现场众多书友及听众进行了认真的讨论，大家久久不愿散去。

十二

测算玄机

——道教占筮对易学的继承与变通

主讲：詹石窗

《周易》号称“群经之首”，其中蕴藏着中华文化的原初密码。诠释《周易》之象数与义理的学说，称作“易学”。而“道教”被鲁迅先生称作“中国根柢”，对于中华民族凝聚力的形成，具有举足轻重的作用。道教文化的形成发展与《周易》存在十分密切的关系。“易学”与道法之融通是道教文化建构与生成的关键。要深入道教文化之殿堂，需由《周易》的象数与义理入手，方能找到门径。本讲以《周易》的象数与义理为主干，探寻易学与道教符号的内在关联，揭示道教的奥秘，阐发道教术数对于当代健康生活的作用。

詹石窗　四川大学宗教学研究所哲学博士，曾任厦门大学哲学系主任、厦门大学人文学院副院长、教授、博士生导师等职。现任四川大学文科杰出教授，四川大学道教与宗教文化研究所教授委员会主席、博士生导师，四川大学老子研究院院长，四川大学中华文化研究院学术委员会副主任、咨询委员会主任；国家社会科学基金学科评审专家，国家“十三五”规划文化重大工程《中华续道藏》首席专家，老子道学文化研究会副会长，《宗教学研究》主编，《道家研究前沿》（Frontiers of Daoist Studies）主编，《道学研究》主编，《老子学刊》主编。

《周易》号称“群经之首”，其中蕴藏着中华文化的原初密码。诠释《周易》之象数与义理的学说，称作“易学”。不懂《周易》的象数与义理，就不能领悟中华文化的思维模式。而“道教”被鲁迅先生称作“中国根柢”，对于中华民族凝聚力的形成，具有举足轻重的作用；不了解道教，就不知道中华民族“生生不息”之源。

道教文化的形成发展与《周易》存在十分密切的关系。“易学”与道法之融通是道教文化建构与生成的关键。要深入道教文化之殿堂，需由《周易》的象数与义理入手，方能找到门径。本讲座以《周易》的象数与义理为主干，探寻易学与道教符号的内在关联，揭示道教的奥秘，阐发道教术数对于当代健康生活的作用。

一、引言

今天讲座的主题为“测算玄机”，那么问题来了：测算什么？用什么来测算？下面会从文化、历史的角度阐发道教占筮对易学的继承与变通。占筮与易学在历史上曾经被人们当作一种精神的寄托与归宿，我们了解它们，对于我们了解自己、了解社会有参照意义。

“玄机”之所以为“玄”，在于它是一种看不见的机遇和存在。人生的不同时期可能有不同的机会，如何抓住机会？这是一个很关键的问题。人们常说：“机不可失、时不再来”，确实是这个问题。《易经》有个重要观念——“时”。革卦的彖辞(《易传・传下・革》)说：“汤武革命，顺乎天而应乎人，革之时大矣哉。”夏商、殷周之际，革命的时间要怎么选择才能抓住时机，这是个大问题。科学界也讲时机，例如发射人造地球卫星，也要选择时机，不能随便哪个时间就发射，需要计算天体的引力，了解空气动力学，同时需要知道四季运转、什么时候阻力最小，发射才能成功。中国古代的人讲究黄道吉日，什么是黄道吉日？吉为吉祥之意，指最好的时机，能够获得最大成功的时机。所以说时机很重要。

古人发明了很多办法来找时机，其中最根本的来自《周易》,《易经》有一套推算时机的方法。《易经》在古代被当作群经之首，它包含了生命教育和国家治理的大智慧。比如说乾坤两卦，乾卦卦辞有：“天行健，君子以自强不息”，坤卦卦辞有“地势坤，君子以厚德载物”，“自强不息”“厚德载物”分别来自两卦的卦辞。《易经》里讲的时空问题，所围绕的是生命的完善和国家治理，背后包含了古人对天体的认识等智慧。乾卦爻辞有：“初九，潜龙勿用。”什么是初九?《易经》中的每一卦有六爻，凡是阳爻——一横中间没断的——用“九”表示，凡是阴爻——一横中间断开的——用“六”表示。有个俗语：“六六大顺。”为什么用“九”或“六”呢？九与六之和为十五。一个手有五个手指，可以用大拇指、中指和小拇指分别代表一、三、五，这三个数加起来等于九；五以内的奇数之和是九，偶数有两个：二和四，加起来等于六。一到五这五个数被称为“三天两地”，三个奇数为“天数”，合起来称“三天”，两个偶数为“地数”，合起来称“两地”，这五个数代表了天地的存在；“天数”之和为九，“地数”之和为六，阳爻用“九”表示，阴爻用“六”表示。

乾卦爻辞有“初九，潜龙勿用”，“九二，见龙在田”，“九三，君子终日乾乾，夕惕若，厉无咎”，“九四，或跃在渊，无咎”，“九五，飞龙在天，利见大人”，“上九，亢龙有悔”，乾卦的六爻从下到上，这条“龙”在上升，这个上升过程里面有空间和时间。这条“龙”是什么龙呢？是我们今天在民间看到的舞龙那个龙吗？不是，卦辞里说的龙来源于天体。二十八星宿中有七颗星组成东方的苍龙，它们是角、亢、氐、房、心、尾、箕。苍龙其实是星相，所以卦辞背后隐藏的是自然科学中的天文学。为什么说“初九，潜龙勿用”？冬至时，东方苍龙还在地平线以下，还没往上升，所以称为潜龙，是潜在、看不见的。“九二，见龙在田”，说的是农历二月初二，俗话说“二月二，龙抬头”，那时两颗星从地平线露出来了。以此类推，一直往上升，随着时间点不同，“龙”的相（即星相）越高。这个引申到人生里面来说，“初九，潜龙勿用”，告诉你时机未到。冬至的时候，按《易经》旅卦说：“商旅不行”，要“闭关”，时间没到，你要把门关起来。“九二，见龙在田”，时机来了。“龙”可以被看见了，告诉你，要做什么事可以行动了，因为春天来了。“九三，君子终日乾乾，夕惕若，厉无咎”，此时的天象，星座左边有几颗星，右边也有几颗星，像一支箭要射过去的样子，告诉你有危险，为什么呢？我们可以由它联想到我们的人生，“见龙在田，利见大人”，已经和其他人组合成一种关系，开始做事情，然后可能已取得一定的成功，有成绩就冒头了，有人会妒忌，可能会想方设法地压制你，给你造成困难，甚至带来灾难。“夕惕若，厉无咎”告诉你，灾难就要来了，当你获得一定成功的时候，就面临这样的局面，那怎么办？“夕惕若”，夕是晚上，惕即警惕，要提高警惕，若就是一直处于这种状态，“无咎”，如果你一直保持提高警惕，就可能会避过这种灾难。所以说，《易经》时时给我们警戒，告诉你在困难的时候该怎么办，有了成绩的时候该怎么办。当你能够避过这个风险，就有可能再上一个台阶，即到第四爻的“或跃在渊”，从水潭里冒出来，飞跃了。比如说你在职场上好不容易混到一个科长的位置，但这个部门只有一个科长的位子，许多人可能会盯着要你的位子，若你小心谨慎，什么都按章办事，你就上去了，若不小心，问题就来了。所以“夕惕若，厉无咎”即时时刻刻警惕，“或跃在渊”是再上一个台阶。第五爻“飞龙在天”，事业到了比较高的位置了，到了这个阶段怎么办呢？又有问题了，“亢龙有悔”，如果你不谨慎，到了最高阶段飘飘然，以为你是老大，别人讲的话、对你有意见，你也听不进去，还被人家蒙在鼓里，很多人讲假话来骗你，那你就不知道真实情况了，那就麻烦了，“亢龙有悔”，最后一定会走下坡路。这就是《易经》告诉我们的一种辩证法，从低到高的发展过程中，一定有困难，有正面就有反面，这就是它的智慧，每一卦基本上都如此。

《易经》的智慧关乎生命修养与治国，但它也有另外的一面，即时机选择的测算方法，也就是“占筮”之法。“占”在古代指占卜，一般用乌龟壳，与甲骨文有关。占卜时在龟甲上钻洞，产生裂纹，根据裂纹的走向来判断到底该如何行动。“筮”由竹字头和巫字组成，竹字头说明这种占卜的工具是一种蓍草，按照司马迁《史记》所讲，这种草长到成熟一定有五十五片的叶子，为什么五十五片？天地之数，天数二十五，地数三十，怎么来的？十以内的奇数加起来得二十五，偶数加起来得三十，两者加起来就是五十五。这个非常巧妙，大自然的造化就是如此，它一定会长到五十五片，《史记》里讲了这个事情。这五十五片叶子长完了，底下一定有银龟，那个龟是有灵性的，就藏在那里，古人把这龟抓来做个处理，钻龟板会有裂纹，这就是甲骨占卜的“占”。用蓍草五十五根做工具来测算，测算时有一套程序，根据“太极生两仪，两仪生四象，四象生八卦”去推演，叫作十有八变而成卦，一卦演出来十八次。我讲这些并不是说我们非得学习他这一套不可，而是作为一种了解，这些知识对于古人来说是一种常识。关于占卜的问题，朱熹有一本书叫《周易本义》，里面讲得很清楚，《周易》是一本卜筮之书，这是对它的性质的认定，后来延伸出哲理——《易经》有《易传》，《传》是十篇解释性的文字，有人说这是孔子作的，有人又怀疑可能不完全是孔子作的。孔子当年教五经——《诗》《书》《礼》《易》《春秋》，包括《易经》，他肯定整理过《易经》，他说“假我数年，五十以学《易》，可以无大过矣”（《论语·述而第七》），若给他加几年时间，五十岁学《易经》，可以不犯大错误。所以《易传》这十篇解释性的文字，应该最晚在孔子的时代已经有遗存，至少经过他的整理，他讲“述而不作”（《论语·述而第七》），就是说他没有原创性的东西，但是解释性的东西肯定有。以上是占筮的大致情况，我们做了一个交代。

《易经》这本书后来有几派的传承，儒家侧重从义理方面去解读，所以我们看到孔子的《论语》都是发挥它的伦理道德观念，孟子也是如此，孟子有一句话“尽心知性知天”[①]，就是从《易经》里的“洗心于易，退藏于密”[②] 来的。《易经》让人洗涤心灵上的尘垢，让你健康起来，然后退藏于密；而孟子所说，即认识我自己的心，了解我自己的本性，达到天人感通的地步。古人讲天人合一，儒家就是通过尽心知性知天，达到天人感通。筮法的“筮”，竹字头下是一个“巫”，就是有天人感通的意思。“巫”这个字，两横一竖（“工”字），旁边站两个人。这个“工”是梯子的意思，古时候的人认为要跟天上沟通，要搭一个天梯。旁边两个人干嘛呢？爬这个梯子要上去啊。你看《山海经》都有很多这种描述，人们通过天梯登上天界。“巫”字所谓的登天梯，就是搭一个台看天象，它是天文观测活动，《诗经》里有好多这种描述，看天文、观天象，同时还要记录日月星辰运转的轨迹，这种情况在《尚书》里也有很多记载。儒家的传统从义理的角度来认识《易经》，道家则比较不同，道家从象数的角度说得多。什么叫象？形象，比如说我们看见一只喜鹊飞过来了，我们很高兴，看到喜鹊喜事要来了，看见一只乌鸦，

① 《孟子·尽心上》：“孟子曰：‘尽其心者，知其性也。知其性，则知天矣。存其心，养其性，所以事天也。’”

② 《易经·系辞上》：“圣人以此洗心，退藏于密，吉凶与民同患。神以知来，知以藏往，其孰能与于此哉！古之聪明睿知，神武而不杀者夫！”

则有不吉利的说法，其实在我们现在看来也不一定。但是古人就根据这个象，把某一种我们眼睛可以看得见的东西做一个符号，这是一种现实的符号，跟我们手机上面微信的符号是一回事，自然界的符号与我们人工的符号，虽然形式不同，但是本质是一样的，这就是道家通常讲的象。数是什么呢？数字的推算，比如说老子《道德经》里有很多数字的问题，全书虽然只有五千言，但里面很多都是用数字来暗示，比如说“十有三”，“生之徒十有三，死之徒十有三”（《道德经·第五十章》），又如七，上善若水一章（第八章）讲善，讲七种“善”，这些都是数字，且与《易经》的“数”有联系。这条线发展到汉朝以后，被东汉产生的道教所吸纳，道教特别重视象数的问题，除了《易经》系统自身的象数传承之外，还吸收了奇门遁甲、六壬、太一、紫微斗数、灵棋经等，这些都是从《易经》传统衍生出来的象数之法。

从广义的角度看，占筮的技巧本身也是一定的历史阶段的产物，是具体的社会和具体的人们的精神果子，它是伴随着人们的生产与生活而出现的，与人们的社会历史活动休戚相关。“道教占筮”包括两个层面的意义：一是指道门中人对中国古代传统占筮术的应用和发展；二是指带有道教思想意识的占筮活动、占筮法式。本讲的任务是通过源流追溯与符号意义的解剖以显示其本质特征及其赖以存在的内在机制。

二、道教占筮活动的历史文化追溯

从文献方面，我们可以查考出许多道门中人所作的“占筮”类著作。例如，葛洪作《周易杂占》《玉铃经》，陶弘景作《卜筮要略》《周易林》《易林体》，麻衣道者作《火珠林》等。这些著作在历史上都有比较大的影响。

不言而喻，道门中人的占筮著作是应占筮需要而作的，或者说是总结了他们的占筮活动经验而成的。从这个角度看，占筮著作是与占筮活动紧密相关的。因此，从其占筮著作是可以推断占筮活动的存在的。当然，这种假定还必须由历史文献的事实来作证明。

1. 张巨君为许季山占病

许季山得病不愈，清斋祭泰山请命，昼夜祈诉。忽有神人来问曰：“汝是何人何事，苦告幽冥？天使我问汝，可以实对。”季山曰：“仆是汝南平舆许季山，抱疾三年，不知罪之所在，故到灵山。

请决死生。”

神人曰：“我是仙人张巨君，吾有《易》道，可以射（卜）知汝祸祟所从。”季山因再拜，请曰：“幸蒙神仙回降，愿垂告示。”巨君为筮卦，遇《震》之《恒》，初九、六二、六三有变。巨君曰：“汝是无状之人，病安得愈乎？”

季山曰：“愿为发之。”巨君曰：“汝曾将客东行，为父报仇，于道杀客，内空井中，大石盖其上，此人上诉天府，以此病谪汝也。”季山曰：“实有此罪。”

——《洞仙传》

图 1　《震》之《恒》卦

《震》之《恒》：本卦《震》的下三爻都发生变化，即阳爻变为阴爻，阴爻变为阳爻，于是引出了“之卦”《恒》。根据丰南禺占法，凡三爻变者，内卦（下三爻）以第三变爻之爻辞作判断根据。查得《震》卦六三有云：“震苏苏，震行无眚。”意思是说，雷动之时，惶惶不安。如果雷动能够引起警惧，则前行将不遭祸患。又查《恒》卦九三爻辞云：“不恒其德，或承之羞；贞吝。”张巨君或许是根据这两条爻辞以及许季山虔诚祷告的态度做出吉凶判断的，或许是通过谈话对许季山的心理状态进行探测的，但无论如何，张巨君通晓《易》筮一事则是有案可稽的。

2. 扈谦的占筮生涯

扈谦，系魏郡人，他生性放纵怪诞，不因衣裳破碎而感到羞耻，嗜好饮酒，不择精粗，经常唱着这样一首歌谣：

风从牖中入，酒在杯中摇。
手握四十九，灵光在上照。
巍巍聚蓍下，独向冥中笑。

扈谦经常在建康后巷许新妇店前为人筮卦，每次一卦，收费一百钱；每日限筮五次，得五百钱。过此，即使有人给千钱让他筮一卦，他也不干。他的养母就住在尚方门外路西。有养女三四人，自行料理。扈谦每日送三百钱供养母，剩下的两百钱作为饮酒和接济贫寒人之用。扈谦筮卦在晋代颇有名气。《洞仙传》卷111记载：

晋海西旦出，见赤蛇盘于御床。俄尔失蛇。诏谦筮卦。《易林》曰：晋室有盘石之固，陛下有出宫之象。海西曰："可消伏不?"谦曰："后年应有大将北征失利。以三万人逆之于寿春北，此灾可消。"

明年秋，桓温北讨败绩，咎豫州刺史袁真不为后援，诛真还镇石头，废海西，立简文。温妾产，息玄至艰难。谦筮曰："公第西北六间马敞坏，竟便产，是男儿，声气雄烈，当震动四海。"温赐谦钱三十万。谦云："谦用筮，钱常患不尽。且交无容钱处，请还公库。"

温不听。许氏以空槛借谦贮钱。俄而，夫人复送钱三十万。谦从得温钱，后日筮三卦以供养母，以温钱饮酒，求能酣客，不问识与不识，群聚极饮。于是，远近嗜饮客随谦者众……后母夜亡，谦旦还，云"因缘尽矣"而去，不知所之。数日，许氏家人于落星路边见谦卧地。始谓其醉，捉手牵引，唯空衣无尸也。

三、道教占筮的符号解读

在易学中，"象"与"数"本来是不可分的，但在应用过程中却可以有所侧重。因此，"象"和"数"在一定条件下一定场合中就具有相对独立的意义。大家知道，"象"在易学中本是一种非文字符号，它与《易经》卦爻辞这种文字符号既相区别但又相对应。邵雍认为：易有意象，"立意皆所以明象"，强调《周易》以意象为主而统领"三象"："有言象，不拟物而直言以明事；有像象，拟一物以明意；有数象，七日、八月、三年、十年之类是也。"

1. 郭璞占例的象数符号解读

郭璞为宣城太守殷佑的参军的时候，城下出现一个"怪物"，大如水牛，灰色而矮脚，脚的形状如大象，胸前和尾巴都是白色，很有气力但动作迟钝，众人不知道那是什么东西。太守派人埋伏，伺机抓获了它，并请郭璞占筮。

占的结果获得：《遁》之《蛊》卦，其占辞有云：“《艮》体连《乾》，其物壮巨。山潜之畜，匪（非）兕匪（非）虎。身与鬼并，精见二午。法当为禽（擒），两灵不许。遂被一创，还其本墅。按卦名之，是为驴鼠。”这里的“占辞”不见于《周易》，可能是郭璞根据自己的理解综合而成。

郭璞对事物的占断是依据卦象符号的相互关系得出的。因为《遁》卦的下卦是“艮”，上卦是“乾”，由下往上读，所以说“艮体连乾”。乾卦的符号蕴含着“大”的意义，所以说“其物壮巨”。由《遁》卦变爻而出的《蛊》卦，其下卦是“巽”，上卦是“艮”。艮的符号本义是山，所以称作“山潜之畜”。

图2　《遁》之《蛊》卦

《蛊》有“惑乱”之义，故谓其物非同寻常，“匪兕匪虎”。郭璞根据《遁》卦与《蛊》卦的卦象符号，并联系有关的占辞，得出了怪物的名称为“驴鼠”。据说，卦刚刚占毕，埋伏的士兵突然用戟猛刺这个怪物，刺进去一尺多深。

又据《搜神记》所载，扬州别驾顾球的姐姐10岁时就生病，直到50多岁仍然不愈，于是请郭璞筮病，得《大过》之《升》卦。其卦辞曰：“《大过》卦者义不嘉，冢墓枯杨无英华。振动游魂见龙车，身被重累婴妖邪。法由斩祀杀灵蛇，非己之咎先人瑕。案卦论之可奈何？”

图3　《大过》之《升》卦

《大过》卦象符号，下巽上兑。在《易经》中，阳刚之爻称为“大”，阴柔之爻称为“小”。四阳爻居中，两阴爻在外，表明中阳之气过剩。过犹不及则为“差”。《易经》之《象传》称：“泽灭木，大过。”大泽淹没了树木，这就“大为过甚”。为什么占辞称“义不嘉”？应当是根据《大过》本身卦爻辞而发的。占筮时发生变卦，第四爻和第五爻都变，这就使《大过》卦变成了《升》卦。

根据占法原则，两爻变，就以本卦（这里就是《大过》卦）变爻为占，但以居上的一爻为主。这样，占断之辞就落实到了《大过》卦“九五”之爻。查其爻辞有云：“枯杨生华，老妇得其士夫。”枯槁的杨树开出新花，龙钟老太配了个强壮丈夫。对于这种特殊的现象，《象传》作了评论：“枯杨生华，何可久也？老妇士夫，亦可丑也。”在《象传》作者看来，枯槁杨树尽管开出了新花，却是不能长久维持生机的；而龙钟老太配上强壮丈夫，这样的情状也太可羞丑了。郭璞占辞第二句之“枯杨”大抵是来自《大过》卦九五爻辞。

本来，《大过》卦九五爻辞是“枯杨生华”，但到了郭璞的解释中为什么“无英华”呢？这是因为《大过》卦九五爻与九二爻都是阳爻，不能相应，其所开之花很快凋谢，所以说“无英华”。由此，我们可以看出，郭璞在占断时不仅根据卦象符号提取有关信息，而且进行意象的生发。

2. 道教占筮的符号延伸

在易学中，“象”和“数”尽管可以有所侧重，但在具体运用过程中，两者又是协调操作的。在“象”的背后隐藏着“数”，而在“数”的定夺中也寄托了“象”的旨趣。当“数”获得了表征的功能时，它本身也可以认作一种符号。所谓“符号延伸”包含了两个层面的内容：一是形态的有效扩展，二是信息运载功能的增进。这两个层面在占筮活动中有机地结合在一起。这方面的代表作是《火珠林》。

《火珠林》，旧题麻衣道者撰。考诸正史，不见麻衣道者的事迹记述，但《历世真仙体道通鉴》卷四却有其传，其略云：“赵麻衣，不知何许人也。唐僖宗（874—888年在位）时，黄巢盗起，麻衣避于终南山，见道人数十居山间。麻衣无所得食，愿为庸役。由是有所遇而得者。”

《火珠林》的名称乃出于道教金丹学。火的颜色为“赤”，与金丹之色同，而“珠”也合于金丹之状。因此，“火珠”实际上就是“金丹”的别称。作者把《易》筮之道同道教金丹修炼之理汇通起来，以金丹修炼比喻应用《周易》象数学进行预测的过程。

《火珠林》是怎样把易学占筮的象数符号加以延伸的呢？首先表现在对汉代以来易学体系的借鉴与变通。作为一部占筮之书，《火珠林》的主要渊源出自西汉京房的《易》象数学。杭辛斋曾经指出："今日京氏之《易》，虽无完本，然所传者犹见大概，《火珠林》虽不尽用京法，而与京合者固十之七八也。"其次，《火珠林》的卦象符号延伸具体落实在"成卦"过程中。所谓"成卦"就是通过一定的手段演出卦象来。在《易》筮中，首要的步骤就是"成卦"，而卦画乃是由筮具决定的。先秦传统的筮法一般以蓍草为工具，《火珠林》则以铜钱为工具。胡一桂《筮法卦变说》：

> 以三钱掷之：两背一面为坼，即两少一多，少阴爻也；两面一背为单，即两多一少，少阳爻也；俱面为交，交者坼之聚，即三多，老阴爻也；俱背为重，重者单之积，即三少，老阳爻也。

以三枚硬币卜地：都是背面为九老阳；都是正面为六老阴；两面一背为七少阳；两背一面为八少阴。依然由下而上记录成卦。《火珠林》卦象符号的延伸最终落实到每一个具体的爻所运载的信息上。在《易经》中，每一个卦和每一个爻都运载着一定的信息，占筮之人在演卦以及解释中又随着情境的不同而进行灵活多样的发挥，这就使信息的运载处在一个开放的状态。

3. 体用与生克

断卦有个为谁而断的问题。要明白为谁而断，就必须清晰体用。体是占测之人，用是他人或占测之事物。体用之间，体为主，是整个占测的中心立极点；用为宾，围绕体展开关系。占测所得之卦有本卦、互卦、变卦之分。本卦为占测最初所画之重卦，有上下两经卦。互卦，是以本卦去了初、上两爻，以中间四爻再分之两卦，即以二至四爻互某卦，三至五爻互某卦。变卦，为本卦动爻阴阳变化之后得出的某卦。本卦表示事情当下的态势，互卦表示事情发展的中间态势，变卦表示事情的终结态势。体用的划分，是以八卦重卦中的经卦来定的，且在本卦的两经卦上，而不在互卦和变卦的两经卦上（见图4）。

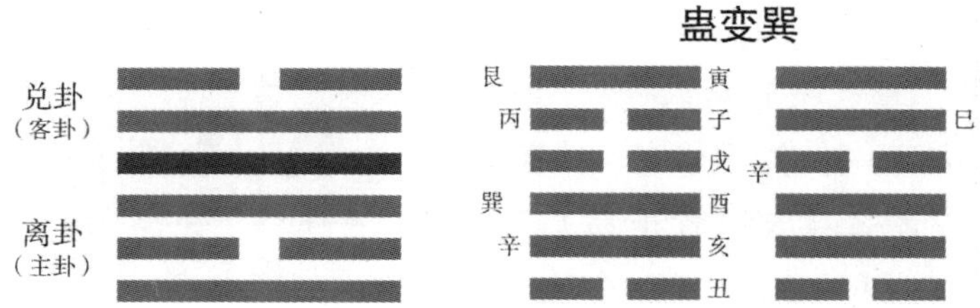

图4　主卦与客卦，变卦之例

所占之卦，有生克现象。生克，指的是五行的生和克，包括八卦的五行生克和八卦各爻所纳干支的五行生克。比如测婚姻完满，卦若体卦、用卦阴阳相异，说明夫妻感情相吸相合；若体卦、用卦同阴或同阳，则阴阳相背，占夫妻睽离，感情不合。再次，考察体用的五行生克关系，以断吉凶。《梅花易数》提到，体克用，诸事吉；用克体，诸事凶。

四、筮数与易图的沟通及其生命哲学意义

作为象数学的重要组成部分，筮法的性质虽然由“数”来决定，但数的演算既然是成卦关键的一环，则最终便延伸出“象”的符号意义。从易学史来看，“象”本身也是发展的，由卦爻之象到“河图、洛书”之象，这就是一种发展。

1. 从麻衣道者到陈抟

自东汉以来，占筮法式一直在道教中流传、扩展。尤其是唐末五代，经麻衣道者传给陈抟，占筮筮法与河图、洛书相结合，促使道教生命哲学走向一个新的高峰。陈抟（871—989），字图南，号扶摇子，人称希夷先生。关于他的出生地有多种说法，最有代表性的说法是两个：亳州真源人（今亳州市谯城区十八里镇陈庄村）；另一种说法：普州崇龛县（今属重庆）。《安岳县志》说他：“生于崇龛乡。及长，辞父母，去学道。或居亳为亳人；或居洛为洛人；或居华山为华山人。”见图5。

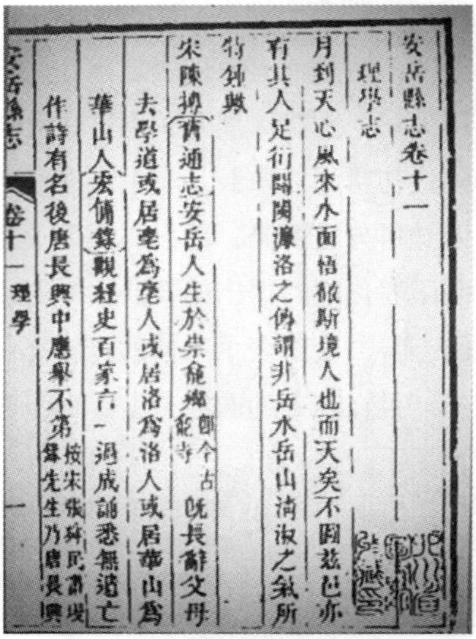
安岳縣志卷十一
理學志
月到天心風來水面悟徹斯境人也而天奕不阻茲邑亦
有其人足衍關閩濂洛之傳謂非岳水岳山淑之氣所
特鍾歟
宋陳摶 舊通志安岳人生於崇龕鄉 今古龍寺 既長辭父母
去學道或居亳爲亳人或居洛爲洛人或居華山爲
華山人 宋倘録 觀經史百家言一過成誦悉無遺亡
作詩有名後唐長興中應舉不第 按宋張舜民畫墁錄先生乃唐長興
安岳縣志 卷十一 理學 一

图5 《安岳县志》关于陈抟的介绍

陈抟应考进士未及第。后唐清泰二年（935），隐居武当山。南唐升元元年（937），返古蜀，拜邛州天庆观都威仪何昌一学锁鼻术。后晋天福四年（939），游峨眉山讲学，号“峨眉真人”。并拜麻衣道者为师，从事《易》学研究，传播“河图、洛书”，著《麻衣道者正易心法注》《易龙图序》。《易龙图序》中提到的“三

陈九卦”①，为孔子在《易传·系辞下》中所用。

且夫龙马始负图，出于羲皇之代，在太古之先也。今存已合之序尚疑之，况更陈其未合之数耶！然则何以知之？答曰：于仲尼三陈九卦之义探其旨，所以知之也。

——陈抟《易龙图序》

是故履，德之基也；谦，德之柄也；复，德之本也；恒，德之固也；损，德之修也；益，德之裕也；困，德之辨也；井，德之地也；巽，德之制也。

——《易传·系辞下》

履以和行，谦以制礼，复以自知，恒以一德，损以远害，益以兴利，困以寡怨，井以辨义，巽以行权。

——《易传·系辞下》

下面分享我关于三陈九卦（见图6—图14）的诗作和书法（见图5）。

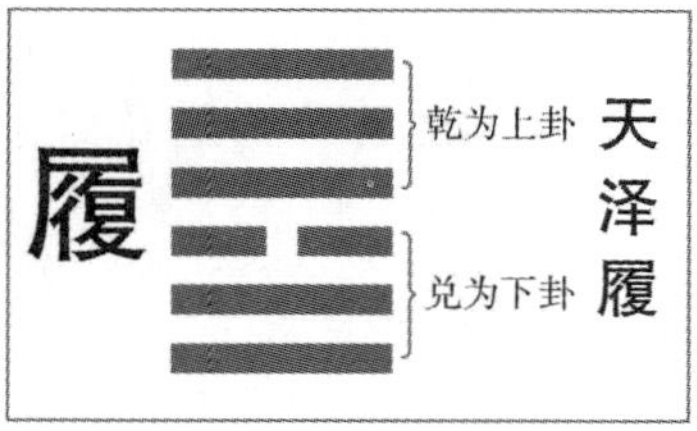

图6　履卦

非礼弗履：

泽天浩荡谷溪长，六虎扬威啸峻岗。

履尾临危终得吉，拨云见日乐沧桑。

在《履》卦中，有“履虎尾”之说，踩上老虎尾巴，这不但要有勇气，更要有方式方法。

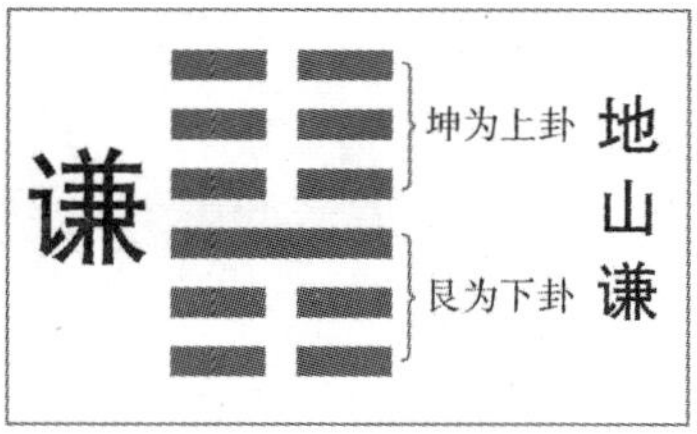

图7　谦卦

谦尊有益：

山隐地宽大象谦，屈居卑位看垂帘。

日中仄昃宜修养，来岁光明抱玉蟾。

此象戒人：怀才不遇之时，不必怨天尤人，而应泰然处之。有功于世之际，不可居功自傲。此之谓谦，一谦而益也。

① 三陈九卦为：履、谦、复；恒、损、益；困、井、巽。

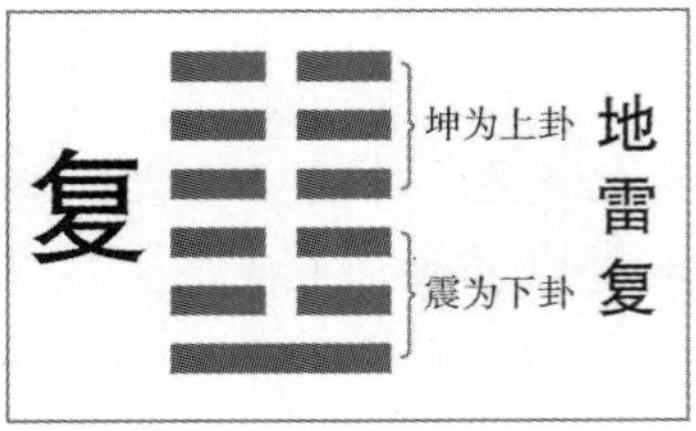

图 8　复卦

一阳来复：

雷在地中日闭关，一阳居下五阴攀。

不通商旅符时运，聚气牟机转大寰。

本卦由冬至时商旅不行入手，进而申发闭藏修身之意义。道家借之以暗示修炼内丹之法门。

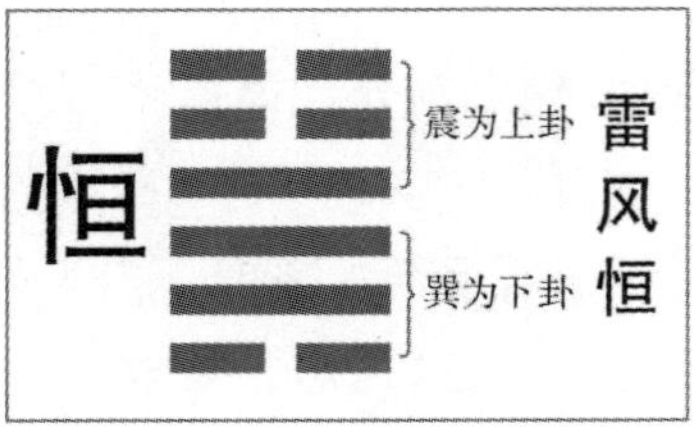

图 9　恒卦

恒守其德：

风吹草动雷声响，日月行天得久明。

人有恒心当立业，成功在握看飞鹰。

恒者，久也。日月得天而能久照，人法天则地，亦当守恒。致虚守笃，入于恒定之静，与天合一。

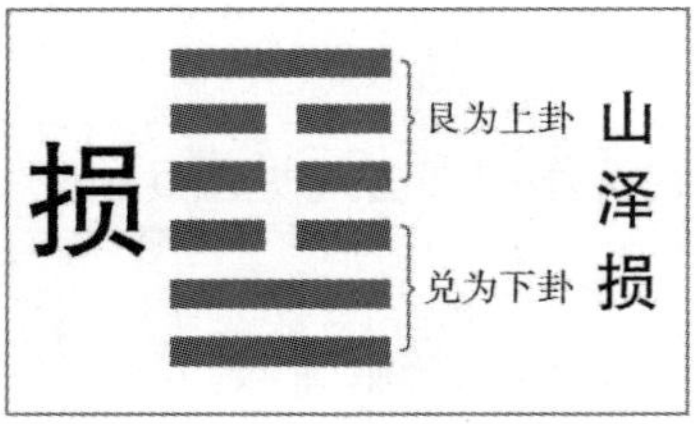

图 10　损卦

用损受益：

山下泽清利达通，拉弓射忿炼心功。

盈虚损益天之道，进退偕时气聚中。

对于人生而言，损字乃一良药，能损去愤怒等情欲，则血通气和，故老子《道德经》谓“为道日损”。

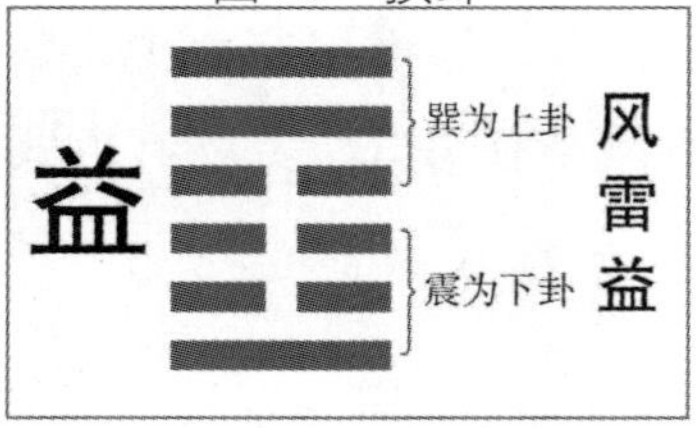

图 11　益卦

益众得乐：

龟得十朋供上帝，虔诚礼敬献圭璋。

多行善事人称赞，快乐开心益健康。

或益之十朋之龟，弗克违，永贞吉；王用享于帝，吉。

示人以恭敬心礼神行善，有益健康。

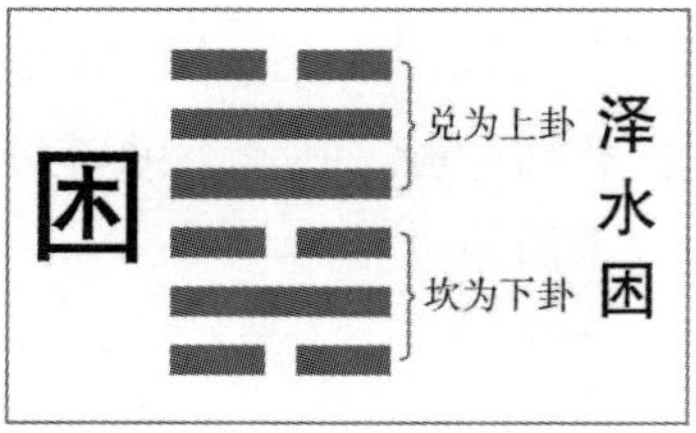

图 12　困卦

解困之法：

水流渗漏泽湖干，受困山间几燥寒。

咏啸通天承正炁，虚空豁落转磨盘。

人于受困时或躁动不安，或悲观失望。《易》教人当怀苦中作乐之志，守时待命，去除忧虑，啸咏山林可也。

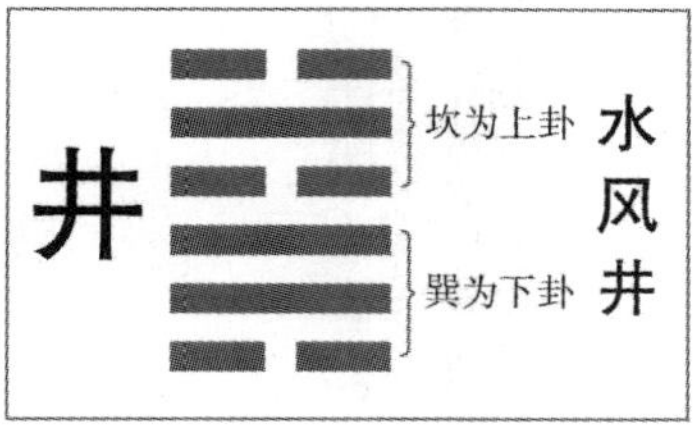

图 13　井卦

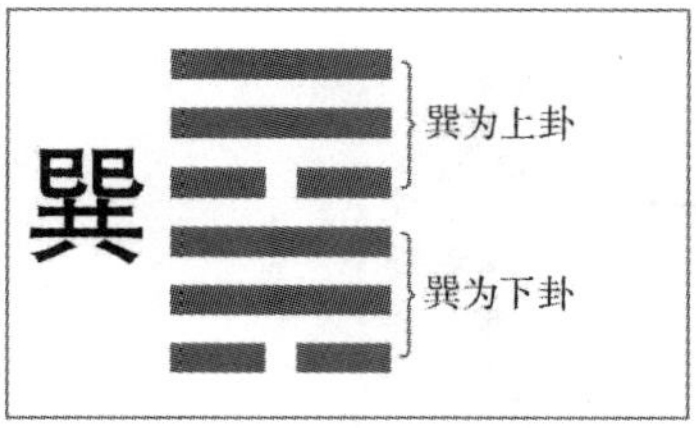

图 14　巽卦

井水常清：

地下藏泉脉象长，乡人掘井忆沧桑。

兴衰今古多奇幻，淤泥常清出慧章。

古者，人之所居，必掘井而饮。久之，淤泥沉积，当清而新之。饮水思源，知恩必报。常新其井，止行有道。

木风合巽：

东南木长来风巽，受命心猿守六申。

九五虚中无系绊，宽容广大自归真。

《象》曰：重巽以申命。申者，十二地支之九，合于十二生肖之猴，心猿躁动，令人不安，故当虚中去虑，方能返精补脑，以延年益寿也。

下面谈三陈九卦与筮法。因为损、益两卦为一个正反卦，困、井两卦为一个正反卦，所以九卦可以约简为七卦，对应北斗七星。北斗共七星，分别为天枢、天璇、天玑、天权、玉衡、开阳、摇光。一至四为“魁”、五至七为“杓”，每年十二个月的月建，皆以“戌正初刻”时，斗杓所指定之。三陈九卦所取的九卦为北斗指向冬至的方向。七七四十九，恰好合于大衍的实际演卦之数。

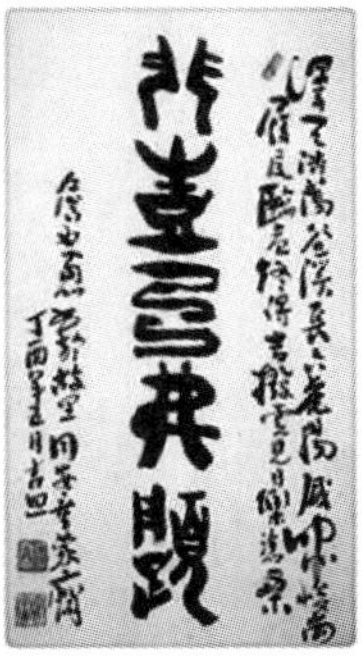

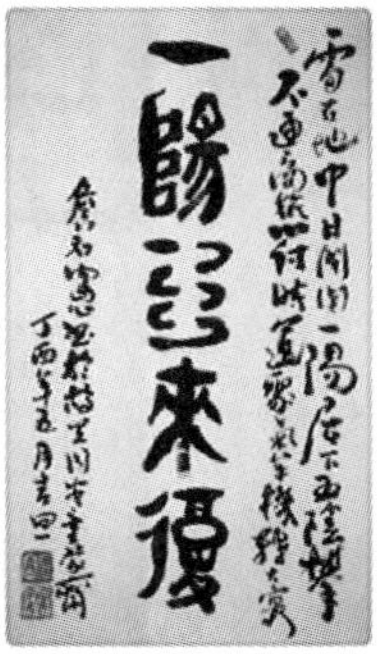

图 15　关于三陈九卦的诗作书法

2. 河图、洛书与筮法的关系

河图与洛书如图 16 所示。

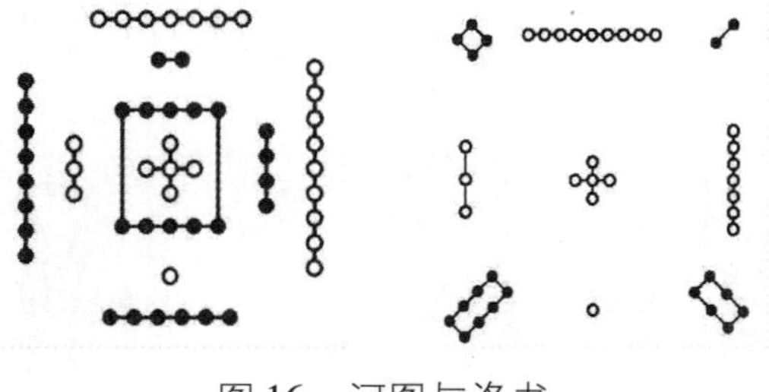

图 16　河图与洛书

《易传·系辞上》记载了河图之数：“天一地二，天三地四，天五地六，天七地八，天九地十。”洛书之数：“戴九履一，左三右七，二四为肩，六八为足，五在中宫。”阐明了河图、洛书与筮法的关系：“是故天生神物，圣人则之。天地变化，圣人效之。天垂象，见吉凶，圣人象之。河出图，洛出书，圣人则之。《易》有四象，所以示也。系辞焉，所以告也。定之以吉凶，所以断也。”汉代郑玄注《易纬是类谋》曰：“经以七八为彖，九六为爻。”隋代萧吉《五行大义》云：“七八为静，九六为动。阳动而进，变七之九，象气息也。阴动而退，变八之六，象气消也。故八静也。夏殷尚质，以用静爻占之。周备质文，故兼用动爻。”

3. 筮法与睡功

《太华希夷志》等书记载，陈抟很喜欢睡觉，有时候一睡就是三个月。他还写了诗歌，说自己睡觉等事。其诗云：“衣冠自带志君苔，悟道参机紫气来。面壁灵虚霜伴月，圆明慧智导肾开。”据说胎息到了高深功夫，可以用毛孔交换气体（见图 17）。

图 17　陈抟睡功像与石碑

4. 生命哲学的启迪

筮数与易图的沟通带给我们的生命哲学启迪（如图 18—图 20 所示）：一为安然之道。“道”本义是“安”。老子将之提升为哲学范畴，表示顺应规律，去除执着心、企图心。二为宁静致远。“清洁自我宁静根，根源复返水渊深。深中有木见仁性，性命双修法天真。”此静对应震卦（☳）。三者复归无极。其中又有几个阶段：心无杂念；全神贯注；炼精化气；炼气还神；炼神还虚。道家生命哲学给人以身心修养的启迪，借鉴这些古老的智慧，人们可以返璞归真，回到婴儿状态。道家的整个操作体系，不管是占卜还是后来的各种法门，都是要升华生命的境界，达到天下大治，宇宙和谐，这就是道家的精神。（本文已经作者审阅）

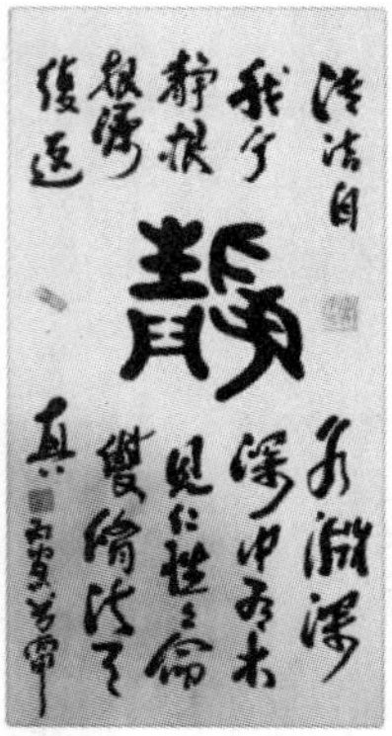

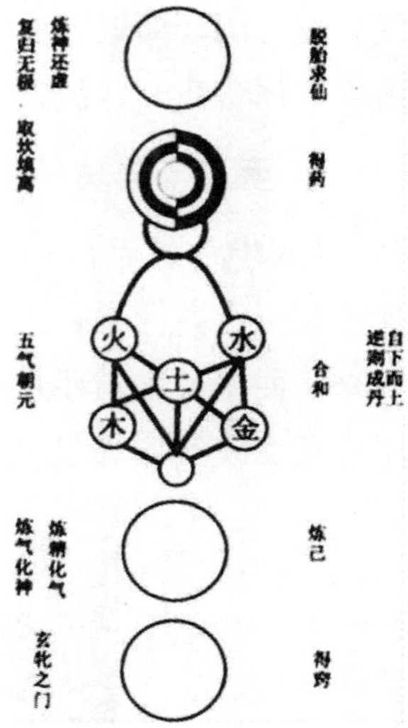

图 18　“道”的书法　图 19　静与震卦的诗作书法　图 20　陈抟无极图

2018 年 11 月 15 日晚，受中央民族大学道教与术数学研究中心主任谢路军教授邀请，四川大学老子研究院院长、四川大学道教与宗教文化研究所教授詹石窗先生在中央民族大学举行了题为“测算玄机——道教占筮对易学的继承与变通”的学术演讲。本文系根据讲座课件和录音整理。

十三
黄老道家与民间数术
——以出土文献为线索

主讲：曹峰

黄老道家的实质与特效可概括为：以道家为思想基础或主干，尤其注重养生与政治、理论与实践相结合，退可以养生、进可以治国；具有杂家性质，兼容百家；方法上注重“无为”与“因循”；是一种在战国秦汉之际广为流行的思潮；影响远大于老庄道家，也是时代主流；具有普遍性，为全民接受，具有操作性，发生实际功效。黄老之学是一种不折不扣的时代思想和实用哲学，注重解决当下的政治问题；它不是某一学派或知识阶层的理论探讨，而是上至君主下至百姓都明白易懂、可以遵照执行的行动纲领。

曹峰　中国人民大学哲学院教授，2017年度教育部长江学者特聘教授。日本东京大学文学博士，曾任山东大学、清华大学教授。曾获全球华人国学成果奖、北京市哲学社会科学优秀成果奖。现任国家社科基金重大项目《黄老道家思想史》首席专家。

与“老学”相关的思想、与“黄帝之言”相关的内容是黄老之学的两大来源，至今为止，对前者的研究多而对后者的研究少，尤其是对“黄帝之言”的思想来源研究少。“黄帝之言”和民间数术有着密切关系，它促使黄老思想成为一种全民接受且容易操作的实用主义政治理论。本讲座主要以出土文献为线索，并结合传世文献中的记载，试图从三个角度探讨民间数术与黄老思想的关系。这三个角度分别为：第一，黄帝形象中的数术色彩；第二，“刑名”“刑德”等概念与数术之关系；第三，来自数术的语言特征。

一、关于黄老道家的基本认识

黄老道家研究开始兴盛是这 40 多年来的事情，过去关于黄老道家的认识严重不足。冯友兰《中国哲学简史》讲道家三期，分别为杨朱、老子、庄子，完全不提黄老；两卷本《中国哲学史》不再提三期，而是分为“《老子》及道家中的老学”“庄子及道家中的庄学”、杨朱放在了“战国时之‘百家之学’（一）杨朱及道家之初起”，也没有黄老。方东美的《原始儒家道家哲学》一书中说：“自从黄老之术侵到道家思想里面，就腐蚀了道家高尚的哲学智慧；犹之乎杂家的思想侵到儒家里面，就把儒家的思想变成汉代的谶纬之学。”方东美是哲学界大师级人物，对黄老的认识竟然如此低下，看了让人瞠目。

> 提到道家的思想，我们又应当划分两方面。道家的思想表现在《老子》《庄子》里面，可以说是很高的哲学智慧；但是这个很高的哲学智慧，在历史上面往往被另一种思想夹杂进来，搅乱了原有的哲学智慧，变更了智慧的实质，甚至变成谜信……在老庄里面是表现了很高尚的精神；但是这个高尚的精神，在战国时代，就同神仙家混在一起。神仙家本来是要把握自己的生命，但在迁就现实之后，结果不再把握自己，却转变过来，把握别人的生命。这样一来就讲

到权、术与势。以致于神仙家的思想很容易同法家的思想结合起来。这样一来，到了秦汉之际叫“黄老之术”，在汉代叫黄生之学。自从黄老之术侵到道家思想里面，就腐蚀了道家高尚的哲学智慧；犹之乎杂家的思想侵到儒家里面，就把儒家的思想变成汉代的谶纬之学。

——《原始儒家道家哲学》[①]

劳思光煌煌四卷本《新编中国哲学史》（生活·读书·新知三联书店，2015年版）中，黄老只占一小节，即第二卷《第一章汉代哲学》之《第四节道家思想之肢解》之《三“守柔”与“无为”之技术化——黄老之术》，仅仅一页而已。黄老在这里首先是正宗道家老庄的肢解，其次只是一种技术而已。这里面其实有很多偏见。到了葛兆光《七世纪前中国的知识、思想与信仰世界》（复旦大学出版社，1998年版）应该说为黄老研究提供了极好的平台，因为黄老正好为知识、思想与信仰世界提供了极好的研究对象，可惜葛兆光完全无视或者说肢解了这一影响甚大的思潮，只零落地出现在第二编第五节的一个小项“黄帝之学：宇宙、天象之理的推衍和运用”；第三编第二节的两个小项“秦汉之间黄老之学的不同倾向”“秦汉之际黄、老之学的批评倾向与离心倾向”。

这种状况要到马王堆汉墓帛书出土之后才大为改观。先是有20世纪70年代马王堆出土帛书《老子》卷前古逸书（别称《黄帝四经》）等，之后90年代郭店简、上博简、清华简、北大简等新材料中又有相关的内容涌现，黄老之学很快成为一门显学，出现了数量众多的论文和一批通论性的著作。现在大多数的学者都承认以老子为代表的道家思想与托名“黄帝”的言论、学说是黄老思想的两大来源，只是在“黄”“老”两大部分孰轻孰重、孰主孰次的问题上有争议。例如丁原明《黄老学论纲》认为与“黄帝”相关典籍多为假托，“黄学”其实并无其特定的理论体系。[②] 我不太赞同这样的观点，我的《近年出土黄老思想文献研究》（中国社会科学出版社，2015年版）等书籍、《出土文献视野下的黄老道家研究》（《中国社会科学》2013年第2期）

① 方东美：《原始儒家道家哲学》，北京：中华书局，2011年版，第164～165页。
② 丁原明：《黄老学论纲》，济南：山东大学出版社，1997年版，第21～25页。

等论文，有详细的论述，可以参看。今天的讲座内容，也将证明我的观点。

我对黄老道家思想的实质与特性做如下概括：

（1）以道家为思想基础或主干，尤其注重养生与政治、理论与实践相结合。退可以养生、进可以治国。

（2）具有杂家性质，兼容百家（参《论六家要旨》“因阴阳之大顺，采儒墨之善，撮名法之要”）。

（3）方法上注重“无为”与“因循”（参《论六家要旨》“虚无为本、因循为用”）。

（4）是一种思潮，在战国秦汉之际广为流行。影响远大于老庄道家。也是时代主流。具有普遍性、为全民接受，具有操作性，发生实际功效。

（5）代表作《文子》，它是对老子思想的创造性转化，影响所及有《淮南子》等。

（6）代表作《黄帝四经》，它强调依据和遵循天道，影响所及有《吕氏春秋》等。

黄老之学是一种不折不扣的时代思想和实用哲学，它不做超越时代的玄远思辨、高深的理论阐发，注重解决当下的政治问题；它不做间接迂曲的说理，而是直截了当地表示出肯定与否定；它不是某一学派或知识阶层的理论探讨，而是上至君主下至百姓都明白易懂、可以遵照执行的行动纲领。因此，具体而言黄老之学具有实用主义特征，应用性、实效性（某种角度讲是现时性、速效性）、可操作性是其最大特征。

二、“黄”与“老”的关系

黄老道家中，如果黄帝是半壁江山，那么，在这个思想体系中，黄帝究竟扮演怎样的角色，使得这种思想变得宏大、富有活力和可操作性？黄老道家中，是否存在不同于其他学派的特有的思维模式、文本结构和语言表达方式，如果存在，与黄帝有什么关系？

通过研读大量出土文献，结合传世文献，我们越来越清楚地发现，正是通过黄帝这个媒介，为社会普遍遵循的规则、禁忌系统才得以导入其理论系统中，使之既具有现实操作性，又有天生的可信性和权威性。了解了黄帝在黄老道家天道论中的作用与地位，黄老道家之称谓也就得到了合理的解释。

依靠了黄帝代表的规则、禁忌系统，从天道到人道才得以真正落实。黄老思想何以既具有权威性又具有可行性，仅仅从老子思想的角度展开是不够的，更需要从黄帝的侧面加以开掘。黄老道家中，以黄帝为代表的资料及其思想其实是重头，但过去的研究大部分停留于《老子》思想如何走向黄老思想。现在有了比较充足的资料，可以整理出一个比较系统的线索和完善的框架了。

三、“黄帝之言”和“数术”的关系

“数术”与“数术”，两个名词可以互换。“数术”的定义为：“术”，指方术；“数”，指数理，如阴阳五行生克方面的数理。因此“数术”和天文、历数、地理、医学、军事等所谓的“一般知识、技术系统”有关。如何理解“数术”？首先，这是一种对天地运行的构造及其规律做出认识和判断的理论；其次，这是一种将天地运行的构造及其规律转化成人间禁忌，从而不得不加以遵守的理论。

黄老之学无论在内容上还是在语言上，都带有禁忌的色彩。它对天道、月令、阴阳五行的借用，不仅是将其作为实用的知识与技术运用于现实政治生活中，而且是为了利用这些知识或技术在民间制造可以广泛服从、普遍接受的权威和影响。假托“黄帝之言”其实也出于同样的目的，因为黄帝在民间正是许多重要知识和技术的发明者与总代表。这些知识和技术及其相关禁忌，我们可以称之为民间数术。

所谓“民间数术”，不是说只流行于民间，而是指其普遍性——上至王公、下至百姓普遍接受，是天道的象征。不同于精英（哲学）思想，“民间数术”后世往往变形、淘汰，但在当时却影响甚大。

先看传世文献所见黄帝形象的数术色彩。杨儒宾《黄帝与帝尧——先秦思想的两种天子观》归纳以往学者对黄帝的解释为四种：一，天神说；二，地祇说；三，始祖说；四，文化英雄说。[①] 钟宗宪《“黄帝”形象与“黄帝学说”的窥测——兼以反省〈黄帝四经〉的若干问题》曾将传世文献中的黄帝

① 杨儒宾：《黄帝与帝尧——先秦思想的两种天子观》，《台湾东亚文明学刊》第2卷第2期，2005年12月。

形象归纳为三类：一，有德的建国始祖形象；二，修道求仙的帝王；三，文化开创的始祖。①

如果从宗教、文化的角度考察，综观其形象，黄帝首先是以亦神亦人的面目出现，因而可以垄断通向上帝的管道。如《国语·鲁语上》有“黄帝能成命百物，以明民共财”（《礼记·祭法》有相似内容，“成命”作“正名”）。《大戴礼记·五帝德》和《史记·五帝本纪》均有“黄帝……生而神灵，弱而能言”。《史记·历书》在阐述黄帝之功后说：“民是以能有信，神是以能有明德。民神异业，敬而不渎，故神降之嘉生，民以物享，灾祸不生，所求不匮。”

许多文献都提到黄帝创天地，判阴阳。《史记·五帝本纪》说黄帝“顺天地之纪，幽明之占”，“幽明之占”《正义》释为“言阴阳五行，黄帝占数而知之”。《淮南子·俶真》有“乃至神农、黄帝，剖判大宗，窍领天地，……提挈阴阳，嫥捖刚柔”。《淮南子·说林》也有“黄帝生阴阳”。《黄帝内经·素问·阴阳应象大论》有“黄帝曰：阴阳者，天地之道也，万物之纲纪，变化之父母，生杀之本始，神明之府也”。《汉书·律历制上》记载古六历，即黄帝历、颛顼历、夏历、殷历、周历、鲁历。

黄帝与“五行”有密切关系。黄帝在五行中居于“中央”，就五行而言是统治者的理想人格。如《吕氏春秋·季夏纪》曰：“中央土……其帝黄帝，其神后土。”《淮南子·天文》曰：“中央，土也，其帝黄帝，其佐后土，执绳而制四方。”“马王堆汉墓帛书《五星占》也有“中央土，其帝黄帝，其丞后土”。《史记·天官书》曰：“曰中央土，主季夏，日戊、己，黄帝，主德。”陈丽桂《黄老思想的起源——从黄帝的传说推测》指出：“先秦两汉的载籍中，对于五方神帝的排列，从《左传》郯子论古帝名号开始，下迨《山海经》《吕氏春秋》（《季夏纪》）、《淮南子》（《天文》《时则》），甚至《诗·含神雾》《书·帝命验》等，都以黄帝为中央之帝（主神），在五德中属居中策应的土德，其他各帝都是各司一季、治一方，只有黄帝‘制四

① 钟宗宪：《“黄帝”形象与“黄帝学说”的窥测——兼以反省〈黄帝四经〉的若干问题》，“新出土文献与先秦思想重构”国际学术研讨会论文，台湾大学，2005年3月25~26日，第22篇。

方’。[1]”

黄帝又被指认为是人类一些最为重要的制度、秩序、文明的创立者，钱穆概括说：“黄帝……上知天文，推测日月星辰的运行，预知四时季节的转换。中知人事，别男女，异雌雄；制作用具，建造房屋；畜牧鸟兽，化野为驯。下知地利，播百谷，植草木；利用土、石、金、玉。”司马迁说“维昔黄帝，法天则地，四圣遵序，各成法度”（《史记·太史公自序》）。《新书·修政语上》有“黄帝职道义、经天地、纪人伦、序万物，以信与仁为天下先”。

从《汉书·艺文志》的记载看，除道家类有五种托名黄帝的著作外，还有许多假托黄帝的书籍，其范围涉及阴阳家、小说家、兵阴阳、天文、历谱、五行、杂占、医经、经方、房中、神仙，共计十二类二十六种。另外，还有托名黄帝臣之作，和房中、道家、阴阳家、兵阴阳相关。《世本》及《云笈七签·轩辕本纪》所见黄帝的面貌也基本相同。这些书籍的内容反映出共同的倾向，即大都属于实用的知识和技术，并超越学派、国度，在日常生活中起着切实而有效的作用。因此黄帝几乎就是一位无所不能的大巫师，中国传统数术的发生几乎都和他有关，同时他又是用数术治理天下万物的代表。

通过民间数术的方式黄帝将影响涉及到了日常生活中几乎所有的方面。现实生活中，先秦秦汉之际，无论是社会下层，还是社会中上层，小至个人的衣食住行、生老病死，大至国家的生产、祭祀、战争，都有一套为社会普遍信奉、遵从的规则、禁忌系统，这套系统就可以称为民间数术。黄老之学一个很重要的方面，就是将这些为社会普遍遵循的规则、禁忌系统导入其理论中，使之既具有现实操作性，又有天生的可信性和权威性。由于黄帝在这套规则、禁忌系统具有不可替代的地位，因此，“黄帝之言”就理所当然地成为其代名词。

再来看出土文献所见作为神人的黄帝。在《黄帝四经》的《十六经》及上博楚简《三德》篇中，上帝和黄帝同时出现，黄帝位于上帝和凡人之间，垄断通向上帝的管道，代替上帝布政建制，发号施令，而上帝是不言的，仅仅通过各种好的或坏的自然现象来表达其喜怒和赏罚。在《十六经》及《三

① 陈丽桂：《黄老思想的起源——从黄帝的传说推测》，收入《战国时期的黄老思想》，台北：联经出版事业公司，1991年版，第10页。

德》篇可以发现大量的“毋……”或类似的表达方式，其内容极为广泛，通过和《三德》篇的对照，我们得知，《黄帝四经》之《称》篇虽然未出现黄帝的名称，但一些《三德》篇中以皇后（黄帝）口吻说出的“毋……”或类似的话，在《称》篇中也能找到，因此，即便《称》篇中没有出现黄帝，但仍然和“黄帝之言”相关。

出土文献所见黄帝也显示出与“五行”的密切关系。《十六经》的《立命》篇说黄帝“自作为象，方四面，傅一心。四达自中，前参后参，左参右参，践位履参，是以能为天下宗”，这可与传世文献《吕氏春秋·本味》中“故黄帝立四面”、《尸子》“子贡问孔子曰：古者黄帝四面，信乎”（见《太平御览》卷七九、卷三六五引《尸子》）相对应，这其实表明黄帝位居五行之中。《十六经》的《五正》篇中黄帝说“吾欲布施五正……左执规、右执矩”，这里的“正”看上去通“政”，但如魏启鹏所言，此处当与“规、矩、绳、权、衡”相关。①

出土文献所见黄帝也以制度创立者的身份出现。《十六经·立命》篇说黄帝“践位履参”后，“数日、历月、计岁，以当日月之行”。《观》篇说黄帝命臣下力黑“布制建极”，建立法则，又说黄帝将天地“始判为两，分为阴阳”，这些内容都具备数术的内涵，和传世文献所见创立制度和秩序、传布知识和技术的黄帝形象吻合。

《十六经·行守》说的“天有恒干、地有恒常”、《经法·道法》说的“天地之恒常，四时、晦明、生杀、柔刚”、《经法·四度》说的“极阳以杀、极阴以生”“日月星辰之期、四时之度”、《经法·四度》说的“八正”“七法”、《经法·论约》说的“天地之道”“天地之理”“天地之纪”、《三德》说的“天之常”“天礼”，均非加强语气的虚言，而是在现实生活中行之有效的、为人熟知、必须遵循的禁忌、律条，而这些禁忌、律条都和数术相关联。这些话，虽未直接表明为黄帝所说，但其中强烈的天道阴阳观和禁忌色彩，反过来表明很可能均与黄帝之言有关。

出土文献所见黄帝往往与军事技术、医疗技术联系在一起，这些技术又上通天道。银雀山汉墓竹简《孙子兵法》有《黄帝伐赤帝》一篇，为传世文

① 魏启鹏：《马王堆汉墓帛书〈黄帝书〉笺证》所附《帛书黄帝五正考释》，北京：中华书局，2005年版，第338~343页。

献所不见之逸文，可能是对《孙子兵法·行军》中“凡四军之利，黄帝之所以胜四帝也”的一种解释，从青、赤、白、黑四帝加黄帝之格局看，显然和五行相关。张家山汉墓竹简《盖庐》讲“黄帝之征天下也”是运用“天之时”“阴阳”“刑德”“日月之道”“五行之道”才取得胜利的，充满兵阴阳数术之色彩。

马王堆养生类医书《十问》中，黄帝和容成对话中有这样的内容：“君若欲寿，则顺察天地之道。天气月尽月盈，故能长生。地气岁有寒暑，险易〈易〉相取，故地久而不腐。君必察天地之情，而行之以身。有征可知，间虽圣人，非其所能，唯道者知之。天地之至精，生于无征，长于无形，成于无体，得者寿长，失者夭死。”可见，要想长寿，必须“察天地之情”，并“行之以身”。马王堆医简《十问》以下这段话，也是很好的例证。

> 黄帝问于天师曰：“万勿（物）何得而行？草木何得而长？日月何得而明？”天师曰：“壐（尔）察天［地］之请（情），阴阳为正，万勿（物）失之而不继，得之而赢。”
>
> ——马王堆医简《十问》

我们常说黄老思想有一个重要特点是“推天道以明人事”，这并非空洞的理论，通过“黄帝之言”所传布的知识和技能，所规定的禁忌和律条，天道才能真正落到人事之实处，使之具体化为可遵循的一般原理。黄老思想依赖带有数术色彩的“黄帝之言”，建立起现实而有效的政治权威与可操作体系，因此这部分内容虽然与老学在原理上密切相关，但有着不同的功能和作用，我们不能过分强调黄老思想与老学之关系，而轻视黄帝之言，不弄清黄帝之言的来历、内涵及其作用、价值，是无法真正理解黄老思想的。

四、“刑名”“刑德”等概念与数术之关系

1.“刑名”与数术之关系

“刑名（形名）”一词，在传世文献中，和名家、法家、兵家相关，也和黄老有关。苏秦称研究“白马非马”的辨者之徒为“形名家”（《战国策·赵策》）；刘向称“邓析者，郑人，好形名”（《别录》）；鲁胜说“施、龙皆

以正形名显于世”（《墨辨注序》），这些记载似与名家有关。刘向《新序》说“申子之书，言人主当执术无形，因循以督臣下，其责深刻，故号曰‘术’。商君所为书，曰‘法’。皆言‘刑名’”（见《史记·老子韩非列传》集解）。这些记载似与法家有关。《鹖冠子·世兵》篇曰“道有度数，故神明可交也。物有相胜，故水火可用也。东西南北，故形名可信也。”《孙子兵法·势》云：“凡治众如治寡，分数是也；斗众如斗寡，形名是也。”《墨子·旗帜》有“皆以形名为旗”，是为与兵家有关。

《史记·老子韩非列传》说：“申子之学，本于黄老而主刑名”，“韩非者，韩之诸公子也。喜刑名法术之学，而其归本于黄老”。“刑名”在《黄帝四经》中极为多见，有时也可以反过来称为“名刑”。如《道法》篇中有“名刑已定，物自为正”。同时，《黄帝四经》中既有“正名”，也有“恒刑”。笔者以为，在《黄帝四经》中，“名”“形”在意义上并无实质的差异，两者间并无主次关系，都可以看作“规定的位置、应有的形态”。《十六经·观》中出现有“正名修刑”“正名施刑”，从上下文看，都是颁施法令的意思。

“刑名（形名）”能为名家、法家、兵家、黄老道家四家所用，说明此用词并非哪一家所特有或独创，但又具备这四家所共同需求的特质。那就是稽实、定数、审分、别嫌疑、明是非的功能。

黄老的“形名”意识和世界可以区分为道与万物、以及万物必须由形名来认识、区别、管理有关。

> 见知之道，唯虚无有。虚无有，秋稿（毫）成之，必有刑名。刑名立，则黑白之分已。故执道者之观于天下殹，无执殹、无处也、无为殹、无私殹。是故天下有事，无不自为刑名声号矣。刑名已立，声号已建，则无所逃迹匿正矣。
>
> ——《黄帝四经·经法》

“见知”（即认识把握世界）之道，在于采取虚无有的态度，如果采取虚无有的态度，那就知道，即便再小的事物，也必有它的“形名”。事物的“形名”确立了，则“黑白之分”即事物的特征、位置和是非标准也建立起来了。执道者在把握天下之事时，只要采取“无执”“无处”“无为”“无私”的态度即可。到了天下有事的时候，这些“刑名”（作为确定的秩序、规范）、“声号”（作为政策、法令）就会自发地发挥作用。只要“刑名”（既定的位置、秩序）和“声号”（政策、法令）系统建立起来了，那就没有谁能逃得过它的控制和管理。“刑名”立的结果是“黑白分”，即天下万物之位置和姿态确定之后，是非也分明了。是非标准确定之后，“声号”即政策、法令系统才得以确立，从而使任何对象都无法逃离政治掌控之外。

黄老从生成角度讲“刑名”的方式，为名家、法家、兵家所没有。

在《黄帝四经》中，“执道者”最首要政治任务是审名察形，确定事物究竟处于“正名”还是“倚名”。在从事这项工作时，“执道者”依照道生万物的顺序，首先要考察“无形”“无名”的状态。显然，在政治操作中，“无形”“无名”指代没有制度的、无序的状态。然后从“无名”“无形”中建立起的“名”“形”指的正是秩序和规则。以下这段话就是很好的例证。

> 道无始而有应。亓（其）未来也，无之。亓（其）已来，如之。有物将来，亓（其）刑（形）先之。建以亓（其）刑（形），名以亓（其）名。
>
> ——《黄帝四经·称》

“形名”的出现可能早于“正名”“名实”。[①] 黄老的“刑名”（或“形名”）来自何处？是否有可能是黄老道家借用了民间数术中的生成理论，或用数术家的表达方式来阐释自己的理论呢？例如，黄老道家文献上博简《恒先》与《鹖冠子·环流》中有这样的内容。

> “有”出于“或”，“生”出于“有”，“音（意）”出于“生”，“言”出于“音（意）”，“名”出于“言”，“事”出于“名”。
>
> ——《恒先》

> 有一而有气，有气而有意，有意而有图，有图而有名，有名而有形，有形而有事，有事而有约。约决而时生，时立而物生。故气

① 曹峰：《作为一种政治思想的“形名”论、“正名”论、“名实”论》，《社会科学》2015 年第 12 期。

相加而为时，约相加而为期，期相加而为功，功相加而为得失，得失相加而为吉凶，万物相加而为胜败。莫不发于气，通于道，约于事，正于时，离于名，成于法者也。

——《鹖冠子·环流》

值得注意的是，《恒先》《鹖冠子·环流》在表述方式上和郭店楚简《太一生水》等数术类文章接近，按前后顺序排列宇宙间根本要素的论述方式显然具有数术的色彩。《太一生水》说："太一生水，水反辅太一，是以成天。天反辅太一，是以成地。天地［复相辅］也，是以成神明。神明复相辅也，是以成阴阳。阴阳复相辅也，是以成四时。四时复［相］辅也，是以成凔热。凔热复相辅也，是以成湿燥。湿燥复相辅也，成岁而止。故岁者，湿燥之所生也。湿燥者，凔热之所生也。凔热者、四时者，阴阳之所生［也］。阴阳者，神明之所生也。神明者，天地之所生也。天地者，太一之所生也。"通过太一、水、天、地、阴阳、四时、凔热、湿燥、年岁，构成了一幅完整的宇宙生成图式。

马王堆帛书"物则有形"图，"这幅帛图分三层布局，最外一层是朱绘方框，在方框内侧题有文字。第二层是用青色绘的圆圈，在圆圈外侧题有文字。第三层是在圆圈的正中，用墨书文字组成一个如云气一样回环的圆，文字是从圆心开始向外旋转书写，其形状与帛书《天文气象杂占》中所绘日晕、月晕之类的云气图有些类似，具有明显的图式意味"。"框内侧残存的题字：物则有形，物则有名，物则有言，言则可言，言有［不言］，……明……以智（知）……归。"①

我们可以想象，象征天圆的中心部位是容纳"道"的"心"，象征地方的外侧部位是"形名"和"言"，夹在中间的一层是"言"。这个构造有点类似上述《恒先》和《鹖冠子》，都强调"道"在先，"言"和"形""名"在后，"道"重要，"言"和"形""名"次要。显然，"道""心"和"天"相应，"形""名"只能和"地"相匹。有趣的是，在我们今人看来属于哲学的论述，作者却借用了数术家常用的式盘来表达。是因为"天地""形名"概念和数术天然相关，所以采用式盘呢？还是借用式盘这种数术形式、借用

① 陈松长：《马王堆帛书"物则有形"图初探》，《文物》，2006 年第 6 期。

“天地”“形名”这类数术概念来强调所要表达之思想的神秘性、绝对性、不可抗拒性呢？不得而知，但“形名”与数术之关系以及作为黄老思想重要概念的“形名”很可能来自数术，却得到了证明。

我们发现，阴阳数术常以“形名”的名义记载、规定的天地规则和运行之道，往往成为人类必须遵循的禁忌和效法的规范。出土文献中大量涌现的“日书”“刑德”类文书，正是阴阳数术的体现。这类文献大多采用先描述“形”（各种时空形态），然后为之“名”，最后根据“名”采取相应行动的结构。因此前者是“形”，后者是“名”，前者是因，后者是果。有什么样的因，就有什么样的结果。例如，“德在木，名曰柖（招）榣（摇）。以［此］举事，众心大劳，君子介而朝，小人负子以逃。事若已成，天乃见袄，是胃（谓）发筋，先举事者地削兵弱”（马王堆汉墓帛书《刑德》乙篇第四一～四二行），其意就是通过星占，确定想象中的神煞所居位置，来为人间政治行动作出判断。其中“德在木”为“形”，“招摇”为“名”，“以［此］举事”以后部分则是针对人事的禁忌和规范。再如，“正阳，是胃（谓）滋昌，小事果成，大事有庆，它毋（无）小大尽吉。利为啬夫，是胃（谓）三昌。佸时以战，命胃（谓）三胜”（睡虎地秦墓竹简《日书》甲种三四正），“正阳”指“正阳日”，一些特定的时日，这些特定时日可以命名为“滋昌”，后面的文字，是对“正阳日”人事活动范围及其结果的描述。

因此，这些以“形名”名义建构起来的禁忌和规范，从思维方式上看，能够刻意简化事物之间的因果关系，迅速地审名、稽实、定数、明断是非，提供准确的、可供操作的答案，具有现时性、速效性的特征。从语言表达方式上看，好用明确的、特定的词汇，语气干脆简练、直截明了、多以命令形式出现，体现出不容置疑的权威和自信。因此，笔者以为，“形名”很有可能是一个民间早已流行、耳熟能详的词，在阴阳数术类文献中使用最早，具有很强的实用性。

2. “刑德”与数术之关系

胡文辉《马王堆帛书〈刑德〉乙篇研究》指出，“刑德”这一组概念本来是属于政治、社会意义的概念（刑是杀伐之义，德是庆赏之义）；以后在阴阳学说的影响下，“刑德”又成为一组阴阳化的概念（刑为阴为杀，德为阳为生）；在此基础上，“刑德”又成为一组数术化的概念，刑、德已经包含了吉凶宜忌的意味；最后，“刑德”更成为某种占验方式中的神煞（值神）。[①]

通过近年来的考古发现，与占书、兵阴阳相关的“刑德”材料大量问世，如马王堆汉墓帛书《刑德》甲乙丙本、阜阳双古堆汉简《刑德》、睡虎地秦简《日书》甲种《岁》篇、《居延新简》也都有与“刑德”相关内容。其特征是“刑德”与阴阳五行相结合，加上日月星辰二十八宿、十二支神、十二天将、建除、五方、五音、九宫、八风等配成一套十分复杂的系统。

数术家以较简明的式盘形式来模拟他们所描绘的宇宙基本构架，凭借天盘和地盘的左旋右行来推演表现那个系统的运作。例如，马王堆帛书《刑德》甲乙本有两种涉及“宇宙图式”的图案，即所谓大游图（岁徙图）和小游图（日徙图）。在大游图（岁徙图）中，“宇宙图式”的定位对象是“刑”“德”二神，它可用来推定两神在各年中所处位置，进而求得刑德左、右、向、背的态势及吉凶情况。在小游图（日徙图）中，“宇宙图式”的定位对象是“刑”“德”及“丰隆”“大音”“风伯”“雷公”“雨师”等诸神，可用来表示诸神所值之日，为“将军”等各级军吏提供军事所当日时。

这就是说，“刑”“德”（包括“刑德”连用）已具体化为神煞了。《汉书·艺文志》讲兵阴阳家有“十六家，二百四十九篇，图十卷”，据兵阴阳家小序，其特色是“随时而发，推刑德，随斗击，因五胜，假鬼神而为助者也”。《五行大义》中《论德》和《论刑》，应该也属同一类“刑德”数术理论。

但是，如果说只有用之于占术的“刑德”才是数术理论，则未免过分。“刑德”的基本原理是同阴阳对应，刑，为月，为阴，为坤，为凶，为祸，为有伤害，为杀罚剥夺；“德”，为日，为阳，为乾，为吉，为福，为喜，为有佑助，为庆赐爵赏。当与四时配纳时，则春夏为德，秋冬为刑。应该说这就是“刑德”的基本理论，用于占术的“刑德”只是进一步复杂化而已。

与上述基本理论相关的“刑德”在《黄帝四经》中极为常见，它指代赏罚，使这两种政治行为和天地之阴阳消长、四时变迁结合起来。如《观》篇有“正之以刑与德”“春夏为德，秋冬为刑，先德后刑以养生”“凡谌（戡）之极，在刑与德”（又见《姓争》篇）、“刑德皇皇，日月相望。以明亓

---

① 胡文辉：《马王堆帛书〈刑德〉乙篇研究》，收入《中国早期方术和文献丛考》，广州：中山大学出版社，2000年版，第159~219页。

（其）当”（又见《姓争》篇）、“夫并（秉）时以养民功，先德后刑，顺于天。”《姓争》篇有“天德皇皇，非刑不行。缪（穆）缪（穆）天刑，非德必顷（倾）。刑德相养，逆顺若成。刑晦而德明，刑阴而德阳，刑微而德章。”“德则无有，昔（措）刑不当。居则无法，动作爽名。是以受亓（其）刑。”

虽然《黄帝四经》中“刑德”不是什么值日的神煞，而是顺时的法度，讨论更多的是“刑”“德”两者之平衡关系。但“刑”“德”与吉凶相关，与阴阳相合的观念，毋庸置疑来自民间数术。只是《黄帝四经》作了提炼升华，扬弃了数术的细节部分。张家山汉墓竹简《盖庐》和“黄帝之言”有关，里面有许多兵阴阳数术色彩的理论。其中“天地为方圜，水火为阴阳，日月为刑德，立为四时，分为五行，顺者王，逆者亡，此天之时也。”这种论述方式和上述《黄帝四经》内容相似，我们不能说《盖庐》和数术有关，而《黄帝四经》就和数术无关。

带有数术色彩，将“刑德”基本理论施行于政治、军事实践的内容，在具黄老道家倾向的传世文献中不胜枚举。

> 是故阴阳者，天地之大理也。四时者，阴阳之大径也。刑德者，四时之合也。刑德合于时则生福，诡则生祸。
>
> ——《管子·四时》
>
> 德始于春，长于夏；刑始于秋，流于冬。刑德不失，四时如一。刑德离乡，时乃逆行。作事不成，必有大殃。
>
> ——《管子·四时》
>
> 天者，诚其日德也，日诚出诚入，南北有极，故莫弗以为法则。天者，信其月刑也，月信死信生，终则有始，故莫弗以为政。
>
> ——《鹖冠子·王鈇》
>
> 梁惠王问尉缭子曰：“吾闻黄帝有刑德，可以百战百胜，其有之乎？”尉缭子对曰：“不然，黄帝所谓刑德者，刑以伐之，德以守之，非世之所谓刑德也。世之所谓刑德者，天官时日阴阳向背者也。黄帝者，人事而已矣。”
>
> ——《尉缭子·天官》

《管子·四時》《鶡冠子·王鈇》均为利用阴阳刑德以治民的政治学说。《尉缭子·天官》篇的用例，更说明“刑德”理论有仅用之占术者，有用之人事者，用之人事者数术色彩淡一些，两者虽有区别，但并非毫无关联。

此外，《黄帝四经》等黄老著作中“阴阳”“刚柔”“雌雄”等概念也常见于民间数术，可能也是黄老思想取自民间的例证。

五、黄老文献中的数术语言特征

数术类书有其不同于一般文献的非常显著的语言特征，表现在两个方面：一为用词，数术类书好用吉、福、强、胜、进、顺、昌、成、长、久、静、定、无事；凶、祸、削、弱、败、退、逆、灾、异、乱、杀、戮、诛、灭、殃、怨、病、死、亡、丧、破、毁、坏、损等单字或复合词来表示结果，带有咒语倾向。好用“天×”之语表示来自上帝或自然的赏罚。好用“利”“可以”“毋”“不可”表示宜忌。文中多见“是谓”（或“此谓”“名曰”“命曰”“谓之”等）句式，好用数字归纳。

二为语气干脆简练、直截明了、不拖泥带水，不作冗长的说理，不作文学性的描述，而是告知当下解决的办法，多作命令形，体现出不容置疑的权威和自信。表现为有因必有果，有什么样的因必有什么样的果的思维方式。将相关信息纳入其中，便可对号入座。上述用词特征也正与这种语气相对应。以下略举数例。

> 正阳，是胃（谓）滋昌，小事果成，大事有庆，它毋（无）小大尽吉。利为啬夫，是胃（谓）三昌。估时以战，命胃（谓）三胜。
>
> ——睡虎地秦墓竹简《日书》甲种三四正
>
> 敫，是胃（谓）又（有）小逆，毋（无）大央（殃）。可以穿井、行水、盖屋、饮乐、外除。亡者，不得。不可取（娶）妇、家（嫁）女、出入货及生（牲）。不可临官、饮食、乐、祠祀。
>
> ——睡虎地秦墓竹简《日书》甲种三八正
>
> 阳而幽，是谓大戚。幽而阳，是谓不祥。齐齐节节，外内有辨，男女有节，是谓天礼。敬之敬之，天命孔明。如反之，必遇凶殃。毋诟政卿于神次，毋享逸安、求利、残其亲，是谓罪。君无主臣，

是谓危，邦家其坏。

——上博楚简《三德》第3、第4号简

主失立（位）则国芒（亡），臣失处则令不行，此之胃（谓）頪国。主两则失亓（其）明，男女挣（争）威，国有乳（乱）兵，此胃（谓）亡国。

——《经法·六分》

适子父，命曰上曊，群臣离志。大臣主，命曰雍塞。在强国削，在中国破，在小国亡。谋臣［在］外立（位）者，命曰逆成，国将不宁。在强国危，在中国削，在小国破。主失立（位），臣不失处，命曰外根，将与祸萠（邻）。在强国忧，在中国危，在小国削。主失立（位），臣失处，命曰无本，上下无根，国将大损。在强国破，在中国亡，在小国灭。主暴臣乱，命曰大芒（荒），外戎内戎，天将降央（殃），国无小大，又（有）者灭亡。主两、男女分威，命曰大麋（迷），国中有师。在强国破，在中国亡，在小国灭。

——《经法·六分》

在《三德》和《黄帝四经》中我们也能找到类似的用词和语气特征。通过比较，不难看出，无论在用词、句式、语气上，在刻意简化因果关系，明确提供可操作性答案的思维方式上，还是在现时性、速效性特征上，两者都极为相似。当然，就现时性、速效性特征而言，具备实用主义特征的法家、兵家也无不如此，但大量吸收数术家表达宜忌、类似咒语的词语，通过“天之道”“天常”“天礼”“天诛”“天刑”展现出命定式思维来看，说《三德》《黄帝四经》的一些篇章表现出了浓厚的数术色彩是不为过的。

六、余言

黄老思想中数术性内容在黄老之学走向衰落之后，去哪里了？可能转化为一般知识，不再被黄老道家所独有，例如董仲舒也有类似特征。与道教的养生之术等方术是否有关？与道教方仙之术的“黄老道”是否有关？此外还有《老子》的数术化问题。这些都值得探讨。

《后汉书·逸民列传》称：“矫慎字仲彦，扶风茂陵人也。少好黄老，隐遯山谷，因穴为室，仰慕松、乔导引之术。”其友人吴苍不满矫慎把黄老全然视为仙道，指出“盖闻黄老之言，乘虚入冥，藏身远遁，亦有理国养人，施于为政。至如登山绝迹，神不著其证，人不睹其验。吾欲先生从其可者，于意何如?”可见这时候的黄老已经分为两途，一条路线虽然以清净无为、修身全生为主，但还是认为必要时可以“理国养人，施于为政”，而以矫慎为代表的黄老派，已经将黄老完全转变成修仙得道之术。可以把这批人称为“黄老仙道派”。正是这批人的出现，才为后来“黄老道”在道教中的出现开辟了道路吧。(本文已经作者审阅)

2018 年 11 月 30 日晚，受中央民族大学道教与数术学研究中心主任谢路军教授邀请，中国人民大学教授曹峰先生在中央民族大学举行了题为“黄老道家与民间数术——以出土文献为线索”的学术演讲。本文系根据讲座课件整理。

十四
《红楼梦》中人的命与运
——易学视角下的解读

主讲：于瑞桓

《红楼梦》是中国封建社会的百科全书，《易经》是群经之首。前者以具体生动的形象诠释了中国的历史、文化和生活在这个历史文化空间中形形色色人物的命与运；《易经》则以高度的抽象，阐释了万物生生不息的运化规律。他们像两座矗立在这个大地上的智慧高峰，导引着人们向着历史的纵深处砥砺前行。将两者结合起来，从易学角度可对《红楼梦》众人物的悲剧命运做全面细致深刻的分析。

于瑞桓　济南大学文学院教授。从教30余年，主讲大学写作、红楼梦研究、传播学、新闻评论写作、广播电视编辑与制作等课程。出版著作多部。主持国家社科基金项目“明清时期的实学思潮与史学发展：以野史的繁盛为研究主线”。

《红楼梦》是中国封建社会的百科全书，《易经》是群经之首。前者以具体生动的形象诠释了中国的历史、文化和生活在这个历史文化空间的形形色色人物的命与运；后者以高度的抽象，阐释了万物生生不息的运化规律。他们像两座矗立在这个大地上的智慧高峰，导引着人们向着历史的纵深处砥砺前行。将两者结合起来，从易学角度可以对《红楼梦》众人物的悲剧命运做全面细致深刻的分析。

一、《红楼梦》人物命运与数术学

《红楼梦》中人的命运是人人皆悲剧：女性是“千红一窟，万艳同悲”；男性则“因嫌纱帽小，致使锁枷扛”；家族层面是“金满箱，银满箱，展眼乞丐人皆谤；衰草枯杨，曾为歌舞场，蛛丝儿结满雕梁”。不由得让人感叹：“说什么脂正浓，粉正香，如何两鬓又成霜？昨日黄土陇头送白骨，今宵红灯帐底卧鸳鸯。乱烘烘你方唱罢我登场，甚荒唐，到头来都是为他人作嫁衣裳！”鲁迅说：“所谓悲剧，就是把所有美好的东西撕碎在人眼前，毁灭给人看。”悲剧人物分析的意义在于，成功是无法复制的，失败却可以引以为戒。

《红楼梦》生动、细腻、立体、全方位的人物形象塑造活生生的还原了我们现实生活。鲁迅先生说：“在中国底小说中实在是不可多得的。敢于如实描写，并无讳饰，和从前的小说叙好人完全是好，坏人完全是坏的，大不相同，所以其中所叙的人物，都是真的人物。总之自有《红楼梦》出来以后，传统的思想和写法都打破了。”

这种观点通过四大名著的比较可得以印证。“《三国演义》欲显刘备之长厚而似伪，状诸葛之多智而近妖。”（《中国小说史略》）《水浒传》中梁山好汉提出“替天行道”，反对的是奸臣，不是天子，打劫的是平民，不是将相。李逵劫法场，抡起板斧砍的是看客。“一部《水浒》，说得很分明：因为不反对天子，所以大军一到，便受招安，替国家打别的强盗——当‘替天行道’的强盗去了。成了奴才。”（鲁迅《三闲集·流氓的变迁》）《西游记》“讽刺揶揄则取当时世态，加以铺张描写，……故虽述变幻恍忽之事，亦每杂解颐之言，使神魔皆有人情，精魅亦通世故”（《中国小说史略》）。“承恩本善于滑稽，他讲妖怪的喜怒哀乐都近于人情，所以人都喜欢看。”（《中国小说的历史的变迁》）西游记随神魔也有人情，但相对于复杂的人性来说还是太过于简单化了。而曹雪芹如椽巨笔对人物形象描写鲜活生动跃然纸上，对人物的心理刻画细如发丝又羚羊挂角不留痕迹。红楼梦中人物我们在现实中可以找到对应，他们就像活在我们的身边，如林黛玉、薛宝钗、探春、王熙凤、刘姥姥、晴雯、袭人、小红、贾政、贾琏、贾珍甚至薛蟠、贾瑞等鲜活、细腻、经典的红楼人。

命运是天注定还是人注定？红楼梦与数术学（以易经为重点）的结合可以帮助我们寻找这个问题的答案。“数术”用高度的抽象，准确地阐释了宇宙万物运化的规律，《红楼梦》是全面准确的中国社会全息图。解释世间万象仅用数字演算，一般人难以理解。用生动的故事来诠释，会事半功倍。数术根本不是迷信，只因它太抽象所以具有了玄妙的外衣。例如：东南多雨得益于西北多山，这是中国的地理形势使然，与之对应，先天八卦中象征山的艮卦在西北，象征水泽的兑卦在东南。《红楼梦》中传统文化因子异常丰富，堪称中华民族传统文化的总汇：诗、词、曲、赋、歌、赞、诔、偈、匾额、对联、尺牍、谜语、笑话、酒令、说书、百戏、雕刻、泥塑、参禅、测字、占卜、医术、解梦术、诗谶、节气、时辰、诗话、文评、画论、琴理等，其中测字、占卜、医术、解梦术、诗谶、节气、时辰等都包含数术学的内容。

例如，《红楼梦》的创作体例即与数术相关。《红楼梦》结构新颖奇巧，提前交代人物命运。一般小说都是曲径通幽，不到最后不知下落如何（第五回）。数术中“预知未来”的四柱命理，根据出生日预判出死亡日，让人通过个各种办法化解危机。《红楼梦》通过散文化的描写，进行了生活全景的创造，把人物由生向死的细节都回放出来。这正是鲁迅先生所说的：悲剧将人生的有价值的东西毁灭给人看；有《红楼梦》出来以后，传统的思想和写法都被打破了。下面我们结合第五回的诗谶来看红楼梦人物——元春的命理与命运。

第五回题目为“游幻境指迷十二钗，饮仙醪曲演红楼梦”，诗谶曰：“二十年来辨是非，榴花开处照宫闱。三春争及初春景？虎兔相逢大梦归。”判词配图为“画着一张弓，弓上挂着香橼（yuán）”。诗谶与人物的八字命理相合。“元春”的生日是“大年初一”，《红楼梦》第八十六回载贾母曾叫人将元妃的八字夹在丫头们八字里头，找人推算。那人道：“只怕时辰错了；不然，真是个贵人，家里养不住的。甲申年正月丙寅，伤官败财。惟申字内有正官禄马，巳（sì，地支的第六位，属蛇）中正官禄马独旺，这叫作飞天禄马格。‘日禄归时，贵重得狠，天月二德坐本命，贵受椒房之宠。可惜荣华不久，只怕遇着寅年卯月，劫而又劫，譬如好木，太要做玲珑剔透，本质就不坚了。”诗谶中有“虎兔相逢”，“虎兔”恰对“寅卯”。第九十五回“是年甲寅十二月十八日立春；元妃薨日，是十二月十九日，已交卯年寅月，存年四十三岁”，寅年十二月立春以后，节气上已是卯年，正是“虎兔相逢”之时。

《红楼梦》中人物的命运可在易经中找到答案。我们还以元春为例，为什么说“甲申年正月丙寅，伤官败财”？元春的八字分析为“四柱：甲申、丙寅、乙卯、辛巳，五行：木金、火木、木木、金火，阴阳：阳阳、阳阳、阴阴、阴阴”，按照孙宏安教授的解释，八字命理“十神”中的二个为伤官，是与日干的五行所生的阴阳相反的五行干支，日干为乙为阴木，木生火，丙为阳火，元春八字有丙，丙是乙的伤官，甲是乙的劫财。为什么说“惟申内藏：戊、庚、壬、乙的正官，有正官禄马”？正官是具有“克”日干五行并与其阴阳相反的五行干支，日干乙为阴木，金克木，申内的庚为阳金，是正官，女封国夫人。

《红楼梦》第二十二回“听曲文宝玉悟禅机，制灯谜贾政悲谶语”中元春出的灯谜为：“能使妖魔胆尽摧，身如束帛气如雷；一声震得人方恐，回首相看已成灰。”谜底是爆竹。这也暗示了元春曾经轰轰烈烈，但结局悲惨的命运。第五回十二支曲中的“恨无常”也预示了元春的命运：“喜荣华正好，恨无常又到，眼睁睁把万事全抛，荡悠悠芳魂销耗。望家乡路远山高。故向爹娘梦里相寻告：儿命已入黄泉，天伦呵须要退步抽身早！”

二、《红楼梦》人物命运的个案分析

《红楼梦》塑造的人物据统计有九百七十五人，其中有姓名称谓的七百三十二人，这些栩栩如生的人物构成了一张中国人的谱系，我们生活在现实生活中的人或多或少都能在他们身上找到自己的影子。典型的如贾雨村、王熙凤、薛宝钗、刘姥姥，与他们紧密关联的又有贾政、林如海、王子腾、甄士隐、贾母、贾琏、王夫人、贾瑞、尤二姐、林黛玉、贾宝玉、薛姨妈、薛蟠、娇杏、香菱等人物。这四位典型人物都是入世很深的人，只有深度挖掘，才能看清命运与社会、个人、他人之间的关系。下面以贾雨村、王熙凤为例，进行人物命运的个案分析。

1. 奸诈之人贾雨村

贾雨村“敝巾旧服，虽是贫窘，然生得腰圆背厚，面阔口方，更兼剑眉星眼，直鼻权腮”，帅气英俊，是中国传统文化当中大丈夫的形象。说白了，看此人面相，可知其是做官的料。但他后来却“因嫌纱帽小，致使锁枷扛”，做了阶下囚。细数其在书中制造的三大奇案，来看他品德的变化：一为冯渊案，豪门殴伤人命，贾雨村依“葫芦僧断葫芦案”，连有恩之人甄士隐（周济过他五十两银子，可对比蒲松龄七两一年年薪）的女儿都不救，还打发了门子，借此攀附贾家王家：“急忙作书信二封，与贾政并京营节度使王子腾，不过说‘令甥之事已完，不必过虑’等语”，可知其虚伪、贪婪、冷酷，是忘恩负义之人，此时他良心还未泯，感慨冯渊和甄英莲是一对薄命儿女。二为石呆子古扇案，贾雨村为巴结侯门贵族制造冤狱，滥用权力剥夺石呆子古扇，为贾赦害死有二十把古扇子的石呆子：讹石呆子拖欠了官银，拿他到衙门里去，说所欠官银变卖家产赔补，把这扇子抄了下来，做了官价五百两送了过来。石呆子愤而自尽，贾雨村则补授了大司马，协理军机参赞朝政。在此案中他已是为虎作伥，主动犯罪了。三是“一捧雪案”——“通灵宝玉案”，第七十二回贾雨村“降了”，他由此感觉到自己的政治靠山——贾府将要衰败，遂撺掇贾府政敌索要通灵宝玉，以此为“投名状”巴结贾府政敌，到此时他已然恩将仇报，落井下石。

贾雨村原是“好”人，这“好”体现在四个方面：一为才气，他考取功名前自比“玉在椟中求善价，钗于奁内待时飞”，颇有一番豪情壮志，后来他进京赶考果然高中，补为知县；二为气节，“虽才干优长，未免有些贪酷之弊；且又恃才侮上，那些官员皆侧目而视，不上一年，便被上司寻了个空隙，作成一本，参他‘生性狡猾，擅篡礼仪’等语。龙颜大怒，即批革职”；三为真情，赠百金给封肃，娶落难时偶然看了他一眼的娇杏；四为知音，他是贾宝玉的知音，林妹妹的老师。

“一落胎胞，嘴里便衔下一块五彩晶莹的玉来，取名宝玉。抓周只抓脂粉钗环。政老爹说：将来酒色之徒耳！因此便大不喜悦。独那史老太君还是命根一样。七八岁‘女儿是水作的骨肉，男人是泥作的骨肉。我见了女儿，我便清爽，见了男子，便觉浊臭逼人’。你道好笑不好笑？将来色鬼无疑了！”雨村罕然厉色忙止道：“非也！可惜你们不知道这人来历。大约政老前辈也错以淫魔色鬼看待了。若非多读书识事，加以致知格物之功，悟道参玄之力，不能知也。”

雨村道：“天地生人，除大仁大恶两种，余者皆无大异。若大仁者，则应运而生，大恶者，则应劫而生。运生世治，劫生世危。”

——《红楼梦》第二回：贾夫人仙逝扬州城　冷子兴演说荣国府

贾雨村给人的启示是：人性是会变的，变化的原因包括内因和外因。贾雨村变化的外因有二：一是封建社会现状——家族关系盘根错节，一荣俱荣一损俱损，攀附之风自古皆然，做官要有自己的护身符；二是利益驱动下贪官污吏互相勾结，同流合污。内因是在利益与良心的天平上，自私世故的他是倾斜于利益的。

从易经视角来看贾雨村。在外因和内因的作用下，人是可以变的。如图所示，内因方面，小人的特质是见利忘义，与之对应的是易经第二十三卦剥卦。“‘剥’是剥落的意思。剥卦五阴在下，逐次上升，一阳在上，面临着即将被剥落的危险，阴盛阳衰发展到了极点，象征小人得势，咄咄逼人，迫使君子处于极为不利的地位，‘不利有攸往’。”剥卦的卦象也象征了贾雨村内在的良心被逐渐增长的自私、世故、贪婪、冷酷和忘恩负义所掩蔽。外因方面，贾雨村削尖了脑袋钻入“禄蠹”之中，为了荣华富贵而攀附四大家族乃至其政敌的利益关系网，在利禄途中只知进不知退，结果陷入凶险之中，“因嫌纱帽小，致使锁枷扛”。与之对应的是易经第三十九卦——蹇（jiǎn，跛之意）卦。蹇卦第六爻的爻辞是“上六，往蹇，来硕；吉；利见大人”，“《象》曰：‘往蹇来硕’，志在内也；‘利见大人’，以从贵也”，这个象辞翻译成白话为：“如果前进就会陷入险境，退回来却可以大有收获。”

图1 剥卦与蹇卦

2. “蛇蝎”女人王熙凤

如果说贾雨村是“曲而奸”，那么王熙凤就是“直而辣”。曹雪芹对她的刻画使用了背面傅粉法、障眼法。她的身世是四大家族王家之后，做了贾琏的妻子，贾赦的儿媳，又是王夫人的内侄女，通称凤姐、琏二奶奶；性格直爽泼辣，这个“辣”是看着眼馋，吃一口辣心；面相为丹凤三角眼、柳叶吊梢眉，身量苗条，体格风骚；她在贾府掌握实权，为人心狠手辣，做事决绝，最后病逝。王熙凤的判词预示了她的命运：“凡鸟（凤）偏从末世来，都知爱慕此生才；一从二令三人木（休），哭向金陵事更哀。”

后世读者往往认为王熙凤狠毒奸诈，从她所做的一切都看出她是一个坏人，这种简单化的评价与曹雪芹塑造的真实生动的人物形象并不相符。比如中学教案里这样剖析表现王熙凤“毒”的典型案例：1）协理宁国府，表现她杀伐决断、逞能；2）弄权铁槛寺，暴露凤姐的贪婪；3）毒设相思局，指斥凤姐的残忍；4）害死尤二姐，突出凤姐的狠毒。曹公的真实寓意其实是女性的天空是低的——“凡鸟（凤）偏从末世来”：1）协理宁国府，显示自己才干。2）弄权铁槛寺，被人撮弄——静虚老尼的狡猾引凤姐上钩，她戳中了凤姐的软肋：逞强贪利，结局是稀里糊涂害死二条人命，为自己日后埋下祸根。3）毒设相思局，为保全自己——第一步，在会芳园遇见贾瑞，凤姐和他聊天是要岔开话题，而不是勾引；第二步，贾瑞来凤姐家拜访，凤姐设计，冻贾瑞一夜；第三步，贾瑞再来拜访，自投落网；最后，风月宝鉴是道士给他的，与凤姐无关。4）害死尤二姐，属女性的无奈——凤姐是被逼上一条死路：在丈夫要出轨时，她外无“国法”可依，因为纳妾合法；内无“礼法”可依，因为不孝有三无后为大，而她没有儿子；又无长辈可依，这从“凤姐泼醋满盘输”可以看出；当然也无“夫君”可依，丈夫要将外遇的二房扶正；无“战友”可依：尤氏、贾蓉是贾琏的同盟。在此种情形下，凤姐认为自己唯一一条活路是借刀杀人。5）凤姐泼醋，满盘输。王熙凤毒设相思局，其实是恪守封建妇道，表现的是在两性不平等的世界中女性的悲哀；在贾琏和鲍二的偷情、逼死尤二姐、防贾琏亲近平儿这几次“丈夫出轨”事件中，凤姐虽胜心碎；贾琏淫，凤姐床帏的奉承和情感的落寞本就是个大悲剧。

作为女性中的“补天者”，王熙凤有“能”也有“不能”。性格人品方面，她有个性、有主见，爱憎分明、直率圆通但不圆滑；管家能力方面，她兼具“威、全、细”，“金紫万千谁治国，裙钗一二可齐家”说的就是她；社交能力方面，凤姐的关系处理、口才交际能力自不必说。王昆仑说：“恨凤姐，骂凤姐，不见凤姐想凤姐。”毛泽东评价道：“王熙凤处理尤二姐‘事件’，真是有理、有利、有节哟！”曹雪芹在《红楼梦》中说她“粉面含春威不露，丹唇未启笑先闻”。

王熙凤是中国文化价值取向的风向标。中学课件里总结对她的评价“模样标致，心思极细，精明能干，果敢干练；阿谀奉承，心狠手辣，玩弄权术，机变逢迎”。而实际上，她的直率泼辣对称着李纨的厚道、薛宝钗的圆滑，她的精明衬托着贾母，对称着王夫人、邢夫人的愚昧；她的管家才能显示着贾珍、贾琏等的无能，她浑然天成的聪明衬托着林黛玉的秀外慧中。现代人能公允地评价这个人物是一种进步。从易经的角度看，世人对王熙凤的评价为什么会污化呢？因为她的形象不符合易经中象征女性的阴柔卦象。

王熙凤对女性解放重新定位。第一，撕碎了温良恭俭让的道德面具；第二，践踏了女子无才便是德的荒谬；第三，燃烧自己照亮了黑漆漆的昏暗社会：我已经无话可说，但我说出的“黑暗”已经发出了光芒，道德是才干劲敌，在绵羊走狗的世界豹子即便不伤人也会被关在铁笼子里，“生前心已碎，死后性空灵”，可惜这凡鸟偏从末世来。

秦可卿称王熙凤是“脂粉堆里的英雄，连那些束带顶冠的男人也不能过”（第十六回）。凤姐的悲剧是性格的悲剧，在封建礼教、男尊女卑的社会里，她“强”而“放诞无礼”的性格决定了她的命运，由此显现出曹雪芹对中国文化的一部分批判。

一语未完，只听院中有人笑声，说：“我来迟了，不曾迎接远客！”黛玉纳罕道：“这些人个个皆敛声屏气，恭肃严整如此，这来者系谁，这样放诞无礼？”

——《红楼梦》第三回：托内兄如海荐西宾　接外孙贾母惜孤女

无论是“借得梅花一缕魂”“质本洁来还洁去”的林妹妹，还是“不关己时不开口，任是无情也动人”的宝姐姐，无论是“行为偏僻性乖张，哪管世人毁谤”的贾宝玉，还是“因嫌纱帽小，致使枷锁扛”的贾雨村，他们命运看似云诡波谲，其实从易学的卦象入手分析，以具体的故事叙述细节为分析样本，都能非常清楚地理清招致人物悲剧命运的社会与个人的深层原因，同时也可以从六十四卦的运化中破解看似天注定的“千红一窟，万艳同悲”悲剧命运的社会根源。虽然小说人物的悲剧命运无法改变，但通过对曹雪芹笔下人物悲剧命运的深度剖析，却能为活在当下迷茫与困顿的人们找到避免悲剧重演的启示。

例如，《易经》第一卦乾卦，初九的爻辞是“潜龙勿用”，意思是“事物在发展之初，虽然势头较好，但比较弱小，所以应该小心谨慎，不可轻举妄动”。而贾母重用孙媳妇王熙凤，使其弱势地位与强势个性成为对立的矛盾。小辈人王熙凤过生日，贾母令其婆婆邢夫人和姑姑王夫人也要凑份子给她过寿，结果在她过生日当天接连发生了一系列不详之兆：先是贾琏公然在生日宴上大闹，结果却是凤姐泼醋满盘输；接着又有周瑞家的儿子醉酒闹事，将馒头撒了一地。

乾卦卦辞为“元、亨、利、贞”，教导人要遵守天道的德行。上九之爻辞“亢龙有悔”，意为升腾到极高处的龙，脱离臣民，孤高无辅，必遭灾祸。初九之爻辞“潜龙勿用”，居于下层，不要施展威力。而王熙凤的所作所为恰恰与此喻示相违。此外王熙凤这“脂粉堆里的英雄”，也不符合《易经》中咸、渐等卦对女子柔顺、矜持、隐忍等内在美的要求。但《易经》又赞赏女子有主见、有远见。王熙凤这多少男人也不如的稀世之凤凰，恰处在了阴阳不和、阴阳不交的“末世”，正如《周易》“地天泰卦”的最后一卦——“火水未济卦”，所以即便有补天之才，也不得不感叹“凡鸟偏从末世来”，最后落得个“枉费了意悬悬半世心”，“哭向金陵事更哀”的悲剧结果。“红楼”人物悲剧的命运用《易经》六十四卦去分析，能让我们从宇宙运化的高度，看清个人命运与社会的密切关系。

三、数术、《易经》、《道德经》和《红楼梦》有什么关系？

数术、《易经》、《道德经》和《红楼梦》的主旨一致：揭示大自然和人类社会的“真”。天地万物都是由无到有，由有到多，由多到盛，由盛到衰，由衰到无。这是自然之道！无极生太极，太极生两仪，两仪生四象，四象生八卦，八卦类万物。根源是道法自然！《易经》六十四卦、三百八十四爻、五千余言的卦辞爻辞，揭示了宇宙变化、自然规律、社会发展、人间冷暖，《红楼梦》金陵十二钗、副十二钗等芸芸众生的命运展现了中国封建社会末世的全息图。

老子说：“天下万物生于有，有生于无。道生一，一生二，二生三，三生万物。万物负阴而抱阳，冲气以为和。”“有即是无，无即是有。”《红楼梦》里，当年歌舞场变成如今的衰草枯杨，当年笏满床，如今陋室空堂，正是：假作真时真亦假，无为有处有还无。无不等于消极，不等于坐以待毙。大自然有四季轮回，花开花谢。“林花谢了春红，太匆匆。无奈朝来寒雨，晚来风。”（五代：李煜《相见欢·林花谢了春红》）不要太注重“象”，大自然的具象是变，但四季轮回的规律是不变的。值得思考的问题是：变化的规律与创作意义为何？鲁迅说：“中华文明的根在道教。”谢路军教授认为：道教的根在术数学。道教的义理，太极以混沌开端，道随机应变、不拘于事相的思考方式影响中国人的文化心理至深。道教之“道”，以“无”为体，以“变化”为用，但究竟怎么变，变去哪里，为什么变，这套学问的讲究全在术数学里。《红楼梦》结局是食尽鸟投林，落得个大地白茫茫的真干净，书中探讨了昌明隆盛之邦、诗礼簪缨之族怎么变“空”和“无”；作者用生命感悟，为中国社会做了一次全面科学的会诊。

《道德经》云：“人法地，地法天，天法道，道法自然。”《红楼梦》是言情小说，它起于言情，但不止于言情，以言情而至伟大。《诗经》曰：“关关雎鸠，在河之洲。窈窕淑女，君子好逑。”“东门之杨，其叶牂牂（zāng）。昏以为期，明星煌煌。东门之杨，其叶肺肺（pèi）。昏以为期，明星晢晢。”两情相悦本是“道法自然”，却变成“媒妁之言，父母之命”。贾宝玉“情不情”，黛玉“情情”都是“真情”。宝玉曾吐露真情：“都道是金玉良缘，俺只念木石前盟”；“这个妹妹我曾见过的”。

这种“真”的迷失是如何发生的呢？呆板的后花园模式，是爱情的另一种异化。男权文化的爱情小说，喜好“秀才落难小姐搭救后花园里私定终身”之类的主题。野史里司马相如与卓文君的故事被演绎成小姐书生的爱恋的模板，但细思极恐，“原来是个天大的阴谋”：司马相如成都家家徒四壁，恰好朋友王吉在临邛（qióng）县当县令，相如便回临邛开小酒馆，得一百万。又做官，想休妻，得糖尿病回家又看上寡居富婆。历来野史，或讪谤君相，或贬人妻女，奸淫凶恶，不可胜数。更有一种风月笔墨，其淫秽污臭，屠毒笔墨，坏人子弟，又不可胜数。至若佳人才子等书，则又千部共出一套，满纸潘安、子建、西子、文君。

走向僵化的文化只能是满纸荒唐言。道教之道以无为体，以变化为用，“变”的学问的讲究全在术数学里。《红楼梦》中的变则是对这个“变”的鲜活思辨。曹雪芹一方面受道家思想影响很深，一方面又对假道学做了无情批判。贾敬炼丹，马道婆为钱财使巫蛊之术，张道士对贾母阿谀奉承，作为出家人，他还给宝玉提亲，王夫人吃斋念佛，却杀死金钏、晴雯。鲁迅说：肯以本色示人者，必有禅心和定力，所以伪名儒还不如真名妓。《红楼梦》如椽之笔把谎都剥净。

《红楼梦》之谜，有小迷、大迷。书中隐去的历史事实是小迷津，“甄士隐即真事隐，贾雨村即假语存”。第一回开篇，即表明该书是用假语编纂几个既不知道朝代也不是什么大贤大德的或情或痴，或小才微善几个异样女子故事，为闺阁中的女子做个昭传供大伙消愁破闷，喷饭供酒。中国文人自古就有“男子作闺音”的传统。始于秦汉，形成于唐朝，宋代得到进一步发展，林逋《长相思》、李之仪《卜算子·我住长江头》、吕本中《采桑子·恨君不似江楼月》等等。男假借对女性的同情比兴言心中难言之政治隐痛。大迷津是“空”，是“变”，是“怎么变空的”。《红楼梦》第一回云：“因空见色，由色生情，传情入色，自色悟空。”“凡用‘梦’用‘幻’等字，是提醒阅者眼目，亦是此书立意本旨。”曹雪芹作为社会人生的“彻悟者”，“色”“情”世界的一切（悲欢离合、兴衰际遇、爱恨情仇）都是空幻，人生自彼岸到此岸，此岸达彼岸恰如红楼一梦，终极是虚“空”。《红楼梦》生动深刻细腻地给我们讲了怎么“变空”的。

《易经》有群经之首的美誉，曾仕强称其为群经之始。《易经》的思考方式不拘于事相。八卦的乾、坤、震、巽、坎、离、艮、兑，分别代表了天、地、雷、风、水、火、山、泽。将自然物理、社会进化、生产经验含于八卦，可穷探天理、洞悉人事。八卦上下相叠，产生六十四卦，其排序方法也是道法自然：如前五卦乾、坤、水雷屯、山水蒙、水天需，分别代表天、地、出生、教育、等待。第二十九卦为坎卦（下坎上坎）相叠。坎为水、为险，两坎相重，险上加险，险阻重重。一阳陷二阴。所幸阴虚阳实，诚信可豁然贯通。虽、大象：两水重叠，坎水为险，进固险，退亦险，进退两难。

《周易》和《红楼梦》作者的经历和价值观高度一致。周文王在狱中吃商纣王煮的自己儿子的肉，后完成《周易》。曹雪芹举家食粥酒常赊（敦诚），在悼红轩中披阅十载，增删五次，一把辛酸泪地写出这字字读来都是血、满纸荒唐言的《红楼梦》。曹雪芹擅长画画，他扎风筝、染织，还非常善谈吐，却拒绝了内务府请他去当宫廷画师的邀请，而作画卖钱，维持生计。两书作者的价值观都是去伪存真。

《周易》与《红楼梦》丰富了独具特色的中国文化，培育了天人和谐、道随机应变、不拘于事相、内方外圆的融通思想。他们共同铸就了中国文化血脉，开辟了中国人的思想文化鸿蒙。英国汉学家闵福德说：中华文化始于《易经》，终于《红楼梦》，《红楼梦》也是一个 Spirit（精神、心灵），是读者的“镜子”，是两面皆可照人的镜子。《红楼梦》是一部鲜活、生动的《易经》，它揭示了贾家由盛到衰的演变，对数术学的很多方面都有具体体现。

1.《红楼梦》对贾家由盛到衰演变的揭示

一阴一阳谓之道，阴阳要相合，而大观园处于阴盛阳衰的状态：男性如烂泥，贾敬炼丹，一等将军贾赦讨小老婆，贾珍（三品爵威烈将军）、贾蓉聚麀之诮（麀 yōu，兽类父子共用一个母兽，诮为责之意）；女性如水，而上善若水：黛玉、宝钗、史湘云有诗才，王熙凤管理能力强（脂粉堆里的英雄，束带顶冠的男子也不能过你）。

《红楼梦》中的锦衣玉食的“大观园”里存在着“背道”的生存法则。道法自然的“木石前盟”被“金玉良缘”所取代，最后走向了爱情毁灭，落得个“空对着，山中高士晶莹雪；终不忘，世外仙姝寂寞林。叹人间，美中不足今方信”的双重悲剧。利欲熏心下的“权利”结果是“枷锁扛”：“陋室空堂，当年笏满床；因嫌纱帽小，致使锁枷扛，乱烘烘你方唱罢我登场，反认他乡是故乡。甚荒唐，到头来都是为他人作嫁衣裳！”不知节俭的奢华结果是转眼乞丐：“金满箱，银满箱，展眼乞丐人皆谤。正叹他人命不长，哪知自己归来丧?”“富贵不知乐业，贫穷难耐凄凉。”亲情面纱下的尔虞我诈结果是树倒猢狲散：“是君生日日说恩情，君死又随人去了，痴心父母古来多，孝顺儿孙谁见了。”贾母权高位重，但又被抬高架空，表面的家法森严下却是鸡鸣狗盗：“扒灰的扒灰，养小叔子的养小叔子”，“训有方，保不定日后作强梁”。

总之，数术、《易经》《道德经》是用“数术”或“论术”讲，《红楼梦》是让人物自己说，通过人物故事告诉你：“因空见色，由色生情，传情入色，自色悟空。”“好就是了，了就是好。”曹雪芹提醒读者：“凡用‘梦’用‘幻’等字，是提醒阅者眼目，亦是此书立意本旨。”宇宙万物一切都在变中，如何辩证地理解变与不变，《周易》与《红楼梦》给予我们的最全面最具体的系统性的诠释。

2.《红楼梦》中数术的具体体现

数术的一般解释是：“中华古代神秘文化的主干内容。特征是以数行方术；基础是阴阳五行、天干地支、河图洛书、太玄甲子数等。‘术’，指方术；‘数’，指气数、数理；即阴阳五行生克制化的数理。”我理解数术是能用“数”科学地揭示大自然、人类社会奥秘之术。数术的六十四卦、四柱命理、麻衣相术、阴阳五行等内容在《红楼梦》中都能找到生动的解读。具体来讲，空空道人、茫茫大士、渺渺真人的隐喻，预言人物命运的“诗谶”，人物的五行相生相克关系，亦虚亦实的医术、养生术、面相术，马道婆的巫蛊术、占卜术、解梦术、节气、时辰，都属于《红楼梦》中的“数术”内容。书中出现医术描写 291 处，约 5 万字，医学术语 161 个，病症 114 种，膏丹丸散方剂 45 个，药物 127 种，医案 13 个，医生 14 个，例如薛宝钗冷香丸、王道士疗妒汤、王夫人天王补心丹（金刚丸、菩萨散）等。

我们来看艺术视域之下的“红楼梦数术学”。数术是一门玄妙的科学，用数来推导万物运化的规律，最基本的前提“数”得是准的。而《红楼梦》人物年龄却是非常混乱的。再者，无论是“五行”还是“八卦”或“四柱命理”，都是为了预见未来，好防患于未然，而《红楼梦》是大悲之结局——四姐妹元春、迎春、探春、惜春，谐音是“原应叹息”，所有女子的命运是“千红一窟（哭）”，“万艳同杯（悲）”，实在是“八字不同，命相同”——她们的悲剧是社会的家族的也是个人的，也是艺术的高度抽象与具象。

曹雪芹对庸俗道学进行了批判。贾敬炼丹，求长生，结果仍是一死；王道士自己不信自己的膏药；静虚老尼贪财害死张金哥，马道婆（寄名干娘）为利而害宝玉、熙凤；张道士（荣国公寄身）身为出家人却给宝玉提亲。

《易经》《道德经》《红楼梦》根脉相联。曹雪芹用十年写了部“字字都是血”“落了片白茫茫大地真干净”的小说，周文王坐监食儿子肉完成了《周易》，老子留下五千言《道德经》之后出函谷关，孔子解读《易经》作《易传》（《十翼》），提倡“敬鬼神而远之”——他们共同铸就了中国文化血脉，开辟了中国人思想文化鸿蒙。走进《红楼梦》、走进《易经》、走进《道德经》，就走进了中国文化绵延不绝的隧道。[①]（本文已经作者审阅）

2018 年 11 月 22 日晚，受中央民族大学道教与术数学研究中心主任谢路军教授邀请，济南大学文学院教授于瑞桓女士在中央民族大学举行了题为“《红楼梦》中人的命与运——易学视角下的解读”的学术演讲。本文系根据讲座课件整理。

① 于瑞桓教授对《红楼梦》与《易经》的解读切中文义，又不失哲理和诗意，体现出《红楼梦》爱好者对易学智慧的深入理解和把握，以及对易学和红学的融会贯通。她的易学视角下对《红楼梦》人物命运的解读引发了诸多听友对人与自然、人与社会等相关问题的好奇和热烈讨论。

十五
明天道之根　究大道之用

主讲：李顺祥

《周易》是探赜索隐、弥纶天地的智慧之学，具有“象、数、理、占”四大功能。其中象“数”理为“占”提供理论依据，而《周易》的最重大价值之一就是术数占断、趋吉避凶。易学信息预测的理论依据是什么、方法手段有哪些、具体应用功效如何，搞清楚这些基础性的问题至关重要。

李顺祥　重庆人，国际易学联合会副会长、国际易学联合会易学应用专业委员会理事长、重庆市周易研究会会长、重庆市中华易学研究院院长。

《周易》是探赜索隐、弥纶天地的智慧之学，具有“象、数、理、占”四大功能，“象”是直观的实物形状和自然现象，“数”是研究推演事物的模式数理，“理”是事物的内在规律和蕴含的哲理，“占”是占筮预测。其中，象“数”理为“占”提供理论依据，而《周易》的最重大价值之一就是术数占断、趋吉避凶。千百年来，上至王侯将相下至平民百姓，对术数占断预测的研究与实践从未停息过，这就充分说明其顽强的生命力和深远的影响力。易学信息预测的理论依据是什么、方法手段有哪些、具体应用功效如何，搞清楚这些基础性的问题至关重要。本文从信息预测的理论依据、理论根基、运用法则、研习境界、应用功效等几个方面，对易学信息预测的基础性问题进行探索论述。

一、天人合一——信息预测的依据

翻开中华民族5000年文明史，从周至汉、唐、宋、明，周文王、诸葛亮、袁天罡、周敦颐、邵雍、朱熹等众多著名人物，对《周易》的“理、象、数、占”都做过系统的研究，一个个都是经邦济世的旷世奇才、易学大家。只要对《周易》有所了解的人都知道，周易具有上测天文、下测地理、中测人事的神奇功能。我们耳熟能详的周文王、诸葛亮、袁天罡、李淳风、刘伯温等，无一不是精通易学预测的一代高人，千古圣人孔子还曾经“韦编三绝”，亲自为《周易》作“翼”并感叹“加我数年，五十以学易，可以无大过矣”。这些著名历史人物研易用易，从中汲取智慧、运筹帷幄，开创了伟大的事业。《周易》作为群经之首，历经千年而经久不息，焕发出强大的生命力。20世纪80年代以来，特别是最近30多年，在海内外掀起了空前的易学热潮。周易被古今中外无数能人智士奉若指点人生的智慧锦囊，而且成为众多平常百姓趋吉避凶、安居乐业的智慧宝典。

《易经》自诞生以来，在浩瀚的历史长流中始终散发着璀璨的智慧之光。德国存在主义哲学家雅思贝尔斯指出，经系统研究发现，公元前800年到公元前500年至300年，无论东方还是西方，全人类的智慧达到了顶峰，这就是“轴心时代”。这个时代诞生了苏格拉底、柏拉图、以色列先知、释迦牟尼、孔子、老子，他们各自创立的思想体系，共同构成人类文明的精神基础。直到今天，人类的精神仍然附着在这种基础之上。人类智慧在“轴心时代”已经达到了一个顶峰，此观念在思想界几乎达到一致共识。《易经》的成书从伏羲画八卦开始，到周文王推演六十四卦，再到孔子编写《易传》，前后时间跨度大约五千年。有学者作过比较，列出对人类影响最为深刻的十本“奇书”：1）《易经》、2）《奥义书》、3）《法句经》、4）《古兰经》、5）《圣经》、6）柏拉图《理想国》、7）莎士比亚剧作、8）达尔文《物种起源》、9）爱因斯坦《相对论》、10）牛顿《自然哲学的数学原理》，在这个排行榜中《易经》排第一。从文化意义来看，《易经》是中华文明的至高经典，自诞生之始，便潜移默化地影响儒、道等诸子百家，易学思维不仅在宗教文化方面发挥作用，也有政治、伦理、医学、武术、科技等方面的巨大影响力。从科学意义来看，《易经》不仅有修身养性的方法，还有启发科学探索的意义，这一点从二进制和粒子波不难看出。我们现代人如果在科学上还没有与《易经》思想联系起来，科学研究还没有从易学思想获得启示的话，那么一定还有漫长的路才能得到宇宙的终极意义！《易经》的玄妙智慧可谓得之大用，只要合理利用宇宙法则的客观规律，就能为人类充分地谋取福祉。

《周易》作为理术并重的“奇书”，衍生出的易学预测学不仅能对事件进行吉凶预测，还能对不为人知、暗藏当下的隐匿信息准确揭露，并能对人、事、物进行全面的、系统的、本质性的认识，可谓上测天文、下测地理、中测人事。精于此术者，胸藏玄机、时刻知己知彼、胜券在握。

既然易学预测功能强大，能够溯往知来，优势显著，我们不禁要问：易学预测的原理和依据是什么？为什么它能够做到未见其人而知其事，并能达到非常高的准确率？

易学预测的本质是一门利用宇宙运转规律对万事万物的影响力，计算推测事物在时空运动中变化发展的客观实证性技术，它能突破时空限制，适用于万事万物和任何人。其理论依据就是“天人合一”的宇宙规律。

我们知道，客观规律是在世界中普遍存在的：在宏观世界中，物体运动遵循的是力学规律；热量传递遵循的是热力学规律；微观世界中，粒子运动遵循的是量子力学规律、电磁规律等复合运动规律；天体运行中，遵循的是天体力学、相对论等规律；就是人类社会发展遵循的也是生产力和生产关系的规律。可以说，事物的产生、发展、变化、结果都是在各种各样规律的支配下进行的，规律虽然不能创造，但可以掌握和利用。人的命运和事物的产生发展作为一种复杂的现象，当然也受客观规律的支配，也就可以通过人的思维去认识和利用。只不过因为人和社会发展的特殊性、复杂性，支配其运行的规律必然也是不同于其他学科的。

中华先贤经过仰观天文、俯察地理，并经过长时间的实践研究，总结出了可以模拟万事万物和人的命运运行发展的宇宙法则——天人合一。“天人合一”的“天”就是宇宙万物运行的客观规律，这个规律是宏观的、综合的，是对各种自然科学和人文科学规律的高度抽象基础上的有机结合。宇宙自然是大天地，人则是一个小天地。人和自然在本质上是相通的，故一切人事均应顺乎自然规律，达到人与自然和谐。老子说：“人法地，地法天，天法道，道法自然。”“天”代表“道”“真理”“法则”，万物芸芸，各含道性，“天人合一”就是与先天本性相合，回归大道，归根复命。天人合一不仅仅是一种哲学思想，而且是一种状态。

佛家说“一花一世界”。我们知道，一个细胞可以克隆一个生命体，微观级别的完整的DNA序列承载着一个生命所有的信息，如果再深入物体的本质，原子的内部运行模型和天体运行体系在现象上呈现出高度的一致。这些也就是易学所说的“一物一太极”和“其大无外、其小无内”。在易学预测体系中，高效、准确、广阔的预测模型超越了时间、空间、距离甚至是人的认知，千百年来易学高手虽然对其背后的原理不甚清楚，但经过大量实践验证，运用这个预测模型的准确率是非常高的，而且深信这个规律是经得起实践不断检验的。这就如现代物理学的研究方法一样：归纳、演绎、验证，易学是经过归纳和演绎，并被验证了的实证科学。只不过易学规律不像经典物理、化学学科那样，大多是可视、可听的，目前而言它更多的是一种思维和心灵感知，就如电磁场一样，虽然人看不到摸不着，但不能说它不存在。从目前物理学的发展水平而言，构成世界的61种基本粒子大多质量趋向零，这也就符合了阴阳学说的基本理论之一——阴中有阳，阳中有阴，阴阳当中包含阴阳，阴阳具有无限的可分性，这种可分性可以无限地、相对地趋向零，但永远不等于零（有些基本粒子的静质量为0，但动质量不为0）。

随着现代科学技术的发展，一些古老的但生命力旺盛的理论越来越多地以物理学的方式得到了证明。比如，我们说易学信息预测体系超越了时间和空间的限制，这在常人来看不可思议，但现代物理学多学科已经证明了，个别学科甚至技术上已经日臻成熟。虽然量子力学的测量不传递信息，但物体的测量在量子层面已经超越了空间距离，众所周知，太极图是宇宙规律缩影图，最新的量子纠缠理论中的量子关联模式与太极图中太极点（阴阳鱼眼）的对应关系的模式有着惊人的吻合；“杨－米尔斯场”则将现有的大部分物理规律进行了统合，由此可见“其大无外、其小无内”的物理学证明也将指日可待。

天体运行对地球上的万事万物造成了深远的影响，我们历代研易者也把“天人合一”的规律归结为天体运行对地球生命影响的规律。但经过这些年各学科的飞速发展，这一看法不是十分准确。天体运行对地球生命和事物的发展影响无疑是重大的，但不是唯一的因素，最新科学表明，还有很多因素对生命和事物的发展也是有非常重要的影响的，比如现代物理研究的前沿理论——暗能量和暗物质。因此，准确的说法应该是：易学信息预测体系的依据是“天人合一”，“天人合一”的“天”是宇宙万事万物的运行规律，这其中包括了天体运行对地球生命和事物发展的影响规律。具有极高智慧的中华民族先贤提出了“天人合一”的理念，本质就是人要认识天——认识宇宙客观规律，顺应天道——遵循宇宙客观规律，将天与人合为一体——利用客观规律去认识世界、改造世界，这与马克思辨证唯物主义理论具有高度的一致性。

二、阴阳五行——信息预测的根基

在易学信息预测中，阴阳五行学说是其理论大厦根基。四柱预测学、八卦预测学、传统地理学、中国姓名学、易学策划学是现代易学应用的五大核心板块，也是利用宇宙法则原理计算时空信息以及人生信息的实证技术，其技法虽然各异，但共同的理论根基都是阴阳五行学说。包括古代的天文学、气象学、化学、算学、音乐、医学等，都是在阴阳五行学说的基础上发展起来的。

宇宙是由万事万物构成的一个整体。宇宙内的每种事物之间都是相互联系、相互影响的。尽管宇宙间的事物种类繁多、千姿百态，但是按照属性划分，所有事物必然可以划分为对立的两个方面。我们把对立的两类事物以及同一事物内部对立的两个方面称为“阴阳”。阴阳属性是宇宙的本质属性。

阴阳分别代表事物正负两种性质，例如，阴代表负相，其特性代表向下、隐蔽、消极等；阳代表正相，其特性代表向上、生发、外露等。

从阴阳学说引申出四大规律：对立统一规律、阴阳互根规律、阴阳消长规律、阴阳转化规律。这四大规律是真正从辨证的、运动的、发展的角度阐释了世间万物的规律。对立统一规律说的是：阴阳双方的对立是绝对的，正是阴阳双方的争斗和比拼，推动着事物的运动变化，但二者又都同时处于一个统一体并维护这个统一体，关键是阴阳双方的对立必须把握一个度的极限，一旦超过这个极限，统一体就会被彻底毁坏，事物就会发生质的变化。阴阳互根规律说的是：相互对立的事物之间互相依存、互相依赖，任何一方都不能脱离另一方而单独存在，双方互为根据和条件，阳根于阴、阴根于阳，即“孤阴不生、独阳不长”。阴阳消长规律说的是：阴阳双方不是处于静止不变的状态，而是处于增减、盛衰、进退等方面的运动变化状态。阴阳转化规律说的是：阴阳对立的双方经过斗争，在一定条件下会走向自己的反面，也就是“量变产生质变”。

阴阳学说四大规律就决定了我们在运用阴阳学说时的方法，就是八个字：“对立、联系、运动、变化”。

从阴阳学说就引申出五行理论，即“金、木、水、火、土”。但五行意义上的“金、木、水、火、土”不是单独代表具体的五种实物，金不是仅仅代表金属之物，木也不是仅仅代表森林树木，水不是仅仅代表江河之水，火也不是仅仅代表燃烧之火，土当然也不是仅仅代表泥土。

《尚书·洪范》对五行的解释是：“五行：一曰水、二曰火、三曰木、四曰金、五曰土。水曰润下，火曰炎上，木曰曲直，金曰从革，土曰稼穑。”“水曰润下”是说凡具有寒凉、滋润、向下等特性的事物都归属于水；“火曰炎上”是说凡具有温热、升腾和向上等特性的事物都归属于火；“木曰曲直”是说凡是具有生长、升发、条达和舒畅等特性的事物都归属于木；“金曰从革”是说凡具有清洁、肃降和收敛等特性的事物都归属于金；“土曰稼穑”是说凡具有生化、承载和受纳等特性的事物都归属于土。也就是说，“五行”是先贤通过观察，把世界上的万事万物划分为五大类。因此，五就是五种状态能量，行就是运动变化，五行就是五种运动变化的能量状态。而“金、木、水、火、土”这五行就包括了宇宙万物。

五行的相生关系是：水生木、木生火、火生土、土生金、金生水。五行的相克关系是：水克火、火克金、金克木、木克土、土克水。从中我们可以看到，五行中的每一行都有生它、克它、被生、被克的特性。而生与克是阴阳的两个方面，二者既对立但又密不可分，没有生，就无所谓克，没有克也就无所谓生，生与克是相互关联的两种事物之间发生作用的两种不同的形式。因此，五行的本质也是从阴阳引申而来。

生与克本身并无好坏和吉凶之分，生并不代表好和吉，克也不代表坏和凶。没有生，事物就不能滋生和发展壮大；没有克，事物就会因为无所约束而朝着某个方面过快地发展，这种过快的发展会使它缺乏磨炼而必然导致它存在稚嫩和脆弱的缺陷，缺乏韧性，因此一旦遇到障碍，就容易突然夭折。所以，适当的克是必要的，也是有益的。事物内部只有保持相生相克的动态平衡，才能促进自身的有序发展。这就是五行生克在正常情况下发挥的作用。

在异常情况下，五行之间产生的生克关系还表现为五行相乘、五行反侮、母子相及等。五行相乘指的是某一行对另一行的过分克制。乘就是“凭仗”的意思，相乘就是凭仗自己的优势而以强凌弱。在相克双方中，具有克伐性质的一方称为“主克方”，另一方称为“被克方”。比如木克土，木是主克方，土是被克方。五行相乘是一种超过正常限度的制约，从五行相生链中的五行连环相生关系来看：木→火→土→金→水→木，这是五行连环相生所构成的一个圆环。在这个圆环中，只要任何一行被制服而不能起到相生的作用时，就会在这个部位出现一个缺口，从而导致五行循环相生的中断。比如，土过于强旺而制住了衰弱的水，水就不能生木。在原来的循环相生圆环里，水居于金和木的中间。正是因为水居于金和木的中间，才形成金生水→水生木链条。当水被去掉，金和木就紧靠在一起而发生争战，就打破了五行原来那种循环相生的相对平衡状态。

打破五行平衡状态的还有五行反侮，反侮就是以反常规的方式反过来欺负对方，指主克方特别衰弱，受克方特别强盛，双方相战，主克方力量太小不但不能克制对方，反被强盛的对方所制服。比如水克火，水本来是主克方，火是受克方，由于水的力量太小而火的力量太大，水不但不能抑制火势，反而被火蒸发殆尽。按照常规，水是克火的，但这时候的火却反过来克制了水，这属于一种反常规的阴阳颠倒的现象，因此五行反侮也是一种超过正常限度的制约，也会破坏五行系统的动态平衡，其理与五行相乘一样，也是打破了五行循环相生的圆环而导致战克。

母病及子与子病及母同理，只是形式不同的五行相克断链，这里所说的“母”与“子”，分别是指主生方与受生方。比如，水生木，水为主生方，为母；木为受生方，为子。水太弱而无力生木，就会导致水竭木枯，这样，水木都处于一种异常状态。而子病及母导致母子异常与上述相反，比如木生火，若火过于强旺，则会狂吸木气而使木消耗过多，从而导致木的衰竭，造成火多木焚。

阴阳五行体系的辨证运动规律不仅揭示了事物运动与发展的趋势，而且揭示了事物发展状态的根本动因。万物互根、生灭转化、阴阳平衡、物极必反是事物发展的辩证运动规律。中医将阴阳五行的金、木、水、火、土同肺、肝、肾、心、脾相对应，并根据五行相生规律，提出虚则补其母，实则泻其子的治疗原则，如滋水涵木疗法、益火补土疗法、金水相生疗法、培土生金疗法；根据五行相克规律，创建了培土制水疗法、抑木扶土疗法、泻南补北疗法、佐金平木疗法，益于病患康复。

阴阳五行干支学说是天人合一思想的最终演绎。以阴阳学说为指导，从五行中延伸出干支理论。五行再分阴阳就划分了五行的两个阴阳系统——天干系统和地支系统，干支再分阴阳就形成了由阴阳干十个和阴阳支十二个，由二十二个阴阳干支组成六十甲子，周而复始。二十二个干支，似乎只是一堆简单的符号，但其实不然，其中也遵循了阴阳学说的基本规律：阴阳是事物的两种不同属性或同一事物属性不同的两个方面，即两种不同属性的能量，五行是五种不同的属性的能量，根据阴阳无限可分规律，万事万物无限细分的最终结果就是能量。由此可知，干支就是五行细分的二十二个能量信息符号，这些信息符号承载了时间、空间、属性等由数量和质量组成的能量，这些数量和质量通过生克制化、刑冲合害、拱扶泄耗、空实墓库、进退动静等作用形式和作用实质，演绎着天地人万事万物的运动变化规律。

易学的重要分支学科之四柱命理学，运用二十二个干支符号能组合成数十万个结构不同的命局。不同结构的命局各有其不同的命理含义，于是便构成千人千面、万人万像的芸芸众生图。有的人对只用天干地支二十二个字就能推断人的吉凶祸福感到不可思议，因而半信半疑；因为在他们眼中，天干地支二十二个字就只是单纯的二十二个字，不知道是宇宙间的万事万物的基本能量信息符号，更不知道通过这些能量信息符号变化无穷的组合（实际就是能量的组合变化），就可推演出事物运动变化结果的信息。

阴阳五行学说是一种具有指导意义的抽象的系统理论，干支则把阴阳五行理论具体化。通过五行干支的生克制化、刑冲合害、拱扶泄耗、空实墓库、进退动静等法则，构建起各种各样的易学预测模型用以预测世界万事万物。易学的分支——四柱预测学根据五行之间存在着五种基本的关系，研究人的命理现象以及与六亲关系，根据五行的阴阳属性，衍生出了十神类象，利用这种规律就能精准计算出各类人、事、地、物的各种人生信息以及时空信息，从而实现事半功倍的效果。易学其他术数预测体系与此理相同，都是以阴阳五行学说为理论依据，构建出各种计算、推演时空、自然、人事等预测模型体系，从而进行精准的预测。

三、生克制化——信息预测的法则

有了阴阳五行学说作为指导，要进行精准推算，还必须要有一套全面综合、科学严谨的运算法则，这个基本法则就是生、克、制、化。生就是相生、克就是相克、制就是制约、化就是生化。

其中，生克是个体的自发行为，制化则是整体的协调行为，单个的生克只能破坏五行系统的整体平衡，制化则能将五行的全部生克进行有序的组合而使五行系统趋于整体平衡。而在一个五行气场中，需要的不是生克形式，而是五行系统的制化调节作用。事物发展的吉凶不是由五行生克的形式决定，而是由五行系统的制化调节机制能否正常发挥作用决定——制化调节机制能够起到成功的调节作用时则吉，反之则凶。

五行的调节机制分为两种——制化调节和胜复调节。这两种机制分别对应正常调节机制和异常调节机制。

正常情况下，制化调节起主导作用。比如，五行系统在正常情况下，木会受到金的制约。木虽然难以直接抗拒金的克制，但是木能够生火，而火有克制金的作用，金受到火的克制后，金对木的克制就不至于过分，这样就保证了木不致过弱——这是木通过生火而反作用于金之后所起到的保护性调节作用。另外，木还受到水的资生而使自己力量加强；木的力量被加强后又去生火，火得到木的生益后，火的力量被加强，火对金的克制作用也随之加强，金受到克制后就削弱了对水的资生，水对木的资生就不致过分。这样就保证了木不致过强——这是木得到水的资生后去生火进而反作用于金而起到的抑制性调节作用。这种保护性和抑制性的双向调节作用就保证了木在受克和得生的两种情况下不致过弱和过强。

异常情况下，胜复调节起主导作用。比如：木气太强，木的胜气就会过度克土，从而导致土气过弱；土气过弱则不能制水，水没有土的制约就会变得过强，从而加大克火的力量；火气受到水的制约就会削弱对金的克伐，这样金气就旺盛起来，就能把太过的木气给压制下去，最终使木的力量恢复到正常状态。这就是木气太强时五行系统内部的胜复调节。反之，若木气太弱，则会受到金的过度克制而更弱，木过分衰弱则不能制土，于是土气就会过强；土气过强则会以强力制水，水受重克则不能制火，火无水制则强，火强克金则金弱，金弱则无力克木，木无金克则能恢复元气。这样最终就使过弱的木气恢复到正常状态，木气恢复到正常状态后就可以参与正常的制化调节了。

五行调节机制既是信息预测的运算法则，也是模拟宇宙天地的运算符号，蕴含着深刻的哲理，正是因为这种调节作用，才能使人的生命活动在动态中得以正常进行，才能使患病的身体得以康复，才能使凶运转为吉运。当这种自行调节机制能够正常运行时，五行系统就能维持相对平衡，事物的发展也就平稳而吉利；当这种自行调节机制失去作用时，五行系统就会严重失衡而无法修复，事物的发展也就会受到致命性的打击。因此，弄清五行系统的自行调节机制是十分重要的。这其中，以下几点比较重要。

1. 制化调节和胜复调节根植于阴阳理论，从形式上说，制化调节是正常状态下的，胜复调节是异常状态下的，正常和异常就是一对阴阳；从内容上说，制化调节主要通过生化使系统达到平衡，胜复调节主要以克制使系统达到平衡，生化和克制就是一对阴阳。制化调节和胜复调节构成“五行自行调节系统”的阴阳统一体。

2. 两种调节机制体现了阴阳五行系统的灵动，无论哪种调节方式，主要是通过调动整个五行系统，不及者益之则利，太过者损之斯成，没有哪一行能够袖手旁观，从这个角度看，五行就是一个整体、一个系统，各自有各自的功用，千万不能厚此薄彼，对应于世间人事，无论是帝王将相还是草民百姓，每个人都有自己的功用，只要找到适合自己的位置、发挥自己的作用，自己对这个世界、对这个系统都是有贡献的。

3. 两种调节机制对于实战应用具有非常重大的指导作用，我们平时在四柱预测中经常会遇到某行受伤严重、不死则重伤的情况，但实际情况却是小有不顺而已，很多时候百思不得其解，原因就在于对五行的制化调节和胜复调节没有理解或者根本不知道，当真正理解了两种调节机制，预测时很多难题就会迎刃而解。

4. 两种调节机制蕴含了一种深刻的哲学和人文思想：人贵为万物之灵，从出生到死亡，一生会遇到很多艰难险阻，但大多数人都能够长大成人、走完一生，这就归功于上天的好生之德、自然的成人之美、宇宙的全事之功，因为人的一生其实就是五行之气的消长变化，气盛则旺、气衰则亡，正常情况下遇到风吹雨打会调动制化调节，让自己的五行之气归于平衡，异常情况下遇到狂风暴雨会调动胜复调节，让濒临崩溃的五行系统恢复正常，只要还有一丝可能，五行系统就竭尽全力、想尽办法让我们得以生存，正是这两种调节机制的作用，为人的生存和发展保驾护航，这是自然的神奇伟力，也是自然对人的馈赠。作为万物之长的人，应该感恩这种自然馈赠。每当遇到困难打击以致心情压抑、郁闷时，回头来看看这两种调节机制，心情就会平静下来、心中也会充满力量，为了我们的生存，世界也是尽己所能，只要还有一丝气息我们就不会被打倒，困难只是暂时的，目前只是五行之气不顺，只要两种调节机制发挥作用后一切都会好起来的。当透彻了这其中的奥秘后，我们的整个思维境界就会有一个质的飞越，这也同“易者，变也”同出一理，悟透了这些，也就领悟了易学的真谛。

古代先贤发现宇宙规律的过程也是一个理论与实践相合的漫长过程：从伏羲画八卦开始，中国古代先贤率领中华民族逐步走出当时那种文明智慧极其落后的原始蛮荒时代；文王在商周时期发现并完善了涵盖天地万物变化规律的“易”；老子在先秦时期发现了令宇宙生生不息的能量——“道”。千百年来，古代先贤们根据阴阳五行学说发明创造并完善了诸多能够预知未来的易学预测术，而且作出了令许多今人难以理解的各种准确预言，这就是达到“天人合一”状态后对自然万物深刻的认知和体会。天人合一的伟大思想价值主要体现在阴阳五行体系对信息预测的指导，而信息预测的价值主要体现在实战应用领域。只有天人合一、顺天应人，充分发挥主观能动性，才能让中华民族永远屹立在世界民族之林，实现中华民族伟大复兴的梦想！（本文已经作者审阅）

2018 年 12 月 4 日晚，受中央民族大学道教与术数学研究中心主任谢路军教授邀请，国际易学联合会副会长、重庆市周易研究会会长李顺祥先生在中央民族大学举行了题为“明天道之根，究大道之用”的学术演讲。本文系李顺祥先生提供。

十六 孙膑阴兵法的传承与价值

主讲：张德记

孙膑阴兵法，又称“大六壬神课金口诀”简称“金口诀”，此学传自战国孙膑。孙膑系战国时期齐国的军师，著有《孙膑兵法》，是中华民族古代战争史上一位伟大的军事家。孙膑不仅精通兵法，还精通术数星象，占往察来，尽在掌中。

金口诀在阴阳辩证逻辑推理和五行生克制化的运用方面都达到了前所未有的高度，具有方法灵活简便、信息量大、预测范围广、准确率高的特点，民间素有“学会金口诀，来人不用说”之称。

孙膑阴兵法是我国古代军事历史上的珍贵资料，直到今天仍然有着宝贵的借鉴作用和指导意义。

张德记　孙膑阴兵法著名研究专家，原名张得计，菏泽市原政协委员，北京大学访问学者，中国人民解放军军事统筹学会谋略研究中心主任研究员。代表著作有：金口诀预测学系列丛书（中国商业出版社）、金口诀自然医学系列丛书（中医古籍出版社），《一掌经》《奇门遁甲》（香港天地出版社）、《金口诀入门点窍》（台湾滚石出版社）。

“兵者，国之大事，死生之地，存亡之道，不可不察也。”这句话出自《孙子兵法》第一篇“始计第一”，大意为：战争是国家大事，是国家兴亡的紧要之处，是千万生民存亡的关键，必须要认真考察研究。但是如何去察，怎么察，察什么，没有说清楚，只是做了一个简单表述，后世学者不得不提出一个又一个的疑问。

《汉书·艺文志·兵书略》将兵权谋、兵形势、兵阴阳、兵技巧定为兵家四大流派。所谓兵阴阳家，《汉书·艺文志》中有经典的描述：“阴阳者，顺时而发，推刑德，随斗击，因五胜，假鬼神以为助者也。”这表明兵阴阳实际上是阴阳五行以多种术数形式在军事理论和实践中的运用或延伸。“假鬼神以为助”意味着一切借助鬼神的方术、巫法在军事上的应用，也都可以归入兵阴阳的范围。兵阴阳既包含之前的各种军事谋略，又与以往军事谋略不同，它是一种阴阳五行化的军事谋略，它的出现标志着中国军事谋略进入了新阶段。其古代代表人物有孙膑、张良、诸葛亮、司马懿等。

吕思勉《先秦学术概论·兵家》谓：“阴阳、技巧之书，今已尽亡。权谋、形势之书，亦所存无几。大约兵阴阳家言，当有关天时，亦必涉迷信。”故几千年来，兵阴阳学说多被冠以玄学、神学、迷信等名号，在民间流传。

古往今来，阳兵法家喻户晓，阴兵法却很少有人耳闻。这也是中国古代兵法中有那么多疑问而总是找不到答案的原因。

一、孙膑阴兵法的传承

春秋时期著名的军事家、政治家孙武，被尊称为兵圣，被誉为“百世兵家之师”“东方兵学的鼻祖”。他所流传于世的《孙子兵法》十三篇，为后世兵法家所推崇，被誉为“兵学圣典”。孙武在其《孙子兵法》中提到了一些兵法的观点，“一曰道，二曰天，三曰地，四曰法，五曰将”，还有“多算胜少算不胜，何况不算乎”。我们不禁要问，算什么？怎么算？方法在哪里？理论在哪里？算的结果如何？《孙子兵法·火攻篇》云：“发火有时，起火有日。时者，天之燥也。日者，月在箕、壁、翼、轸也。凡此四宿者，风起之日也。”实际上，该篇已经涉及箕、壁、翼、轸四星及其二十八星宿在阴兵法中的实用价值以及时间能量。

鬼谷子，春秋战国时期著名谋略家，兵法集大成者，才学渊博，精通天文历算、六韬三略、排兵布阵等学问。孙膑作为鬼谷子高徒，深得鬼谷子之智慧真传。当时庞涓和孙膑都是鬼谷子的学生。庞涓先行下山效力魏国，后诱骗孙膑下山将其陷害致残。孙膑虽然受到庞涓的陷害但仍运用兵法智慧最终战胜了庞涓。其中有名的桂陵之战、马陵之战就是孙膑兵法智慧独特的理法展现。

后孙膑功成身退，归隐山林，著书教徒，其间完成了流芳百世的军事著作《孙膑兵法》，并将其背后的兵阴阳智慧编撰成书，被后人称为“大六壬神课金口诀”，这本书的原版我们已经再难觅得真迹，但是这门学问被传承了下来，并被整理为多种版本的书籍。明嘉靖年间出版的校正官本《大六壬金口诀神课大全》序言中讲得很清楚：

> 粤自河图洛书出，先圣则之为经，以开物成务，而前民用，诚万世道术之鼻祖也，古设大卜筮人，之观掌其事，而今亡矣，惜哉！世传神课金口诀，命谓述自孙氏膑，膑始清大六壬，尤歉其博而弗约，遂择其简粹神妙之最，辑为此书，传行于世，占无不应。

2013年华龄出版社出版的《官板六壬金口诀指玄》一书开篇讲：“大六壬金口诀”相传为孙膑所创，故而又称“孙膑神课”，或称“孙膑阴兵法”。2012年中国商业出版社出版的《明清古版金口诀注解》“课坟外景法第三十四”最后一句“此是孙膑外景法，取用之时在意间”，“论天子吉凶法第二十六”最后一句“此是孙膑真妙诀，后人加意细推详”，入式歌中最后一句“此是孙膑真甲子，天地移来掌内观”，“占病法第四十二”最后一句“此是卢医真妙法，孙膑留下不传人”，等等。可见“大六壬神课金口诀”，为孙膑所创，《大六壬金口诀神课大全》是兵阴阳学的代表著作之一，孙膑也被后世尊称为“金口诀”这一流派的开山祖师。

《史记·孙子吴起列传》云：“孙膑以此名显天下，世传其兵法”，《汉书·艺文志》载：“《齐孙子》八十九篇，图四卷。”这表明孙膑确有其人，且有著述传世①。这里之所以名为《齐孙子》，意在同孙武的《吴孙子》相别。宋代特别是明清以来，人们对孙膑是否有兵书传世，甚至对是否有孙膑其人都产生了怀疑。直至1972年4月山东临沂银雀山西汉墓同时出土了《孙膑兵法》和《孙子兵法》，才使这1000多年的历史悬案大白于天下，“孙膑阴兵法——金口诀”② 渐渐显见于世。

在这1000多年的历史长河中，金口诀是怎么传承的，经历过哪些人物、故事，我们已不得而知，今天我们所能搜集到的历史文献资料也非常有限。《官板六壬金口诀指玄》一书将目前留存于世的典籍文献进行了梳理。金口诀的传承与发展在明清时达到了一个鼎盛期。现存于世的多为明清版本，其中目前世传金口诀专著中最早的是明中叶正德年间阴山道人懒云子所述传本；而转刻本最多的，为明代适适子撰，洞春道人杨守一精阅、清钟谷逸士熊大本校正、金谿居士周儆弦重订的《校正官本大六壬金口诀神课大全》，校勘亦属精当，清末民初多有石印本刊行。

自清末以来，中国传统文化受到重创，但在我国各个地区还是依稀留有金口诀的影子。华北地区称之为“金口诀”，东北地区称之为“大金口”，西北地区多称之为“袖中金”。自古民谚还流传着“学会奇门遁，来人不用问，学会金口诀，来人不用说”的美誉。

当代孙膑阴兵法——金口诀的出版物传播曲折艰辛，从20世纪90年代，《金口诀应用预测学》（华龄出版社1997年版）和《金口诀课例精解》（华龄出版社1998年版）两本书籍的问世促进了这门学问在国内的传播。进入20世纪后，金口诀相关书籍也陆陆续续在中国大陆迅速增多。具代表性的有《六壬大全》（华龄出版社2007年版）、《六壬神课金口诀》上中下三卷（华龄出版社2011年版）、《金口诀应用学》《金口诀注解》及《金口诀教程》（中国商业出版社2012年版）、《官板六壬金口诀指玄》（华龄出版社2013年版）、《六壬神课金口诀心髓指要》（岳麓书社2016年6月版），金口诀自然医学系列丛书计12册也于2018年在中医古籍出版社正式出版发行，等等。另外还有一些在民间传播较多的书籍。当前，已经有越来越多的人投身到金

① 山东孙氏族谱称，孙膑本名孙伯灵。

② 2013年华龄出版社出版的《官板六壬金口诀指玄》中讲到“大六壬金口诀”，因相传为孙膑所创，故而又被称为“孙膑阴兵法”。

口诀的研究与传播中来，对金口诀传播和深入研究做出了重要贡献。

二、孙膑阴兵法的理法

中国古代传统文化的核心和源头总离不开古代传统的天文历法，离不开阴阳五行及其生克制化。金口诀的理法同样是基于阴阳辩证逻辑，运用中国古代天文历法中的天干地支体系构建天地人时空能量转换模型，并通过阴阳五行的生克制化推演和预测事物的运动态势和轨迹。该模型概括起来即所谓“三传四用”金口诀课式。

金口诀课式结构由起课时的干支时间和课式中的地分、将神、贵神和人元四元素构成。“三传”指的是依据金口诀所述方法找出课式中的将神、贵神和人元，然后据此再确定将神和贵神相应的天干。“四用”是指由地分、将神、贵神和人元自下而上排列所组成的干支课式，显示出天地人时空能量和阴阳五行生克制化的关系分布。金口诀课式是整个金口诀理论和方法体系中的核心框架和精髓。金口诀的学科概念知识及逻辑推理都是以此框架为核心展开的，其在不同社会领域的应用也是按照该框架中的干支关系分布并依据相应应用领域五行的不同属性所进行的逻辑推演。

金口诀课式需要确定以下几个组成元素：

一定时间四柱，即当下的年月日时，如戊戌年，甲子月，甲戌日，辛未时。这就好比我们在时空运转不息的动态中将时间静止，截取当下的时间节点，在时间的片段中去捕捉对方的信息，此所谓“人不动，神先动，人不知，神先知”。

二定地分，就是找到空间盘上的定位点，即问课人的起心动念的信息点。金口诀讲“以方位知来意，以座位知灾祸，以来人命上知成败”，即根据来人的方向、坐的方位或属相来立课，即可知晓问课人的各方面信息，所以自古有“学会金口诀，来人不用说”的美誉。也就是人不开口，便能从其动态中捕捉到他的信息点，这一理论我称之为万物瞬间定位理论。这个地分所代表的实际上是木星的运转周期对地球上万事万物所投射的场能信息。

将时空四柱和地分确定后，根据起课的口诀“入式之法妙通玄，月将加时方上传，更看何神同何位，日干须用五子元”来定将神、贵神与人元。

三定将神，用的是“月将加时方上传”。这里需要知道三个条件，一月将，二当下的时间（时辰），三地分（方即是地分）。月将本是月建的六合处，月建是指当下的月令，在十二地支的结构关系中，六合指的是子与丑合、寅与亥合、卯与戌合、辰与酉合、巳与申合、午与未合。将月将加在现在的时间（时辰）上，顺转到地分上，即可得出将神。其理法依据是：月球绕地球转动一周约 29．54 天，360 度，得出每天月球行进的度数大约是 12 度，将 12 度分配到 12 个时辰上，即每一个时辰，月球绕地球转动向前移动一度，这也就是月将加时寻地分的真正奥妙。实际上，金口诀课式中的将神所折射的能量就是月亮与地球的角度关系对万事万物所释放的场能信息。

四定贵神，贵神分 12 个，定贵神需以当日日干为依据，以星出星没分出旦暮贵神，即阳贵神与阴贵神。阳贵神掌管白天，阴贵神负责晚上，又叫贵神治旦暮。其中，贵神、六合、青龙被称为吉神，勾陈、白虎、玄武被称为凶神，其余为半吉半凶，具体应用应因课体具体分析。贵神代表的就是太阳与地球，地球与月亮的运转速差所投射的场能信息。

五定人元，也是以当日日干为依据。起人元需用五子元遁法，即口诀“甲己还加甲，乙庚丙作初，丙辛起戊子，丁壬庚子居，戊癸起壬子”。实际上，人元所代表的是太阳与地球、地球与辰星的运转速差所投射出的场能信息。

除了上述几个元素外，还需确定将干、神干，方法与起人元相同。

金口诀的解课还离不开一个定字。定因即定阴阳找用神察趋势，找到用神就好比在一个圆中找到一个切口。根据阴阳的转化规律可以从宏观上判断出一件事体现在所处的阶段与接下来的发展趋势。

定性即定五行属性，根据生克关系找旺处，何为旺？旺即为高能量的显现，即为主动权。

定量即运用五行生克定出旺、相、休、囚、死五个能量等级，旺生者为相，生旺者为休，旺克者为死，克旺者为囚。所有的一切都和旺发生关系，旺就是当权行令者，就是主动权的把控者。

金口诀的课式虽然仅仅只有六个字（地分、将神、贵神和人元干支共六个字），这六个字却是一个完整的立体框架结构。它可以代表一个人，分为头胸腹足、左膀右臂；可以代表一个物，分为上中下、左中右；可以代表一件事，分为开始、中间、结尾；可以代表一个家庭，分为祖辈、父辈、自己、孩子；可以代表一个单位，分为最高领导、一般领导、自己、下属；还可以代表自己的交际、事业、财位、家庭等。

在这个立体框架内，互相之间又有着错综复杂的关系。古人通过观察天体运转，发现了其周期规律与周期规律之间含有比、合、生、克、刑、冲、破、害、绝的九种相互影响的关系，这九种关系的纵横交错充满了太阳系的整个空间，它对人、物、事、理、法的影响亦皆如此。

这套理法反映的是不以人的意志为转移的自然法则和客观规律，是天地之理、人类之理，万物之理之间所发生的平面关系、立体关系、纵横关系、螺旋关系和双螺旋关系。金口诀运用简单的加减乘除四则运算将课中的我生、生我、我克、克我四种关系进行层层推演。生我对我来说是加法；我生，对我来说是减法；克我对我来说是除法；我克，对我来说是乘法。课式中的三合、六合、六破等结构关系相当于数学中的立方、乘方、开方算法。此外，如果将金口诀的瞬间课式与过去的时空进行比较，可显示万事万物过去的兴衰关系。将瞬间课式与将来的时空进行比较，则可显示万事万物将来的兴衰关系，因为过去、现在和未来都在时空的起伏轨迹线上。

总之，金口诀理法清晰，内涵博大精深。时间、空间、人、事、物，多维一体，以时间变化的规律和空间位置的转换来揭示事物的发展变化，运用阴阳五行、生克制化来推测事物的运行态势和轨迹，符合自然科学和社会科学规律的数理概念和逻辑法则，是中华文化几千年来思想内核的结晶，在阴阳辩证逻辑和五行生克制化的运用方面，达到了一个前所未有的高度。

三、孙膑阴兵法的应用

说起孙膑阴兵法——金口诀的应用，我们首先想到的是孙膑与庞涓在马陵之战、桂陵之战的历史故事，想到的是孙膑断言“庞涓死于此树下”的精准预言。甚至《金口诀》中都有“学会孙膑游都法，捉贼擒寇掌中安，欲知敌人藏人马，万里如同在掌间”的神奇妙诀！其实，不论是《孙膑兵法》还是“孙膑阴兵法”，其理法都是一致、相通的，都是在演说天时之能量、地利之能量对人、对物、对事的制约和恩赐关系，既可用于军事，也可用于社会的政治、经济、家庭等方方面面。

明版《大六壬金口诀神课大全·神枢经》中有天时、地理、占来意、捕盗、交战、安营、游鲁、疾病、开井等章，分别叙述了孙膑阴兵法在社会多个领域中的应用。其中具有代表性的应用有战争、捕盗、诊病等领域。

战争方面，问敌人来与不来、埋伏于何方、距离远近、多少人马、何时进攻、敌人驻扎地附近的地理环境如何，依山还是傍水，这些都可以根据课式中的干神将方四位关系的生克制化来推算出结果，进行战术分析和战略布局。在该书《金口诀》课式中的主客关系中，主代表我方，客代表敌方，客克主为敌方制约我方，主克客为我方制约敌方，同时参考课内敌我双方彼此的力量对比关系，看双方谁得天时、有无生合相助或者刑冲破害，据此预判战争走势和结果。

捕盗方面，古代运用传统的方法完成抓捕逃犯的任务需要耗费大量的人力物力，而运用孙膑阴兵法金口诀来解课分析可以节省人力物力。该书捕盗章论述了，通过对《金口诀》课式中四位关系的分析，可以为抓捕逃犯提供侦破方向，判断贼人去往何处、距离远近、何时能捕获以及抓捕的最好时机等等，从而为抓捕逃犯提供有力的参考。此所谓："天地合处为去路，暗藏人马捉贼兵。"

诊病方面，我国古代中医理论将十二地支与十二脏腑相对应，子为膀胱，丑为脾，寅为胆，卯为肝，辰为胃，巳为心，午为小肠，未为心包，申为大肠，酉为肺，戌为三焦，亥为肾。该书诊病章在继承古代中医传统的基础上更将人元定位为头，贵神定位为胸，将神定位为腹，地分定位为足。再以五行生克定其旺衰，旺的所主即为病灶，衰的所主即为病症。例如，课式中见木旺克土，结合中医讲的肝气犯胃，即木气，肝胆之气太旺，侵犯了土之气即脾胃之气，导致胃口不好，食之无味。胃口不好是病证，真正的原因在于肝胆之气太旺所致，等等。

金口诀课式中的五行生克关系，看上去虽然十分简单，却可包罗万象，气象万千，它就是天地人合一的缩影，更是立体框架的思维模型。在今天，我们已经揭开了孙膑阴兵法大六壬神课金口诀的神秘面纱，感叹之余，不由拍案叫绝，古代圣贤们的神奇兵法智慧，完善的天地人理法合一体系，让我们沉醉，更让我们惊叹！现如今和平年代，我们在军事领域虽然已经很少用到它，但是它的强大魅力依旧在我们的生活中起着毋庸置疑的指导作用。除了军事，孙膑阴兵法—金口诀的应用范围已经广涉各个领域。在医学上，隔空诊断，时空养生；在企业上，企业的环境诊断，规划决策、选人用人，项目优选等；在家庭上，择偶婚配，优生优育，择校优选等；事业上，求职优选，财务风险把控等，还有金融预测、高科技材料合成、立体维修检测、公安侦破等等，不胜枚举。

孙膑阴兵法——大六壬神课金口诀的光辉将永久绽放在历史的舞台！诚可谓：

无字天书，时空能量，薪火相继，一脉相承，

弘扬国学，责无旁贷，兵法智慧，鼎力传承！

（本文已经作者审阅）

2018 年 12 月 8 日下午，受中央民族大学道教与术数学研究中心主任谢路军教授邀请，原中国人民解放军军事统筹学会军事谋略研究中心主任研究员张德记先生，在中央民族大学举行了题为“孙膑阴兵法的传承与价值”的学术演讲。张德记先生曾在北京大学做访问学者，研究课题为“揭开玄学之奥秘”。本文系根据张德记先生演讲稿整理而成。

十七

居住环境与健康

——河图和八卦原理具体运用

主讲：郭平

在科技飞速发展的现代，人类生存环境复杂多变。祖先为了更好地生存，利用山水之势和气流的影响，总结出有利于生存居住的经验，这些经验充分体现在河图之中。其后历经几千年，天文学家、地理学家观天象、跋山涉水，把阴阳、八卦、五行生克的原理运用在人居环境中。本讲浅析河图和八卦原理的应用，分析、探讨、验证良好的人居环境能带来良好的生存质量，恶劣的环境会导致人类的伤灾和疾病。

郭平 1956年出生在黄石公故乡江苏邳州，现为华夏炎黄环境科学研究院总顾问、高级研究员，研究方向为河图洛书的理解及运用、先后天八卦的发展与运用、居住环境与健康，创建了“古法八宅郭家风水阳宅体系”。

远古时代，人类在原始野蛮残酷的生存环境中，历经沧桑巨变，成功实现了依山傍水而居的田园美景生活。到科技飞速发展的现代，伴随现代化大工厂、鳞次栉比的高楼、路桥、电信基站以及密布的江河、污水处理系统等复杂的地理环境，人类生存环境和健康进入一个复杂多变的境地。祖先为了更好地生存，利用山与水、高与低对气流的影响，总结出有利于生存居住的经验，这些经验充分体现在河图之中。其后历经几千年，天文学家、地理学家观天象、跋山涉水，把阴阳、八卦、五行生克的原理运用在人居环境中。本讲座浅析河图和八卦原理的应用，分析、探讨、验证良好的人居环境能带来良好的生存质量，恶劣的环境会导致人类的伤灾和疾病。

一、河图起源于人类的自然生存和社会活动

人类社会从原始群到氏族公社初期，生活工具十分简单粗放，生存环境恶劣。人类生存发展，历经有巢氏“构木为巢”，燧人氏“钻木取火”、教人烧熟食物享用，伏羲氏“结网”渔猎、饲养牲畜，“神农氏”耒耜耕地、种植五谷、采集野草野果，发现可以吃的植物和治病的药材。古人根据地形、气流、温度的优势，长期总结积累起宝贵的生存经验，河图、洛书或起源于此；而在人类原始社会的自然生存活动中，河图、洛书得到了最初的运用。同时，河图或也存在于社会发展初期比较简单的生产、交换、分配和消费等社会活动过程中，随着对数的知识不断增加，总结出最早、最初级的数学规律。在天文方面，祖先在采集渔猎的旧石器时代，已经对暑往寒来、月缺月圆、太阳光照、动植物的物候等自然规律有了初步的认识，古人在那个时代就已用太阳的光照，来预知植物播种、生长、成熟的时节；在新石器时代中期，人类就已经开始观察天象，测定方位，计算时间，划分季节。在一些文化遗址中，已经证实住宅和墓穴都有一定的朝向，《释名》记载：“宅，择也。择吉处而营之也。”《博物志》记载：“居无近绝溪、群冢、狐蛊之所，近此则死气阴匿之处也。”由此可推测，这些生存经验是我们的祖先最早发

现河图之处。河图原理由象、数、理三部分构成。

二、先后天八卦互用浅析

先天八卦，是人类认识阴阳的开始，指的是乾一兑二离三震四巽五坎六艮七坤八个卦。先天八卦运行，是兑乾巽坎为阳，离震艮坤为阴，是以先天表示的太阳运行的阴阳，阳上阴下。古人对先天八卦运行也进行描述，太阳从东方离卦升起，在西方坎卦落下，帝呼于震。这些都是说明先天八卦阳卦在上，阴卦在下。后天八卦，指的是乾坎艮震坤离兑巽八个卦，乾坎艮震为阳，坤离兑巽为阴，后天八卦下为阳，上为阴，实为阳，虚为阴。所以，后天八卦上阴下阳，可以理解为地是实，天空是虚，乾坎艮震就是代表地球的以人、山、水、树、建筑物等来呈象，兑离巽坎就是以声、阳光、风雨等来呈象。先后天八卦与自然吻合了，就是阴阳正配。所以，阴阳图是随着八卦的阴阳表示的，那么先天八卦是天象，后天八卦是地象，天象与地象在地球上阴阳正配就是要选择的理想人居住所。先天卦阴阳理解为太阳月亮的阴阳，为天，后天八卦理解为八个方位，北高南低，高为阳，低为阴，理解为地。这样就可以看出天阳配地阴，天阴配地阳。再把先后天八卦都放在地面上，就出现了先后天阴阳正配。正配就是夫妻，只有是夫妻才能繁衍后代，人类才能生生不息的存在。人体阳阴图应该是南北站着的，左阳右阴，上阳下阴，外阳内阴。人躺下睡觉，阴阳也就与天地阴阳一致了，也就是人最舒服惬意的时候。卦的阴阳应该与阴阳图一致。按后天卦看，人的左边是震肝，巽离艮，代表的五脏六腑为阳，右边的坤胃坎乾兑肺为阴。这样天地人就合一了，这也是睡佛为什么是右边在下，左边在上了。阴阳图以三个层次来呈现，一是天阴阳，太阳月亮，是先天八卦来表示，上阳下阴；二是地阴阳，地形地貌，山水高低用后天八卦来表示下阳上阴，地为实为阳，天虚为阴；三是人在天地中间站着的，左为阳右为阴。睡佛是左在上右在下，合先天八卦阴阳。

蒋大鸿对先后天八卦的具体运用有一番经典描述。先天八卦为体，用于穴中，南北乾坤交为天地定位，东西坎离交为水火不相射，西南与东北交为雷风相薄，东南与西北交为山泽通气。就是内局要与天阴阳相一致。后天八卦为用，用于穴外，乾与坎交为一六共宗，坤与兑交为二七同道，巽与离交为四九友，震与艮交为三八为朋。就是用先天八卦内局要与天阴阳相一致，用后天八卦看地形地貌山水合阴阳之局。

三、河图在人居环境实践中的应用

河图、洛书是祖先用“数”的符号记录自然界阴阳之气消长变化，表达木、火、土、金、水五季气候周而复始的运行状态而总结的经验规律。易曰：“河出图，洛出书，圣人则之”，又曰：“天一地二，天三地四，天五地六，天七地八，天九地十。天数五，地数五，五位相得而各有合。天数（阳数）二十有五，地数（阴数）三十，凡天地（阴阳）之数五十有五，此所以成变化而行鬼神也。”

古人曰：天道上升，故一阳生于北，即地雷复，地道下降，故二阴生于南，即天风姤，是河图即太极。东北阴位，则阳为主，阴为寡，故一三居内，六八居外；西南阴位，即阴为主，阳为寡，故二、四居内，七八居外。然而阳生阴成，阴生阳成，五生数居内，五成数居外，依数排列。

而一加五为六，二加五为七，三加五为八，四加五为九，是因为戊土居中。土是为水火木金之母，五得五而为十，戊土又为己土之母。从古至今，地理学家的二十四龙、水的运用，都是根据以上的法则。从河图阴阳点上看，戊己五十，壬一、癸六、甲三、乙八、丁二、丙七、辛四、庚九，得图之生数者发子孙，得图之成数者发富贵，见山峰生丁，见水发财。依据河图的生数、成数的方向，为丁财用法，再依据地面上山峰、水流为丁财的用法，古人对风水就有了十分肯定的辩证经验。一运如河图的坐癸向丁，丁乃地二生数，若丙峰高则是成数，得之，丙生大贵，若砂不起而水朝，发富尤速，此是用图之生数；河图的坐壬向丙，丁峰起，人丁旺并且多寿，丁水朝丁财两旺。以上之法皆可推验。甲乙木局，丙丁火局，庚辛金局，这些都是河图法则在具体社会生活中的运用。河图是华夏文化的起源，是依据生数和成数，以及山水环境的具体应用，从而形成甲乙木局、丙丁火局、庚辛金局、壬癸水局四大局。

下元运是 1954—2043 年，六运是 1954—1973 年（20 年），七运是 1974—1993 年（20 年），八运是 1994—2023 年（30 年），九运是 2024—2043 年（20 年），八运当运之时，房地产建筑以及相关行业得到了快速发展。雄安新区就是典型的九龙四局山水具体运用，符合自然环境、天人合一的共存场景。

河图的四象，按古人坐北朝南的方位为正位就是：前朱雀，后玄武，左青龙，右白虎。河图左侧是阴，成数是8，所以必须配阳，达到阴阳相配；河图右侧是阳，成数是9，为阳，必须配阴，达到阴阳相配。用四象左右来解析所居住的房屋：左青龙、右白虎，是从房屋坐山向前方看时，左、右两边都有靠，好比一个人向前方行进的时候的左右都有护卫。左边护卫要比较强大，左边护卫，青龙位为阳、代表男性。右边白虎位为阴、代表女性。若住宅偏左或偏右，以至形成了青龙过长、白虎短，或白虎长，青龙短，说明阴阳力量不和谐，家里男女权利强弱不均。青龙、白虎应该力量均衡，白虎过旺代表是非之灾。白虎被视为战神、杀伐之神，白虎方宜静不宜动。通常住宅的右方建筑高于左方、长于左方，或是右边的建筑明显多于左方，白虎方过强，轻者家人会多疾病或因病破财，重者会有血光之灾或有人伤亡。居家住宅的“生气”核心区域应该是静为吉、具有良好的气流顺畅运行，有宽敞的明堂气流聚集，所有的“生气”从这里向整座住宅弥散。生气地带宜设置为神位、书房、客厅、餐厅，不宜安放为厨房、厕所、衣帽间等，以免破坏了生气的扩散，减弱了住宅的生气。厨房五行属火，对应八卦为离卦，厨房设置生气地带，易有心脏、血液、心脑血管、眼睛、肚、腹等方面疾病。

四、八卦在人居环境实践中的应用及总结

本人跨越20多个省份，对太行山、大别山、四川丘陵、小浪底水系、长江水系等进行了山水考察实践，验证前人提出的不同地域山水环境对人们的影响，验证良好的人居环境能带来良好的生存体验、不同的人居环境给居住人带来的健康与灾难。例如，新加坡位于赤道附近，因为受太平洋水系的影响，常年温度在25—32摄氏度；而中国南方的温度却高达40摄氏度，北京最高达到38—39摄氏度，豫剧朝阳沟所在村位于太行山区，夏天最高气温只有28摄氏度，而山外气温却高达在40摄氏度。不同山区影响力不同，太行山区是横向山，含有丰富的铁元素，影响力达到5000米，而四川石头山是竖向山，影响力却只有500米。

住宅环境，无论从内局看，还是从外局看，都是阴阳相配、五行生克造成居住人的吉与凶，将会给居住人的健康带来一定的影响。住宅的坐向与大

门、流水三个位置相配合的不一样，坐（主）与大门（放水）来看，八卦讲究的是门主配，门坐配。对居住人的健康的影响也不一样。三元讲究上元下元，坐门水口同元，忌空位流神。大玄空挨星飞星讲究门口正神要高，零神要低，打劫，伏吟反吟给居住人带来的健康吉凶。玄空天地大卦讲究坐山与门及放水，是坐山一六怕门水口的三八，三八怕一六，二七怕四九，四九怕二七。根据住宅的内外局，完善一个住宅坐山与大门及放水是对居住人的健康是一项有意义的精准工作。

祖先很早就总结出甲胆乙肝丙小肠，丁心戊胃己脾乡，庚为大肠、辛为肺、癸为肾，即人体部位与天干对应关系这一经典基石，如果居住地外局反局就会产生相对应的部位疾病。经过大量实地验证，人患心脑血管病、癌症、糖尿病等，与居住环境内外的八方来去水、安灶台都有直接的关联；居住的室内、院内南方有井、自来水龙头、拖把池、鱼缸、下雨水口、厕所，这些都是导致疾病的不可忽视因素，宅子“辛”字上，罗盘上 275 度，正负 7 度范围内，一定距离内有水易患肺癌；安灶台乾字 55 岁以上的男人易引发身体疾病；人居有屋脊、能量过高的变压器、高压电线、发射塔的房屋在距离 50 米以内易患有严重的恶病；近距离的高大建筑物，过大的水量等对人的健康都会产生一定的影响，这些是山水在居住环境中的部分断验，可复制可验证，可以作为人居一定程度上的参照。如果能避开这些不利的人居环境，在一定程度上就能够达到减灾免灾，实现天人合一、人与自然和谐共存、建设美好绿色生存环境和美好家园的愿景。（本文已经作者审阅）

2018 年 12 月 14 日晚，受中央民族大学道教与术数学研究中心主任谢路军教授邀请，陕西省周易研究会郭平先生在中央民族大学举行了题为“居住环境与健康——河图和八卦原理具体运用”的学术演讲。本文系郭平先生工作室提供。

十八
《易经》大系统智慧学的算法逻辑与术数应用

主讲：程铖

程铖教授以易经系统智慧学理论引领易学原典研究和应用，所撰《〈易经〉的大智慧与大系统值得借鉴》登载在中共中央政策研究室主办的《学习与研究》杂志2009年第5期。本讲重点阐述《易经》系统智慧学与术数的认识自然、敬畏自然、顺其自然、享用自然的原始生态观，从而凸显易学系统智慧学理论与术数在社会宏观领域及人们日常生活中的应用前景。

程铖　国际易学联合会荣誉会长、首席专家、智库委员会主任，中央文化和旅游管理干部学院客座教授，与程崟一起借鉴易学智慧发明《防避泥石流的导流系统》获国家专利（ZL201620976190.5）。

本人致力于易经系统智慧学理论引领易学原典研究和应用。所撰《〈易经〉的大智慧与大系统值得借鉴》登载在中共中央政策研究室主办的《学习与研究》杂志 2009 年第 5 期。本讲座重点阐述《易经》系统智慧学与术数的认识自然、敬畏自然、顺其自然、享用自然的原始生态观，从而凸显易学系统智慧学理论与术数在社会宏观领域及人们日常生活中的应用前景。

一、古今中外伟人好《易》

孔子读易，韦编三绝。唐代宰相虞世南（558—638）说：不读易，不足以为将相。贞观八年他向唐太宗讲述“人和”的重要性：天时不如地利，地利不如人和。唐太宗称虞世南有五绝：“一曰德行，二曰忠直，三曰博学，四曰文词，五曰书翰。”医圣孙思邈说：“不知易者，不足以言太医。”曾国藩说：中国历代历朝文人没有不读易经的。郭沫若说：《易经》是一座神秘的殿堂。德国哲学家黑格尔说：《易经》代表了中国人的智慧。瑞士分析心理学家家荣格说：谈到世界人类唯一的智慧宝典，首推中国的《易经》。日本明治维新时组阁原则：“不知《易》者，不得入阁。”武则天为自己造字起名“武曌”。武则天应有三点值得研究：一是养生。七十三岁招张易之和张昌宗入侍，仍采取元阳以培根本，血气充足。二是人生荣辱之极，造字起名“武曌”。三是尽心安排自己的后事。遗制祔庙（祔祭后死者于先祖之庙），归陵，去帝号，称则天大圣皇后。司马迁《史记》说《易》：

> 西伯盖即位五十年，其囚羑里，盖益《易》之八卦为六十四卦。
>
> ——《史记·卷四·周本纪》
>
> 李斯曰：“今陛下创大业，建万世之功，固非愚儒所知。且越言乃三代之事，何足法也？……私学而相与非法教，人闻令下，则各以其学议之；入则心非，出则巷议，夸主以为名，异取以为高，率群下以造谤。如此弗禁，则主势降乎上，党与成乎下，禁之便。

臣请史官非秦记皆烧之，非博士官所职，天下敢有藏《诗》《书》、百家语者，悉诣守、尉杂烧之。有敢偶语《诗》《书》者弃市，以古非今者族，吏见知不举者与同罪。令下三十日不烧，黥为城旦。所不去者，医药、卜筮、种树之书。”

——《史记·卷六·秦始皇本纪》

孔子晚而喜《易》，序《彖》《系》《象》《说卦》《文言》。读《易》，韦编三绝，曰：假我数年，若是，我于《易》则彬彬矣。

——《史记·卷四十七·孔子世家》

二、《易经》大系统智慧值得借鉴

中共中央政策研究室主办的《学习与研究》杂志2009年第5期（总第233期）登载了习近平、温家宝、刘云山等中央领导人的特稿。同期杂志“人文前言”刊载了程钺先生《〈易经〉的大智慧与大系统值得借鉴》的署名文章，这是中国共产党建党以来在党的杂志上发表的第一篇《易经》评述文章，被《学习与研究》杂志评为2009年度最值得阅读的人文前言文章。这为2016年中共中央宣传部、中华人民共和国科学技术部将“阴阳五行、天人合一”等中国传统哲学思想观念写入《中国公民科学素质基准》132个基准点中，2016年中共中央宣传部推出以《易经》为首部经典的新时代《中华传统文化百部经典》，2017年中办、国办印发《关于实施中华优秀传统文化传承发展工程的意见》起到理论性引导作用。

《易经》是古代中华民族发展过程中的成功经验和失败教训的结晶，蕴藏着许多值得后人借鉴的智慧，而最值得我们今天借鉴的乃是《易经》的大智慧与大系统。“变通”“趣时”“知几”是《易经》的大智慧，特有的思维模式和系统理论则是《易经》的大特色，也是《易经》的系统智慧之源。

1.“变通”是《易经》的灵魂

《易经》以阴阳为基因，以八卦为象体，以六十四卦为系统。而阴阳的不同组合形成了八卦，八卦的不同演变形成了六十四卦，所以阴阳是《易经》系统赖以形成的基因。阴与阳是一物两体，是对立面的统一体。阴与阳在一物中呈现相反相成的状态，互交互迭，互为其根，阳中有阴，阴中有阳，互依互反，生生不已，变化无穷，这便成为事物运动变化的根源，如图1所示，也就是宇宙万物变化的根源。《易经》既然以阴阳为基因，那么“变”就不可避免地存在其中，则“……动静有常，刚柔断矣。方以类聚，物以群分，吉凶生矣。在天成象，在地成形，变化见矣”。天地万物以阴阳之道生生不息，变化无穷。从根本上说，大自然的运动变化，是《易经》的“变”性的蓝本。《易经》系统的内在变化是客观世界规律的反映。

图 1　太阴与太阳图

《易经》的“变”性虽然繁杂，但是，它是有规可寻的。如乾坤、震巽、坎离、艮兑、……既济未济等共三十二对阴爻阳爻完全相反卦的策数相加之和均等于三百六十，相当于一年的天数。又如单卦之变，有表现时代之变的《屯》《蒙》之变；有表现时运之变的《泰》《否》之变；有表现时势之变的《剥》《复》之变；有表现进退之变的《遁》《大壮》之变；有为争利之变或为修养之变的《需》《讼》之变；等等。从卦序系列的义理来看，仅以上经三十卦而论，从《乾》《坤》《屯》《蒙》《需》《讼》《师》《比》《小畜》《履》《泰》《否》共十二卦，其间经过混蒙、开发、动乱之变而后达到安定兴旺、繁荣之变；经过《否》的逆转之变后，又进入《同人》《大有》《谦》《豫》《随》的文明高潮之变；而后又由《随》的随波逐流而堕入《蛊》的腐败之变；再经过《临》《观》的宜教察访之变，于是乎转入《噬嗑》，发生大动刑狱，扫除邪恶之变；疾雷骤雨之后，需要修整文饰，以调济世风，遂必有《贲》之变；《贲》极则反，继而邪侵正，入于邪盛正衰的《剥》之变；阴剥阳至极点，而阳不尽，一元复始，是为《复》之变，到此又十二卦。如此治治乱乱，乱乱治治，推动了社会的进步。《易经》之变在逻辑上反映出它和历史之变的统一性，从而给人以深刻的启示。

《易经》的大智慧变通，就是强调人们要顺应事物发展变化的规律，机警灵活，不拘常规地运用事物发展变化的规律，找准自己的位置，使自己永远处于一种恰当有利的位置。具体来讲又可分为两个方面，一方面是在处于穷困的时候如何促进变，即“穷则变，变则通，通则久”；一方面是在兴盛的时期如何防止变，即“兴则盛，盛则昌，昌则恒”。其实如何促进变和如何防止变的目的都为了“恒久”。那么何以促进变，又何以防止变呢？“变通者，趣时者也。”趣向合宜的时机变通为最好。

2. “趣时”是《易经》的脉搏

《易经》强调“变通者，趣时者也”。趣向合宜的时机促进变或防止变。

《易经》中每一卦都是虚拟不同事物或同一事物不同境遇的发展过程，每一爻都象征着事物初萌、发展、跃升、成熟和盛极而返、带着新质向原点回归的不同阶段。六十四卦对“时”的阐释各有侧重，但都紧扣一个“时”字，无时不抓住“变通趣时”的脉搏。

《易经》中所论及的“时”，不仅仅是时间的延续，还包含着客观事物发展变化的规律和方向，以及达到某一关节点时境况综合的抽象，即“宜于时通，利以处穷”。《荀子·修身》蕴含着时间的推移、时势的演化、时境的变迁和时宜的把握。

趣时，就是对时势的认识，对时机的把握，对时变的感受，对时行的觉悟。“时”不是死的，而是活的。“趣”同样要灵活，要体现人的主观能动性。通常人们处理事物的方式有两种，去探求，去把握，叫顺之；被动适应，叫由之。由之不是不好，得看什么时候，分什么事情。我们还是要强调“趣”的主动性、自觉性，也强调要作为有心人，培养自己对“时”的感觉，通过积累和凝聚，让这种感觉成为随机应变，“承天而时行”的悟性。

对趣时本身的把握应该是辩证的，具体问题具体分析。深刻地理解与时偕行，我们就会发现，其根本精神在于追求一种既适应时代发展趋势，又适得事理之宜的理想境界，在于自觉遵循天道、地道、人道运行的规律。与时偕行，就需要看准时机，把握事物演进变化的规律，灵动自如，昂扬健行，生生不息；同时，与时偕行不仅意味着要跟上时代的步伐、不落伍于时代，而且也意味着不要“豪迈地”超越时代。在这变动不居的世界上，人们期待的是瓜熟蒂落、水到渠成的那一刻。那一刻，便是我们与时偕行的“时”。“违时不进”的保守主义，“超时而进”的激进主义，都不是“与时偕行”的准确诠释。在时的把握与动作上，“过”与“不及”都不行，要真正体现与时偕行。

在历史潮流跌宕涌进的过程中，始终能够“与时偕行”，的确不是一件容易事。通常“时”与“势”往往相一致，体现出“天人合一”的和谐感、秩序感，如《易经》所说：“顺乎天而应乎人”。孙中山把这叫作“顺乎世界之潮流，适乎人群之需要”。但也会出现时势潮流与人群需要的矛盾，形成

“时”的悖论，特别是一个社会要发生革命性变化的时候，“其时之义大矣哉”。这样大的“时”到来之际，就需要整合，并因势利导，不是等待不动作，而是动作从微动开始，循序渐进。

宇宙的演化，社会的变迁，生命的遗传，都处在变化之中，充满着不确定性，即偶然性。命运就是这种偶然性。从《易经》对“趣时”的理解和阐释上可以得出一个结论：命虽不可改，运却可以转。把握了时运，也就是把握了命运。这里的“时”，是按照天道人事运行的大规律，各种事物勾连互动、各种因素相互影响而形成的“时”。时中蕴势、时中含机，势发展到一定程度，时机便成熟了，就可以变，也必然变，就应该动，不动就会错过机会。

“道莫盛于趣时。”那么，如何把握时呢？《易经》认为，要想很好地把握时，就要多在“知几”上下功夫。

3. “知几”是《易经》的神智

“知几”是《易经》的神智。“几”是什么呢，通俗一点说，就是苗头、兆头，就是事物的精微、深奥之处，讲的是事物的精微深奥之处，它启示我们天下的事都有一个开始，如果我们能在混沌不清的太易之时，或在气之未分的太初之时，或在形之未成的太始之时，或在质之未定的太素之时就辨察，及时地发现并研究细微征象，就可能因势利导，逢凶化吉。在混沌不清的太易之时就悟知，则是先知、是神智；在气之未分的太初之时就感知，则是睿智；在形之未成的太始之时就察知，则是慧智；在质之未定的太素之时认知，则是明智；在万事已成定局时识知，则是钝智；在万事已成定局仍然不知，则是愚智；万事已成定局却死而不知，则是无智。

“圣人之所以极深而研几也，唯深也，故能通天下之志，唯几也，故能成天下之务，唯神也，故不疾而速，不行而至。”《易经》里面的这段话讲的是什么意思呢？“深”，就是“深奥”，高深而不易理解；“几”，就是苗头、兆头。而“深”与“几”的最大的特点，就是隐含着一个“神”，也就是隐秘深奥，变化莫测。所以，需要探赜索隐、钩深致远地研究。

“研几”就是研究事物的精微之处。研究事物的精微之处就是研究事物的“变通”之兆和“趣时”之奥。《易经》“研几”的方法难以穷尽，但是，对立统一、循序变化、物极必反、变通、违背等方法则是“研几”常用方法。

对立统一方法就是用阴阳理论来解释天地万物两种对立和互相消长的物质势力，阴阳的对立和消长是事物本身所固有的。“一阴一阳之谓道”，是宇宙的基本规律。

事物发展无论是内容上还是形式上，都是循序渐进的，有一个从低到高的变化过程。《易经》中的“积善之家，必有余庆；积不善之家，必有余殃。臣弑其君，子弑其父，非一朝一夕之故也，其所由来者渐矣。”“履霜，坚冰至。”“小人以小善为无益而弗为也，以小恶为无伤而弗去，故恶积而不可掩，罪大而不可解。”

物极必反方法认为阴阳对立双方之所以能够互相转化，是因为对立的双方内含有相互倚伏并向其对立面转化的因素。成败倚伏，说明新事物生成之时，已倚伏着败亡因素，当旧事物败亡之时，孕育着新事物产生的因素。旧事物的发展，就是“变”的过程，新事物的产生，也就是“化”的过程。阴阳的转化，当然得具备一定的条件。“重阴必阳”，“重阳必阴”，“寒极生热，热极生寒”，这里的“重”和“极”就是促进转化的条件，阴有了“重”这个条件，就会转化为阳，阳有了“重”这个条件，就会转为阴。寒在“极”的条件下，便可向热的方向转化，热在“极”的条件下，便可向寒的方向转化。在这时，条件是主要的，没有一定的条件，便不能转化。

《易经》说：“一阖一辟谓之变，往来不穷谓之通。”又说：“日新之谓盛德，生生之谓易。”“易”就是不断发生，不断日新的过程，归纳成一字就是“变”的道理。《易经》还说：“为道也屡迁。变动不居，周流六虚，上下无常，刚柔相易，不可为典要，唯变所适。”这是说，“易”卦所讲的规律原则是经常变迁的，不固定的，它体现在整个卦的六爻位置的变化中，上下没有固定地位。刚柔相互变易，所以不能有一种不变的标准，唯有适应变化。

违背即相反的两个方面，既互相对立又互相依赖的关系。《易经》说：“日往则月来，月往则日来，日月相推而明生焉。寒往则暑来，暑往则寒来，寒暑相推而岁成焉。”由此理阐明，寒暑这两个相反的方面，既相互对立，又相互依赖，然后才构成“一天”“一年”这样的现象。《易经》还说：“天地睽而其事同也，男女睽而其志通也，万物睽而其事类也，睽之时，用大矣哉！”这里的“睽”就是违背、不合的意思。天地虽然相反，但它们的事功是相同的；男女虽然相反，但他们的情志思想是相通的；万物虽有无数相反的东西，但其功用是类似的。这就更明确地说明了这种既对立又依赖的关系。

所以，违背的作用和意义也是非常大的。

《易经》特别强调“知几”的功夫。《易经》认为天大的坏事都有一个开始，如果你能及早辨察，及时地发现并研究细微的征象，就有可能避免。若“由辩之不早辩之”，则结果正好相反。《易经》还认为好事也是这样，关键看你是否能及早辨察，及时地发现并研究细微的征象，若能，就能够成就大事业，就能够无须着急，万物速成，不用费力，事半功倍。这叫“知几，其神乎！”也就是说，知道了“几”，知道了这个苗头和兆头，就能够达到很“神”的程度。因为“几”是“动之微”，是“吉凶之先见者”，是吉凶最先表现的那个地方。我们很多人都是在吉凶已经非常明显的时候，才能够判断吉凶，而“知几”的人能在吉凶刚刚开始表现的时候，刚刚开始露头的时候，或者吉凶还没有表现出来，而有苗头的时候，就知道了。毛泽东在中共七大上所作的结论中说：“坐在指挥台上，如果什么也看不见，就不能叫领导。坐在指挥台上，只看见地平线上已经出现的大量的普遍的东西，那是平平常常的，也不能算领导。只有当还没有出现大量的明显的东西的时候，当桅杆顶刚刚露出的时候，就能看出这是要发展成为大量的普遍的东西，并能掌握住它，这才叫领导。”毛泽东这段话的实质就是要领导者把握“知几”的智慧。

《易经》讲“穷理尽性”。其实“穷理”就是讲探赜索隐，钩深致远地穷究万物规律、特征，“尽性”就是用“变通”“趣时”“知几”的大智慧，掌握万物终极目的的境界，并因此知“天时”，明“地理”，善“人和”，使自己的生命行为“与天地合其德，与日月合其明，与四时合其序，与鬼神合其吉凶，先天而天弗违，后天而奉天时”。合天地，合日月，合四时，合鬼神，实际上就是与宇宙合而为一，即“天人合一”。人们也只有“穷理尽性”地“认识自然、敬畏自然、顺其自然、享用自然”，才能“随心所欲不逾矩”。

4. 特有的系统模式和系统理论是《易经》的智慧之源

《易经》以宇宙为系统模式，以宇宙阴阳对立、循环变化的基本法则为系统理论基础。阐明了万事万物的属性，指出了自然法则和自然变化规律与吉凶厉悔吝咎的含义，揭示了阴阳变化的必然性和偶然性。

“天尊地卑，乾坤定矣。卑高以陈，贵贱位矣。动静有常，刚柔断矣。方以类聚，物以群分，吉凶生矣。在天成象，在地成形，变化见矣。是故，刚柔相摩，八卦相荡。鼓之以雷霆，润之以风雨，日月运行，一寒一暑，乾道成男，坤道成女。乾知大始，坤作成物。乾以易知，坤以简能。易则易知，简则易从。易知则有亲，易从则有功。有亲则可久，有功则可大。可久则贤人之德，可大则贤人之业。易简而天下之理得矣。天下之理得，而位成乎其中矣。”《易经》的这段话意思说：乾是天，天是尊贵的，坤是地，地是卑下的。天高地卑的位子已经排列，天贵地贱的位子也确定了。天动地静有一定的规律，那么天刚地柔也划分了。事情按照类别或分或合，人物按照成群，或分或合，吉凶生出来了。在天上成为日月风雷云雨的现象，在地上成为山川草木鸟兽的形象，变化可见了。因此刚柔互相摩擦，八卦的天地雷风水火山泽互相冲激。用雷电来鼓动它，用雨水来滋润它。日月在运动，构成一寒一暑。代表天的乾卦成为男性的象征，代表地的坤卦成为女性的象征。阳气成为大的开始创造，阴气配合着造成万物。乾坤创造万物，用简单平易来显示它们的智慧和才能。平易就容易被人了解，简单就容易使人遵从，容易知道就有所依附，容易遵从就有功效。有所依附就可以长久传下去，有功效就可以扩大作用。可以长久传下去就成为贤人的道德，可以扩大作用就成为贤人的事业，容易简单而天下的道理得到了。天下的道理得到了，确定阴阳刚柔上下贵贱的位子就在它的中间了。

《易经》认为世界是多样性的统一的物质世界，人类和自然界是一个有机的整体，物质世界是一个相互联系、相互制约、相互作用的整体，强调对立双方的共生共存，侧重于对世界的整体性、动态性的把握。《易经》不否定矛盾的存在和推动事物发展的重要作用，但它把矛盾置于系统的普遍联系之中，强调整体大于部分，系统的整体的质大于部分的质。即一般事物的系统归结到物质世界的宇宙系统，系统之间的物质、能量和信息存在交换关系，系统受环境影响和干扰，和环境相互发生作用。

《易经》的思维模式包含：一、原始思维：万物有灵观。二、取象（初始）思维：在思维过程中离不开物象，以想象为媒介，直接比附推论出一个抽象事理的思维方法。它的本质是一种比附推论的逻辑方法，与整体思维互补并具有模糊性等特点。三、循环（球状）思维：周而复始，循环无尽思维。四、线性思维：顺向逆向双向思维。五、射线（终极）思维：单向（穷尽）思维。六、非线性（网络）思维：无序紊乱思维。

《易经》的大系统包括六大方面内涵：一、系统的整体性；二、系统由相互作用和相互依存的要素所组成；三、系统受环境影响和干扰，和环境相互发生作用。四、《易经》系统地揭示了宇宙的物质整体性，“一分为多”的复杂性，及物质和物质属性之间的复杂关系。五、《易经》揭示了宇宙存有逆反性、隐藏性物质，即反物质和暗物质作用的存在。六、宇宙是单一的、无限的、不动的、不可毁灭的大系统，它不产生自身，也不可改变自身。

《易经》是对后世影响最深、最广、最长的古籍之一，它对中国传统文化的形成发展有深远影响。它的这种影响是深层次和潜在的，可以说中国人的思维方式就是在它的熏陶下锻炼成长和提高的。它倡导的谦虚谨慎、勤恳诚实、积极作为、刚健柔顺、自强不息等精神早已内化为中华民族的性格，积淀为中华民族的文化心理结构，奠定了中华民族的文化传统。

当今社会已是全球经济社会，《易经》的大智慧与大系统更值得我们研究和借鉴，从而在我们的政治建设、经济建设、文化建设、社会建设等诸多方面得以启发，牢固树立和落实科学发展观，为构建和谐社会，促进科学发展倾心竭力。

三、《易经》与术数学

《易经》系统智慧学蕴含至真、至善、至美、至极、太极、无极之“道”。《易经》六十四卦方圆图组合排序方法尽有 1089 种之多。《易经》有 11520 之策略。《易经》的象、数、理、占学说，系统智慧是术数学的根本。《易经》的河图、洛书、八卦、六十四卦、六爻、策、大衍之数、阴阳五行、天干地支、六十甲子、二十八星宿、春夏秋冬四季、二十四节气等学说，为术数学提供了“数”的依据。《易经·系辞》“方以类聚，物以群分，吉凶生矣”为术数学“类同相召，气同相合，声比相应”的天人感应原理提供了理论支撑。

植根于《易经》的大智慧和大系统，依据《易经》的《乾》卦、《坤》卦、《屯》卦、《蒙》卦、《需》卦、《讼》卦、《师》卦、《比》卦的启示，可以为国家人口安全、文化安全、食品安全、法制安全、国防安全、外交安全的研究提供借鉴（见表 1）。

表 1　《易经》64 卦 11520 策略分策表

360×1=360 策		360×6=2160 策		360×15=5400 策		360×10=3600 策	
216	144	204	156	192	168	180	180
乾	坤	同人	师	鼎	屯	泰	否
		大有	比	革	蒙	随	蛊
		小畜	豫	需	晋	井	噬嗑
		履	谦	讼	明夷	困	贲
		夬	剥	遯	临	损	咸
		姤	复	大壮	观	益	恒
				无妄	升	归妹	渐
				大畜	萃	涣	丰
				大过	颐	节	旅
				离	坎	未济	既济
				家人	解		
				睽	蹇		
				巽	震		
				兑	艮		
				中孚	小过		
6 阳爻	6 阴爻	5 阳爻 1 阴爻	1 阳爻 5 阴爻	4 阳爻 2 阴爻	2 阳爻 4 阴爻	3 阳爻 3 阴爻	3 阳爻 3 阴爻
1 对卦		6 对卦		15 对卦		10 对卦	

术数学是专门研究术数的一门学科。易经术数，指用《易经》系统智慧来推测自然界及人的变化和发展趋向。这里的术，就是方法、技术；数，指自然界及人的生灭规则，也可以理解为世事的气数或运程。商代甲骨证明在商代主要术数形式是卜和筮。卜是用龟甲或兽骨做卜骨，经过钻、凿等加工处理，然后放在火上灼，由太卜或卜师根据灼后的龟甲或兽骨裂出的纹理兆象，判定人事的吉凶；筮是用蓍草按照一定的规程数，最后得出一组数字演化成为卦，太卜或卜师根据此组数字及卦来推测判定人事吉凶变化。

四、易经的终极目标与核心价值观

《易经·乾》:“用九:见群龙无首,吉”为《易经》的终极目标。“用”指功用、遵循;“九”老阳,刚毅、健壮、自尊、正直,即代表“乾”。“用九”具天之德。“见”呈现。天空呈现群龙,共同遵循天德,各司其职,终日乾乾,奋发有为,共成天德。比喻众人品德高尚而骤然得志,自为吉利。

《易经·坤》的附加爻辞“用六:利永贞”是《易经》的核心价值观。用:功用,遵循;六:老阴,柔顺,包容,即代表“坤”; “利”施利,“永”恒久,“贞”纯正。《坤》卦的功用就是告诫人类对待施利应恒久纯正。《易经·坤·象》“用六永贞,以大终也”。保持恒久纯正的贞操,用来协助《乾》卦实现“见群龙无首,吉”这个伟大的终极目标。《易经》六十四卦通篇告诫人们恒久正道是吉利的。只有坚守贞正,才能化凶为吉。《易经》的核心价值观阐明人类社会应以人为本,人既是自己命运的主人,也是开拓自己命运力量的主体,即人是认识自然、敬畏自然、顺其自然、享用自然的主人,这是《易经》系统智慧学的精髓。易经的价值观都可以和当下社会主义核心价值观进行有效结合。

在国家和社会层面,易经启示我们,人类追求的社会是“核心明确(中)、相像和谐(和)、秩序井然(位)、繁荣昌盛(育)”的美好社会。这种追求体现了稳定有序——“中和位育”的发展理念:“中”是核心,是本;“和”是团队精神;“位”则秩序井然;“育”即繁育,可持续发展力。

在我国一些地方政府官员为了发展经济,谋求政绩,采取不计成本、“竭泽而渔”的做法,违背了自然规律,导致环境污染、生态恶化,百姓怨声载道。程铖认为,这根本原因是没有牢固树立和落实科学发展观,用易学的观点去阐释,就是没有遵循“认识自然,尊重自然,顺其自然,享受自然”的基本原则。近年来,程铖深入企业、院校、社区,开办了不少讲座,每到一处他总是向人们推广他总结的“中和位育”发展理念,即核心明确(中),相像和谐(和)、秩序井然(位)、繁荣昌盛(育),用他的实际行动,为构建和谐社会,促进科学发展倾心竭力。

> 经过长期的观察和思索，程铖认为，任何城市规划建设，都必须遵循“认识自然、敬畏自然、顺其自然、享用自然”的基本原则。他对北京、成都、武汉、南京、杭州、福州、西安、长春、哈尔滨、桂林、洛阳、孝感、淮安、柳州、秦皇岛等城市的地势、方位都有一些有见地的分析，对它们的规划建设提出了一些有益的见解。一些地方搞规划建设时，也常常请他咨询。
>
> ——李而炳①《旨趣易学悟大德》

在企业层面，《易经》阐述任何事物的发展一般都经过《复》卦或《屯》卦、《临》卦、《泰》卦、《大壮》卦、《夬》卦、《剥》卦等几个发展阶段，企业发展也是这样。那么如何把握企业发展现状及走势，让其在风调雨顺的《泰》卦和壮而正的《大壮》卦状态下发展呢？倡导“中和位育”发展理念，树立认识自然（前提）、敬畏自然（基础）、顺其自然（理性）、享用自然（天赋）的科学发展观，即把握“天时”，占据“地利”，赢得“人和”至关重要。企业没有核心“中”不行，中，天下之大本也；没有和谐“和”不行，和，天下之达道也；没有秩序“位”不行，位，天下之序倚也，没有发展“育”也不行，育，天下之生续也。致中和，天地位焉，万物育焉。

在家庭层面，运用易学原理对优生优育领域进行深入研究，可以给许多夫妇提供专业指导，为建设“和谐家庭”发挥积极作用。优生应遵循的五条法则，即优选居所、优择配偶、优推怀孕时机、优质交合、优护母体。优选居所：《易经·系辞》曰“天之所助者，顺也”。它告诉我们优择居所并非要求居所大、设施齐、装饰豪华，而是要求人们注意对环境的选择，居住环境的好坏将直接影响精子、卵子的质量和胎儿的成长。室外大环境要协调，小环境要和谐，室内装饰和夫妻卧室布置更应有益于夫妻阴阳平衡、五行调和，为优生宝宝打好扎实的基础。优择配偶：《易经·系辞》曰“方以类聚，物以群分，吉凶生矣”。选择好配偶是优生的前提。科学地选择配偶，既能避

---

① 李而炳，男，山东济南人。徐向前元帅生前秘书，中国人民解放军国际关系学院前政委，正军职，少将军衔。现任中国国际战略学会高级顾问、中国传记文学会理事、全国高校国际政治研究会顾问。

免严重遗传病的发生，还能提高下一代的智力水平和身体素质。要做到“两不”（不近亲结婚，不选遗传病患者）、“六要“（阴阳要平衡、五行要协调、血型要匹配、性格要相容、志趣要投合、年龄要适当）。优推怀孕时机：每年立春至清明之间，夫妻交合怀孕较好。优质交合：《易经·系辞》说“天地氤氲，万物化醇。男女构精，万物化生。”《易经·咸》对优质交合有详细的阐述。它要求夫妻必须提高性交合的质量，优质交合要求男女健康状况必须处于最优状态，在性结合时双方的心情和爱欲都必须处于最佳状态。优护母体：《易经·屯·彖》讲“刚柔始交而难生”。意思是妇女怀孕初始，幼小生命非常脆弱，生长极为艰难，因而要倍加呵护。要做到八个字：衣宽、食丰、行缓、居安。程铖坦言，优生是每个家庭的希望和责任。为了中华民族的兴旺，我们有必要从《易经》传统文化中吸收生存智慧，提高人类优生率。

《易经·贲·彖》中“刚柔交错，天文也；文明以止，人文也。观乎天文以察时变，观乎人文以化成天下”的人文观决定了《易经》永远位居人类社会各种文化现象中最具生命力和最值得传承的经典之首。

旨趣《易经》、研究《易经》、传播《易经》、实践《易经》，是顺天意、悟大德、积大善的事情，对于读易人来讲，可以在其中体味快乐，感受幸福，实现超越，提升自我。君子顺德，积小以高大；承德弘业，承祖上高德，弘先辈伟业；探赜索隐茅塞开，钩深致远困惑解——研究易经应本着保持民族性，体现时代性，抓住特色性，弘扬科学性，倡导实用性的原则，使中华传统文化智慧与当代社会相适应，与现代文明相协调。（本文已经作者审阅）

2018 年 12 月 15 日晚，受中央民族大学道教与术数学研究中心主任谢路军教授邀请，中央文化和旅游管理干部学院客座教授程铖先生在中央民族大学举行了题为“《易经》系统智慧学与术数应用”的学术演讲。本文系根据讲座课件整理。

十九
《千金翼方·禁经》的方术思想与文化

主讲：裘梧

禁咒医术源远流长，并曾一度受到官方重视，列于医官，后又逐渐衰落，湮没民间乃至沦为迷信。作为医术之一种，其思想基础体现着人们对世界本体运化的认知，体现着人们对天人关系的把握，不仅与早期的方技联系密切，与数术亦有着相当多的关联。在道教兴起之后，它又不断地从道教的思想、仪式和法术中汲取养料。对于禁咒医术而言，《千金翼方·禁经》二十二篇的形成，既是一次系统化，也是一次理论化，唐宋以后医家对符禁类医术的整理基本延续了《千金翼方》的体例。

裘梧 哲学博士，北京中医药大学副教授，并任世界中医药学会联合会中医药文化专业委员会常务理事、中国哲学史学会中医哲学专业委员会理事、中华中医药学会中医药文化专业委员会委员。相关研究方向为中医药文化、道教医药文化。

《千金翼方》中有《禁经》两卷，共二十二篇，是“药王”孙思邈对当时散见民间的禁咒医方所做的收集整理。禁咒医术源远流长，医经典籍和其他传世文献中不乏记载和论说，近年来出土简帛所见的禁咒医术文献则又进一步丰富了我们的认知。禁咒医术一度曾受到官方重视，列于医官，后又逐渐衰落，湮没民间乃至于沦为迷信。禁咒医术作为古代医术之一种，其思想基础体现着古人对本体运化的哲学认知，体现着人们对天人关系的把握，不仅是一种早期的方技，与数术亦有着相当多的关联。在道教兴起之后，它又不断地从道教的思想、仪式和法术中汲取养料。对于禁咒医术而言，《千金翼方·禁经》二十二篇的形成，既是一次系统化，也是一次理论化，唐宋以后医家对符禁类医术的整理基本延续了《千金翼方》的体例。

一、孙思邈与《千金翼方·禁经》

首先介绍孙思邈与《禁经》的相关背景。孙思邈是唐代著名医学家，他的两部“千金方”——《千金要方》和《千金翼方》是唐代医学的高峰，对后世医学产生了深远影响。在宋代，他被封为“妙应真人”。孙思邈提出的“大医精诚”，是对中医医德的集中概括，在今天为中医界广泛接受，奉为圭臬。孙思邈受到老百姓的崇敬，在民间，他被尊为“药王”。北京丰台的看丹药王庙，传说就是为纪念孙思邈在此访药炼丹、治病救人而修建的。农历四月廿八日，传说中是孙思邈的诞辰，围绕这个诞辰，曾经形成了很有特色的北京民俗。

孙思邈有着深厚的道家根底，其实也是一位道行高深的道士，对道家的思想哲学和道术炼养都有着精专的掌握。

> 孙思邈，京兆华原人也。七岁就学，日诵千余言，弱冠善谈庄老及百家之说，兼好释典。
>
> ——《旧唐书·孙思邈传》

> 周宣帝时以王室多事，隐于太白山学道，炼气养形，求度世之术。洞晓天文推步，精究医药，审察声色，常蕴仁慈。
>
> ——《续仙传·孙思邈》

在民间传说中，孙思邈有着精湛的医术和高尚的德行，甚至受到了众生和鬼神世界的礼敬，有了种种神奇的故事。在唐代，孙思邈成仙的说法已经开始流传。

> 永淳元年卒，遗令薄葬，不藏冥器，祭祀无牲牢。经月余，颜貌不改，举尸就木，犹若空衣，时人异之。
>
> ——《旧唐书·孙思邈传》
>
> 及卒后时有人见之。玄宗幸蜀，梦思邈乞武都雄黄，乃命中使赍十斤送于峨眉顶上。中使上山未半，见一人幅巾被褐，须鬓皓白，二童青衣丸髻，夹侍立屏风侧。手指大盘石曰：可致药于此上，有表录上皇帝。使视石上朱书百余字，遂录之，随写随灭，写毕，上无复字矣。须臾白气漫起，因忽不见。
>
> ——《酉阳杂俎》

在作为《千金要方》开篇的《大医习业》中，孙思邈提出数术是学习医学必备的知识基础，精通数术是成就大医理想的必备素质。

> 凡欲为大医必须谙《素问》《甲乙》《黄帝针经》《明堂流注》、十二经脉、三部九候、五脏六腑、表里孔穴、《本草》《药对》、张仲景、王叔和、阮河南、范东阳、张苗、靳邵等诸部经方。又须妙解阴阳禄命、诸家相法，及灼龟五兆，《周易》六壬并须精熟。如此乃得为大医。若不尔者，如无目夜游，动至颠殒。次须熟读此方，寻思妙理，留意钻研，始可与言于医道者矣。又须涉猎群书。何者？若不读五经，不知有仁义之道，不读三史，不知有古今之事，不读诸子，睹事则不能默而识之，不读《内经》，则不知有慈悲喜舍之德，不读《庄》《老》，不能任真体运，则吉凶拘忌，触涂而生。至于五行休王、七耀天文，并须探赜。若能具而学之，则于医道无所

滞碍，尽善尽美矣。

——《备急千金要方·大医习业》

《旧唐书·孙思邈传》中有关于他术数水平的描述："时庭前有病梨树，照邻为赋，其序曰：……时有孙思邈处士居之，邈道合古今，学殚数术，高谈正一则古之蒙庄子，深入不二则今之维摩诘。其推步甲乙，度量乾坤，则落下闳、安期先生之俦也。"《旧唐书》把孙思邈与落下闳、安期先生等数术家和方士相提并论，可见其数术水平之高。

《千金要方》和《千金翼方》是孙思邈医学思想的集中体现。《千金翼方》是孙思邈为补充《千金要方》而编集。干祖望先生在《孙思邈评传》中指出，两部"千金方"较为系统地总结和反映了从《内经》时代到唐初的医学，对中医各科，以及老年医学、预防医学、营养卫生学甚至美容学都多有贡献，保存了许多失传的医学著作，吸收了外国医学学说，颇有不少"了不起的发明"和"到今天还有生命力的常用方"。①

《千金翼方》最末两卷《禁经》，是非常特殊的一部分内容，分为二十二篇，二万四千多字，记录了十六类针对各种疾病和不幸遭遇的禁咒之法，以及学习禁咒的仪式方法和诸种护身禁术。《禁经》是医书典籍中对禁咒之术的第一次系统整理，禁咒之术得以体系化、规范化，并有了理论基础。《禁经》的架构体例对后世医书的同类内容产生了重要的影响。

《禁经》序论云：

论曰：夫清浊未分，无间昏晓。玄黄肇判，乃见温凉。四时攸分，降生寒暑。三光照烂，日景亏盈。人禀五常。腠理通塞。故老子曰："吾所以有大患者，为吾有身。及吾无身，吾有何患？"由此观之，形质既著，则疴瘵兴焉。静言思之，惟无形者可得远于忧患矣。夫天地圣人，尚不能无患，况如风烛者乎！

古有调针切脉之君，尝药炼石之帝，忧劳庶类，不遑宁处者，亦以众矣。自时厥后，穷神极智之士，抽心尽思之贤，相与赞成其业者，不可胜纪。是以医方千卷，未尽其性。故有汤药焉，有针灸焉，

① 干祖望:《孙思邈评传》，江苏：南京大学出版社，1995 年版。

有禁咒焉，有符印焉，有导引焉。斯之五法，皆救急之术也。何者？病起无端，医疗万品。闾阎之内，犹有夭枉之哀。朝野之中，尚致膏肓之疾。诚可悲夫！方今医者，学不稽古，识悟非深，各承家技，便为洞达。自负其长，竞称彼短。由斯对执，卒不得挹其源流也。

余早慕方技，长崇医道，偶逢一法，岂吝千金。遂使名方异术，莫能隐秘。且此书也，人间皆有，而其文零叠，不成卷轴。纵令有者，不过三章两章。既不专精，探其至赜，终为难备。斯之一法，体是神秘。详其辞采，不近人情。故不可得推而晓也。但按法施行，功效出于意表。不有所缉，将恐零落。今编为两卷，凡二十二篇。名曰《禁经》。其余条例，后科详悉。博雅君子，无或隐焉。

——《千金翼方·禁经·序论》

从《禁经》的序论可以看出，孙思邈对医术采取了兼容并包、各取所长的态度，只要有利于治病救人，就予以积极地接纳。他列举了五种拯救危急的医疗之法，“禁咒”和“符印”位列其中的两种。他认为禁咒之术有着非常广泛的受众基础，以至民间皆有禁咒文献的收藏，只是零散而不成系统。他认为禁咒之术尽管神秘，超出了人们的理性认知，但却有着不可思议的功效，故而对其进行了整理保全。

运用禁术治病的原理是“万病击同类”：

《神仙经》曰：对治禁，万病击同类。

逢水难，土王击之；逢土难，木王击之；逢刀难，阳精击之；逢鬼难，桃汤击之；逢虎难，五常气击之。万病击同类对治，皆持刀、持桃、持火、持鉴、持水、持绳、持药、持符、持戟、持弓、持箭、持弩、持食、持坐、持粉、持意、持神、持想、持气、持书、持石、持土、持盐、持幡、持脂、持肉、持血、持面、持金、持玉、持印，故其法皆禁击之。

所须用禁之法，有请有告、有祭有害（善神，即饮食祭之、住之；恶鬼，即克之、却之）、有杀有畏、有爱有喜、有恶有死、有走有住、有灭，是故对治用时，各各条例。

——《千金翼方·禁经·禁法大例》

所谓“《神仙经》”，应当是某种神仙道教的经典。道士或者方士们尝试着运用“类”的观念对禁咒之术产生效用的原理进行了解释。《周易·系辞》中说包牺氏“始作八卦，以通神明之德，以类万物之情”，说明古人早就有了万物各归其类的观念。《乾卦·文言》中，孔子说：“同声相应，同气相求。水流湿，火就燥，云从龙，风从虎，圣人作而万物睹。本乎天者亲上，本乎地者亲下，则各从其类也。”说明同类事物声气相通，在此禁咒之术产生效用就有了依据。

神仙道教所整理归类的用禁方法有六种：

> 《仙经》曰：用禁有六法：一牙齿禁，意存气至牙齿；二营目禁，开一目闭一目；三意想禁，存意以去想诸疾以除；四捻目禁，谓手上有一十五目；五气道禁，谓吹呼呵嘘嘻呬；六存神禁，存诸神在，以食醮祭之，感天灵气至。又鸣天鼓，叩齿是也。
>
> ——《千金翼方·禁经·禁法大例》

这些用禁方法所使用的的叩齿、营目、意想、捻目、行气、存神等动作，也是道教仪式、法术的组成元素。

《禁经》二卷共有二十二篇，其篇目如下：

持禁斋戒法第一	受禁法第二	杂受禁法第三	禁法大例第四
掌诀法第五	禁鬼客忤气第六	禁温疫时行第七	禁疟病第八
禁疮肿第九	禁喉痹第十	咒禁产运第十一	禁金疮第十二
禁蛊毒第十三	禁遁注第十四	禁邪病第十五	禁恶兽虎狼第十六
禁蛇毒第十七	禁蝎蜂第十八	禁狗鼠第十九	护身禁法第二十
禁贼盗第二十一	咒童子令说鬼姓字第二十二		

《禁经》的后继者有《圣济总录·符禁门》三卷、《普济方·符禁门》三卷、《轩辕碑记祝由十三科》。北宋政和年间，宋徽宗组织编纂了《政和圣济总录》，对历代医籍、民间和医家献方以及内府藏秘方进行了汇编整理。全书除运气、叙例、补遗、治法外，根据疾病分类和治疗门类共分六十六门，

其中第六十五门为《符禁门》，共计三卷，六万余字。《符禁门》基本延续了孙思邈《禁经》的体例，在“禁咒”的基础上，增加了“符印”的内容，其中收录治病所用的符达三百余道，表现出道教的深刻影响。

二、禁咒之术的历史脉络

禁咒之术与医术有很深的渊源，它们在滥觞之初有着共同的源头——巫文化。陈邦贤先生的《中国医学史》中说：“中国医学的演进，始而巫，继而巫和医混合，进而巫、医分立。以巫术治病，为世界各民族在文化低级时代的普遍现象。”① 饶宗颐先生认为：“古时巫与医无分别，至今少数民族尚然良医都是巫师，故医字从巫作‘毉’。”② 可见，从造字的本义上看，巫与医有着相通的一面，甚至“医”字本身就有“毉”的写法。上古医者的传说则往往带着很强的巫文化色彩。

> 上古之为医者曰苗父。苗父之为医也，以菅为席，以刍为狗，北面而祝，发十言耳。诸扶而来者、举而来者，皆平复如故。
>
> ——《说苑·辨物》

清华大学藏战国竹简《赤鹄之集汤之屋》是一篇小说家言，讲述了伊尹为夏桀治病的故事，反映了三代时运用巫术治病的风气。

> 商汤射获一只赤鹄，命令伊尹做成羹汤，伊尹偷尝了羹汤后畏罪逃亡，商汤便命令巫师对伊尹进行诅咒，导致伊尹病倒在路上，差点被乌鸦吃掉。一只名叫“巫乌”的乌鸦站出来阻止了群乌。在它们的对话中，伊尹听说了天帝命令两黄蛇、两白兔居于夏桀的寝宫栋梁上作祟，还在寝宫床下拱起两个土堆，令夏桀病倒。“巫乌”将伊尹救活并附体在他身上，于是伊尹以“天巫”自称，前去为夏

---

① 陈邦贤：《中国医学史》，北京：商务印书馆，1937 年版，第 7 页。

② 饶宗颐：《巫步、巫医、胡巫与“巫教”问题》，收录于《中国宗教思想史新页》，北京：北京大学出版社，2000 年版。

桀治病。伊尹向夏桀述说了其得病的缘由，在捕杀蛇兔、铲平土堆之后，夏桀痊愈。

伊尹是商汤从庖厨中发现的贤臣，不仅具有高超的烹调技能，也精通汤药医理，医学史上著名的《伊尹汤液经》即托名为伊尹所作。这个故事，则说明伊尹医者学问不仅限于汤药，也许他还精通巫术。

禁咒之术的产生、发展也受到南方楚越文化传统的影响。《论语·子路》中有："子曰：南人有言曰：人而无恒，不可以作巫医。"南方楚越巫文化的传统，饶宗颐等先生论之甚详，饶宗颐先生的《道教与楚俗的关系新证》中说："结合新旧材料尤其在帛书《五十二病方》中的记载，说明东汉三张之设鬼道，为人治病请祷等等活动，实际上秦汉之际，在楚国地区已是司空见惯。"[①] 葛洪的《抱朴子内篇·至理》详细记载了"吴越禁祝之法"。《后汉书·方术传》也记载了吴越"禁架"之术的传说，将禁术之士与郭玉、华佗等当世名医并列一传。

在分类上，禁术可归于数术之部。《汉书·艺文志》中录有"《祯祥变怪》二十一卷、《人鬼精物六畜变怪》二十一卷、《变怪诰咎》十三卷、《执不祥劾鬼物》八卷、《请官除妖祥》十九卷"等书，列于《数术略》中的"杂占"一类。《后汉书·方术传》中所记载的费长房劾鬼物的传说，当是这类数术的运用。

出土的秦汉简帛医籍中，禁咒之术是其中的重要门类之一。长沙马王堆汉墓出土的医书《五十二病方》，是已发现最早的一部医方典籍，其中记录了一百多种病名，收录了二百八十多首方剂。李丛《古代禁咒治病术的文献研究》指出，《五十二病方》"反映了两千三百多年前楚越地区的医学概貌"。根据李丛的统计，《五十二病方》中与祝由相关的方剂多达三十八种。美国学者夏德安指出了《五十二病方》中的祝由方与越巫所掌握的越方有着密切的关系。[②] 除了《马王堆帛书·五十二病方》中的禁咒之术，周家台秦简中也有关于"已齲方""禹步"的禁咒之术（见《周家台秦简·病方》）。

---

① 饶宗颐：《道教与楚俗的关系新证》，收录于《饶宗颐二十世纪学术文集·卷五·宗教学》，新文丰出版股份有限公司，2003年版，第127页。

② 夏德安著、陈松长译，《五十二病方与越方》，见《马王堆汉墓研究文集》，湖南出版社，1994年版。

禁咒之术列于医官，有其发展沿革的历史。早在《周礼》中就有了疡医执掌禁咒医术的记载，《周礼·天官冢宰》说："疡医，掌肿疡、溃疡、金疡、折疡之祝药劀杀之齐。"隋代开始，太医署设祝禁博士，禁咒之术正式进入官方医疗体系(《隋书·百官志》)。唐沿隋制，太医署设咒禁博士、咒禁师、咒禁工等官职岗位(《唐六典·太医署》)。宋神宗时太医局列九科，其中有"金镞兼书禁科"。宋徽宗设疡科，通习疮肿、伤折、金创、书禁……疡科兼习《黄帝三部针经》《千金翼方》(《宋会要辑稿》)。元代设"祝由书禁科"(《元典章》)，明代太医院设"祝由科"(《明史·职官志》)，都是禁咒列于医药职官的体现。

三、祝由与道禁：《禁经》之术的主要来源

古人在治病的过程中，往往多管齐下，甚至出现医、巫、道相杂糅的现象。《禁经》中禁咒之术的来源也是多样的，主要是民间的祝由之术和道教禁咒之术，辅以少量带有佛教色彩的禁术。

首先是民间传统的祝由术。于赓哲在讨论唐代咒禁术时指出："六朝隋唐咒禁术应该就是祝由术之余绪。"①《黄帝内经》中记录了两段关于祝由的材料，《内经》作者认为祝由与气论有着密切的联系，而不是将其功效归之于神秘的鬼神。历代医家对于祝由的意义有着多样的理解。南朝齐梁时期的医家全元起，将"祝由"解释为"南方神"，令人联想到祝由术和南方巫文化的联系。隋唐时期的医家杨上善认为祝由是"有病以祝为由"，即将祝告作为治疗疾病的方法；唐代医家王冰的《素问》注将祝由解释为"祝说病由"，即祝告病之所由来；元代学者陈栎则将"祝由"理解为"断绝其受病之由"。明代医家张介宾认为"祝由者，即符咒禁禳之法"。

《说文解字》说："祝，祭主赞词者，从人口，从示。一曰从兑省。《易》曰：兑为口，为巫。""祝"的本义是祭祀活动中的神职人员，其工作与使用言语向神灵进行祷告有关。"《易》曰：兑为口，为巫。"也说明"祝"与"巫"也有着密切的联系。与言语相关的，"祝"还有诅咒的意思，与"咒"

---

① 于赓哲：《唐代疾病、医疗史初探》，北京：中国社会科学出版社，2011年版，第107页。

相通。如《尚书·无逸》称“否则厥口诅祝”，孔颖达疏云“以言告神谓之祝，请神加殃谓之诅……是诅、祝意小异耳”。“祝”还有“断”的意思，如《春秋谷梁传·哀公十四年》有“祝发文身”的说法，“祝发”即“断发”。

“由”的意义也是多样的。“由”有“所从来”的意思，如《尔雅》释为“自也”，《广韵》释为“从也”，《韵会》释为“因也”，从而可以将“由”理解为“原因”“缘由”。对“由”的另一种理解则是，其为“祝”的同义字。“由”即“祝”的同义反复。

明末医家张介宾是祝由术的支持者，曾写了一篇2000多字的文章详细解释祝由治疗“似鬼神之疾”的机理。张介宾认为“鬼生于心也”，而并不是真的存在。运用祝由，就是要“释去其心中之鬼”。故而运用祝由之术并不一定要求采用符书咒语的形式，只要能够指出疾病产生的缘由，即可得到积极的效果。张介宾在诊疗中也运用他所理解的祝由术进行实践，并对当时假借祝由之名的招摇撞骗之徒进行了抨击。

> 又治一儒生，以伤寒后金水二藏不足。忽一日正午对余叹曰：生平业儒，无所欺害，何有白须老者，素服持扇，守余不去者三日矣。意必宿冤所致也，奈之何哉？余笑曰：所持者非白纸扇耶？生惊曰：公亦见乎？余曰：非也。因对以《刺法论》“人神失守，五鬼外干”之义。且解之曰：君以肺气不足，眼多白花，故见白鬼。若肾水不足者，眼多黑花，当见黑鬼矣。此皆正气不足，神魂不附于体，而外见本藏之色也，亦何冤之有哉？生大喜曰：有是哉，妙理也。余之床侧尚有一黑鬼在，余心虽不惧，而甚恶之，但不堪言耳。今得教可释然矣。遂连进金水两藏之药而愈。此知其病所从生，而微言以释之也。诸如此类，皆鬼从心生，而实非鬼神所为，故曰似鬼神也。
>
> ——《类经》卷十二

清代名医徐大椿对祝由术则不以为然，他认为祝由术只能治疗较轻的疾病，对病机甚重的疾病则无能为力。在《医学源流论·祝由科论》中，他认为祝由术的古法已经失传，而当时流传的符咒之术根本治不了大病，只是在一些小病上偶有功效。他甚至认为，在岐伯的时代，祝由术就已经不怎么起作用了。由于祝由毕竟是岐黄圣贤讨论过的话题，他认为只要采取存而不论、敬而远之的态度就可以了。

另一位清代名医吴鞠通的看法，脱离了社会流传的符咒观念，回归到了对“祝由”本义的理解。他在《医医病书·治内伤须祝由论》中说：“按祝由二字出自《素问》。祝，告也。由，病之所从出也。近时以巫家为祝由科，并列于十三科之中。《内经》谓信巫不信医，不治。巫岂可列之医科中哉？吾谓凡治内伤者，必先祝由详告以病之所由来，使病人知之，不敢再犯。又必细体变风变雅，曲察劳人思妇之隐情，婉言以开导之，庄言以振惊之，危言以悚惧之，必使心悦诚服，而后可奏效如神。”吴鞠通将十三科之祝由科直接称为“巫家”，并极力反对将其列于医科，但他充分肯定了“详告病之所由来”的祝由本义，认为对治疗内伤疾病有着非常重要的作用。

在《禁经》中，我们可以看到大量极具道教色彩的禁术材料，同时还有一些佛教色彩的禁术材料，显示出佛道二教与禁术的密切联系。关于这个问题，范家伟在《六朝隋唐医学的传承与整合》中做了很多深入的讨论。

道教的源头之一是古代的巫文化。在道教产生、发展的过程中，道教徒们运用战国秦汉以来的哲学和科学技术改造发展了这一古老文化，使之带有了鲜明的道教色彩，由巫术转变为道术。道教禁咒之术是《禁经》文献的重要来源。《禁经》引用了《神仙经》或《仙经》达六次之多，集中在《持禁斋戒》《受禁法》《禁法大例》等总论部分。孙思邈在收集整理禁术文献的过程中，运用道教思想建构起了《禁经》的思想理论基础，对禁术进行了道教化的改造。《禁经》中收集的篇章中也多见“太上老君”“天师祭酒”“太白仙人”等极富道教色彩的名讳。

《禁经》中的很多仪式和方法体现了天师道的影响。《禁经》中称引“天师曰”“天师祭酒”“系天师阳平等二十四化真气”等，显示出鲜明的天师道特色。

> 洒水言嘘，系天师阳平等二十四化真气，臣某弟子，自称道号某岳真人某先生，以今月今日今时奉为某家弟子，度某符，随符言之。
>
> ——《千金翼方·禁经·咒童子令说鬼姓字》

天师道典籍《正一修真略仪》中有“四部禁气箓”（或写作“四部禁炁箓”），是天师道道士所传授的重要法箓。

> 太上三五正一盟威太玄四部禁气箓：夫制御万灵，通真达道，无不由禁摄五行之精，吐纳元气，握览文节，关启机源。取舍在己，存乎指掌，以统天地。逮乎昆虫毒虿、微蔑蠕喘、禽鱼鸟兽、鳞甲羽毛，有形无形，群精异类，莫不调伏，从吾禁舍者矣。受气诸法，虽具箓文，亦在明师，事事口诀。斯四部禁气箓，以录章表上闻，以为禁术之总统也。深宜佩受，奉而修之，以助真道耳。
>
> ——《正一修真略仪》

由上可知，天师道认为禁术是“制御万灵，通真达道”的重要道术，运用禁术可以实现“禁摄五行之精，吐纳元气，握览文节，关启机源”，自然可以禁制天地之间有形无形的一切“群精异类”。天师道认为其所传授的“四部禁气箓”是“禁术之总统”，还配有明师秘传的口诀，没有获得这部箓的传授，禁术运用起来是不会灵验的。

佛教传入中国后，印度的医药文化也随之进入中国，与中国本土的医药文化结合起来。在《禁经》中，我们也能看到孙思邈收录了少量带有佛教元素的禁术文献。

> 禁令家和法：南无伽帝伽帝腻，伽帝收溜避，南无阿乾陀罗呵，弥陀罗灌，陀沙婆呵。上此法，能令家内有不孝子、不顺妇女皆孝顺。
>
> ——《千金翼方·禁经·护身禁法》
>
> 七星受咒法……一云：七佛咒法下又有一观自在咒法，今并不取。
>
> ——《千金翼方·禁经·受禁法》
>
> 上年年常依此日受之法，不得饮酒，食肉、五辛、芸苔、奶酪、酥蜜。心如药王药上，愿救护一切众生，不作艰难，不求财物，但作此心，下口即瘥，万不失一。
>
> ——《千金翼方·禁经·杂受禁法》

佛经中常可以见到“药王”“药上”两位与医药相关的菩萨形象。《禁经》中“药王”“药上”的名讳，可以见到佛教观念的影响，当然这种影响很可能是建立在民间对佛教的虔诚信仰上的。

四、气、心、身:《禁经》之术的理论基础

《禁经》之术的理论基础包括“气”“心”“身”三部分内容。

一是“气”。禁术的实质，可以看作对精气的运用。“精气说”是中国古代重要的哲学思想，也是中国传统医药学的理论基础之一。天地万物都由气构成，人体亦由气聚合而成，精气在人体内循行不息，维系着人的生命，并与天地自然相往来。古人关于气的论述繁多，其中精彩者莫过于庄子论“通天下一气”和“纯气之守”：

> 人之生，气之聚也，聚则为生，散则为死。若死生为徒，吾又何患！故万物一也，是其所美者为神奇，其所恶者为臭腐；臭腐复化为神奇，神奇复化为臭腐。故曰：“通天下一气耳。”圣人故贵一。
>
> ——《庄子·知北游》
>
> 子列子问关尹曰：“至人潜行不窒，蹈火不热，行乎万物之上而不慄。请问何以至于此?”关尹曰：“是纯气之守也，非知巧果敢之列。居，吾语汝。凡有貌象声色者，皆物也，物与物何以相远?夫奚足以至乎先?是形色而已。则物之造乎不形而止乎无所化，夫得是而穷之者，物焉得而止焉！彼将处乎不淫之度，而藏乎无端之纪，游乎万物之所终始，壹其性，养其气，合其德，以通乎物之所造。夫若是者，其天守全，其神无郤，物奚自入焉！夫醉者之坠车，虽疾不死。骨节与人同，而犯害与人异，其神全也，乘亦不知也，坠亦不知也，死生惊惧不入乎其胸中，是故迕物而不慴。彼得全于酒而犹若是，而况得全于天乎！圣人藏于天，故莫之能伤也。”
>
> ——《庄子·达生》

在庄子哲学中，天地之间的万事万物包括人，都是气运动变化的表现，气聚而为生，气散而为死，气是天地之间万象之下的本质。能够不惧水火的至人，也是因为达到了“纯气之守”的境界，才能“行乎万物之上而不慄”。

葛洪曾经对禁术的机理做了论述：“夫人在气中，气在人中，自天地至于万物，无不须气以生者也。善行气者，内以养身，外以却恶，然百姓日用而不知焉。”（《抱朴子·内篇·至理》）。葛洪认为气是维系天地万物生生不息的关键性物质，对内能够有效地保持体泰身健，耳聪目明，对外能够有效抵御外邪的侵袭，将身体防线推进到皮肤腠理之外。

> 吴越有禁呪之法，甚有明验，多炁耳。知之者可以入大疫之中，与病人同床而己不染。又以群从行数十人，皆使无所畏，此是炁可以禳天灾也。或有邪魅山精，侵犯人家，以瓦石掷人，以火烧人屋舍。或形见往来，或但闻其声音言语，而善禁者以炁禁之，皆即绝，此是炁可以禁鬼神也。入山林多溪毒蝮蛇之地，凡人暂经过，无不中伤，而善禁者以炁禁之，能辟方数十里上，伴侣皆使无为害者。又能禁虎豹及蛇蜂，皆悉令伏不能起。以炁禁金疮，血即登止。又能续骨连筋。以炁禁白刃，则可蹈之不伤，刺之不入。若人为蛇虺所中，以炁禁之则立愈。近世左慈赵明等，以炁禁水，水为之逆流一二丈。又于茅屋上然火，煮食食之，而茅屋不焦。又以大钉钉柱，入七八寸，以炁吹之，钉即涌射而出。又以炁禁沸汤，以百许钱投中，令一人手探摝取钱，而手不灼烂。……夫炁出于形，用之其效至此，何疑不可绝谷治病，延年养性乎？
>
> ——《抱朴子·内篇·至理》

葛洪认为禁咒之法之所以能起作用，正是因为施法者有着充沛而纯净的气，能够有效地抵御疫气，也能有效地禁制鬼神精怪、猛兽虫蛇，乃至白刃兵器的伤害。气论作为一种世界观，说明世界上万事万物的运行机理，对古代知识分子的影响一直是很深的。例如，文天祥被囚于环境恶劣的窄小土室长达两年，仍以饱满的精神状态写出《正气歌》，他认为其中的原因就在于他能“一气敌七气”，即用“正气”抵御七种“邪气”。（见文天祥《正气歌序》）。

二是“心”。《禁经·持禁斋戒法》指出学禁者要先修持“五戒、十善、八忌、四归”等戒律，此外还要浴身、浴目。这些修持方法不但能够保持身的清洁，更能让学禁者清静内心。正如《管子·内业》中所言：“敬除其舍，精将自来。精想思之，宁念治之，严容畏敬，精将至定。得之而勿舍，耳目不淫，心无他图。正心在中，万物得度。”《内业》的作者认为心乃精气的屋舍。只有清洁内心，精气才会入于心中。运用精想、宁念、严容、畏敬等修养方法，精气才能静定下来，不断蓄积。《禁经》中对学禁者修持斋戒的强调，也是通过修养心性，以便积蓄起足够的精气，从而助人禁制万物。

> 《仙经》曰：凡受禁之法，当先斋戒百日，精心不行淫欲，唯得清净水浴，著鲜净衣，口常不出恶言骂詈，精思静念，勿生异想，一如前章。仍更七日之中，闭口不共人语，乃可受之。
>
> ——《千金翼方·禁经·受禁法》

斋戒与修心的功夫密切相关，在《庄子》中更有“心斋”的论述。

> 仲尼曰：斋，吾将语若。有心而为之，其易耶？易之者，皞天不宜。颜回曰：回之家贫，唯不饮酒不茹荤者数月矣。如此则可以为斋乎？曰：是祭祀之斋，非心斋也。回曰：敢问心斋。仲尼曰：若一志，无听之以耳而听之以心，无听之以心而听之以气。耳止于听，心止于符。气也者，虚而待物者也。惟道集虚，虚者，心斋也。
>
> ——《庄子·人间世》

在庄子的论述中，“心斋”是比“祭祀之斋”更为内在、更为超越的斋法，省却了祭祀之斋的外在形式，减损耳目感官与符验标准的障碍，直指内心的清虚之境，虚而待物，以气通物，达到道通为一的境界。

三是“身”。道家、道教都认为，身体是一切的根本。身体清洁是受持、运用禁术的前提。《黄帝阴符经》有“宇宙在乎手，万化生乎身”的说法。《禁经》中收录了若干浴身的方法，如《持禁斋戒法》中记载的浴身方。在上清派经典《真诰·协昌期》中可以看到类似的外用方，其中说到“且竹虚素而内白，桃即却邪而折秽，故用此二物以消形中之滓浊也”，更对遣方用药的原理进行了明确的解释。护身禁术也是重要的自卫之术。葛洪《抱朴子

·内篇》的《遐览》记录有“《入温气疫病大禁》七卷”，《杂应》介绍了“仙人入瘟疫秘禁法”，道教的护身术是《禁经》中的护身禁术的来源。

五、咒、步、诀：《禁经》之术的基本要素

刘仲宇先生在《道教法术》一书中指出：“禁咒的施行中，咒与符、诀、罡相互配合，以存想为主脑，以炁为驱使，综合运用。”① 以下据此简要讨论《禁经》之术所见的三个基本要素：咒、步、诀。

一是“咒”。禁咒之术使用咒语祝说病由的原理，源自运用万物之名裁制万物的古老思想。银雀山竹简《奇正》说：“故有形之徒，莫不可名。有名之徒，莫不可胜。故圣人以万物之胜胜万物，故其胜不屈。”万物之名，也就是万物的弱点所在。圣人掌握了万物之名，即可战胜万物。葛洪在《抱朴子·内篇·登涉》中曾说：“但知其物名，则不能为害也”。知晓了病由之名，即可有效地加以治疗。禁咒的施治不仅要称念危害人身的疾病或鬼怪之名，还要称念驱鬼除疾的神灵之名，从而祈求得到治病祛疾的功效。事实上，即便是鬼神，在中国古代的观念中也不是一种超自然的存在，归根结底只是精气的特殊表现形式而已，是要受到精气规律的作用的。

二是“禹步”。禹步是举行禁咒之术的步法，是举行受禁、持禁、护身等术法不可或缺的必备环节。禹步历史悠久，源自上古巫文化。《扬子法言·重黎》说：“昔者姒氏治水土，而巫步多禹。”葛洪在《抱朴子·内篇·登涉》中称：“凡作天下百术，皆宜知禹步，不独此事。”《禁经·掌诀法第五》也说：“禁病则皆须禹步，诵禁文，捻而用之。”关于禹步的来源，《太平御览》引《尸子》言：“古者龙门未辟，吕梁未凿，禹于是疏河决江，十年不窥其家，生偏枯之病，步不相过，人曰禹步。”道教的《洞神八帝元变经》则记载了另一种禹步来源的传说，此说与禁术有关：

> 禹步者，盖是夏禹所为术，召役神灵之行步。此为万术之根源，玄机之要旨。昔大禹治水，不可预测高深，故设黑矩重望，以程其事。或有伏泉盘石，非眼所及者，必召海若河宗，山神地祇，问以决之。然禹

---

① 刘仲宇：《道教法术》，上海：上海文化出版社，2002年版，第182页。

届南海之滨，见鸟禁咒，能令大石翻动。此鸟禁时，常作是步，禹遂摸写其行，令之入术。自兹以还，术无不验。因禹制作，故曰禹步。末世以来，好道者众，求者蜂起，推演百端。汉淮南王刘安以降，乃有王子年撰集之文，沙门惠宗修纂之句，触类长之，便成九十余条种，举足不同，咒颂各异。详而验之，莫贤于先举左足，三步九迹，迹成离坎卦。步纲蹑纪者，斗有九星，取法于此故也。自兹以还，更无异效，可以寻研者矣。其欲召神见鬼，禹步最为急要，步及咒文，时须熟诵，利即神来，生即乖阔。故以前件效验文图，列之如左。

——《洞神八帝元变经·禹步致灵第四》

《禁经》中非常详细地记载了禹步的步法，确保禁咒之术的习用者能够较好地掌握。

凡禹步法，移步左右脚，前后不同。

凡欲作法，必先取三光气，又禹步，然后作法验矣。三光者，日、月、星，禹步者，或三步、七步、九步不定。若欲受三光气者，极晴明日，向日两脚并立，先所愿事随意多少小咒之，然后取禹步三步也。所欲步时，先举头看日光剩开口吸取日光明，即闭口塞气至三步，始得放气也。三步者，从立处两过移两脚，始成一步，三步即是六过移脚也。向日光禹步时，左脚先移，右脚后移。

若向月、星二光禹步时，并右脚先移，左脚在后也，但步数不同耳。

若向星禹步时，须满九步也。九步者，向日中三步，更足六步耳，三三步合九步也。星者，即是北斗七星也。星中最须殷勤，所以须九步也。于日月中，或用三步，或所用七步也。咒愿及闭气方法并如日中作也。受三光气时，日必须明亮好晴日也。日是阳，月与星是阴；又，左是阳，右是阴。是故受日气时，左脚先移，受月星气时右脚先移也。又，向星禹步作九步，时既长久，若一气不得度，是以三步作一闭气，则九步即三过闭气也。咒愿亦须三过愿之。又须识北斗下三台星，男识免狱厄，女识免产厄。

——《千金翼方·禁经·掌诀法》

三是“掌诀”。手掌指节间的皮肤纹路，形似眼目，在道教法术中，捻掐手掌之目，是掌诀的基本内容之一。刘仲宇先生在《道教法术》一书中指出：“现在能查到的记载掐诀之术比较完整的著作，是《太上助国救民总真秘要》，此书为北极天心派的著作，其中没有入北宋末年盛行的雷法，应是北宋前期的书，其诀谱称《禁治掌目诀图》。禁，即气禁之术，诀以之为称，足见原系属于气禁的。”[①]《太上助国救民总真秘要》云：“按禹步纲斗掌目之诀，为道之大要，法之元纪也。步纲者，乘于正气以御物。诀目者，主于神机而运化。修仙炼真，劾召制伏，莫不资之于此矣。……凡行步问病，治邪入庙，渡江入山书符，并须掐诀目。”道教把“禹步纲斗、掌目之诀”称之为“道之大要，法之元纪”，认为道士内行炼养、外行劾制的内外之功，都需要行掐诀捻目之法，把握运化之“神机”，这其中就包括了“行步问病”的内容。

> 凡欲行禁者，皆须先捻鬼目，若与男禁，捻左手目，若与女禁，即捻右手目。
>
> 一云：男子行禁，捻左手目，女人行禁，捻右手目，并逐四时王相，正面向月建，正心定意闭气，三捻目，左营目，顺天道，即成禁法，用之神效。左营目者，开左目，闭右目；右营目者，开右目，闭左目。凡禁讫，须解禁法。假令禁虎，须存作师子，捻虎目。若欲解之，还存作虎。
>
> ——《千金翼方·禁经·掌诀法》

在《禁经》中，捻目是施行禁术的必要环节，对此作了详尽的记载。而在《圣济总录·符禁门》的禁术文献中，我们还能看到掌目的详图。

六、小结

禁咒之术诞生于上古巫医杂糅的文明起源时期，在漫长的历史中逐渐吸

---

① 刘仲宇：《道教法术》，上海：上海文化出版社，2002年版，第182页。

收了道教、佛教和民间信仰的种种因素，曾经作为主流医学进入太医系统，后来又落入民间而为人们视为迷信，事实上是一个复杂而又边缘的文化存在。

孙思邈认识到禁咒之术在民间有着非常广泛的基础，认为这种俚俗而又神秘技术有其功效，故而基于拯救危急的务实主义，对其进行整理保全，将其纳入五种医疗之法。由于民间禁咒之术零散而不成系统，孙思邈大量引用道教材料，建构了理论基础，完善了架构体系。

《圣济总录》卷一百九十五《符禁门统论》说："况言为心声，书为心画，以夫精诚交感，寓于符祝声画之间，若徼而至妙，若粗而甚精，岂特神仙道家之陈迹耶!"禁咒之术的看似神秘而迷信，但是细究其思想基础，可以看到医者基于古代思想的世界观和生命观，试图以精诚之心，移精变气，实现天地人身的交感作用，从而解除患者的病痛。

今天，我们仍需重新审视这些禁咒文献的历史价值，把传统医药学、儒释道之学等传统学术，与心理学、人类学、宗教学等现代理论结合起来，以客观审慎的态度挖掘其中的医疗史意义和宗教史意义。(本文已经作者审阅)

2018 年 12 月 20 日晚，受中央民族大学道教与术数学研究中心主任谢路军教授邀请，北京中医药大学副教授袁梧先生在中央民族大学举行了题为"《千金翼方·禁经》的方术思想与文化"的学术演讲。本文系根据讲座课件整理。

二十

道不可道、说不可说

——道家哲学管窥

主讲：陈霞

老子提出的“道”生成了万物，是万物的原因，而它自己却不受任何原因的支配。“道”的提出以及围绕它而进行的思辨构成了中国古代第一个具有形而上学意味的哲学体系。对“道”的阐发、诠释、笃信、践行极大地丰富了中国哲学的内容，增加了中华文明的广度、深度和高度。作为“道”之属性的“无”不是什么都没有，只是无形、无状、无质、无名罢了。“无”不是消极意义上的空无，老子认为“有”之所以能显示出其作用，主要在于“无”的存在。

陈霞　中国社会科学院哲学研究所研究员，博士生导师、博士后合作导师，《哲学动态》《中国哲学年鉴》编辑部主任，中国社会科学院大学特聘教授，第十三届全国政协委员。从事中国哲学、道家与道教文化、宗教学等领域的研究。曾经在西昌学院、四川大学等高校任教，也曾为哈佛－燕京学社访问学者、伦敦大学亚非学院高级访问学者、布朗大学富布莱特访问学者等。著有《道教劝善书研究》《道家哲学引论》《道教身体观——一种生态学的视角》，主编有《道教生态思想研究》，合编有《宗教学原理》《中西文化视野中的人性》《道教术语英汉双解词典》，参加过多部著作的英译汉、汉译英工作，发表中英文论文、译文一百多篇。

老子追问世界的终极原因，在中国哲学史上首次提出了“万物之本”这个究天地人之最高根据的本体论问题。老子提出的“道”生成了万物，是万物的原因，而它自己却不受任何原因的支配。“道”的提出以及围绕它而进行的思辨构成了中国古代第一个具有形而上学意味的哲学体系。对“道”的阐发、诠释、笃信、践行极大地丰富了中国哲学的内容，增加了中华文明的广度、深度和高度。

除提出了最高概念“道”，道家还提出了另一个饶有兴味的概念，即“无”，对于“无”的强调是道家非常有特色的思想。“无”是生活中经常遇到的现实，人们总会问什么东西是“有”还是“无”，它“在”还是“不在”，而老子却把“无”抽象到概念的高度。作为“道”之属性的“无”不是什么都没有，只是无形、无状、无质、无名罢了。“无”不是消极意义上的空无，老子认为“有”之所以能显示出其作用，主要在于“无”的存在。

一、儒道对比中的道家哲学

历代对老子的评价甚多，各家说法不尽相同。唐代白居易《读老子》诗云：“言者不如知者默，此语吾闻于老君；若是老君是知者，缘何自著五千文。”宋末元初道士杜道坚在《玄经原旨发挥》说：“道与世降，时有不同，注者多随时代所尚，各自成心而师之。故汉人注者为‘汉老子’，晋人注者为‘晋老子’，唐人、宋人注者为‘唐老子’‘宋老子’。”清代魏源曾感慨：“解老自韩非下千百家。老子不复生。谁定之。”

历史上儒道两家有很多交流。《史记·老庄申韩列传》载孔子（前551年—前479年）与老子（约前571年—前471年）相晤：“老子者，楚苦县厉乡曲仁里人也。姓李氏，名耳，字聃，周守藏室之史也。孔子适周，将问礼于老子。老子曰：‘子所言者，其人与骨皆已朽矣，独其言在耳。且君子得其时则驾，不得其时则蓬累而行。吾闻之，良贾深藏若虚，君子盛德容貌若愚。去子之骄气与多欲，态色与淫志，是皆无益于子之身。吾所以告子，若是而已。’孔子去，谓弟子曰：‘鸟，吾知其能飞；鱼，吾知其能游；兽，吾知其能走。走者可以为罔，游者可以为纶，飞者可以为矰。至于龙，吾不能知，其乘风云而上天。吾今曰见老子，其犹龙邪！’”

与孟子（前 372 年—前 289 年）同时代的道家代表人物是庄子（前 369—前 286）。

> 庄子，名周，蒙人，曾为漆园吏。其学无所不窥，然其要本归于老子之言。故其著书十余万言，大抵率寓言也。作《渔父》《盗跖》《胠箧》，以诋孔子之徒，以明老子之术。畏累虚、亢桑子之属，皆空语无事实。然善属书离辞，指事类情，用剽剥儒、墨，虽当世宿学不能自解免也。其言洸洋自恣以适己，故自王公大人不能器之。
>
> 楚威王闻庄贤，使使厚币迎之，许以为相，庄周笑谓楚使者曰：“千金，重利；卿相，尊位也。子独不见郊祭之牺牛乎？养食以数岁，衣以文绣，以入大庙，当时之时，虽欲为孤豚，岂可得乎？子亟去，无污我。我宁游戏污渎之中自快，无为有国者所羁，终身不仕，以快吾志焉。
>
> ——《史记·老庄申韩列传》

狂狷的庄子，正如其《逍遥游》中所言：“且举世而誉之而不加劝，举世而非之而不加沮”，因为他能“定乎内外之分，辩乎荣辱之境，斯已矣”。庄子曾在濮水边钓鱼，但庄子之钓非姜太公之钓，他们的人生追求迥异。太公“因命守时”，希望被周王室所用而建功立业，庄子“宁游戏污渎之中自快”，而不愿被楚王所羁。一边是“学而优则仕”，乃至“卿相千金”，一边是“学而优不仕”，“曳尾于涂中”。

> 姜尚因命守时，立钩钓渭水之鱼，不用香饵之食，离水面三尺，尚自言曰：“负命者上钩来！”
>
> ——《武王伐纣平话·卷下》
>
> 庄子钓于濮水，楚王使大夫二人往先焉，曰：“愿以境内累矣！”庄子持竿不顾，曰：“吾闻楚有神龟，死已三千岁矣，王巾笥

而藏之庙堂之上。此龟者，宁其死为留骨而贵乎？宁其生而曳尾于涂中乎？”二大夫曰：“宁生而曳尾涂中。”庄子曰：“往矣！将曳尾于涂中。

——《庄子·秋水》

儒道经典开篇比较：

道可道，非常道。名可名，非常名。无，名天地之始；有，名万物之母。

——《老子》

学而时习之，不亦说乎？有朋自远方来，不亦乐乎？人不知，而不愠，不亦君子乎？

——《论语》

孟子见梁惠王。王曰：“叟！不远千里而来，亦将有以利吾国乎？孟子对曰：“王！何必曰利？亦有仁义而已矣。

——《孟子》

北冥有鱼，其名为鲲。鲲之大，不知其几千里也。化而为鸟，其名为鹏。鹏之背，不知其几千里也。怒而飞，其翼若垂天之云。是鸟也，海运则将徙于南冥。南冥者，天池也。

——《庄子·逍遥游》

儒释道经典章句的比较：

曾子曰：“士不可以不弘毅，任重而道远。仁以为己任，不亦重乎？死而后已，不亦远乎？”

——《论语·泰伯第八》

菩提本无树，明镜亦非台，本来无一物，何处惹尘埃。

——《六祖坛经》

知人者智，自知者明，胜人者有力，自胜者强。知足者富。强行者有志。不失其所者久。死而不亡者寿。

——《老子·第三十三章》

唐代柳宗元《送元十八山人南游序》："太史公尝言：世之学孔氏者，则黜老子；学老子者，则黜孔氏。道不同不相为谋。"由此可见儒道之对立，在司马迁时已很明显。但儒道又是互补的。正是因为有了形而上学的、思辨的、自然型的老庄哲学，有了这种哲学对儒学的不断补充，有了道家的反叛性格、怀疑精神及其对正统的、僵化的哲学思想的批判和否定，形成道儒相济、儒道互补的局面，才使中国思想文化始终保持旺盛的生命力。可以说，道家的批判性是一个社会保持活力的根本保证。

林语堂说："如果中国只产生过一个孔子，而没有他灵性上的对手老子，我将为中国的思想感到惭愧；正如我为雅典不但产生一个亚里士多德而同时有一个柏拉图而感到欣慰。"（《中国哲人的智慧》）

> 道教是中国人民的游戏姿态，而孔教为工作姿态。中国人之爱悠闲，有着很多交织着的原因。……中国人的性情，是经过了文学的熏陶和哲学的认可的。这种爱悠闲的性情是由于酷爱人生而产生，并受了历代浪漫文学潜流的激荡，最后又由一种人生哲学——大体上可称它为道家哲学——承认它为合理近情的态度。中国人能囫囵地接受这种道家的人生观，可见他们的血液中原有着道家哲学的种子。
>
> ——林语堂《中国哲人的智慧》

李约瑟认为："在中国文化技术中，哪里萌发了科学，哪里就可以寻觅到道家的足迹。""中国人性格中有许多最吸引人的因素都来源于道家思想。中国如果没有道家思想，就会像是一棵某些深根已经烂掉了的大树。"阿尔伯特·史怀哲（Albert Schweitzer）认为，康德、黑格尔是西方思想上的巨人，而老子则是人类思想上的巨人。老子用一系列基本的问题，给人类思想以巨大的洗礼。

1958 年胡适在台北商务印书馆重印其《中国哲学史》时，曾作了一个《自记》，煞尾处有这样一番感慨：

> 有一天，我忽然大觉大悟了！这个老子年代的问题原来不是一个考证方法的问题，原来只是一个宗教信仰的问题！像冯友兰先生

一类的学者，他们诚心相信，中国哲学史当然要认孔子是开山老祖，当然要认孔子是“万世师表”，在这个诚心的宗教信仰里，孔子之前当然不应该有个老子。在这个诚心的宗教信仰里，当然不能承认一个跟着老聃学礼的孔子。试看冯友兰先生如何说法：“……在中国哲学史中，孔子实占开山之地位。后世尊为惟一师表，虽不对而亦非无由也。以此之故，此哲学史自孔子讲起。”（冯友兰《中国哲学史》，页二九）懂得了“虽不对而亦非无由也”的心理，我才恍然大悟：我在二十五年前写几万字的长文讨论“近人考据老子年代的方法”真是白费心思、白费精力了。

1920年代梁启超撰文《评胡适之〈中国哲学史大纲〉》一文开始，提出六条证据，证明《老子》书作于战国末年。于此，孔老先后问题引起学术界的热烈讨论。胡、梁二人在当时的学术界威望很高，如此针锋相对，在学术界引起巨大震动，不少人参与讨论。至1931年，冯友兰著《中国哲学史》，又将老子放在孔子、墨子、孟子之后，再一次引起广泛争论。

二、道的提出

在哲学概念、范畴、命题的提出，老子哲学都是最高水平的，对中华民族理论思维能力，以及抽象思维的深化产生了巨大影响。在老子哲学中，道为万物之母、万物之宗。在宇宙万物之外是什么？在天地之始是什么？古人在这些问题中，推导其必有——起先必有一个“道”，以道为起点，形成了老子哲学的宇宙生成论。

道可道，非常道。名可名，非常名。无，名天地之始；有，名万物之母。故常无，欲以观其妙；常有，欲以观其徼。此两者，同出而异名，同谓之玄。玄之又玄，众妙之门。

——《老子·第一章》

道冲，而用之或不盈。渊兮，似万物之宗；湛兮，似或存。吾不知谁之子，象帝之先。

——《老子·第四章》

道生一，一生二，二生三，三生万物。

——《老子·第四十二章》

《老子》《庄子》中关于道的演化的内容：

大曰逝，逝曰远，远曰反。

——《老子·第二十五章》

反者道之动。

——《老子·第四十章》

夫物芸芸，各复归其根。

——《老子·第十六章》

万物皆出于机，皆入于机。

——《庄子·至乐》

对于这个一切原因的原因而自己却没有原因的“道”，语言不能准确而充分地表达，经验的方法也难以认知和把握，但它却是万物成为万物的根据和起点。以“道”为核心，道家哲学关于本体论的阐述见于多部经典中：

且道者，万物之所由。

——《庄子·渔父》

道者，万物之所然也，万理之所稽也。理者，成物之文也；道者，万物之所以成也。

——《韩非子·解老》

小以成小，大以成大……鸟得而飞，鱼得而游，兽得而走；万物得之以生，百事得之以成。人皆以之，莫知其名。

——《黄帝四经·道原》

道也者，口之所不能言也，目之所不能视也，耳之所不能听也，所以修心而正形也；人之所失以死，所得以生也；事之所失以败，所得以成也。凡道无根无茎，无叶无荣。万物以生，万物以成，命之曰道。

——《管子·内业》

道也者，动不见其形，施不见其德，万物皆以得，然莫知其极。

——《管子·心术上》

山以之高，渊以之深，兽以之走，鸟以之飞，日月以之明，星历以之行，麟以之游，凤以之翔。

——《淮南子·原道训》

此外，《老子》中多处用“婴儿”“玄牝”“朴”等为之比喻：

载营魄抱一，能无离乎？专气致柔，能如婴儿乎？

——《老子·第十章》

知其雄，守其雌，为天下溪。为天下溪，常德不离，复归于婴儿。

——《老子·第二十八章》

众人熙熙，如享太牢，如春登台。我独泊兮，其未兆；沌沌兮，如婴儿之未孩；儡儡兮，若无所归！众人皆有余，而我独若遗。我愚人之心也哉！

——《老子·第二十章》

谷神不死，是谓玄牝。玄牝之门，是谓天地根。绵绵若存，用之不勤。

——《老子·第二十章》

古之善为道者，微妙玄通，深不可识。夫唯不可识，故强为之容：豫兮若冬涉川；犹兮若畏四邻；俨兮其若客；涣兮其若凌释；敦兮其若朴；旷兮其若谷；混兮其若浊；孰能浊以静之徐清？孰能安以静之徐生？保此道者，不欲盈。夫唯不盈，故能蔽而新成。

——《老子·第十九章》

道常无为而无不为。侯王若能守之，万物将自化。化而欲作，吾将镇之以无名之朴。镇之以无名之朴，夫将不欲。不欲以静，天下将自正。

——《老子·第三十七章》

见素抱朴，少思寡欲，绝学无忧。

——《老子·第十九章》

知其白，守其辱，为天下谷。为天下谷，常德乃足，复归于朴。

——《老子·第二十八章》

道常无名，朴。虽小，天下莫能臣。侯王若能守之，万物将自宾。

——《老子·第三十二章》

用“寂兮寥兮”“绳绳兮”“渊兮”“湛兮”“惚兮恍兮”“周行而不殆”等形容词来描述祂。

有物混成，先天地生，寂兮寥兮，独立而不改，周行而不殆，可以为天地母。吾不知其名，字之曰道，强为之名曰大。

——《老子·第二十五章》

渊兮，似万物之宗；湛兮，似或存。吾不知谁之子，象帝之先。

——《老子·第四章》

视之不见，名曰夷；听之不闻，名曰希；搏之不得，名曰微。此三者不可致诘，故混而为一。一者，其上不皦，其下不昧。绳绳不可名，复归于无物，是谓无状之状、无物之象，是谓惚恍。迎之不见其首，随之不见其后。执古之道，以御今之有，能知古始，是谓道纪。

——《老子·第十四章》

道之为物，惟恍惟惚。惚兮恍兮，其中有象；恍兮惚兮，其中有物。

——《老子·第二十一章》

对宇宙的最终合理性的期待、个人最终会在这合理性中得到安顿的信赖感是人意识深处最为执着的一个问题，这种对宇宙合理性的期待变成自觉的精神诉求，就成为宗教的根源。

“道”作为本体，不在人的经验之内，故只能依据直观，或思维推定的理由，以设定其存在。相信其实有，这是一种信仰的情怀。

道者，万物之奥。

——《老子·第六十二章》

大道泛兮，其可左右。万物恃之以生而不辞，功成而不有。衣养万物而不为主，可名于小；万物归焉而不为主，可名为大。以其终不自为大，故能成其大。

——《老子·第三十四章》

夫道有情有信，无为无形；可传而不可受，可得而不可见；自本自根，未有天地，自古以固存；神鬼神帝，生天生地；在太极之先而不为高，在六极之下而不为深，先天地生而不为久，长于上古而不为老。

——《庄子·大宗师》

三、有生于无："无"的提出及其意义

道家之无，作为其哲学思想的重要内涵和一大特色，有脍炙人口的"有无相生""有之以为利，无之以为用"等名句。

天下万物生于有，有生于无。

——《老子·第四十章》

三十辐共一毂，当其无，有车之用。埏埴以为器，当其无，有器之用。凿户牖以为室，当其无，有室之用。故有之以为利，无之以为用。

——《老子·第十一章》

天下皆知美之为美，斯恶已，皆知善之为善，斯不善已。故有无相生，难易相成，长短相形，高下相倾，音声相和，前后相随。是以圣人处无为之事，行不言之教，万物作焉而不辞，生而不有，为而不恃，功成而弗居。夫惟弗居，是以不去。

——《老子·第二章》

人皆知有用之用，而莫知无用之用也。

——《庄子·人间世》

道家哲学揭示了矛盾的普遍性，以"有无"这对矛盾为基始，又展开出世间的许多矛盾关系。如"明道若昧""正言若反""祸兮福所倚，福兮祸所

伏”，等等。

明道若昧；进道若退；夷道若颣；上德若谷；广德若不足；建德若偷；质真若渝；大白若辱；大方无隅；大器晚成；大音希声；大象无形；道隐无名。夫唯道，善贷且成。

——《老子·第四十一章》

天下莫柔弱于水，而攻坚强者莫之能胜，以其无以易之。弱之胜强，柔之胜刚，天下莫不知，莫能行。是以圣人云：“受国之垢，是谓社稷主；受国不祥，是为天下王。”正言若反。

——《老子·第七十八章》

其政闷闷，其民淳淳；其政察察，其民缺缺。祸兮福所倚；福兮祸所伏。孰知其极？其无正邪？正复为奇，善复为妖。人之迷，其日固久。是以圣人方而不割，廉而不刿，直而不肆，光而不耀。

——《老子·第五十八章》

曲则全，枉则直，洼则盈，敝则新，少则得，多则惑。

——《老子·第二十二章》

将欲歙之，必故张之；将欲弱之，必故强之；将欲废之，必故兴之；将欲取之，必故与之。是谓微明。

——《老子·第三十六章》

反者道之动；弱者道之用。

——《老子·第四十章》

甚爱必大费；多藏必厚亡。

——《老子·第四十四章》

大成若缺，其用不弊。大盈若冲，其用不穷。大直若屈，大巧若拙，大辩若讷。

——《老子·第四十五章》

圣人不积，既以为人己愈有，既以与人己愈多。

——《老子·第八十一章》

从宏观上看，任一事物都有与之相对立的事物，两个相对立的事物便构成第三物。这第三物又有自己的对立面，如此推演，就是一个无限的系列。

从微观上看，任一事物内部都包含两个以上的对立面，每个对立面又包含对立面，也会有一个无限的系列。

处于矛盾对待中的事物由于具有一定的形质规定性，可以通过日常的认知途径得以认识，而具无限性意义的东西必然是不可指称、无法命名的东西。具无限性意义的东西必须是不具任何形质规定性的东西。

黑格尔（Georg Wilhelm Friedrich Hegel）认为：把原则规定为“无限”，所造成的进步：在于绝对本质不再是一个单纯的东西，而是一个否定的东西、普遍性，一种对有限者的否定。①

科学以及很多哲学流派一般都以存在、以“有”为对象，而道家却以“无”为对象，从“有”中看到“无”。“无”作为哲学概念的提出其意义是非同寻常的，对“无”的强调是道家最有特色的思想。

“无”是生活中经常遇到的现实，人们总会问什么东西是“有”还是“无”，它“在”还是“不在”，而老子却把“无”抽象到概念的高度。“无”是对“道”的“无状之状”“无象之象”的一种抽象，是对我们不能把握的本原、本始状态的“道”的一个规定。用“无”来规定“道”所具有的无限性和广袤性，就可以把作为世界本原的“道”与有形的、具体的物相区别。万有千变万化、有形有象、有生有灭，为此则不能为彼，它们都只有一种可能和表现，不足以成为本体。“无”没有任何具体的规定，有无限的可能性，才堪称万有的根本，是一切物质现象赖以生存的根据。在这个意义上，“无”比“有”更接近于“道”；“道”的逻辑是从“无”推演出“有”。

叶秀山说：“那个无，只有人才能体会出来的，动物不可能有无的度，对动物来说，一切皆有。……只有人才有可能看得见（但看不清）那天地、宇宙、世界之无限。……西方近代哲学中的无限是思想到的，而《老子》中的无限则是看到的。‘思（想）’到无限固然需要智慧，而看到无限同样需要智慧；我们甚至可以说，‘思（想）’到那抽象的、概念式的无限，有小智慧就行了，但要看到那具体的无限，则非有大智慧不可。”“所以，老子不但不反对智慧，而且提倡智慧；不过他所提倡的是大智慧，是看得见黑暗的智慧，而不是小聪明、小计谋。看得见光明并不稀奇，要看得见黑暗才算有本事。”

---

① ［德］黑格尔著，贺麟、王太庆译，《哲学史讲演录》，北京：商务印书馆，1978年版。

在西方哲学史上，黑格尔认为真正的哲学始于古希腊的巴门尼德。巴门尼德（Parmenides of Elea）认为只有可以表达和可以思想的才存在。“有”的世界就是可理解、可认知的世界，所以只有“有”存在；“无”不能被认识和表达，也无法达到，所以“无”不存在。黑格尔的逻辑学就以“有”作为开端，“无”则是“有”的自身否定。他说：“有之为有并非固定之物，亦非至极之物，而是有辩证法性质，要过渡到它的对方的。‘有’的对方，直接地说来，也就是‘无’。总结起来，‘有’是第一个纯思想，无论从任何别的范畴开始（如从我即是我，从绝对无差别，或从上帝自身开始），都只是从一个表象的东西，而非从一个思想开始；而且这种出发点就其思想内容来看，仍然只是‘有’”。杨一之对此评价说：“黑格尔固然主张有与无的同一，但也同时强调要从有开始。他不但辛辣嘲笑东方或印度古代所揭示的无，也多次批驳费希特以自我为开端，认为开端只能是纯有。”邓晓芒也说：“西方总的说来是‘有’的哲学，无论他们如何规定有、无关系，他们的第一个基本的范畴总是有。”

在今天的西方哲学界，忽略“无”的情形已有改变。克尔凯戈尔认为虚无是个人对生存的最本真的体验。萨特把存在虚无化。他说人给这个世界添加了一个“无”。在世界万物之中，唯有人能够以否定的态度对待世界，人使世界“否定化”“无化”。在海德格尔的哲学体系中，“无”超越了“有”而成为最高原则。他说：“作为与存在者不同的东西，无乃是存在的面纱。”张世英评价海德格尔关于“无”的思想说：“把握‘无’从而真正把握人与存在协调合一之整体，乃是哲学之最高任务，哲学思考之第一要义……存在者的整体，或者说存在，是一般遵循‘公众逻辑’的语言所不能说的，‘存在’会因这种语言的表达而隐匿、而被遮蔽；只有在语言不能表达的地方，在不可说的地方，通过‘无’的境界，才能使‘存在’敞亮，让我们领悟到‘存在’的真谛。”海德格尔认为哲学的最高任务就是通过“无”来把握人与存在的整体关系。

在现代，中西哲学已经在对“无”的理解和思索中形成了交汇。老子将哲学和宗教上的“不可知”以及科学上的“未知”领域纳入“无”，提出“有”和“无”这对范畴，并把哲思引向“无”这个非实体性的本原存在，是非常深邃而独特的，具有十分重要的哲学价值。有很多常识和经验难以把握的、不可知的领域、科技尚未认识到的世界、我们不能或还没有经验到的东西，以及许多纯精神和心灵的活动，都可以纳入“无”的范围，这将有助于把人类的智慧追求和心灵提升推向更高的高度，不断去超越思维的极限。由于“无”本身就包含了新的、更大的可能性，展示了无穷的创造元素，“无”就蕴含了不同的发展向度，导向无数可能的、有未来的世界。在形而上学终结之后的当今社会思索形而上学，老子关于“无”的哲思将为我们提供智慧，引领我们去开启更为丰富而深刻的哲学形态，发展出深刻的哲学思想。

四、结语——道与语言和行走

道与语言的关系为何？《庄子·齐物论》：“道行之而成，物谓之而然。”“天地与我并生，而万物与我为一。既已为一矣，且得有言乎？既已谓之一矣，且得无言乎？一与言为二，二与一为三。自此以往，巧历不能得，而况其凡乎！”《庄子·外物》：“荃者所以在鱼，得鱼而忘荃；蹄者所以在兔，得兔而忘蹄。言者所以在意，得意而忘言。吾安得忘言之人而与之言哉？”

透过语言，人们谈论世界，谈论语言，谈论对谈论的谈论。语言在根本的意义上并非对思维和经验内容的描述。我们需要重新认识思维和语言的关系：不是思维先于语言，而是语言先于思维。我们是用语言来进行思维的。没有语言，就没有思维。语言不是思维的工具，而是思维本身。笛卡尔说：“我思故我在。”我与世界的一切联系，皆是语言的联系。我们的世界便是一个语言的世界。

“道”是人行走出来的。“道”是“辵”（行）与“首”的结合。辵，乍行乍止也。“道”作为形而上的最高本体，一直引领着世人探索那条通往精神和生命安顿之所的道路。在无路之处，人的“行”将开辟道路。（本文已经作者审阅）

2019年1月4日晚，受中央民族大学道教与术数学研究中心主任谢路军教授邀请，中国社会科学院哲学研究所研究员、博士生导师、第十三届全国政协委员陈霞女士在中央民族大学举行了题为“道不可道、说不可说——道家哲学辨析”的学术演讲。本文系根据讲座课件整理。

二十一
周易的生态思想

主讲：刘惊铎

《周易》是高维思想的智慧结晶，只有升维鸟瞰，才能洞开、体悟其中的奥妙。《周易》的卦象、爻位、爻辞，不是固定不变的结论，而是与时俱进的生态智慧河流，我们应该在人类及中华民族生生不息（易变）的思想长河中，动态体认《周易》的奥妙。《周易》中溢流着生态思想：在物理层面上，《周易》是对生态哲学高度的凝练概括；在思想层面上，《周易》为人类洞开了生态智慧之门；在行为层面上，在生态体验中不断习得《周易》给我们的启示，便能够摄能穿行。

刘惊铎　教授，博士生导师，生态体验理论创始人，现任国家开放大学政法学部部长，教育部数字化工程中心生态体验与网络社会工作部负责人，国际生态体验中心主任，澳门城大等博异，国际生态体验学委会创会主席。专业方向为教育学、德育学、生态体验学、科学工作体验学、生态网络社会学、传统美德教育学、生态养生学、生态体验式生涯规划、教育文化生态学。

《周易》是高维思想的智慧结晶，只有升维鸟瞰，才能洞开、体悟其中的奥妙。《周易》的卦象、爻位、爻辞，不是固定不变的结论，而是与时俱进的生态智慧河流，我们应该在人类及中华民族生生不息（易变）的思想长河中，动态体认《周易》的奥妙。《周易》中溢流着生态思想：在物理层面上，《周易》是对生态哲学高度的凝练概括；在思想层面上，《周易》为人类洞开了生态智慧之门；在行为层面上，在生态体验中不断习得《周易》给我们的启示，便能够摄能穿行。君子之德，善于步入三重生态圆融互摄之境，让生命摄能穿行，洞开生命智慧之门。在新时代对《周易》作新方位的解读和运用，让《周易》生态思想在生命健康成长、生活幸福体验中灵活应用。《周易》生态思想可以融通三重生态关系，融入生活世界，优化生命样态，提升人格境界，穿越生命云层，饱享世间乐趣。

一、升维鸟瞰，体悟周易奥妙

为什么要学、用《周易》？作为弱小的生命个体，自出生以后，我们就被抛入茫茫人海，面对着如棋的世局、如沸的红尘，每个人的命运有着巨大的不确定性……我们都想要知道存亡吉凶、明得失祸福。《周易·系辞》说："生生之谓易"，"君子四知：知微知彰，知柔知刚，万夫之望"。《周易》是高维思想智慧的结晶，学用《周易》可以使人的认知、思想升维，更清醒、更全面地认识和把握自己的命运。

我们先来体认《周易》最核心的卦之一，也是六十四卦中最吉利的卦——谦卦。谦卦是六十四卦中唯一一个每个爻都是吉的卦，它的卦辞是："谦，亨，君子有终。"谦德君子万事皆能亨通，且行谦有始有终。谦卦的象传有"人道恶盈而好谦"。谦卦体现的生态智慧是：谦虚、谦卑，是最有益的处世为人之道。清代刘沅曰："有而不居曰谦。"老子云："圣人后其身而身先；外其身而身存。"（《道德经·第七章》）毛泽东主席说："虚心使人进步，骄傲使人落后。"他们说出了谦德的表现和益处。

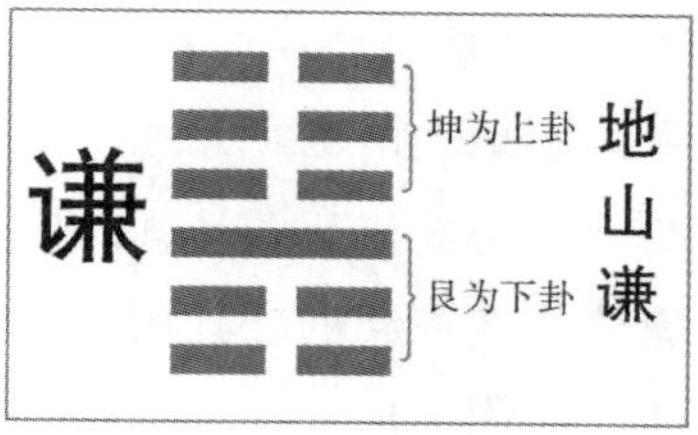

图1　谦卦

由图1谦卦可见，学习《周易》可以使人明了吉凶祸福发生的机理，从而学会趋吉避凶、得福远祸的方法。故《周易·系辞下传》第六章云：“子曰：夫易，彰往而察来，而微显阐幽，辨物正言，断辞则备矣。其称名也小，其取类也大，其旨远，其辞文，其言曲而中，其事肆而隐，以明失得之报。噫！亦要存亡吉凶，则居可知矣……”

关于《周易》一书之所以名“易”，历代学人众声鼎沸，认识却是一致的。具有代表性的，一为唐代经学家孔颖达的论断：“夫《易》者，变化之总名，改换之殊称。”一为宋代鸿儒朱熹所下的定义：“《易》，书名也，其卦本伏羲所画，有变易之义，故谓之《易》。”《四库全书总目提要》云：“易道广大，无所不包，旁及天文、地理、乐律、兵法、韵学、算术，以逮方外之炉火，皆可援以为说。”

《周易》是高维思想智慧的结晶，升维鸟瞰，才能体悟其中的奥妙。《周易》乃天人之学、大道之源、群经之首、百家之宗。作为一部研究宇宙自然规律和人间大道的哲学巨著，它是中国本源传统文化的精髓、中华文明的源头活水、诸子百家思想的总源头。黑格尔说：“《易经》代表了中国人的智慧，就人类心灵所创造的图形和形象来找出人之所以为人的道理，这是一种崇高的事业。”① 国外尊崇的是中国的原创理论，我们应该自觉皈依民族原创理论。《周易》《道德经》《论语》《黄帝内经》等是中华民族重要的原创理论元典，全人类都在尊重、学习之。

二、《周易》中洋溢着生态思想

《周易》中充满高能量生态智慧，《周易》是生态之学、生命之学、生存之学、人与事物发展变易之学，孔颖达《周易正义》解说，《易》卦六十四，分为上下：上篇三十，阴阳之本始、万物之祖宗；下篇三十四，男女之始、夫妇之道也。而无分阴阳与男女，均以“生生”为第一要义。“生生之谓

---

① ［德］黑格尔著，贺麟、王太庆译，《哲学史讲演录》，北京：商务印书馆，1978年版。

易”，这是《周易·系辞》中的一个核心概念。“生生”也者，乃生命繁衍，孳育不绝之谓也。天地感而万物化生。生、化二字是中国古典哲学中的两个重要范畴。化有多义，此处当指化育、生长。化是生的存在方式。二者是紧密联系在一起的。其核心理念，是阴阳和合，“一阴一阳之谓道”，“独阴不生，孤阳不成”。“乾道成男，坤道成女”，“天地氤氲，万物化醇。男女构精，万物化生”（《系辞》）。

图2　阴爻与阳爻

《周易》的符号话语系统包括符号和文字，如图2，图3，图4 所示。《周易》的话语系统包含《卦画》《卦名》《经辞》《爻位与爻辞》《彖辞》。《周易·易传》为孔子所作，包括《系辞传》（上、下）、《文言》《说卦》《序卦》《杂卦》《小象》，都是为《大象》服务的。例如，《周易》阐发命运天机的文辞：“积善之家必有余庆，积不善之家必有余殃。”“《象》曰：天行健，君子以自强不息。”“善不积不足以成名，恶不积不足以灭身。”其中，《象》即《象传》。

图3　乾卦、坤卦及其演卦

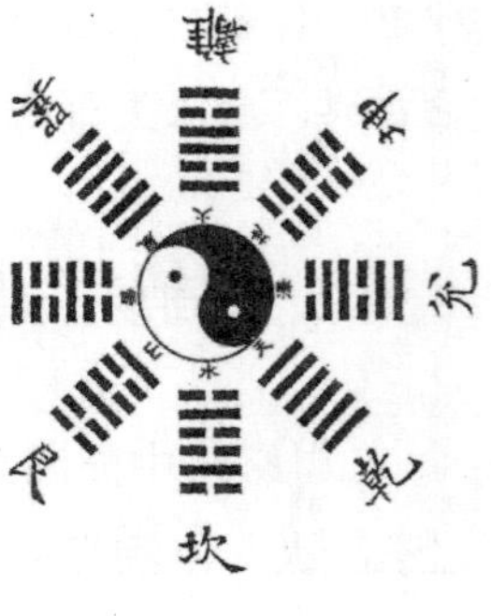
图4　后天八卦图

《周易》中的卦画—爻辞具有内在的逻辑关系。《周易》是一个简洁而寓意深刻的思想逻辑体系：“易有太极，是生两仪，两仪生四象，四象生八卦。”（《系辞传·上》）这 18 字真言，包含着破解宇宙自然发生、发展的秘籍。“易之为书也，广大悉备，有天道焉，有人道焉，有地道焉。”（《系辞传·下》）“古者包羲氏之王天下也，仰则观象于天，俯则观法于地，观鸟兽之文，与地之宜，近取诸身，远取诸物。”（《系辞传·下》）伏羲氏仰头研究宇宙天体运行规律；低头观察生物圈之山川水土资源，鸟兽鱼蟹习性；近则研究人际圈关系特征。将三重生态圈中万物凝练概括为天、地、人及其规律。易经用天、地、人概括大气圈、岩石圈、水圈、生物圈与人际圈的物质及变化，是一种高度的生态哲学凝练概括。天道即太阳、月亮、星星、雷、电、风、雨、暖等物象及其变化规律；地道即岩石圈、生物圈、水圈中的物象及其变化规律；人道即人圈中男女、父母、子女、君臣、商贾等及其生产关系变化规律。《系辞传》与《说卦传》都讲到“三才之道”，将天、地、人并立起来，视为“三才”，并将人放在“属人”的地位，强调以人为其“中正”中心，这足以说明人的地位之重要。

“四象生八卦”，四象交合化生出宇宙生态大系统的万事万物。“男女构精，万物化生”（《系辞传·下》），持续的阴阳交感、雌雄交接，生物界动植物繁衍生生不息，出现生态多样性的物种。《周易》将大气圈、岩石圈、水圈、生物圈与人际圈的生态系统中的八类自然物质、自然现象、人的生态要素以及内涵自然力与生产力，用下列符号表示出来——乾—坎—艮—震—巽—离—坤—兑，在天、地、人的思想框架之中，时、位、动、静有序。卦传记述：乾为天、为父、为玉、为金、为寒、为冰、为马、为木果；坎为水、为次子、为沟渎、为豕等；艮为山、为径路、为小石、为狗、为少男、为木多节等；震为雷、为龙、为长子、为萑苇；巽为木、为风、为长女，为鸡等；离为火、为电、为中女、为鳖、为蟹、为蠃、为蚌、为龟，为科上槁等；坤为地、为母、为牛、为腹等；兑为泽、为少女、为羊等。（《说卦传》）

《周易》占演天、地、人的生态变易之道，洞开生态智慧之门。君子之德，善于步入三重生态圆融互摄之境，让生命摄能穿行，洞开生命智慧之门。六十四卦如图 5 所示。

	天	泽	火	雷	风	水	山	地
天	乾	履	同人	无妄	姤	讼	遯	否
泽	夬	兑	革	随	大过	困	咸	萃
火	大有	睽	离	噬嗑	鼎	未济	旅	晋
雷	大壮	归妹	丰	震	恒	解	小过	豫
风	小畜	中孚	家人	益	巽	涣	渐	观
水	需	节	既济	屯	井	坎	蹇	比
山	大畜	损	贲	颐	蛊	蒙	艮	剥
地	泰	临	明夷	复	升	师	谦	坤

乾 ䷀	坤 ䷁	屯 ䷂	蒙 ䷃	需 ䷄	讼 ䷅	师 ䷆	比 ䷇
小畜 ䷈	履 ䷉	泰 ䷊	否 ䷋	同人 ䷌	大有 ䷍	谦 ䷎	豫 ䷏
随 ䷐	蛊 ䷑	临 ䷒	观 ䷓	噬嗑 ䷔	贲 ䷕	剥 ䷖	复 ䷗
无妄 ䷘	大畜 ䷙	颐 ䷚	大过 ䷛	习坎 ䷜	离 ䷝	咸 ䷞	恒 ䷟
遯 ䷠	大壮 ䷡	晋 ䷢	明夷 ䷣	家人 ䷤	睽 ䷥	蹇 ䷦	解 ䷧
损 ䷨	益 ䷩	夬 ䷪	姤 ䷫	萃 ䷬	升 ䷭	困 ䷮	井 ䷯
革 ䷰	鼎 ䷱	震 ䷲	艮 ䷳	渐 ䷴	归妹 ䷵	丰 ䷶	旅 ䷷
巽 ䷸	兑 ䷹	涣 ䷺	节 ䷻	中孚 ䷼	小过 ䷽	既济 ䷾	未济 ䷿

图 5　六十四卦图

三、《周易》生态思想融入工作生活

进入新时代，我们可对《周易》作新方位的解读。《周易》生态思想已经渗透到中国人生活的方方面面。《周易》的生态智慧，可以澄明生活世界，融通三重生态关系，优化生命样态，提升人格境界，穿越生命云层。

《易经》是生态学、生态经济与文化的大百科全书。早在 7000 多年前，中国祖先在《易经》中就构筑了朴素的逻辑性极强的生态思想框架。其天人合一、持续发展等的生态思想，与现代生态学的可持续发展思想出奇的一致；更令人拍案叫绝的是，易经六十四重卦中，多数卦的卦名及内涵竟与现代生态学的理论及政策惊人地吻合，如《节卦》与当代的资源节约、节能减排意思一致；《革卦》是变革旧有规则建立新的生态体制，这与当今倡导的为了生态文明、绿色发展进行体制改革、机制创新、社会治理能力提升如出一辙。此外，易经还有超越现代生态理论的观点及主张，如生态周期波动思想等。

当代人生存于三重生态之中，三重生态圆融互摄优化生命生态系统、优化生命样态。生态体验是在三重生态圆融互摄中平安、健康、舒心、安宁、润泽、靓丽、灵动、可持续的生命存在状态。生态体验理论之三重生态观包含元生态、类生态和内生态。元生态是人与大自然的关系。它是人类生命的物质滋养、审美的对象、休憩身心的栖息地、生态智慧的源头、生命回归的故乡、生存的终极边界。类生态是人与人、人与族群、人与文化的关系。它是人生命的社会依托、生命安全的保障、心智模式的经验源、行动模式的范型、生命发展的平台。内生态是人与其身、心、灵的关系。它是人生命存在（寄居）的载体、生命安顿的心灵居所、放飞梦想的无限时空、生命安宁的精神家园。

在《易传》看来，人与自然界本来是统一的，不能分离。人类离开了自然界，还有什么生命存在的依据？自然界离了人类，还有什么深远的意义？《乾》《坤》二卦是代表天、地的，天地本是以发育生长万物为功能。天之大，具有无限性、永恒性，所谓“天地之道，恒久而不已也”（《彖传上·恒》），就是形容其无限永恒之意义的。所谓“万物资始”（《彖传上·乾》），是说明万物生命是由天而来的，天就是生命之源。地之厚，能够“生物”，也能够“载物”，是一切生命得以存在的基础。所谓“万物资生”（《彖传上·坤》），就是说明万物的生命是由地而生成的。在这个意义上，并且仅仅在这个意义上，《易传》将天地比为父母，并没有其他任何神秘的意义。所谓“称乎父”“称乎母”（《说卦传》），只是说在发育生长万物的意义上，天可“称”为父，地可“称”为母。人们说，“大地是人类的母亲”，这不只是文学语言，也是真正的哲学语言。人类生命确乎是由天地自然界给予的，人对自然界应天然地葆有一种敬畏之心，这是毫不奇怪的，奇怪的是，人类从自然界获得生命，反而傲视自然、毁伤母体，以为自己了不起的那种自大狂的感觉。

生态体验理论顶层哲学命题是：三重生态圆融互摄优化生命样态。我们可以构画一个生态体验理论形态示意图（见图6），内生态展现的是肉身生命存在样态、精神家园茂芜状态、心灵开闭舒抑状态，其中发生着心灵感受时空流变、灵魂皈依理想信念、生命原创信息流等。元生态包括人与宇宙云山、水土气生、草木瓦石、云路端池台、声光温湿味、墙门桌椅窗等的关系。类生态除了人与人、人与族群、人与文化的关系，还包含族群与族群、文化与文化、人与网络社会等的关系。三重生态圆融互摄，则可洞开生命智慧之门，摄能穿行。我们可以在生态体验中摄能穿行，臻于美善和谐境界；在生态体验中，生命走向诗意栖居；在生

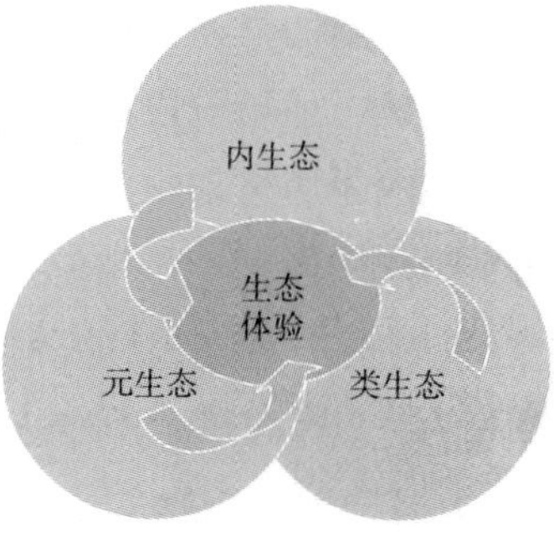

图6　生态体验理论模型图

态体验中，生命臻于欢歌笑语的人生境界……

《周易》的生态思想自觉凸显天、地、人的生态和谐统一，卦爻辞中一以贯之的是“天人同道”（汉·王充《论衡·谴告》）、“天人同德”“天人同构”三重维度。《周易》的思维方法，是一个以感悟为特色，在对事物整体把握的前提下进行辩证思维的方法论体系，它不仅承认矛盾对立的普遍存在，进一步确认矛盾对立的运动变化，同时又更深一层地揭示了：在一定条件下，阴阳矛盾的对立与相互转化。比如，天地、男女，没有地，岂有天？没有女，岂有男？阴阳二气，相摩相荡，相互对立又相互依存而运动变化。六十四卦中有所谓正对卦、反对卦，如《泰》卦与《否》卦，卦爻之象相反，《泰》象征安吉通泰，《否》象征否塞多灾，彼此矛盾对立，但又相互依存而转化，乐极生悲，由《泰》化《否》；否极泰来，脱《否》转《泰》，矛盾运动，生生不息，这是生活的辩证法。

《周易》更指出，运动变化是绝对的，而阶段性的静止是相对的。比如按照卦序，《既济》与《未济》是六十四卦中的最后两卦。《既济》象征已经安全渡河，事业成功；《未济》象征尚未涉险渡河，事业未成。按照常理，最后一卦应为《既济》；但《周易》作者却置《未济》为最后一卦。此卦序排列，充分体现了辩证思维——《未济》后于《既济》的卦序显示，象征事业成功的《既济》卦，只是取得阶段性的暂时胜利，让现实生活中的人们不断觉悟并受到激励，应该再次卷起裤腿，准备重新涉险渡河，开始新的征途。这说明了矛盾运动，辩证发展，旧阶段虽然完成，但新阶段的长征却又开始，人们在高歌猛进而自强不息的矛盾运动中，又继续前进，进而上升到一个新的更加文明的阶段。

图7　履卦

《周易》安危变易法则之卦例为《履卦》（见图7），其卦辞为：“履虎尾，不咥人，亨。”此卦为兑卦与乾卦相叠，“兑柔遇乾刚，所履危。如上下各得其位则安”。卦义是脚踏实地地向前进取的意思。得此卦者，需反省自己的态度，对人（长辈）是否有轻慢、不敬之意。“履以和行，先险后夷，先劳后逸，先苦后甜。”人生不如意事常八九，但凡事要有礼、有理，在人际交往中要遵循正道，和悦且适可而止，切莫自负逞强，则会化险为夷。战战兢兢、如履薄冰。先劳而后逸，始惊而后安，百事不宜急进，可以将坏事变为好事。

四、生态体验活动——生命之履

通过生态体验活动，学员可以在自己的身心上切实体会三重生态理论的内涵。在生命之履的体验活动中，生态体验理论的导引者（老师）请在场的学员做左右手手指交叉的动作，提醒学员注意插手指后是左手大拇指在上还是右手大拇指在上，然后与学员进行开放式对话："你最大的感受是什么？你对生命之履有了怎样的感悟？你还有什么新领悟？"导引者（老师）还会带领学员进入"体验之思"：1）人的身体是一个神奇的生命系统。插手指是撬动生命的惯性系统。2）习惯是生命的原生态存在形态，习惯是最省力、最容易被忽略的生命存在形态与表达方式。

导引者与体验者（师生）一起进行"理论反思与提升"：1）一个人习惯的形成是将经验固化的过程，也是生命舒适化的过程。习惯增加了生命的确定性，同时减少了生命的可能性。习惯会给生命带来吉凶祸福，甚至演变成生命的自我桎梏。2）学习、交往和上网等习惯的改变，需要让生命升维，可以深层体认周易与生态体验原理，建构新的更高的人生意义坐标。3）行动方式的干预性改变，可以有效改变行为习惯、情绪状态、思维方式、生命样态。4）产生生命的无底深渊感，是生命大智慧萌生的重要标志。领悟到生命脆弱性，生命更有力量感。如《诗经·小雅·小旻》云："战战兢兢，如临深渊，如履薄冰。"《系辞传·下》："是故，履，德之基也；谦，德之柄也；复，德之本也……履，和而至；谦，尊而光……履以和行；谦以制礼；复以自知……"

在人生习惯形成的关键期，要及时有效地指导、示范并养成良好的生命安全习惯。一旦养成了良好的生命安全习惯，则受益终生。《德育报》记者周海平说："一次体验，胜过百次说教。"体验是人类大脑喜欢的友好存在方式。三脑融通是人类脑进化的新进路。在生态体验中融通三重脑，可以促进脑结构进化，培育超强大脑，优化生命样态（见图8）。大脑在完整和谐的三重生态体验中，习得的知识和行为方式，对趋吉避凶、优化生命样态具有积极意义（见图9）。

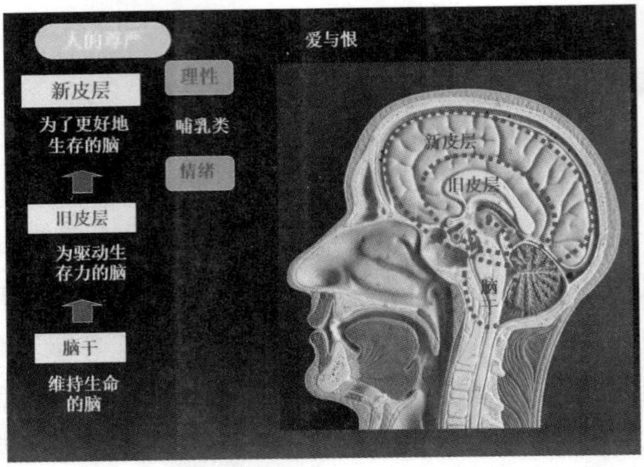

图 8　生态体验在脑结构进化中的作用

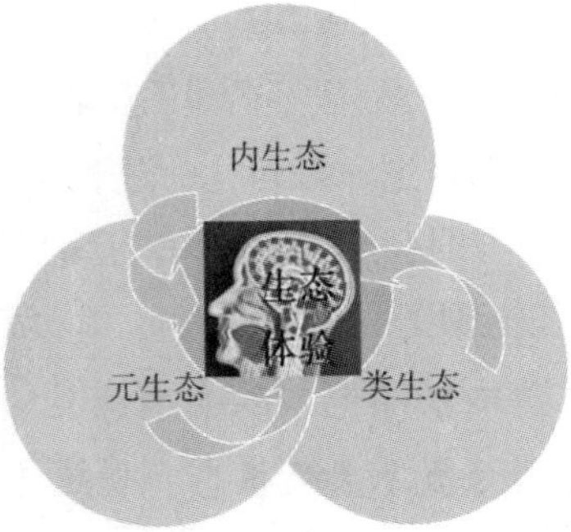

图 9　三重生态圆融互摄培育高能脑

孔子在《系辞传》里说：“作易者其有忧患乎？危者安其位者也，亡者保其存者也，乱者有其治者也，是故君子安而不忘危，存而不忘亡，治而不忘乱，是以身安而国家可保也。”正可谓：“生于忧患，死于安乐。战战兢兢，如临深渊，如履薄冰。”

《周易》阴阳消长变易法则之卦例——《泰卦》。在社会、家庭等生态群落中，君子、小人相互依存、相互消长，乃天理之本然，君主、家长高高在上、臣民、子女卑处于下，等级秩序僵化而民情消息不通，便矛盾对立、陷于乱世、乱家。若位置互换，君主、家长屈尊平易以体察下情，臣民、子女受尊重而下情畅达，则渐成和谐融洽、生机活力之治世、治家。《泰卦》乃“小往大来”之势，是阳刚之德的君子在内，且健于行事，秉承阴柔之质的小人在外，并顺以听命。虽须积极进取克服困难，却赢得君子道长、小人道消的治世（家）局面，其发展前景自吉、亨，臻于祥泰之境。

《周易》开启生命智慧之门。我们应该在人类及中华民族生生不息（易变）的思想长河中，动态体认《周易》的奥妙。《周易》的卦象、爻位、爻辞不是固定不变的结论，而是与时俱进的生态智慧河流和生命智慧之门。作为一部国学元典，《周易》的确是彻里彻外地浸满了动态变化理念。《系辞》中所言：《易》之“为道也屡迁，变动不居，周流六虚（周转六个虚爻）。上下无常，刚柔相易。不可为典要（不能视为僵化、固守的经典要籍），唯变所适”。这也充分体现在卦、爻所代表的物象、观念及其排列组合上。

《周易》中六爻的动态演化，就是天、地、人三才交感的生态之道。在动态交遇之“际”的意义上，才能对《易传》“三才之道”作出准确的理解。在以往的知解式理解中，道成为异在于人自身的自在法则，它陷入与《易传》自身整体的矛盾之中。实质上，《易传》的道是经由人自身的活动而切近于人自身，并在天、地、人相遇的能动性活动中生成的。《周易》曰“悔吝者，言乎其小疵也。无咎者，善补过也”。《周易》用吉凶、悔吝、忧虞、刚柔等字样，揭示生命生态系统的运行和谐与否、丰收还是歉收，是天灾还是人祸。如“圣人设卦观象，系辞焉而明吉凶，刚柔相推而生变化”。意思是先祖创造卦象用以观察宇宙间万事万物的现象，附上卦辞以告知吉凶的趋向。那么吉凶是什么意思？“吉凶者，失得之象也。悔吝者，忧虞之象也。变化者，进退之象也。刚柔者，昼夜之象也。”“吉凶”，是成功或失败的现象。“悔吝”，是表示有忧虑、顾虑的现象。“变化”，是前进或后退的现象。“刚柔”，即是昼夜，夜尽昼来，昼尽夜来的现象。

孔子在《乾·文言》中曰：“亢之为言也，知进而不知退，知存而不知亡，知得而不知丧。其唯圣人乎？知进退存亡，而不失其正者（则无悔事）。”我们在当代道家大德黄胜得先生导引下，现场具身体验漱自家水的丹道基本功，用生动形象的道家实修法门说明了“水火既济、求无不利”的生命生态之道。

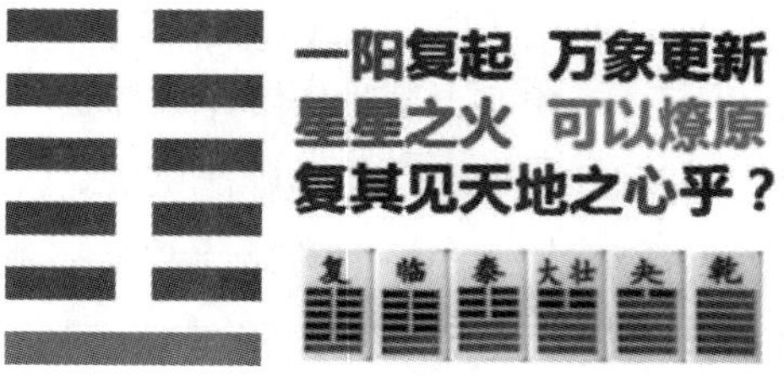

图 10 从复卦到乾卦演进的内在逻辑序列

人处在生命生态系统之中，必将经历创建、成长、繁荣、衰落的周期性波动过程。先贤用十二重卦——《乾》《坤》《屯》《蒙》《需》《讼》《师》《比》《小畜》《履》《泰》《否》，说明生态系统发展的周期性波动。《乾卦》告示，“天”有巨大的创生力，是生命生态系统之父；《坤卦》阐释“地”的孕育力、承载力，是生命生态系统之母；天、地交合创生出生命生态系统，从而生命生态系统经历了《屯卦》的婴儿期、《蒙卦》的幼儿期、《需卦》的少儿期、《讼卦》的少年期、《师卦》的青春期、《比卦》的青年期、《小畜卦》的中年期、《履卦》的壮年期、《泰卦》的成熟期、《否卦》的暮年期，如图 10 所示。说明每一生命生态的演进阶段，都将迎接一次巨大的机遇与挑战。

人在生命生态系统中所应实现的美好愿景是怎样的呢？《周易》用《咸卦》《丰卦》《恒卦》《益卦》《贲卦》《随卦》《升卦》勾画了通过遵循天道、地道与人道，得到生命生态系统的庇佑，可能实现的天、地、人和谐发展的美好愿景。其中，《咸卦》代表生命生态愿景，《丰卦》表示物阜民丰的丰收的愿景，《恒卦》代表经济社会恒久发展的愿景，《益卦》表达的是经济效益与生态效益良性互动的愿景，《贲卦》属于生态景观愿景，《随卦》是代际公平愿景，《升卦》是生态经济福利持续增加的愿景。

人要顺应生命生态规律办事，用《谦卦》《夬卦》《既济卦》《涣卦》《未济卦》《大壮卦》《渐卦》《睽卦》揭示了生命生态演进的主要规律。其中，《渐卦》是渐进式的演化规律，《既济卦》揭示了生态平衡规律，《未济卦》说明的是生态位错位规律，《大壮卦》显示了盛极必衰规律，《谦卦》表达的是自然力递减规律，《夬卦》则揭示了自然力报复规律，《涣卦》揭示了生态经济系统中的热力学第二定律，或称熵增定律；《睽卦》则是生态对立统一规律。

天、地之中可用的生态资源，用《巽卦》《兑卦》《中孚卦》《井卦》《离卦》《明夷卦》《大有卦》《萃卦》《晋卦》。其中，《巽卦》代表森林资源、《兑卦》代表湿地资源、《中孚卦》指向海洋资源、《大有卦》属于太空资源、《离卦》是火力资源、《明夷卦》是矿产资源、《井卦》是地下水资源、《萃卦》是人工生态资源，《晋卦》是生物多样性资源。

生命生态系统也不是无度发展的。古人用《观卦》《颐卦》《归妹卦》《小过卦》《大过卦》《无妄卦》，阐释了生态预警思想。《颐卦》代表绿灯，生命生态系统处于可持续发展区，反映粮食安全问题；《小过卦》代表黄灯预警，资源利用超过生态承载的量变点；《大过卦》代表橘灯预警，暗示人类的行为已触犯自然力递减规律，若不加调整，就会超越自然力承载限度；《归妹卦》代表红灯预警，生态系统处于极度不平衡状态，到了质变临界点；而《无妄卦》则代表黑灯预警，表示生态承载力全面崩溃，人类已无力回天，必遭莫大的“悔吝”。

用生态预警卦说明超载利用生态招致生态危机，同时告知生命生态系统也有一些非人为的自然灾害。《周易》用《震卦》说明地震灾害，用《艮卦》说明山体滑坡和火山喷发等地质灾害，《坎卦》代表水灾，《姤卦》代表生物灾害，《剥卦》代表大气圈的臭氧空洞，《损卦》代表大气圈的空气污染，《噬嗑卦》代表生物圈法治生态的缺失，《困卦》代表资源短缺危机，《蛊卦》显示人圈的生态赤字，《蹇卦》则显示了资源枯竭招致的经济社会超长波危机。

《周易》用《解卦》《家人卦》《临卦》《节卦》《鼎卦》《旅卦》《同人卦》《革卦》《大畜卦》《复卦》《遁卦》《豫卦》，表示应采取的相应对策。如针对人与生态的矛盾，《周易》用解卦告知后人要制定机制促进人与自然的和解；《家人卦》告示后人，当代人要做个好家长，生态修复后传递给后代；《临卦》说的是政府制定生态保护战略；《节卦》讲的是节约使用资源，与当前的循环经济政策相吻合；《鼎卦》是绿色产业支持政策；《旅卦》强调绿色出行政策；《复卦》告示要实施生态补偿政策；《同人卦》提示后人对待公共环境问题，要促进国际合作实施世界命运共同体的联合治理；《遁卦》讲的是减灾防灾经济；《革卦》告示要革除旧体制，进行生态文明与环境保护的体制机制创新；《豫卦》的意思是资源防御，实施走出去战略。

《周易》给出了三大做人标准，以高维标准和生态智慧匡正人类的文明生活方式：乾德—自强不息；坤德—厚德载物；革德—居安思危。我们从上述卦象与时代问题的联系中获得理论反思与提升：“遵从规则就是获得自由。”辩证地看，不遵守规则意味着人会部分或全部地失去自由。日常生活中不遵守规则而失去自由，甚至失去生命的事件，令人心痛，发人深思。歌德对遵守规则的智慧领悟表达在一首十四行哲理诗中：……在限制中才显出名手，只有法则能给我们自由。（歌德《自然与艺术》，1800 年）

让我们深刻体认周易生态智慧的新境界：在周易的生态思想下，把日常生产、生活和交往变成一种生命生态的探索体验之旅，进入一种有明确方向感、又充满生命智趣的文化生态隧洞，体验那种生态陶养的奥妙，自觉享受职场与人生的双重幸福！《周易》中的六句话启示了命运天机，这足以让我们受用终生。

（1）积善之家必有余庆，积不善之家必有余殃。

（2）天行健，君子以自强不息。

（3）地势坤，君子以厚德载物。

（4）劳而不伐，有功而不德，厚之至也。语以其功下人者也（不居而居者也）。

（5）善不积不足以成名，恶不积不足以灭身。

（6）二人同心，其利断金。同心之言，其臭如兰。

愿生活在高科技环绕、高度物质文明社会的人们，在网络社会和非网络社会的交汇处，更多地学习和传承中华优秀传统文化，自觉了解和体验《周易》的生态思想，不断提高人生境界，使生命之花绽放得更加灿烂，饱享世间恒久的幸福。（本文已经作者审阅）

2019 年 4 月 12 日晚，受中央民族大学道教与术数学研究中心主任谢路军教授邀请，国家开放大学政法学部部长、生态体验理论创始人刘惊铎教授在中央民族大学举行了题为“周易的生态思想”的学术演讲。本文系编者根据讲座课件和录音整理。

二十二
解读中国文化构成的密码
——浅谈中国命理学

主讲：陆致极

命理学的哲学基础是天人合一的理论。命是出生时的时空结构状态，它已是固结不变的，而运是命的外部环境或后天环境，它是仍在不断流变的宇宙状态。命理学包含刻画时空结构的干支符号系统、阴阳五行内涵，结构内各成分之间的复杂关系、相互作用以及在此基础上形成的分析程式。命理学用与亲属关系和人生成就相关的两个网络来映射现实生活。大数据研究方法揭示了“时空基因”与健康疾病的相关性，这为制定个性化养生策略，实现中医“治未病”的崇高理想提供了新的思路。

陆致极　上海复旦大学中文系硕士，美国伊利偌大学语言学系博士。计算语言学家，命理文化研究学者。著有计算语言学和命理学专著14部。

我研究语言学出身①，但中学时即与命理学结缘，后因人生重大事项的应验，而对命理学产生浓厚兴趣。我是怎么跟命理学结缘的呢？我是1965年升入高中。1966年文革开始，高考被取消了。带着对命运的迷茫，在1967早春的一个夜晚和朋友来到弄堂里，第一次请人“算命”。没想到对方竟然对我说：“弟弟，好好读书，30岁就好了。将来你要出洋游学的。”我很惊讶，因为当时跟海外没有任何联系。更不可思议的是，1978年恢复研究生入学考试，我考上了复旦大学中文系。硕士毕业后，又于1983年赴美留学，1991年获得美国伊利诺大学语言学博士学位。“预言”居然神奇地应验了！我的好奇心油然而生：决心弄个明白！弗朗西斯·培根说：“知识是一种快乐，而好奇则是知识的萌芽。”遂在退休之前决定专注于命理学研究，经过人生的又一个“十年寒窗”，取得了一些研究成果②。

一、什么是八字命理学？

八字命理学是中国古代发展起来的以一个人的出生时间为依据，去描写和预测他（或她）的命运的学说。这里，人出生的时间是确定的，是一种客观存在。以这个客观事实为出发点，没有任何神秘的含义。

命理学是中国传统文化中的一朵奇葩，它的哲学基础是天人合一的理论。天，就是自然界；人，就是人类。天人合一，即人类是天地万物中的一个部分，人与自然是息息相通的。这是东方先哲对天人关系的一种解答。如何认

① 陆致极先生是上海复旦大学中文系硕士，美国伊利诺大学语言学博士，出版了《计算语言学导论》《汉语方言数量研究探索》等多部计算语言学专著，在《中国社会科学》、*Studies in the Linguistic Sciences* 等中外学术杂志发表语言学论文二十余篇。经过人生的又一个“十年寒窗”，取得了丰硕的研究成果，出版了多部命理学学术著作。

② 陆致极先生出版的命理学学术著作有《中国命理学史论》《命运的求索》《又一种基因的探索》《解读时空基因密码：经松知道你的先天体质》《疾病早知道：再探时空基因密码》《现代八字命理学纲要》等。

识“天”呢？可由“气—阴阳—五行”的框架去认识。在古代先哲的眼里，世界上的一切都是由“气”构成的。庄子说：“通天下一气耳。”（《庄子·知北游》）气是世界的本原，是一种隐性的能量。阴阳是运动变化的根源。天地之气，动而不息，运动是它的根本属性；而运动变化的根源，则来自气自身固有的阳和阴两个方面的力量。最能反映阴阳互根、阴阳消长的是古代易学中的太极图（见图1）。五行包括“木、火、土、金、水”，“天降阳，地出阴，阴阳合而生五行”。（北宋·李觏《删定易图序论一》）由于阴阳二气的相互作用产生了五行。“五”最初是指人们日用不可缺少的五种物质资材；“行”是指这五种物质的运动和变化，也就是五种物质的内在属性和外在状态。有了“气—阴阳—五行”的认识框架，“天”就可能得到比较具体的刻画了。宇宙生生不息的运动过程，可以表现为具体的气的运动。而气的运动状态又可以通过阴阳的消长、五行的流行来予以认识和描写（见图2）。

图1　太极阴阳鱼

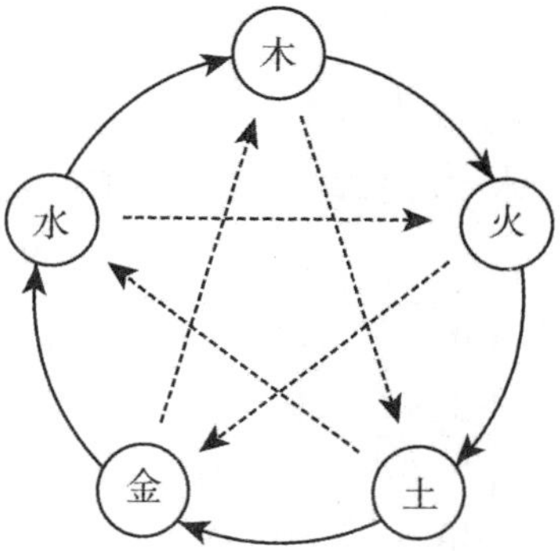

图2　五行生克关系图

如何认识“人”？《黄帝内经》说：“人以天地之气生，……夫人生于地，悬命于天，天地合气，命之曰人。”天地是个大宇宙，人是一个小宇宙。命理学把跟人出生时对应的宇宙状态的片段看作人的先天禀赋，把它称为“命”（命＝先天禀赋＝出生时特定的宇宙状态）。既然出生时的宇宙状态固结为“命”，命理学就有了十分具体的研究对象和探求的起点。“命运＝命＋运”。“运”是“命”的外部环境或后天环境。相对于任何一个特定的固结状态的“命”，那个仍在不断流变的宇宙状态，就成了这个“命”的外部环境或后天环境，命理学把它称为“运”。人的“命运”，究其根本，就是一个固结了的特定宇宙状态，在不断变化的宇宙状态中的遭遇。命理学就是应用阴阳五行原理来描写，并进而预测这样的遭遇。命是根据，运是环境；命是内因，运是条件。还可以把命比喻为车，把运比喻成路。人生就是车在路上行。

谈到“命”，表现出中国古人对人的初始状态的关注。这跟现代混沌理论对初始条件的敏感性是一致的。初值敏感的典型案例是蝴蝶效应：“一只蝴蝶在巴西扇动翅膀，一个月后会在美国得州引起龙卷风。”蝴蝶效应（The Butterfly Effect）由美国气象学家洛伦兹1963年提出，它形象地说明了：事物发展的结果，对初始条件具有极为敏感的依赖性，初始条件的极小偏差，都可能会引起结果的极大差异。

二、八字与时空结构

“命”是人出生时所对应的宇宙状态，是具体推演的起点。那么，如何来标记这个状态呢？命理学采用的是干支符号系统。干支符号系统是由十个天干和十二个地支组成，天干包括“甲、乙、丙、丁、戊、己、庚、辛、壬、癸”，地支包括“子、丑、寅、卯、辰、巳、午、未、申、酉、戌、亥”。天干和地支循环组合成“六十甲子”，如表1所示。

表1　六十甲子表

甲子	乙丑	丙寅	丁卯	戊辰	己巳	庚午	辛未	壬申	癸酉
甲戌	乙亥	丙子	丁丑	戊寅	己卯	庚辰	辛巳	壬午	癸未
甲申	乙酉	丙戌	丁亥	戊子	己丑	庚寅	辛卯	壬辰	癸巳
甲午	乙未	丙申	丁酉	戊戌	己亥	庚子	辛丑	壬寅	癸卯
甲辰	乙巳	丙午	丁未	戊申	己酉	庚戌	辛亥	壬子	癸丑
甲寅	乙卯	丙辰	丁巳	戊午	己未	庚申	辛酉	壬戌	癸亥

在长期的历史文化浸淫中，干支符号具有了阴阳五行的内涵，形成了干支符号模型，如表2所示。有了干支符号系统，命理学就有了描写和推演的工具。

表2　干支符号模型

天干	甲	乙	丙	丁	戊	己	庚	辛	壬	癸
阴阳	+	−	+	−	+	−	+	−	+	−
五行	木		火		土		金		水	
方位	东		南		中		西		北	

天干	寅	卯	辰	巳	午	未	申	酉	戌	亥	子	丑
阴阳	+	−	+	−	+	−	+	−	+	−	+	−
五行	木		土	火		土	金		土	水		土
方位	东			南			西			北		
四时	春			夏			秋			冬		
月份	正	二	三	四	五	六	七	八	九	十	十一	十二

命理学用四组天干地支符号来标记人的出生时间，由此发展出四柱预测学。比如，现在是2019年7月2日晚上7点多，这个时空结构是怎么样的呢？我们用年、月、日、时这四组天干地支符号来标记它（见图3）。为什么图3中间的八字地支下面又有了天干的标记？这牵涉到命理学中的“地支藏遁”的概念。“地支藏遁”，即地支中包藏着天干，如表3所示。我们把地支所藏的天干标记出来。它们所具有的阴阳五行内涵也充分显露出来了。时空结构在这里表现为阴阳五行结构。

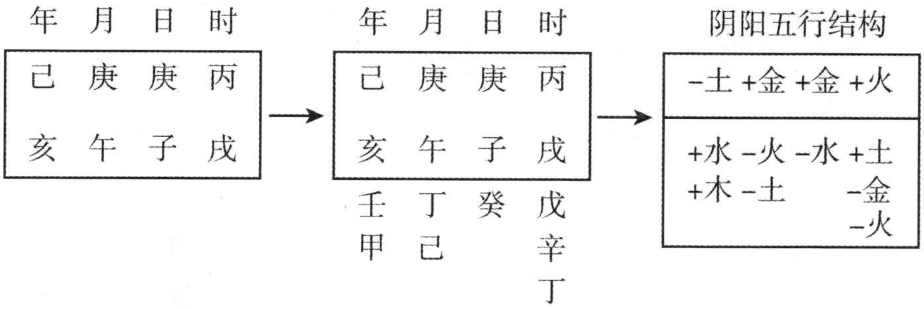

图3　2019年7月2日戌时的干支结构

表3　地支藏遁表

子	丑	寅	卯	辰	巳	午	未	申	酉	戌	亥
癸水	己土 癸水 辛金	甲木 丙火 戊土	乙木	戊土 乙木 癸水	丙火 庚金 戊土	丁火 己土	己土 丁火 乙木	庚金 壬水 戊土	辛金	戊土 辛金 丁火	壬水 甲木

为什么我们可以仅用干支系统22个符号（10个天干＋12个地支）来刻画每个时段的气运动的状态？这是因为时间的流逝具有周期性（见图4）和层级性（见图5）。一个时间序列上较大的周期是60年（见图6），那么共有

多少个这样的时空结构呢？显然，这是不难推算出的：60（年）×12（月）×60（日）×13（时）=561600（见图7）。其中“时”取值13是因为：子时横跨两天，所以算两个时段，故一天有13个时段。可见今晚这个时空结构仅仅是这56万多个时空结构中的一个，干支符号系统是多么了不起的构想啊！对比一下，血型有4种，生肖有12种，星座有12种。

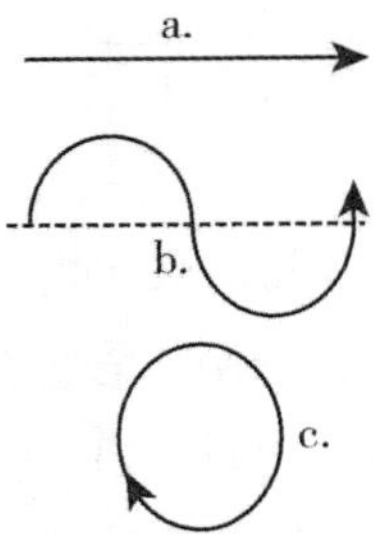

图4　时间序列的周期性表述

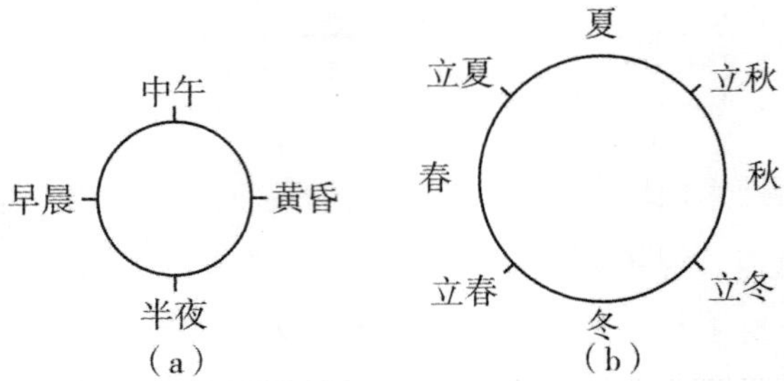

图5　时间序列的层级性：日（a）和年（b）

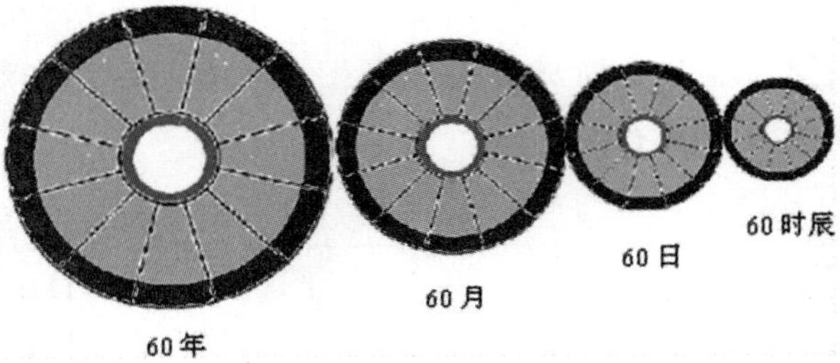

图6　时间序列的周期性和层级性：60年周期循环

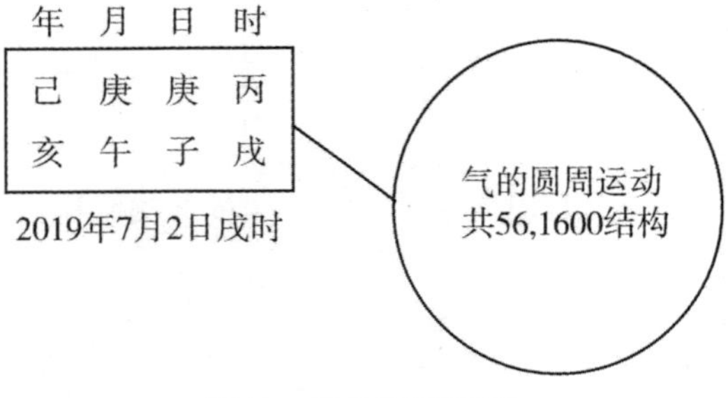

图7　气的圆周运动

由此可见，天人合一的整体观和“气—阴阳—五行”的认识框架，以及干支符号系统，为命理学提供了理论基石和推演手段。

三、命理学是如何描写人生的？

以下我们简述八字命理的推演过程。比如，著名文化学者南怀瑾先生生于1918年3月18日晚上亥时，其八字结构以及大运排列如下（见图8）。

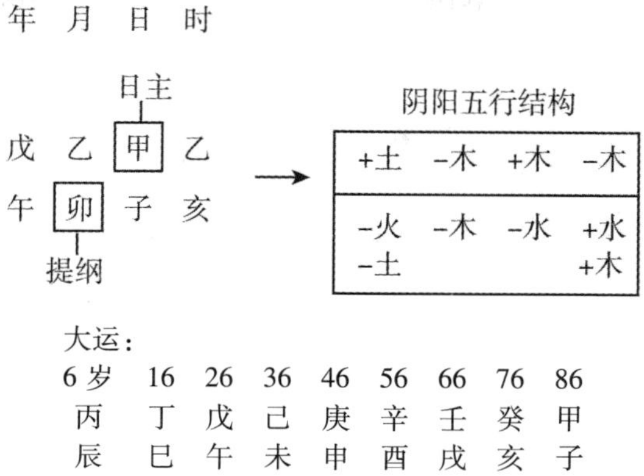

图8　南怀瑾先生（1918—2012）命造

在这个结构中，有两个需要特别关注的成分：一个是日柱的天干——甲。这是因为在命理研究中，八字日柱的天干被认定是论命的核心和出发点。这个日干被称为“日主”，或称“命主”。为什么日干被取为结构中的核心和出发点？这是有天文学依据的。八字结构反映了地球的公转和自转，公转体现在年、月、日，自转体现在日和时。在这两种运动中，日柱是重合部分，所以取日柱天干为核心，强调了作为运动体的地球本身（见图9），这不正是我们人类栖息的地方吗？

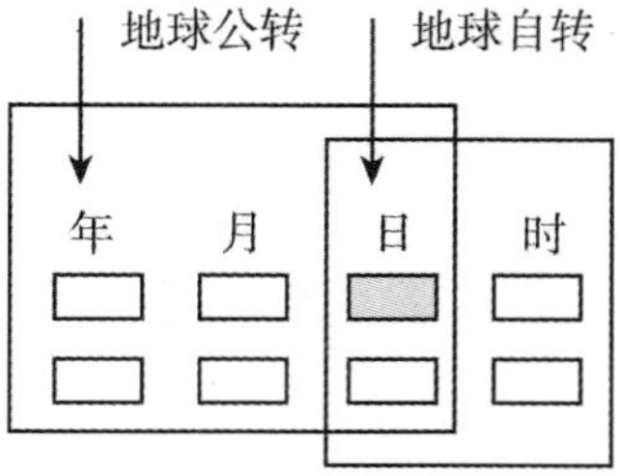

图9　八字结构所反映的地球公转和自转

如何对八字结构进行分析？首先来看喻象层面。在南老的八字中，天干甲在五行中属木，阴阳属性是阳，所以南老的命是“甲木命”或阳木命。既然是甲木命，它具有甲木的特征。参看十干喻象及其性质表（见表4），可见甲木的喻象是松柏、乔木、栋梁，其性质为刚健、正直、积极，这是不是和南老的性格相符呢？甲木是阳木。它被看作自然界中类似于松柏之类的挺拔向上的乔木，或者是已经裁截下来可以充当房屋栋梁的大木料。它显现出刚健、正直、积极向上的特性。用它来比喻南老的个性是十分妥帖的。

表4　十干喻象及其性质

天干	阴阳	喻象	性质
甲	阳木	松柏、乔木、栋梁	刚健、正直、积极
乙	阴木	芝兰、灌木、花草	柔弱、巧变、韧性
丙	阳火	太阳	热情、结实、坦白
丁	阴火	月亮、灯烛	纤细、敏捷、慧黠
戊	阳土	城墙、堤岸	厚重、单调、高亢
己	阴土	田园、软土	平坦、博厚、谦虚
庚	阳金	顽铁、宝剑	坚硬、锐利、硬直
辛	阴金	珠玉、钻石	敏感、温情、秀气
壬	阳水	江湖、江洋	明朗、清澈、爽快
癸	阴水	雨露、泉水	包容、婉转、变化

用某种物象来做譬喻，是八字命理解读干支密码的主要方式。八字命理学也是由此来解读命主的性情。因此，命理推演的基础首先是“喻象”的。由于天人合一，天人交融，自然被人化了，而人则被物化了。自然充满了生命力，而人的生命，又成了一种生动活泼的自然事物，交融在自然之中。这是八字命理学运思方面的重要特点。

另一个重点是月柱地支——卯。月支可视为八字结构的“提纲”。月柱地支标记了一年十二个月的时间段落，反映了自然气候在四季中的更替状况。注意，这里的“月”，要参照二十四节气中的十二个“节”来判断。这是根据太阳在黄道上的位置（黄经）而划分的。为什么要把月支作为关注点？因为它指示了出生时的外部环境特别是自然气候的情况。图10为作者和南怀瑾。南老的八字：日干甲木，生在春天二月，如同松柏乔木，需要太阳（丙火）的照暖和雨露（癸水）的滋润。反观命造结构里，地支有午火，有亥、子水，这样水火相济，燥湿相宜，甲木日主就有了良好的成长和发展的环境。

图10　作者和南怀瑾先生（2010年春）

在明了命主的十干喻象后，通过月支“提纲”，进一步解读命主对出生时气候环境的要求，命理学称之为“调侯”，即调和气候。同时，还要考察日主本身的强弱：在南老的八字中，除了日主甲木之外，还有两个乙木、一个卯木，又生在仲春时节，局中木气十分旺相，于是可以得到日主十分强健的结论。这是对日主的强弱判断。强弱分析和调侯分析是命理结构分析的两个基本视角。

其次来看关系层面。命理分析进一步从具体的喻象层面拓展到了抽象的关系层面，建立了八字分析的“十神”系统。所谓“十神”，就是日干与其他成分的阴阳五行之间关系的代名词。共有十种关系，故有十个名称，统称为“十神”。它们是比肩、劫财、伤官、食神、正财、偏财、正官、偏官、正印、偏印（见表5）。

表5　天干十神表

十神 / 日干	比肩	劫财	食神	伤官	偏财	正财	偏官	正官	偏印	正印
甲	甲	乙	丙	丁	戊	己	庚	辛	壬	癸
乙	乙	甲	丁	丙	己	戊	辛	庚	癸	壬
丙	丙	丁	戊	己	庚	辛	壬	癸	甲	乙
丁	丁	丙	己	戊	辛	庚	癸	壬	乙	甲
戊	戊	己	庚	辛	壬	癸	甲	乙	丙	丁
己	己	戊	辛	庚	癸	壬	乙	甲	丁	丙
庚	庚	辛	壬	癸	甲	乙	丙	丁	戊	己
辛	辛	庚	癸	壬	乙	甲	丁	丙	己	戊
壬	壬	癸	甲	乙	丙	丁	戊	己	庚	辛
癸	癸	壬	乙	甲	丁	丙	己	戊	辛	庚

十神反映了日主与其他成分的生克关系。按五行的生克关系，从日干出发，可以构成“生我”“我生”“克我”“我克”和“同我”等五种关系。再把五行的阴阳区分放进去，这五种关系就变成了十种关系。如图11所示。

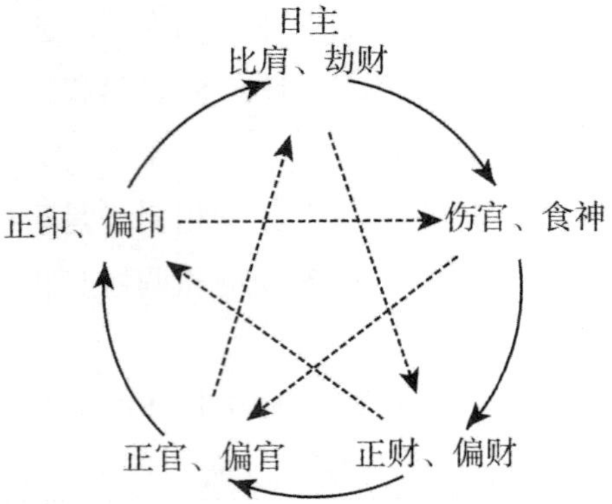

图 11　十神生克关系（图中实线表示相生关系；虚线表示相克关系）

于是，任何一个八字结构都可以重新标记了。这是根据日主跟各天干阴阳五行之间的生克关系，对天干地支符号的再一次符号化。南老的八字如图 12 所示。

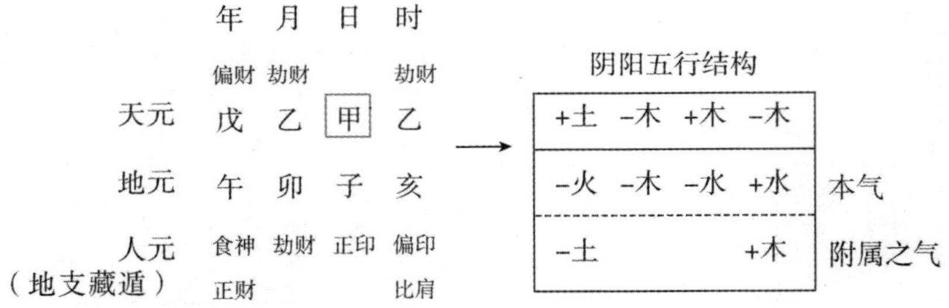

图 12　南怀瑾先生命造的十神关系

在十神的基础上，命理学形成了完整的格局理论，用以分析八字结构内部的主导势力以及各种力量的相互作用。格局研究成了八字研究中的重要环节。这里就不展开了。

四、命理学的映射网络

有了十神关系的表述功能，命理学通过它们的运作，把命造内部的结构关系投向了现实的世界，用它们来刻画具体的人生百态。命理学主要是用两个网络来映射现实生活的：一个是六亲网络，一个是财官网络。

先谈六亲网络。它涉及人的亲属关系。所谓六亲，这里主要指父母、夫妻、子女和兄弟姐妹等，也就是主要的亲属关系。在命理学中，指示六亲信息的，主要是“星”与“宫”。所谓“星”，就是十神。它们被用来具体指

称六亲的内容（见表6）。接着是六亲宫位，见图13。（偏官也称七杀）

表6　六亲表

男命六亲表

十神	六亲
正印	母亲
偏财	父亲
正财	妻子
七杀	儿子
正官	女儿
比肩、劫财	兄弟姐妹

女命六亲表

十神	六亲
正印	母亲
偏财	父亲
正官	丈夫
伤官	儿子
食神	女儿
比肩、劫财	兄弟姐妹

	年		月		日	时
天干	祖父	父亲	父亲	兄姐	己身（我）	儿子
地支	祖母	母亲	母亲	弟妹	丈夫/妻子	女儿

图13　六亲宫位

命理学通过六亲的星、宫的分布来具体挖掘命造六亲关系的信息。

另一个是财官网络（见图14），主要指示社会关系，描写命主的社会层次、从事职业以及可能有的社会成就。“财”和“官”，这本是传统命理的主要课题。回溯历史，早期命理十分注重官禄（官爵），到了北宋后，基本上是财、官并重。财是指钱财；官是指官贵。它既是刻画人的社会地位以及财富的工具，也是传统命理世俗价值观的集中体现。这里，我们回到五行生克图中观察十神的分布。

事实上，命理学通过五行生克以及十神对现实生活的映射可以分为三大主要领域：（1）经济领域；（2）政治领域；（3）知识领域，或精神领域。从图15中可以看到：（1）由日主与财星（正财、偏财）之间构成了第一个领域，是经济领

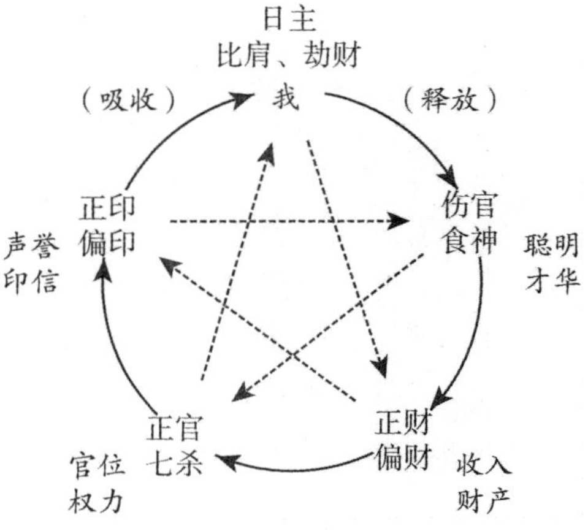

图14　财官网络

域，涉及“我”的经济状况，包括工作、收入、投资、财产等。核心是“我”与“财”星。我与财星是“我克”的关系。【伤食生财】(2) 由日主与官杀星（正官、偏官）之间构成第二个领域，这是政治领域，涉及“我”的政治社会地位、职业、官职、权力等。核心是“我”与“官杀”星的关系。这里，我与官杀之间是“克我”关系。【财官双美】【官印相生】(3) 由印星（正印、偏印），经过“我”到伤食星（伤官、食神），构成了第三个领域，这是精神领域，也称为“知识”领域。从印星到“我”，是“吸收”，由“我”到伤食是“释放”，它们属于精神活动范畴。

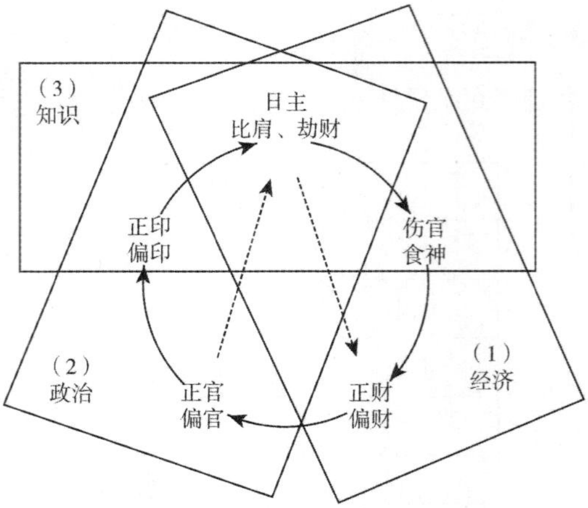

图 15　人生活动的三大领域

有了八字结构跟现实生活相联系的这两个主要映射网络——六亲网络和财官网络，八字命理就可以扩展到人生的各个方面，展现它的描写和预测的功能了。当然，作为已经有千年历史的八字命理学，也承继和积累了丰富的分析理念、操作规则和技法，包括所谓“天干专论生克制化，地支专取刑冲破害”的刑冲会合系统、神煞系统等，已经构成了一个庞大的演绎系统，如图 16 所示。显然，八字命理学从理论到方法，已是中国传统术数中一门成熟的学问。

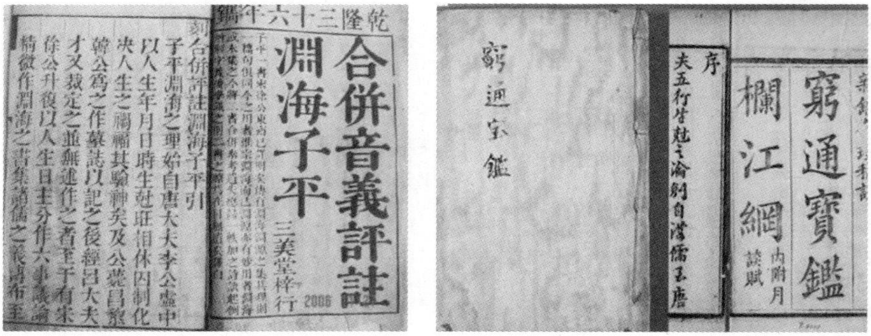

图 16　八字命理学典籍

关于八字命理学的历史典籍有《李虚中命书》《渊海子平》《三命通会》

《神峰通考》《命理约言》《滴天髓》《子平真诠》《穷通宝鉴》等。至于有关命理学的发展历史，可以阅读拙作《中国命理学史论》或《命运的求索》。

五、命理学的应用

下面简单谈一下我在命理学应用方面所做的研究，求教于大家。个人的出生时空与其健康之间的相关性，是我近年来一直关注的问题，如图 17 所示。

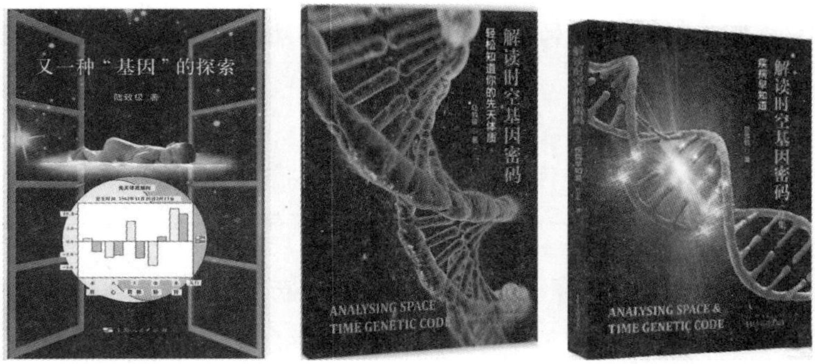

图 17　关于出生时间与健康、疾病探索的研究报告

人具有两个生命体：一个是父母给的遗传生命体，也就是这个有血有肉的"有形"身体；另一个则是天地给的，这就是《黄帝内经》所说的"人以天地之气生，四时之法成……人能应四时者，天地为之父母"。后者是一种"无形"的生命体，即"自然"遗传生命体。西医关注前者，中医关注后者。正是有形体的肉身跟这无形体的"气"乃至于"神"的结合，一阴一阳，才构成了真实的生命。《易经》说"一阴一阳谓之道"，道就是生命。换句话说，"有形"和"无形"是相互依存、相互作用的，形神俱备，才构成了人的真实的生命活动。关于这个有形生命体，现代医学已经做出了巨大贡献。在基因工程方面，作为上世纪最伟大的科学工程之一的人类基因组计划，已为我们提供了一份生命"说明书"。那么，对于无形生命体，尤其是它的初始状态——"时空基因"呢？它跟我们的健康和疾病有什么关联呢？我开始寻找和探索时空基因与先天体质和潜在疾病倾向之间的相关性。

这里，简单地介绍我对时空基因与疾病的相关性的研究。我所用的是大数据的方法。当今大数据时代有一句掷地有声的话："除了上帝，任何人都必须用数据来说话。”首先我收集疾病案例，它们都包含两个主要内容：（1）患者的出生时间，即年、月、日以及出生的具体时间或时辰；（2）所患疾病。表7是属于七类常见病的986例情况。

表7　疾病样本

	疾病	案例
1	心脏病（包括风湿性心脏病、心脏手术等）	145
2	脑血管病（包括高血压脑梗、脑溢血、脑血栓等）	153
3	肝系病（包括肝炎、肝硬化、肝囊肿等）	209
4	肺系病（包括肺气钟、肺炎、肺结核、哮喘、气管炎等）	128
5	肾系病（包括肾炎、肾结石、肾衰竭等）	108
6	胃病（包括胃炎、胃溃疡、胃出血等）	143
7	糖尿病	100

接着，对样本进行计算机处理：第一步，依赖于命理学的知识，我将所有案例的出生的时空结构（时空基因）转换为含有11个变项的数组。举例来说，我的一位朋友（案例1）：男性，上海市人，1946年10月20日中午12：40出生。他出生的四柱时空结构如图18所示。

时空结构

年	月	日	时
丙 戌	戊 戌	丁 卯	丙 午

→

阴阳五行结构

年	月	日	时
+火	+土	-火	+火
+土 -金 -火	+土 -金 -火	-木	+火 -土

图18　案例1的四柱时空结构

作为统计案例样本的输入，需要经过以下编码和转换流程，将它转换为一个含有若干变项的数组结构。图19是编码流程。

经过编码程序，案例的时空结构就转换为一个含有11个变量的数组结构。根据“易医同源”的原则，五行对应于人体的五脏如表8所示。

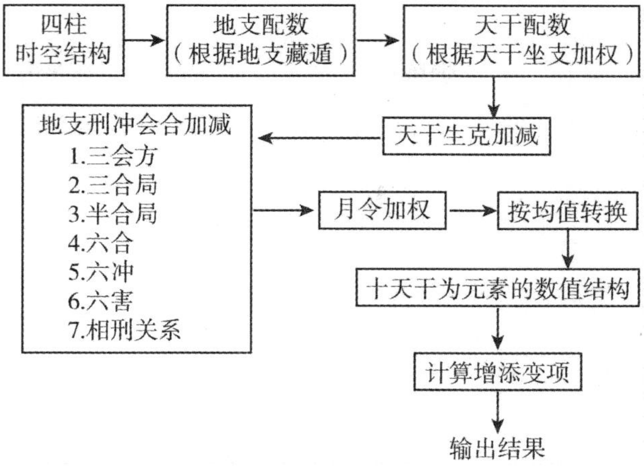

图 19　编码程序

表 8　五行与五脏配属

木	火	水	金	土
肝	心	肾	肺	脾

因此，十个天干可以转换成它们对应的五脏如表 9 所示。

表 9　十天干对应五脏配属

甲	乙	丙	丁	戊	己	庚	辛	壬	癸
肝阳	肝阴	心阳	心阴	胃	脾	肺阳	肺阴	肾阳	肾阴
肝		心		脾		肺		肾	

表述案例的“时空结构”的 11 个变项数组结构如表 10 所示。

表 10　案例 1 的时空结构数组

x1	x2	x3	x4	x5	x6	x7	x8	x9	x10	x11
肝阳	肝阴	心阳	心阴	胃	脾	肺阳	肺阴	肾阳	肾阴	燥湿度
-7. 85	-5. 46	12. 85	24. 51	16. 44	-7. 75	-9. 19	-4. 68	-9. 52	-9. 36	37. 6

我们对所有七类常见病的 986 案例都做了这样的数据转换。

第二步，用模糊聚类算法对这些案例数据进行分类和筛选。模糊聚类分析是近年来发展起来的一种新型的数据处理方法，它已经成了当前数据处理领域的研究热点。通过计算机程序操作，我们得到了七类疾病 29 个小类，共

755 个案例。见表 11。

表 11　七类疾病 29 小类

编号	疾病	编号	小类	案例	占百分比/%
1	心脏病 112 例	1	心脏病 A	33	29. 5
		2	心脏病 B	28	25. 0
		3	心脏病 C	28	25. 0
		4	心脏病 D	23	20. 5
2	脑血管病 118 例	5	脑血管 A	39	33. 1
		6	脑血管 B	29	24. 6
		7	脑血管 C	26	22. 0
		8	脑血管 D	24	20. 3
3	肝病 147 例	9	肝病 A	40	27. 2
		10	肝病 B	39	26. 5
		11	肝病 C	36	24. 5
		12	肝病 D	32	21. 8
4	肺病 104 例	13	肺病 A	28	26. 9
		14	肺病 B	28	26. 9
		15	肺病 C	25	24. 0
		16	肺病 D	23	22. 1
5	肾病 88 例	17	肾病 A	30	34. 1
		18	肾病 B	29	33. 0
		19	肾病 C	15	17. 0
		20	肾病 D	14	15. 9
6	胃病 115 例	21	胃病 A	39	33. 9
		22	胃病 B	31	27. 0
		23	胃病 C	26	22. 6
		24	胃病 D	19	16. 5

续表

编号	疾病	编号	小类	案例	占百分比/%
7	糖尿病 71 例	25	糖尿病 A	17	23.9
		26	糖尿病 B	15	21.1
		27	糖尿病 C	14	19.7
		28	糖尿病 D	14	19.7
		29	糖尿病 E	11	15.5

第三步，求取大类案例以及小类案例变量数组的平均值，即基本式。这样，每一类案例的 11 个变量的均值数组成这个大类或小类的基本式。于是，我们有了 7 个大类疾病的基本式以及 29 小类的基本式。表 12 就是七类疾病的大类基本式。

表 12　大类基本式一览表

	x1	x2	x3	x4	x5	x6	x7	x8	x9	x10	x11
	肝阳	肝阴	心阳	心阴	胃	脾	肺阳	肺阴	肾阳	肾阴	燥湿度
心脏病	0.08	-2.14	-1.17	2.96	-2.75	-0.70	-1.15	-0.35	2.17	3.03	-2.31
脑血管病	-0.86	0.05	1.02	2.73	0.41	-0.22	-0.81	-1.00	-0.78	-0.56	2.61
肝病	-0.71	-0.65	0.12	0.96	-0.39	-1.62	0.12	2.07	0.10	-0.01	0.20
肺病	-1.04	-1.86	0.09	2.63	0.50	1.21	-1.54	0.36	0.14	-0.49	0.63
肾病	-0.96	1.23	0.25	2.70	-0.68	2.38	-1.94	-1.84	-0.92	-0.23	1.55
胃病	3.58	0.94	-1.48	-1.71	2.52	-3.25	-0.86	0.44	-0.29	0.11	0.86
糖尿病	-1.15	1.31	0.97	5.37	0.05	-2.89	-1.15	0.05	-0.97	-1.59	4.77

有了这样的数据库，我们就有了对个人先天疾病倾向进行“预测”的基础。对于任何一个新的案例，只要把它进行数据转换后，输入这个数据库，进行数据比较运算，程序会自动输出判断的结果。这里采取统计学中的 Logistic 回归分析（逻辑回归）来实现程序的预测。比如上述的案例 1（男性，上海市人，1946 年 10 月 20 日中午 12：40 出生），经过程序运算（跟 29 小类基本式比较），其输出结果如表 13 所示。

表 13　案例 1 的运算结果

排序	小类最大值 ρ	疾病分析
1	0. 4887	脑血管 A
2	0. 3397	肾病 D
3	0. 2420	糖尿病 B
4	0. 1909	胃病 C
5	0. 1894	心脏病 D
6	0. 1839	肺病 B
7	0. 1799	肝病 B

这是符合实际情况的。他的确患有高血压、脑血管病、糖尿病。可见他在后天实际患有的疾病，在他出生时的时空基因结构中早已有“印记”了。

这项大数据基础上的计算机统计研究带来了不少十分有益的启迪。这里仅举一点。我们发现：五脏相克关系的失衡和偏颇是造成后天疾病的主要线索。根据中医的五脏病学，一旦五脏出现了“太过”和“不及”的状态，正常的平衡就破坏了，人体会出现病理现象。五脏病学把这种病变归纳为三类：(1）本脏自病；(2）五脏相生关系失去平衡的病变；(3）五脏相克关系失去平衡的病变。这三类加起来共有 10 种关系（见表 14)。

表 14　五脏病变关系

<table>
<tr><td rowspan="4">病变</td><td>1</td><td>2</td><td>3</td><td>4</td><td>5</td><td>6</td><td>7</td><td>8</td><td>9</td><td>10</td></tr>
<tr><td colspan="2">本脏自病</td><td colspan="4">五脏相生关系失衡</td><td colspan="4">五脏相克关系失衡</td></tr>
<tr><td rowspan="2">太过</td><td rowspan="2">不及</td><td colspan="2">太过</td><td colspan="2">不及</td><td colspan="2">太过</td><td colspan="2">不及</td></tr>
<tr><td>母病及子</td><td>子病犯母</td><td>母不顺子</td><td>子盗母气</td><td>相乘</td><td>相侮</td><td>反乘</td><td>反侮</td></tr>
</table>

对照上述七类疾病先天基本式的特征，以上病变集中在——五脏相克关系上的失衡或偏颇上，尤其是第 9 种“不及”中的“反乘”，占了绝对的主导地位。什么是“不及”中的“反乘”？以上见到的情况都属于本脏“我”很弱（不及），而“克我”之脏处于太过状态，故“反乘”于“我”侮而乘之（见图 20)。比如，肝系病基本式的五脏分布（金胜克木）如图 21 和图 22 所示。显然，五脏生克逻辑上存在的 10 种关系中，这种由于自身弱而

“己所不胜”（克我）侮而乘之的情形显然占了主导地位。这是时空基因图谱显现出来的五脏病变的主要倾向。它可以佐证中医实际临床中遇到的情况。这显然是大数据研究所揭示出来的结果。

此外，应用大数据分析，我们还发现了原来并没有注意到的现象。比如，我们对肝癌、肺癌、胃癌案例（283 例）进行运算，然后把这三种癌症的基本式跟肝病、肺病、胃病案基本式做一个比较，发现癌症病类在差异度方面数值基本上都远大于非癌症病类。“差异度”是指五行内部阴阳的差异状况。如下面一位肝癌患者的先天五脏阴阳分布图（见图 23），比较充分地彰显了这种信息。从图中可以观察到，心、脾胃、肺等脏腑内部阳与阴之间相互对立（阳盛阴衰）十分明确，它佐证了癌症患者先天时空因素的这种特点。可见五行内部的阴阳差异也是一个十分重要的显性指标。

病变 / 五脏	不及 反乘
肺（金）	火旺金囚（心热肺燥）
心（火）	水胜克火（水泛凌心）
脾（土）	土败木贼（脾虚肝旺）
肝（木）	金胜克木（肝弱肺旺）
肾（水）	土旺克水（泻致癃闭）

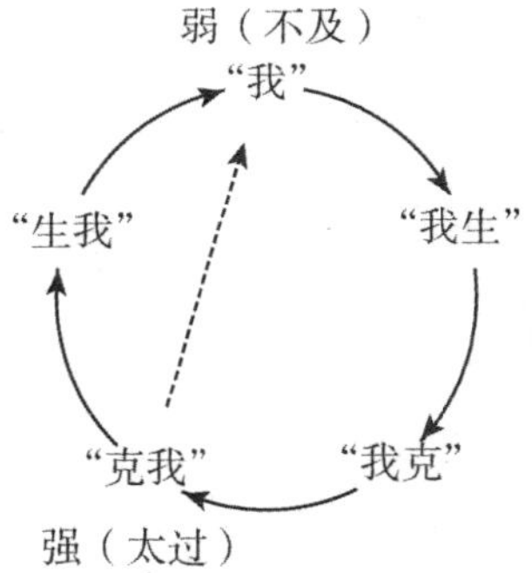

图 20 “不及”中的“反乘”

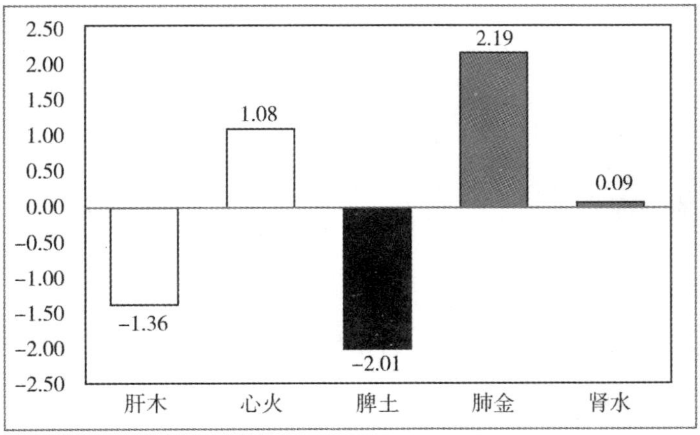

图 21 肝病案五脏能量分布图（金胜克木）

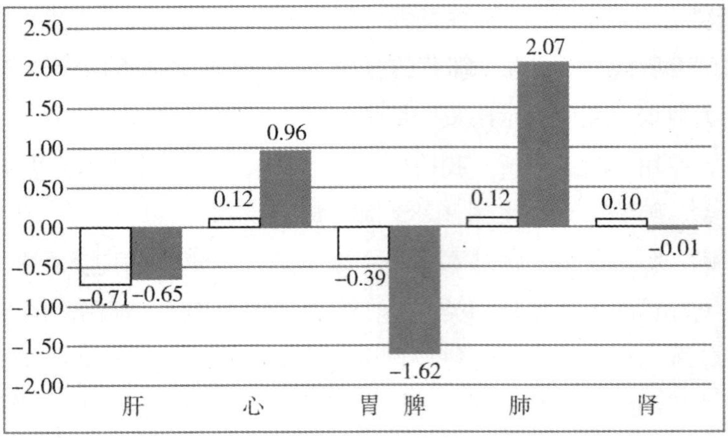

图 22　肝系病基本式五脏阴阳分布图（金胜克木）

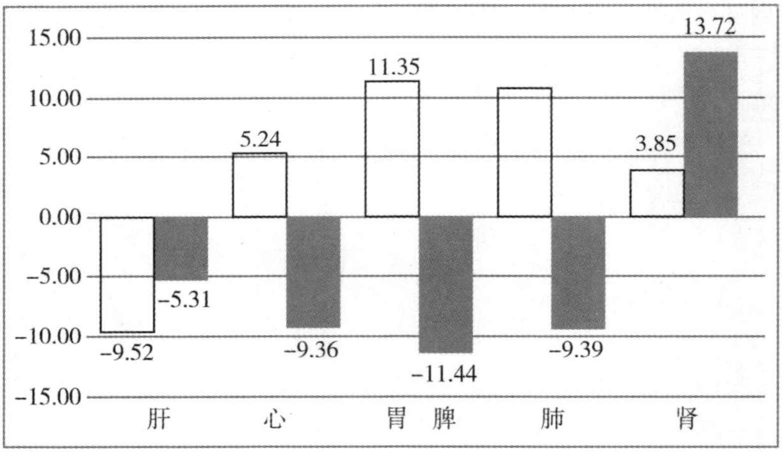

图 23　某肝癌患者案例的五脏阴阳分布图

《疾病早知道》根据时空基因中透露出来的先天疾病倾向，结合外部气候五运六气时段的变化，提出了和制定了与时俱进的个性化的养生策略，以期实现中医“治未病”的理想。

六、对命理学的认识

最后，谈谈对八字命理学的认识。第一，对于命理学的认识。命理学是中华文化中的一门“绝学”。但命理学的描写和预测并不是百分之百的精确的。已故台湾命理学家梁湘润先生说过：“命理大约只有百分之六七十的或然率而已。”这是十分中肯的话。究其原因，有两个方面。首先是命理学研究对象的特殊性。它研究的对象是人，以及人的生命活动、亲属关系、社会活动等等，其涉及面的庞大、细节的复杂，加上社会本身的变迁，绝不是几条规则或公式可以刻画的。其次，也有命理学应用的方法论的问题。

对于方法论问题，我们从大的方面，或者从科学观和方法论的高度来做个比较。现代科学或西方科学，在认识论上采取的是主客二元对立的立场，应用的基本方法是抽象思维和实验室的实验方法。若进一步观察，它们大都是从有形物质的“体”出发，是在一种“体”的层面上，研究各种不同种类的“体”的结构、形态、性质及其运动规律。“体”作为有形的实在，是以空间属性为主要特征的。因为是空间，它便于切割，便于还原。故它对系统的了解，是从形体的构成和相对静止的角度获得的。可以把它们归结是一种“空间—结构—静态”的认识模式。这或许跟历来被认为西方文明的故乡古希腊的地理环境有关。希腊处于地中海，航海是至关重要的。航海带来了几何学的发达。重空间是它的认知倾向。

另一种是在“象”或现象层面上，来认识客观事物以及它的流变。这是从时间的角度去观察“象”或现象。时间是个过程，是一个“流”。诚如古希腊哲学家赫拉克利特的一句名言：“人不能两次走进同一条河流。”它要表述的是“万物皆流”。在这种情况下，对系统构成的了解，是从动态过程和整体的角度获得的，是以时间和整体为本位。这是东方的一种“时间—整体（功能）—动态”的认识模式。这或许跟中国历史上漫长的农业社会有关；重时间是它的认知偏向，它注重事物之间的相关性。

刘长林著《中国象科学观》认为：中国有自己的科学源流，有系统的发达的科学思想，他称之为“象科学观”。中国象科学的哲学基础，即中国传统的认识论，集中在《周易》和老庄孔孟的思想中。中国认识论的三项基本原则：（1）“天下随时”（《随卦·象》；（2）“道法自然”（《老子》第25章）；（3）“立象尽意”（《易·系辞上》）。

命理学的研究确实具有中国“象”科学的特征。它重视“象”（现象），重视时间，用时间来统摄空间。这是它的认知主线。犹如“象”与实际现象的多种对应关系，而时间稍纵即逝，所以命理的刻画也往往带有主观性和模糊性。这里也体现了命理学的难度：它是从有法到无法的过程，好比游人登山时从依靠登山拐杖到丢掉拐杖的过程。

再次，目前采用的时空结构最小时间单位是时辰（两小时），存在“四同”八字的情况。因此，每一个结构也只能是一个“小类”了。对此我们应有清醒的认识。

然而，也不要因此走向另一个极端，认为命理学是“迷信”，是“伪科学”。事实上，我在上面谈到的出生时间与健康、疾病的大数据研究，已经充分显示了两者确实具有十分密切的相关性。

第一，个人出生的时空结构联系着他的生命信息，是根植于东方古老文化沃土中的一个伟大假说，是中华先人的智慧。近 2000 年来命理的理性探索，本质上对这一假说的实证。囿于思想方法和研究手段的限制，古人不可能完成这样的工作，现在正是运用现代科学思想和科学工具，对它进行“新一轮”实证的时候了。这应该是今天中华文化复兴大业中一个具有可行性的研究项目。对于这个课题的突破，将是一种东方哲学对现代生命科学的贡献。

第二，对于命运的态度。如果说，命运是某种自然律。尽管并不那么确定。那么如何对待它？2000 多年前，孔子说：“不知命，何以为君子也。”可见孔子把“知命”看作具有“君子”人格的人的一个重要条件。“知命”的人，应该是个智者，而不是一个宿命论者。既然生命过程带着时空结构的印迹，那么“知命”者可以通过适当地调节他所处的外部的时空环境，达到趋吉避凶的目的。这就是已故的邵伟华先生常说的：“在有利的时间，去有利的地方，办有利的事情。”从主体方面来说，“知命”者还可以不断地调整自己的心态，对变动的环境做出适宜的应对。明代袁黄的《了凡四训》就是一种知命、立命的态度。

其实，传统命理学是按世俗的价值观来刻画人生轨迹的。命理学中财官网络的判断正是这种世俗价值观的集中体现。然而，“知命”者不应当被这种价值观所束缚。所以，“知命”者，并不“唯命”。他们注意充实和提高自己，以豁达的胸襟直面人生，同时也善于处理现实中的各种问题。这是一个非常重要的方面。当然，一个真正的“知命”者，应该努力超越当下的生存状况，或者说，应当敢于超越自己个人的命运，由“人道”向“天道”回归，在“有限”中去追求和实现“无限”。当然，这是多方面的。比如道家，《李虚中命书》中说：“出五行之外者，生死在乎我。”这反映了道家超越的观念（“生命在我不在天”）。再如，宋范仲淹在《岳阳楼记》中指出，志士仁人应该是“不以物喜，不以己悲”，“先天下之忧而忧，后天下之乐而乐”。我认为，这是一种人生境界的追求，是大道的追求，是一种真正的超越。它也是中国哲学的真谛所在。（本文已经作者审阅）

2019 年 7 月 2 日晚，受中央民族大学道教与术数学研究中心主任谢路军教授邀请，计算语言学家、命理文化学者陆致极先生在中央民族大学举行了题为“解读中国文化构成的密码——浅谈中国命理学”的学术演讲。本文系根据录音和讲座课件整理。

二十三
中国西南少数民族社会历史文化研究

主讲：张泽洪

中国是有着多民族、多元宗教文化的国家，儒、释、道三教是中华民族传统文化的核心部分，西南边疆少数民族宗教也是中华民族传统文化的重要组成部分。中国西南丰富的民族宗教文化，在世界堪称为人类学博物馆。西南少数民族文化的总体特征是族群上的多源和文化上的多元、生态地理上的多元立体，政治格局上的多元一体。在长期的历史进程中，西南边疆少数民族传统宗教的信仰和仪式，影响着西南边疆各族群的思维方式、生产活动、社会关系，并与大传统的儒、释、道三教形成融摄和互补关系。

张泽洪 武汉大学历史学硕士、四川大学哲学博士，现为四川大学二级教授，国家“985工程”四川大学宗教·哲学与社会研究创新基地学术带头人，四川大学道教与宗教文化研究所博士生导师。《宗教学研究》常务副主编。2002年度、2014年度两次遴选为四川省学术带头人。中国宗教学会理事，中国民族学会理事，中国中外关系史学会理事，老子道学文化研究会常务理事。主要研究领域为道教、西南少数民族宗教。学术著作有《文化传播与仪式象征——中国西南少数民族宗教与道教祭祀仪式比较研究》《道教斋醮符咒仪式》《道教唱道情与中国民间文化研究》《道教礼仪学》等20种，在国内外发表学术论文305篇。

引言：西南边疆的族群及其文化

中国西南的四川、云南、贵州、广西、西藏、重庆、湘西、鄂西、粤北，历史上是多民族聚居的地区，20 世纪 20—40 年代因其战略后方的地位而称为西南边疆。西南地区现有彝、藏、壮、苗、瑶、土家、傣、白、哈尼、羌、回、纳西、阿昌、布朗、布依、德昂、侗、独龙、仫佬、京、景颇、拉祜、傈僳、珞巴、蒙古、满、毛南、门巴、仡佬、怒、普米、水、佤、基诺等 34 个世居的少数民族，以及一些有待识别的民族成分，这些民族在西南六省（区）的人口达 5347 万人，占中国少数民族总人数 10643 万人的 50% 以上。若加上湘西、鄂西、粤北，则可达 60% 以上。

在中国境内，“西南”是一个相对的空间概念，包含文化区域和地理区域两层意义。综合两种意思来看，自先秦时期开始，“中国”始被看作众多国家的中央地区，四邻的少数民族则称“四夷”。而从自然地理来说，“西南”则有狭义和广义之分，狭义的西南、西南地区和西南少数民族，是历史上传承至今的一个文化概念。汉司马迁《史记》卷一百十六《西南夷列传》说：

> 西南夷君长以什数，夜郎最大；其西靡莫之属以什数，滇最大；自滇以北君长以什数，邛都最大：此皆魋结、耕田、有邑聚。其外，西自同师以东，北至楪榆，名为巂、昆明，皆编发，随畜迁徙，毋常处，毋君长，地方可数千里。自巂以东北，君长以什数，徙、筰都最大；自筰以东北，君长以什数，冄駹最大。其俗或土著，或移徙，在蜀之西。自冄駹以东北，君长以什数，白马最大。皆氐类也。此皆巴蜀西南外蛮夷也。①

① （汉）司马迁撰：《史记》第 9 册，北京：中华书局，1959 年版，第 2991 页。

早在民国时期民族学家的认识中，所研究的西南民族就指广义上的西南。广义的西南将历史概念与地理概念结合起来，划出一个以今天的川、滇、黔、桂、藏、渝六省市为主体，其外延可及湘西、鄂西、粤北的地理区域。

西南边疆的“六江流域”，是指川、藏、滇边境广义的横断山脉区的怒江、澜沧江、金沙江、雅砻江、大渡河和岷江。这六条由北向南流的大江及其支流分布地带，从地理上讲包括藏东高山峡谷区、川西高原区、滇西北横断山脉高山峡谷区和滇西高原区。六江流域居住着藏缅语族的藏、羌、彝、白、纳西、傈僳、普米、独龙、怒、阿昌、景颇、拉祜、哈尼、基诺少数民族；其下游还有壮傣语族的傣族和孟高棉语族的佤、德昂、布朗等民族，以及苗瑶语族的苗族和瑶族。六江流域与藏彝走廊大致重合，20 世纪 80 年代之前，民族学界多使用六江流域的概念，当今藏彝走廊的学术概念更为盛行。六江流域所在的藏彝走廊，自古以来就是藏缅语族各族先民南下和壮傣语族、孟高棉语族各族先民北上的交通要道以及他们交汇融合之所。

西南边疆地区三大族群文化系统，都有着相对稳定的历史民俗文化特征。在古代史籍记载中，氐和羌都是一个族群的多种民族的概称，不论氐和羌都含括许多支派。尤中《中国西南民族史》认为：“古代居住在西南边疆地区属于氐羌系统的部落，是分别发展为近代藏缅语族各兄弟民族的核心。”① 氐羌文化可追溯至甘青高原上的古氐羌族群，其中一部分沿着横断山脉及其水系——澜沧江、金沙江、雅砻江而南下，足迹遍布西南边疆，并与西南边疆原土著民族日渐融合，形成了近代藏缅语族民族。

西南边疆川、滇、黔、藏的少数民族达 2322 万人，渝、鄂、湘、粤、桂的少数民族为 1984 万人。云南省是我国民族集中居住最多的省，56 个民族中，有 15 个民族的 90% 以上的人口居住在云南省，占全国民族总数的 26.79%；……再次是贵州和西藏，前者有布依族、水族、仡佬族的 95% 以上居住，后者有门巴族、珞巴族的 95% 以上居住。②

根据国家统计局公布的《2010 年第六次全国人口普查主要数据公报》第一号的数据，大陆 31 个省、自治区、直辖市和现役军人的人口中，汉族人口

① 尤中：《中国西南民族史》，昆明：云南人民出版社，1985 年版，第 13 页。

② 张盟土：《我国民族的分布及变化》，兰州：《西北人口》1990 年第 1 期，第 31 ~ 33 页。

为 1225932641 人，占 91.51%；各少数民族人口为 113792211 人，占 8.49%。[①] 而据各省统计局已公布的四川、云南、贵州、广西、西藏、广东 2010 年第六次人口普查主要数据公报的数据，西南边疆地区少数民族的人口，四川 4907951 人、云南 1533.7 万人、贵州 12547983 人、广西 1711.05 万人、西藏 2756903 人、广东 2063406 人。[②]

西南边疆各民族大杂居、小聚集和纵横垂直分布局面的形成，各民族不同的人口结构和分布状况，独特的自然风物、社会结构、文化习俗及历史发展情况，构成了多层次、多样式的人文生态。像彝族的天文学和毕摩文化，哈尼族的梯田和贝玛文化，纳西族的东巴文化，白族的本主文化，傣族的贝叶文化和南传上座部佛教，藏族的藏传佛教、苯教，回族的伊斯兰教，瑶族的道教，壮族的麽教，泸沽湖畔摩梭人（约 50000 人）的母系大家庭和走婚习俗，雅砻江支流鲜水河下游保持母系社会走婚习俗的扎坝人（扎坝人，讲羌语，自称“博子”，分布在四川省甘孜藏族自治州的道孚县和雅江县，共有七个乡，25000 多人），门巴、珞巴、独龙、怒、景颇、佤等族的原始宗教及民间奇俗，在世界民族文化之林中均可算独树一帜。

人类社会发展各个阶段上所创造的文化，在西南边疆民族地区都有所残留。从宗教文化的角度来审视，西南边疆少数民族地区是以原始宗教为主。至迟在秦汉以后，西南边疆就与周边文化发生相互影响交流。早在魏晋南北朝时期，道教、佛教已相继传入，在元明时期又传入伊斯兰教。由于西南边疆地区所处的特殊地理位置，又使这里成为中原文化、西北文化、长江中下游文化以及印度（南亚）文化、东南亚文化的交汇点或冲击地带。

一、西南边疆少数民族地方政权与宗教

在西南少数民族地区，还产生过称为夜郎国、句町国、罗甸国、罗氏鬼国、自杞国、景龙金殿国、南诏国、大理国的少数民族地方政权。西南夜郎国所在的地区，主要盛行原始宗教。在夜郎先民的宗教观念里，将铜鼓用作

---

① 国家统计局 2011 年 4 月 28 日发布。

② 已公开发布的《湖南省 2010 年第六次全国人口普查主要数据公报》《湖北省 2010 年第六次全国人口普查主要数据公报》《重庆市 2010 年第六次全国人口普查主要数据公报》，没有该省民族构成的统计数据。

葬具，可以保佑死者的灵魂。贵州赫章可乐的套头葬习俗，其功能是让逝者灵魂升天，这反映了古夜郎人的原始宗教信仰习俗。夜郎国盛行竹王崇拜，夜郎境内多有竹王庙、竹王祠、三郎庙、竹皇庙等。夜郎国的洪水神话、竹王神话，更反映夜郎人图腾崇拜、祖先崇拜的信仰实况。

古代句町国地域范围是云南、贵州、广西三省区的三角地带，句町国的民族上承骆越，下接俚、僚、乌浒，与现代壮侗语民族中的壮、傣、布依、侗、仫佬、毛南等民族都有渊源关系。[①] 当代壮族民间各地仍盛行鸡卜术，尤其壮族麽教的麽公擅长此法术。

罗殿国与罗氏鬼国的首领，汉文史籍中都称之为鬼主。罗氏鬼国的原始宗教崇拜，较之其他地区更为兴盛。至今贵州地区的苗族祭司，民间习称为鬼师，当是历史上鬼主称呼的延续。既然唐宋时期的鬼主制度逐渐衰退，部落首领不再担任宗教祭司职责，而民间的宗教祭祀活动因社会需要而始终存在，则人们将民间的宗教祭司不再称鬼主，称为鬼师也是顺理成章之事。

南宋时期，西南有“徙莫祗”人建立的自杞国，徙莫祗是滇中诸蛮的一支，属于大理国东方三十七部的弥勒部。以“撒摩都”（白罗罗）为主体建立的自杞国，其宗教是以原始宗教信仰为主。清乾隆《云南通志》卷二十四《种人》载白猡猡的宗教习俗说：

> 丧无棺，缚以火麻裹毡，舁于竹椅，前导七人，擐甲胄，执枪弩，四方射，名禁恶止杀，焚之于山。既焚，鸣金执旗，招其魂，以竹签裹絮少许，置小篾笼，悬生者床间。祭以丑月廿三日，插山榛三百枝于门，列篾笼地上，割烧豚，每笼各献少许，侑以酒食，诵夷经，罗拜为敬。……信鬼畜蛊，以手量裙边，投麦于水，验其浮沉，以当占卜。[②]

历史上“自杞”人受道教影响较深，这与道教传播滇中地区有关。

宋代西南边疆的景龙金殿国，又称景陇国、景陇金殿国、景龙国、勐泐

---

① 黄桂秋：《句町古国宗教信仰文化初论》，百色：《百色学院学报》2009 年第 3 期，第 1 ~ 9 页。

② 《文渊阁四库全书》，第 570 册，第 237 页。

国、景童金殿国、泐国。南宋淳熙七年（1180），金齿百夷首领叭真统一各部，以勐泐为中心，在景龙（今西双版纳景洪）建立景龙金殿国。传统的原始宗教信仰，在摆夷人中也是根深蒂固，传承久远。

南诏（738—902）是西南地区历史上最具影响的少数民族政权，南诏王朝在西南历史上有着重要影响。南诏的宗教文化呈现出繁荣局面，南诏国族群除传统的原始宗教信仰之外，中原儒、释、道三教已传播进入南诏境内，因此在南诏时期西南多元共生的宗教格局就已基本形成。

阿吒力教是南诏大理国时期流行的佛教密宗，并与南诏大理国各族群有着密切的联系。阿吒力教作为传入南诏大理国的教派，曾一度在南诏大理国占据着统治地位。阿吒力教在南诏大理国经历了地方化、民族化的历史进程，从多方面影响到南诏大理国的宗教文化。南诏历代统治者对佛教“奕代相传，敬仰无异”①。从937年至1253年的大理国22代国王中，先后有9位国王禅位为僧，再加上被迫逊位的1人，共有10个国王皈依佛门，这在中国历史上是绝无仅有的现象。

总之，历史上西南边疆少数民族地方政权，都流行以鬼神崇拜为中心的原始宗教信仰。我们从西南少数民族民族志资料的大量记载，可以知道其原始宗教信仰是源远流长的。

西南边疆与中南半岛山水相连，有发源于我国的伊洛瓦底江、怒江、澜沧江、红河等河流流入中南半岛诸国，分别注入印度洋和太平洋。这一独特的地理使西南早在远古时期就成为文化交流的通道，成为中华民族与东南亚、南亚诸国联系的链环。在秦汉时期，中央王朝就开辟了通往南亚的“蜀身毒道”。这些通道在历史上密切了中国与东南亚、南亚的联系，形成了众多的跨境民族。广西壮族自治区的百色、南宁、防城港3地（市）有8个县与越南接壤，云南省与邻国毗邻的有8个地（州）26个县，有汉、壮、京、傣、景颇、德昂、佤、拉祜、布朗、傈僳、怒、独龙、哈尼、苗、瑶、回等民族跨境而居。众多的跨境民族在历史上有形态各异、内容丰富的口述传播，呈现出诸多特点。西南地区的藏、壮、傣、布依、彝、哈尼、门巴族、拉祜、

① 《南诏图传·文字卷》，李霖灿：《日本京都有邻馆中的南诏图传》，李霖灿：《南诏大理国新资料的综合研究》，南港：中央研究院民族学研究所专刊之九，1982年版，第43页。

傈僳、景颇、阿昌、怒、佤、独龙、德昂、布朗、苗、瑶等18个民族与缅甸、泰国、越南、老挝等国家跨国而居。

云南地处我国的西南边陲，与越南、老挝、缅甸三个国家接壤，陆地边境线4060公里，是中国通往东南亚的重要通道和门户。云南全省人口约4500万人，其中少数民族人口约占全省总人口数的1/3，少数民族的分布地区面积约占全省面积的2/3以上。云南有25个少数民族，是少数民族种类最多的省份。云南的跨境民族为全国之最，达到16个，占全国跨境民族的47%。

中越边境有1300多公里的陆地边界线。在这漫长的边境线上，有众多的民族跨境而居，特殊的自然环境致使边民的生活普遍贫困。利用边境民族欲摆脱贫困的心理，一些秘密会社诱引跨境民族参与各种异教组织，从而动员边境民族群体性破坏边疆民族地区稳定的社会秩序。边境民族地区宗教问题敏感，边疆稳定直接关系到国防安全。

宗教的跨境传播、跨民族、跨地域发展，在云南比较突出。怒江地处中缅边境，边民交流历史悠久，境内外教会之间公开或私下的交流随着社会的开放发展日益频繁。

二、西南边疆是研究少数民族宗教的沃土

西南边疆少数民族原始宗教，是西南边疆少数民族文化的主要内容。西南边疆少数民族中藏族的苯教、彝族的毕摩教、白族的本主教、纳西族的东巴教等，都属于历史上延续下来的原始宗教形态，学界称之为少数民族原始宗教，或直接称为少数民族宗教，或称为少数民族传统宗教。例如白族本主教崇拜的“本主”，就是白族人在信仰的诸神中，选择某一个神灵为主神，作为保护本地的一方之主。白族的本主有神像，供奉于本主庙内，享受白族人的供祀。

西南边疆少数民族宗教多样性的表现形态，与西南边疆地区复杂的社会历史文化背景密切相关。直至20世纪50年代初，西南边疆少数民族还分别处于原始父系氏族公社（如云南边疆山区的独龙、怒、傈僳、佤、基诺、景颇等民族中，保留浓厚的原始公社残余）、奴隶制社会（如四川、云南大、小凉山彝族）、封建领主制社会（如大部分藏族，部分傣、彝、纳西等民

族）、封建地主制社会（如回、壮、白、苗等民族）等不同的社会发展阶段，川滇交界永宁地区的摩梭人，在家庭婚姻制度方面还保留着母系制的残余。这些现象构成了一部活的社会发展史。西南边疆多民族共存和各民族社会发展不平衡的特点，构成了中国少数民族原始宗教内容丰富、形态多样、仪式古朴和各具特色的局面。

在秦汉以来多元一体的政治格局下，西南边疆少数民族地区形成多元宗教并存的格局。在中国历史文化长河中，西南边疆地区各少数民族，皆不同程度受儒、释、道三教影响。在西南边疆少数民族地区，除少数民族传统宗教信仰外，藏族信仰藏传佛教和苯教，回族信仰伊斯兰教，白族信仰佛教密宗色彩的阿吒力教，傣族信仰南传上座部佛教，瑶族信仰道教。而纳西族东巴教、白族本主教，皆不同程度受藏传佛教的影响。近代以来基督教、天主教在苗、彝、傈僳、拉祜等民族中不同程度的传播，并经历大规模本土化的过程。西南边疆少数民族中儒、释、道三教的并存，伊斯兰教、基督教、天主教的传播影响，由此构成西南边疆少数民族宗教的丰富内容。而彝族的毕摩文化，白族的本主文化，土家族的梯玛文化，哈尼族的贝玛文化，纳西族的东巴文化，羌族的释比文化，苗族的傩祭、傩文化，瑶族、壮族的师公文化，是西南边疆少数民族传统宗教的典型形式。

20 世纪 70—80 年代的西南边疆少数民族综合研究，学界主要使用六江流域概念，现在较多使用藏彝走廊概念。六江流域形成历史上纵贯南北的民族流动，是北方游牧民族和东南百越民族交会的走廊。六江流域至今沉淀着丰富的宗教文化遗迹，西南边疆少数民族的傩祭、傩文化，就是少数民族宗教的表现形态。在西南边疆地区的云贵高原，由于特殊的地理位置和社会经济文化条件，成为保存中国少数民族傩文化较完整的地区。傩，是先秦时期驱逐疫鬼的原始宗教活动。上古傩祭分为春傩、秋傩、冬傩，先秦时期有“乡人傩”，汉代有宫廷傩，唐宋时期有军傩。这种傩祭活动流传至边远山区，却在少数民族中长期传承至今，中国西南边疆少数民族的傩文化，就保存着原始古朴的傩祭神韵。

中国古代有“礼失而求诸野”之说，意为在中原周边偏远的地区，还保存着西周的礼俗制度。《左传》昭公十七年记载：孔子曾经感叹“天子失官，学在四夷”[①]。在孔子生活的春秋战国时代，他就认为在中原周边的“四夷”中，[②] 保存着中原已丧失的礼俗制度，至今流行在西南边疆少数民族中的傩祭，就是中原曾经兴盛一时的傩文化的遗存。西汉班固《汉书·艺文志》说：“仲尼有言，‘礼失而求诸野’。方今去圣久远，道术缺废，无所更索，彼九家者，不犹愈于野乎！”[③] 班固认为在儒、道、法、墨等九家学说中，同样还保存有中原昔日的礼俗制度。《后汉书·东夷传》有所谓“中国失礼，求之四夷”之说。[④] 孔子《论语》中提到的“乡人傩”、汉代宫廷中逐鬼驱疫的宫廷傩、汉唐军队中一度行用的军傩，都随历史的演进而不复存在，但在偏远的西南边疆少数民族山区，却完整地保存着傩文化的形态。20 世纪 80—90 年代，学界曾形成研究少数民族傩文化的热潮，1991—2000 年，台湾清华大学王秋桂教授与大陆学者合作，主持“中国地方戏与仪式之研究计划”，在大陆 13 个省进行田野调查，抢救了一大批濒临消亡的傩祭傩文化遗产。1993 年起，台湾施合郑民俗文化基金会陆续出版《民俗曲艺丛书》，至今已出版 86 种有关傩祭傩文化田野调查的著作。

西南边疆少数民族的傩文化，包括傩的观念、傩舞、傩祭、傩戏、傩神、傩面、傩坛、傩器、傩画以及有关的祭祀活动。在西南边疆地区的彝、土家、苗、瑶、侗、仡佬、布依、白、毛南等少数民族中，至今还存留着 30 种傩戏，保存着少数民族傩文化的丰富内容。傩戏产生于祭祀歌舞仪式，傩戏的产生与原始宗教关系密切。可以说宗教是傩戏的母体，傩戏是宗教的附庸，宗教给傩戏以生命，傩戏给宗教以活力。

西南边疆少数民族文字的产生，和原始宗教有着密不可分的联系。彝族的古彝文又称爨文或韪书，是历史上的宗教经师毕摩所创制，纳西族的象形文字东巴文，源自纳西族东巴经师的宗教活动。水族的《水书》用于巫术、卜筮，是古代水族的宗教文化典籍。西双版纳傣族的傣文，则是为适应南传

---

① 《春秋左传注疏》卷四十八，《文渊阁四库全书》，台北：台湾商务印书馆，1986 年版，第 144 册第 409 页。

② 《礼记·王制》记载“东夷”“西戎”“南蛮”“北狄”，合称为“四夷”，泛指中原周边各少数民族。

③ （汉）班固撰：《汉书》第 6 册，北京：中华书局，1962 年版，第 1746 页。下同。

④ （刘宋）范晔撰：《后汉书》第 10 册，北京：中华书局，1965 年版，第 2810 页。

上座部佛教的传播而创制。在中国少数民族文字的古籍中，较早产生的是用于祭祀的经书，而医药、天文、历算、文学等书籍，则是后来逐渐增加的文化内容。一些少数民族现已无本民族文字，但有本民族语言的宗教神唱，这些宗教唱经的世代流传，有赖于宗教经师的传承口授。古朴雄浑的仡佬族创世古歌《叙根由》，是贵州黔西县羊耳乡下坝村仡佬族经师赵银周口诵的记录，经民族学者的整理于2009年公开出版。[①] 神话史诗《叙根由》共4000余行，内容有祈祷神灵的神唱，也有歌颂祖先创世的业绩，还有教育族群的训诲歌，分为十二段，故又称为“十二段经”。第一章“寻祭师”，叙述反复寻觅祭师的过程，表现求师祭祀的迫切与虔诚。仡佬族创世古歌《叙根由》，保留着仡佬人崇拜祖先祭祀亡灵的礼仪，流传在贵州省的黔西、织金、纳雍、大方一带六圭河沿岸的仡佬族雅伊支系中，由祭司在丧葬仪式上吟唱。《叙根由》歌词音韵铿锵，风格古朴，内容丰富。

世代生息居住在中国西南边疆的少数民族，其宗教信仰具有明显的地域特色。西南边疆少数民族原始古朴的宗教信仰，是构成民族历史文化的主要内容。西南边疆少数民族宗教有着独特的信仰系统，各民族有自己原始信仰的神灵，有世代相传的原始宗教巫师，有口传的用于宗教祭祀的神唱，一些有民族文字的少数民族，还有民族文字记载的宗教经典。西南边疆少数民族的宗教信仰，与民俗文化活动结合最密切，各少数民族传统的宗教祭祀仪式，是与民族节日和民俗活动交融一体的庆典。西南边疆少数民族宗教中的图腾崇拜、自然崇拜、祖先崇拜，更保存着中华远古先民原始信仰的雏形。对西南边疆少数民族宗教的研究成果显示，各民族保存着古代中原礼俗文化的丰富内容，是探讨中华古代文明源头的沃土。

在西南边疆少数民族宗教中，各族群信仰具有地方特色的民间神灵。如湘、桂、黔侗族的飞山公杨再思崇拜、萨岁崇拜，土家族的白帝天王崇拜、土王崇拜、八部大神崇拜，白族的本主崇拜，彝族的土主崇拜，壮族的莫一大王崇拜、布洛陀和么渌甲崇拜，傣族的勐神崇拜，佤族的木依吉神崇拜。苗族的始祖神蚩尤和图腾神盘瓠崇拜，瑶族的盘王崇拜，仡佬族的竹王崇拜，拉祜族的厄莎天神崇拜，侗族的至上神“萨神”崇拜，布依族的祖师神“报

① 罗懿群、吴启禄编译：《仡佬族古歌：叙根由》，贵阳：贵州民族出版社，2009年版。

陆陀”崇拜，羌族的白石神崇拜，蕴含着祖先崇拜和自然崇拜的元素，都具有深刻的文化内涵。西南边疆少数民族的盘瓠神话、夜郎神话、九隆神话、竹王神话、廪君神话、葫芦神话、巍山神话、布洛陀神话，既蕴含原始宗教祖先崇拜的心智，更闪烁着原始宗教思维的智慧。

西南边疆是活形态神话存在的主要地区，许多少数民族的神话都与族群的宗教信仰有关，神话的创世者多是原始宗教信仰的主神。神话多与宗教祭祀仪式有关，景颇族创世神话《木脑斋瓦》在祭祀神灵的“目瑙纵歌”节上，由景颇人原始宗教的祭师“斋瓦”唱诵。佤族巫师魔巴念诵的神话《司岗里》，在春耕前佤族人祭谷仪式中吟唱，是佤族原始思维和原始宗教信仰的表述。

西南边疆少数民族不同族群中存在的梅山教、茅山教、师公教、道公教、麽教、本主教、毕摩教、东巴教、苯教、韩规教、布依族摩教、瑶族道教、傩祭傩文化，这些处于原始宗教形态的宗教，与传播于西南边疆地区的儒、释、道三教共同存在，相互影响，这显示出不同形态的宗教信仰，在西南边疆少数民族地区多元共生的格局。民国时期学者的著述中就已注意到西南边疆地区多元共生的宗教格局，民国时期周汝诚撰《宁蒗见闻录》，对永宁境内之宗教有如下评述：

> 永宁境内之宗教比较多：本地土司和吕喜信喇嘛教和达巴教；么些信东巴教；彝族信碧玛教；傈僳族信尼扒教；西番族信奉扈第叭教。在这民族众多的社会里，信教比较自由。永宁各少数民族各有其宗教，及其心理和信仰。①

丽江地区多元宗教的形成，与地处民族走廊有着明显关系。云南丽江地靠西藏，位于金沙江河谷地带，自古就是西藏进入云南，云南进入西藏的交通孔道，是被学者们称为滇藏印“茶马古道”的必经之路。这条古道南起云南普洱、经大理、丽江、维西、德钦、察隅、波密、拉萨、日喀则，亚东至

① 该文作者原稿为《宁蒗见闻录》，整理出版时更名为《永宁见闻录》。周汝诚著，郭大烈整理：《永宁见闻录》，云南省编辑组：《纳西族社会历史调查》（二），昆明：云南民族出版社，1986 年版，第 176 页。

尼泊尔转达印度，是联系西南边疆各族的重要纽带。

在中国历史文化长河中，西南边疆地区少数民族不同程度受儒、释、道三教影响。在西南边疆少数民族地区，除少数民族传统宗教信仰外，藏族信仰藏传佛教和苯教，回族信仰伊斯兰教，白族信仰佛教密宗色彩的阿吒力教，傣族信仰南传上座部佛教，瑶族信仰道教。而纳西族东巴教、白族本主教、普米族韩规教，则不同程度受藏传佛教的影响。

元郭松年《大理行记》，曾记述考察所见大理民风说："其俗多尚浮屠法，家无贫富，皆有佛堂，人不以老壮，手不释数珠，一岁之间，斋戒几半，绝不茹荤饮酒，至斋毕乃已。"[①] 正因如此，大理有"妙香国"之称。在唐宋时期的数百年间，大理佛教趋于鼎盛。明张含《苍洱歌》有"叶榆三百六十寺，寺寺半夜皆鸣钟"，[②] 明杨黼《山花碑》之《词记山花咏苍洱境》有"伽蓝殿阁三千堂，兰若宫室八百处"的诗句，[③] 就是大理佛教兴盛状况的生动写照。

清乾隆《云南通志》卷二十五《仙释》，编纂者概述云南佛教、道教流行云南境内原因说：

> 自青牛西去，白马东来，羽客缁流，盛行中土。矧山峙老君，地邻天竺，渐染最久，服习尤深者耶。夫释老之学，自东周、后汉以还，时有盛衰，而终莫能废，则以其道要乎致虚守寂，葆性全真，内可淡嗜欲之私，而外可卻身名之累。虽与儒者修身淑世之道旨趣不同，而愿力之坚深，精神之凝一，固有不甚悬殊者。[④]

据对1959年西藏民主改革前藏传佛教的统计，西藏自治区共有2711座寺院、114103名僧尼，其中上层活佛约4000人；青海省共有722座寺院，约57647名僧尼，其中活佛约1240人；四川省共有747座寺院、约93700名僧尼；甘肃省共有369座寺院、约16900名僧尼，其中活佛310人；云南省迪

① 清乾隆《云南通志》卷二十九之七，《文渊阁四库全书》第569册，第464页。

② 孙明主编：《苍山志》，昆明：云南民族出版社，2008年版，第368页。

③ 云南省少数民族古籍整理出版规划办公室编：《白文〈山花碑〉译释》，昆明：云南民族出版社，1988年版，第58～59页。

④ 《文渊阁四库全书》，第570册，第246页。

庆藏族自治州有24座寺院、3233名僧尼，其中活佛34人。还不包括内蒙、新疆以及内地藏传佛教寺院及僧尼数的统计。西藏民主改革前藏区寺院总数达4573座，僧尼人数多达285583人。

据《2010中国佛教寺院名录》，收录有合法登记的佛教寺院2万多座，出家僧尼20万余人。其中，有藏语系佛教的僧尼约12万人、活佛1700人、寺院近3000余座，其中格鲁派有1460座。目前，西藏有1700多座寺庙、46000多位僧尼、280多位活佛。巴利语系佛教（南传上座部佛教）有僧尼8350人、寺院近1700座。据1990年统计，四川藏区藏传佛教宁玛派寺庙为324座，占四川藏区藏传佛教寺庙（含苯教寺庙在内）总数的40%。西藏现有苯教寺庙30多座，四川藏区的苯教寺庙，据1990年统计为107座。①

中国西南边疆少数民族传统宗教，有着丰富的神灵信仰与祭祀仪式。西南边疆少数民族宗教受道教影响，是历史上道教在西南边疆少数民族地区传播所致，是华夏文化在多元一体的中国社会辐射的结果。

东汉五斗米道的创立，汲取了西南边疆少数民族宗教的因素，而道教在后来的传播发展中，又不断对西南边疆少数民族产生影响。在瑶、壮、苗、白、土家、纳西、彝、羌、侗、水、布依、仡佬、仫佬、毛南等西南边疆少数民族传统宗教中，至今仍保持着浓厚的道教色彩。西南边疆少数民族宗教尊奉的神灵系统中，既有本民族原始信仰神祇，又崇祀道教神仙，具有巫道结合的显著特征。所尊奉的道教诸神中，除三清、三元、太上老君、玉皇大帝、张天师等道教尊神外，还有关圣帝君、文昌帝君、城隍、土地、灶君等民间俗神。在西南边疆少数民族祭祀坛场供奉的神图中，巫道神祇会聚一起，共同护坛行法。在其祭祀理念中，尤以民族祖先神、道教神祇最受崇祀。

西南边疆少数传统宗教与道教，确有相互融摄，相互影响的关系。道教创立于巴蜀，流播于西南边疆少数民族地区，汲取了西南边疆少数民族巫术文化，丰富了道教教义、科仪、法术的内容。道教从汉魏晋南北朝时就传播、发展于西南边疆少数民族地区，历经唐宋元明清，继续渗透、影响着少数民族。西南边疆少数民族宗教的神灵谱系、经书科本、坛仪规则、法器仪仗、信仰习俗、文化根基，甚至巫师的念咒画符、作法的心理定式，都明显受到道教的影响。当今西南边疆少数民族传承的道教，是经历长期历史文化积淀

---

① 《2010中国佛教寺院名录》，北京：中华佛教出版社，2010年版。

的结果。道教与西南边疆少数民族传统宗教的关系，是双向渗透、相互影响的，从而形成当今具有中华特色的道教与少数民族传统宗教。西南边疆宗教文化的多元，最根本的是秦汉以来多元一体政治格局的形成。[①] 秦汉以来中华民族多元一体格局的形成，西南少数民族宗教的发展衍变有了广阔空间，中华民族凝聚为一体的统一政权，客观上有利于西南各民族的文化交流。在中华民族多元一体的格局下，历史上少数民族与汉族的密切交往，各族群的迁徙及汉族移民的进入，是西南少数民族多元宗教文化形成的条件。

中国道教融入各民族文化之中，在西南边疆少数民族宗教中形成道教化的瑶族道教、壮族师公教、彝族西波教。这种民族化、本土化的道教分衍形态，既适应了各民族的民情风俗，又符合各民族崇拜祖先的价值观，因而能够绵远传承、沿袭不替，深深融入各民族文化之中。西南边疆少数民族的道教信仰是文化涵化的产物，道教在西南边疆少数民族中经过整合、创新，衍生出地方化、民族化的少数民族道教。它与正统道教既有联系，又有明显的区别。这为原始宗教与神学宗教相互融摄，为民族学、人类学的文化传播理论，都提供了具有中国特色的典型例证。西南边疆少数民族中儒、释、道三教的并存，伊斯兰教、基督教、天主教的传播影响，由此构成西南边疆少数民族宗教的丰富内容。

美国学者张光直为童恩正《中国西南民族考古论文集》所撰序言称："中国西南确是研究中国民族学、民族史的宝库。……西南的民族在很大程度上反映着中国古代的多样性的民族情况，西南民族史在很大程度上反映着中国民族史，同时西南民族文化的细节也常反映着中国古代文化的细节。"[②] 由此不难看出西南边疆少数民族宗教研究，对于中国宗教文化研究的重要意义。

结语

从"大传统"与"小传统"理论，或精英文化与大众文化分野说来看，

---

① 多元一体：费孝通先生提出中华民族"多元一体"说，即 56 个民族是多元，中华民族是一体。费孝通等：《中华民族多元一体格局》，北京：中央民族学院出版社，1989 年版。

② 童恩正：《中国西南民族考古论文集》，北京：文物出版社，1990 年版，第 2 页。

学界占强势的中国文化观，以为中国文化的主流是儒、释、道文化。由于儒、释、道三教长期影响中国社会，研究精英文化者一般偏重于大传统，而有意无意地忽略小传统的影响。儒、释、道三教无疑属于大传统，西南边疆少数民族宗教则属于小传统。在西南边疆少数民族宗教中，接受道教的影响更为显著。以西南边疆少数民族的傩祭、傩文化来说，它与儒、释、道三教有着密切关系。而在西南边疆少数民族傩坛法师看来，傩坛法术都是太上老君所传，因此傩坛的三教以道教为首，傩祭与道教的关系最为密切。在长期的历史进程中，西南边疆少数民族传统宗教的信仰和仪式，影响着西南边疆各族群的思维方式、生产活动、社会关系，并与大传统的儒、释、道三教形成融摄和互补关系。

中国西南丰富的民族宗教文化，在世界堪称为人类学博物馆。近代以来随着中国国门的洞开，不断有外国人进入西南这片神秘的土地，考察少数民族古朴神奇的宗教文化，对西南少数民族宗教的研究，成为国外中国学研究的重要领域。20 世纪上半叶的 20 至 40 年代，是人类学边疆研究风行的时期，中国人类学家深入西南边疆地区，致力于西南少数民族的田野调查，而宗教信仰是田野中参与观察的重点。西南少数民族宗教是学界关注的热点。

西南少数民族文化的总体特征是：族群上的多源和文化上的多元、生态地理上的多元立体，政治格局上的多元一体。西南少数民族原始古朴的宗教，是中华传统文化的组成部分，在中国文化史应该具有其地位。由于历史、社会、文化等诸种原因，西南少数民族地区这一民族文化宝库，长期以来没有被人们所认识。20 世纪 30 年代以后西南边疆研究兴起，民族学、人类学的老一辈学者，开始了对西南少数民族地区的调查研究。新时期以来，许多从事人类学、民族学、宗教学等学科的研究者，运用新的理论方法研究西南少数民族宗教文化。然而，与西南少数民族地区神奇、瑰丽、丰富的学术宝库相比，已有的研究也才仅仅是开始，西南少数民族宗教的多维度研究，还有待学者们的进一步努力。

中国是有着多民族、多元宗教文化的国家，儒、释、道三教是中华民族传统文化的核心部分，西南边疆少数民族宗教也是中华民族传统文化的重要组成部分。优秀的民族文化必须加以保护、开发、继承和创新，这是时代赋予我们的重任，是加强民族凝聚力的需要。西南边疆少数民族内涵丰富的宗教形态，显示出中华民族文化多样性的价值，这是我们研究西南边疆少数民

族宗教的意义所在。（本文已经作者审阅）

2018 年 6 月 24 日晚，受中央民族大学道教与术数学研究中心主任谢路军教授邀请，四川大学道教与宗教文化研究所张泽洪教授在中央民族大学举行了题为“中国少数民族社会历史、宗教文化研究”的学术演讲。本文系张泽洪教授提供。

二十四
“参同”易学小史

主讲：朱越利

《周易参同契》借助汉代易学构筑炼丹理论体系，创建了道教解易的系统，其在道教史和易学史上都起了很大的影响。至唐代，《周易参同契》开始大显，不少内丹、外丹经均举起它的旗帜，注释者渐多。北宋张伯端著《悟真篇》，远承《周易参同契》，讲述“参同”丹法。钟吕丹法成为道教内丹术的主流丹法后，《悟真篇》与《周易参同契》并列为“参同”内丹术的权威经典，注释它们成为钟吕金丹派的重要功课，“参同悟真”易学得以广泛流传。元代俞琰对“参同悟真”易学有所发展。明清时期注释《周易参同契》者仍然不少，这些都是秉承《周易参同契》“三道由一”的基本精神的。

朱越利　1943 年生，1966 年毕业于中央民族学院民语系，1981 年毕业于中国社会科学院研究生院世界宗教学系，获哲学硕士学位。曾任《中国西藏》杂志社副总编、四川大学客座教授及博士生导师，现任中国道教学院特聘教授。著有《道教答问》《道经总论》《道教要籍概论》《道藏分类解题》《神奇之由——探究雪域佛教》《道教考信集》《回首集》等，合著《道教学》，校点《墨子》。译《道教（第一卷）》和《真诰校注》，合译《道教（第二卷）》和《道教（第三卷）》。主编《道教学译丛》《今日中国宗教》《中国道教宫观文化》《当代中国宗教禁忌》《道藏说略》《理论·视角·方法——海外道教学研究》等。

汉代的神仙方术著作《周易参同契》是世界上现知最早的外丹理论著作，同时也是讲述内丹术的经典。[①]《周易参同契》的一个显著特点是借助汉代易学构筑炼丹理论，大量借用《京氏易》和《易纬》构成系统的象征符号。王明先生列举《参同契》与汉易学有关者，一曰纳甲说，二曰十二消息说，三曰六虚说，四曰卦气说。[②] 朱伯崑先生将《周易参同契》的月体纳甲说与郑玄易学中的五行说、荀爽的乾升坤降说、虞翻的卦变说等并列，统视为东汉时期象数之学的发展。[③] 萧汉明先生归纳《周易参同契》中易学的三个特征，一是以乾坤坎离四卦建构的天地结构模型，二是效法河图天地全数得到的《契》数，三是乾卦六爻之象模拟月相的死生盈亏和以阳气盛衰升降之说补纳甲法纯用阴历之不足。[④]

道教易学内容丰富。道教的义理、方术、科仪、医学、文学、建筑和艺术等方方面面都吸收了易学的内容。[⑤] 这些内容被吸收后是否都属于道教易

---

① 请参阅拙文《周易参同契的黄老养性术》，《宗教学研究》2004 年第 4 期，第 17～26 页。又载《道学研究》2006 年第 1 期，第 2～17 页；2006 年 6 月。

② 王明：《〈周易参同契〉考证》，见《道家和道教思想研究》，北京：中国社会科学出版社，1984 年版，第 250～267 页。

③ 朱伯崑：《易学哲学史》第 1 卷，北京：华夏出版社，1995 年版，第 197～244 页。

④ 萧汉明：《〈周易参同契〉的易学特征》，陈鼓应主编《道家文化研究》第 11 辑，北京：三联书店，1997 年版，第 49～57 页。

⑤ 关于道教易学，请参阅：

卢国龙：《道教易学论略》，陈鼓应主编《道家文化研究》第 11 辑，北京：三联书店，1997 年版，第 1～24 页。

陈耀庭：《道教科仪和易理》，陈鼓应主编：《道家文化研究》第 11 辑，北京：三联书店，1997 年版，第 338～357 页。

詹石窗：《易学与道教思想关系研究》，福建：厦门大学出版社，2001 年版。

詹石窗：《易学与道教符号揭秘》，北京：中国书店出版社，2001 年版。

段致成：《道教丹道易学研究——以〈周易参同契〉与〈悟真篇〉为核心的开展》，国立台湾师范大学国文学系 2004 年度博士学位论文，硕博文库·中国台湾。

章伟文：《宋元道教易学初探》，成都：巴蜀书社，2005 年版。

学的范围，学者间尚有分歧意见。比如对《太平经》表述的易学内容，就“仁者见仁，智者见智”[①]。笔者以为，道教吸收易学内容后的讲述或运用，凡达到学术的层面或构成系统者，称得上是狭义的道教易学。凡仅仅引述或简单运用易学者，属于广义上的道教易学。

《周易参同契》对易学的表述和运用，从狭义上讲亦称得上道教易学。因为《周易参同契》对吸收的易学有所改造和发展，并且构建了理论体系。朱伯崑先生从易学史的角度评价说：《参同契》标志着汉易发展的另一倾向，成为后来道教易学的先驱。《参同契》创建了道教解易的系统，其在道教史和易学史上都起了很大的影响。[②]《周易参同契》创建的炼丹理论和方术，张广保教授称之为“周易参同学”[③]，曾传辉研究员则称“参同学”[④]。《参同契》创建的道教解易的系统，即创建的炼丹术易学，不妨称之为“参同”易学。

三国虞翻曾经注释《周易参同契》，萧汉明先生说：虞翻“没有把魏伯阳《周易参同契》看作《易》外别传，这种胸襟后世儒者罕有及之者”。“《周易参同契》之月相纳甲说，经虞翻援用后，在后世儒者中引起程度不等的反响。”[⑤] 有学者认为《黄庭经》是《周易参同契》金丹思想的进一步发展。[⑥] 但总的看，《周易参同契》在相当长时期里影响不大。至唐代，《周易参同契》开始大显，不少内丹、外丹经均举起《周易参同契》的旗帜，注释

---

① 请参阅：

张涛：《太平经》易学思想初探，《文献》1999 年第 2 期，第 94 ~ 111、257 页。

章伟文，孔祥宇：《试论早期道教与易学的关涉——兼论〈周易参同契〉反映了汉代金丹道教的思想》，《中国道教》2005 年第 5 期，第 27 ~ 33 页。

② 朱伯崑：《易学哲学史》第 1 卷，第 222 ~ 223 页，北京：华夏出版社，1995 年版，第 243 页。

③ 张广保：《〈周易参同契〉的丹道与易道》，《宗教哲学》第 4 卷，1998 年 7 月 1 日第 3 期，第 109 页。

④ 曾传辉：《元代参同学》，北京：宗教文化出版社，2004 年版。

⑤ 萧汉明，郭东升：《周易参同契研究》，上海：上海文化出版社，2001 年，第 184 ~ 185 页。

⑥ 詹石窗：《〈黄庭经〉的由来及其与易学的关系》，《古籍整理研究学刊》2000 年第 4 期，第 1 ~ 5 页。

《周易参同契》者渐多。如唐代元阳子《周易参同契注》《金碧五相类参同契》[①]、无名氏《周易参同契注》、后蜀彭晓《周易参同契分章通真义》等。

自唐代始，外丹术开始走下坡路，而转向内丹术的人逐渐增多。伴随着这一潮流，《周易参同契》亦更多地受到内丹家的重视。正如陈国符先生说：“至唐代，推崇《周易参同契》为内丹要籍。”又说：“隋唐内丹书，多言阴阳八卦四象五行，铅汞龙虎，多援引《参同契》《龙虎经》《金碧经》。此时外丹书亦用此说，但不及内丹应用之多而广。”[②] 笔者将唐代以来依托《周易参同契》的内丹术简称为“参同”内丹术[③]。依托《周易参同契》，主要目的在于依托“参同”易学。

“参同”内丹术的发展，引起了“参同”易学的变化。卢国龙研究员归纳了《参同契》注释学的发展规律。他说：内外兼综诠释《参同契》，造成了丹术层面模棱两可的结果，使得宋代诠释《参同契》的风气必然向偏重内丹的方向转化。这种转化出现两种新趋势：一是纯以内丹法注解《参同契》，二是创造内丹经典的意识在成长。[④]

北宋张伯端著《悟真篇》，远承《周易参同契》，讲述“参同”丹法。王沐先生说《悟真篇》的第三个渊源是继承了《参同契》。[⑤] 卢国龙研究员论《悟真篇》说：“其本体论思想建立在《参同契》流系丹道理论的基础上。”[⑥]

---

① 金正耀判定《道枢》卷34《参同契下篇》是《金碧五相类参同契》的宋代别本，并以此为据，在陈国符考证“系唐人注”的基础上，断言《金碧五相类参同契》和《周易参同契注》的正文和注文均为元阳子撰（金正耀：《〈金碧五相类参同契〉宋代别本之发现与研究》，《道教与炼丹术论》，第101～102页。宗教文化出版社，2001年2月第1版）。

② 陈国符：《道藏源流考》下册，第445、390页。中华书局，1963年12月第1版。

③ 请参阅拙文：

《隋唐五代的性风气与阴丹术源流（上）》，《道韵》第11辑，2002年8月，第238～260页。

《隋唐五代的性风气与阴丹术源流（下）》，《道韵》第12辑，2003年2月，第282～291页。

《隋唐五代参同和非参同清修内丹术》，《宗教哲学》第42期，2007年12月，第59～70页。

④ 卢国龙：《〈悟真篇〉的丹道渊源》，《道韵》第6辑，第211、207页。

⑤ 王沐：《〈悟真篇〉丹法源流》，《道协会刊》第7期，第54～61页。又见《悟真篇浅解》，北京：中华书局，1990年版，第348～358页。

⑥ 卢国龙：《〈悟真篇〉的丹道渊源》，《道韵》第6辑，第211页。

张伯端不仅远承《周易参同契》，而且又以《参同契》注我，用陈抟易学充实了内丹术的理论基础。[①] 卢国龙盛赞张伯端"在思路上曾借鉴王弼《易》学"，在学理性的"层面上，张伯端甚至表现一个哲学家深闳气象，而不只是一个优越的内丹家"[②]。可以说，《悟真篇》将"参同"易学发展为"参同悟真"易学。《悟真篇》甚至成为解读《周易参同契》的"钥匙"，人们在注释《周易参同契》时往往援引《悟真篇》。明罗钦顺强调这一点说："仙家妙旨无出《参同契》一书，然须读《悟真篇》首尾贯通无所遗，方是究竟处也"。[③]

盖于北宋神哲二帝时期，出现了钟吕丹法。钟吕丹法是参同清修内丹术与吕洞宾崇拜结合的产物，以"参同悟真"易学为内丹术的理论基础。钟吕金丹派随后形成，盖形成于两宋之际。[④] 南宋时期，白玉蟾创立了钟吕金丹派南宗，后人就将张伯端视为南宗祖师，将《悟真篇》视为南宗祖经，北方的钟吕金丹派全真教遂被称为北宗。[⑤] 由此开始，钟吕金丹派成为道教内丹派中的主流派别，钟吕丹法成为道教内丹术的主流丹法，《悟真篇》与《周易参同契》并列为"参同"内丹术的权威经典，注释《周易参同契》和《悟真篇》成为钟吕金丹派的重要功课。如宋代钟吕金丹派内丹家陈显微著《周易参同契解》，连理学宗师朱熹也著《周易参同契考异》。"参同悟真"易学得以广泛流传。

元俞琰对"参同悟真"易学有所发展。俞琰潜心研究《周易》和丹道三十余年，著《周易参同契发挥》《易外别传》《周易参同契释疑》等。朱伯崑先生说：俞琰以邵雍的先天图解释魏伯阳的《周易参同契》。俞琰继承陈抟、邵雍、朱熹的传统，进一步将道教炼内丹的理论同邵雍易学结合起来，成为宋易中以图式解释《周易参同契》的代表[⑥]。萧汉明先生指出："俞氏治

---

① 请参阅拙文《〈悟真篇〉的文本及丹法》，袁行霈主编：《国学研究》第21卷，北京：北京大学出版社，2008年版，第176~177页。

② 卢国龙《〈悟真篇〉的丹道渊源》，《道韵》第6辑，第208页。

③ （明）罗钦顺：《困知记》卷下。

④ 请参阅拙文《钟吕金丹派的形成年代考》，《天问》丙戌卷，南京：江苏人民出版社，2006年版，第347~370页。

⑤ 请参阅拙文《全真教南宗的形成》，熊铁基、麦子飞主编：《全真道与老庄学国际学术研讨会论文集》上册，武汉：华中师范大学出版社，2009年版，第127~162页。

⑥ 朱伯崑著：《易学哲学史》第3卷，北京：华夏出版社，1995年版，第33~42页。

道教易，以魏伯阳《周易参同契》为宗，会通邵雍的先天之学，遍采唐宋以来内丹诸学派之说，参以伊川、横渠、朱熹之论，着重阐发道教内丹修炼的功理功法。”将先天图引入道教易，寻找宋代图书易与汉代象数易两者之间的连接点，是俞琰道教易的特征。“炼丹术一向注重天道与人道的吻合，但多零散之论，或者语焉不详，未能形成理论系统。俞琰通过总结古代天文、医术和炼丹术的成就，并以易学的结构框架和自然哲学，实现了这一理论的系统化建构。”“至俞琰始大量引入易学基础理论，且援《易》象建构了众多的人体丹术模型，不仅使丹术有了坚实的理论基础，同时也大大丰富了医学研究的方法论”。①

明清时期注释《周易参同契》者仍然不少，如明陆西星《周易参同契测疏》和《周易参同契口义》、清陶素耜《参同契脉望》、仇兆鳌《顶批周易参同契脉望》和《古本周易参同契集注》、傅金铨《顶批上阳子原注参同契》、纪大奎《周易参同契集韵》、吕惠连《周易参同契秘解》等。这些注释虽在理论方面无突出的发展，但仍起到承载和接续“参同悟真”易学的作用。如明陆西星《周易参同契测疏》下篇曰：“炉火之事一大《易》之道也”。② 清仇兆鳌《古本周易参同契集注》上卷曰：“丹道之与易道适相符合耳”。③ 吕惠连《周易参同契秘解》卷1曰：“不明乎易者，不足以读《参同契》之书也”。④ 这些都是秉承《周易参同契》“三道由一”的基本精神的。（本文已经作者审阅）

2019年2月13日上午，受中央民族大学道教与术数学研究中心主任谢路军教授邀请，朱越利先生在谢路军先生创办的道元书院举行了“参同易学小史”的演讲。本文系朱越利先生提供。

---

① 萧汉明：《论俞琰易学中的道教易》，陈鼓应主编：《道家文化研究》第11辑，北京：三联书店，1997年版，第265～291页。

② 《道藏精华》第二集之四《方壶外史》，自由出版社印行，1982年版，第523页。

③ 仇兆鳌：《古本周易参同契集注》上卷，上海：上海古籍出版社，1989年版，第93页。

④ 胡道静、陈耀庭、段文桂、林万青主编：《藏外道书》25〈1上。四川：巴蜀书社，1992年版。

二十五
建筑易学视角下北京中轴线保护、开发与利用

主讲：李克让

中轴线，本是一个建筑规划术语，特指城市规划、建筑或建筑群的中轴定位。有了中轴线，建筑或城市建设便以此展开，北京中轴线就是传统城市建设规划中轴定位的范例。但从中国建筑易学文化的意义上延伸出去，北京中轴线的意义就远比中轴定位的本意要深远宽广得多。以建筑易学的角度审视中轴线，其文化内涵几乎囊括了中国政治文化与社会历史的所有重要领域。规划、保护、开发、利用好北京中轴线，就是继承和发展了我国传统的优秀文化遗产，就是挖掘和发挥了其深藏的巨大社会文化价值和经济价值。从建筑易学的角度看，北京中轴线是以《易经》阴阳核心理论，按先天八卦天南地北，天地定位了紫禁城，进而外发，从而成为北京城市建筑文化的根基和灵魂。

李克让 中冶建筑研究院一级建造师，高级工程师。2010 年毕业于北京师范大学哲学与社会学学院首届易学博士班。自 2012 年以来，领衔北京民盟（东城）中轴线保护开发课题组组长，其跨学科研究课题连续三届获政府提案调研类研究项目一等奖。主要研究方向：象数易学、易经心理学。主要易学论文：《易数学及其世界观和方法论》（博士班毕业论文）、《易象与现象及其哲学价值》《人是宇宙的囚徒》（“认知科学与心灵哲学前沿问题”专题研讨）、《现代应用心理学“家族系统排列”的先天八卦阐释》等。主要易学著作：《周易·易数学·易象学·北京中轴线保护、开发与利用》、《易学术数学象数论》。

中轴线，本是一个建筑规划术语，特指城市规划、建筑或建筑群的中轴定位。有了中轴线，建筑或城市建设便以此展开，北京中轴线就是传统城市建设规划中轴定位的范例。但从中国建筑易学文化的意义上延伸出去，北京中轴线的意义就远比中轴定位的本意要深远宽广得多。以建筑易学的角度审视中轴线，其文化内涵几乎囊括了中国政治文化与社会历史的所有重要领域。规划、保护、开发、利用好北京中轴线，就是继承和发展了我国传统的优秀文化遗产，就是挖掘和发挥了其深藏的巨大社会文化价值和经济价值。

从建筑易学的角度看，北京中轴线是以《易经》阴阳核心理论，按先天八卦天南地北，天地定位了紫禁城，进而外发，从而成为北京城市建筑文化的根基和灵魂，如图 1 所示。

图 1　天地定位的北京中轴线

一、中轴线的含义和变迁

1. 中轴线的含义

按古代天文定位，北京在华北北部，是北极星（紫微垣）所对应的天下的正中，“天子必居中”，这是京畿定都的先天条件。

从地理上看，北京三面环山，两水相抱，前庭开阔，龙穴砂水齐备，是具有王气的风水宝地，中轴线就把北京定位在了山环水抱的华北北部的北京平原。

北京为天下中，皇城坐北京中，中轴线把坐落在北京城正中的紫禁城定位在龙脉与水脉的交汇点，如图 2 所示。

图 2　中轴线定位北京城

1. 1 从气象上看中轴线

先天为体，天南地北，中轴线为“天地定位线”“乾坤定位线”“负阴抱阳线”“刚柔中和线”。天地定位是北京中轴定位的本体。

后天为用，离南坎北，中轴线为“水火既济线”“子午定位线”。中轴线永定门到地安门全长约 15 里，合后天八卦（洛书）数，是北京古城建设的中心线。中轴线外延，是北京城市大北京概念规划建设的根基与依据。

在引申的社会意义上，中轴线为“法线”和“宽猛相济线”。

1. 2 从建筑文化的理数上看中轴线

中轴线的本质是阴阳定位，“一阴一阳之谓道”，阴阳是建筑文化的核心精髓（见图3）。

图3　中轴线的天地阴阳

乾坤即天地，天地是最大的阴阳，有天有地，天地交合生万物，而人是万物之灵，由阴阳交合而得天地人三才，立紫禁城的建筑中心区，为阴阳和合的太极点，由此形成中轴线天人合一的整体形态。

阴阳引申四象为老阴、老阳、少阴、少阳，即古城东南西北四方，亦是时序上的春夏秋冬四季，祭祀性建筑天坛、地坛、日坛、月坛以中轴线对称布局。时空运行，暗含阴阳消长、物极必反、世事流转、盛极必衰之理。

阴阳时变，即生“金木水火土”五行，五行是阴阳二气相互作用的五种状态。五行之气运行并相互作用，是一种自然的作为，意味着万物之宗。古城区域规划对应五行属性，城东区域属木，城南属火，城西属金，城北属水，城中区域为王土。

1.3 中轴线与历史的印证

自元朝忽必烈规划建设元大都时起，中轴线作为北京城的灵魂和核心，就同北京古城一起，经历了中华民族的沧桑和辉煌，抗拒了时间的损毁，一直延续到今天。

清末民初，紫禁城衰败荒芜，无人管理，此时正是中华民族处于军阀割据、日寇入侵的历史最低谷；中华人民共和国成立之初，天安门广场、长安街及古城墙的改造对应了新中国新时代；毛主席纪念堂落成与“文化大革命”后期同步；90年代初国旗基座和升旗仪式的改变和新世纪升旗仪式的调整与改革开放俱进；东部新颖高大的CBD商圈、西部平整宽阔的金融街、北部厚重的奥运中心和高教园区的形成，世纪坛、国家大剧院、央视、鸟巢、水立方、北京南站、大兴新机场等标志性建筑的落成都对中轴线及其核心统领作用产生影响，形成了一种更大的格局和全新气象。

其中20世纪五六十年代拆除城墙、改造天安门广场，建成了长安街，形成并强化了东西轴线，淡化甚至毁坏了古城的子午线（如拆除了永定门），新世纪之交修建平安大街和两广路，重建永定门，重新强化了北京的中轴子午线概念。

图4，1982年的北京布局模型，南北向轴线几乎还是对称地将城市分为东西两半，紫禁城位于城市空间的几何中心，往昔帝王城市的空间及特征表达还烙印在城市空间上。传统以中轴线对称的街、坊与胡同的格局在模型地图上清晰显现。

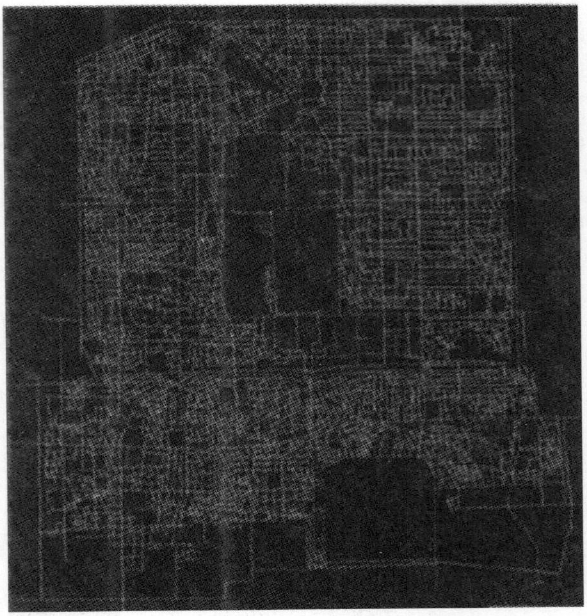

图4　1982年的北京布局模型

2. 中轴线保护和开发中存在的问题

2.1 中轴线的核心统领作用被削弱

图5，2003年之后的北京布局模型，典型的胡同格局遭受破坏，城市空间明显开放、扩大。城市外围空间，介于中心主要道路与环绕城市的主要环路（三环、四环）之间许多小的环路系统丰富了城市结构，城市的结构空间也逐渐由以中心轴线为主的对称结构而逐步转向融合中心外围环路的环轮形空间结构形态，使城市的对称性遭到削弱、破坏，城市新扩展区域与旧城通过部分强劲的轴线诸如长安街（延长线）及新发展的放射线等联系着。

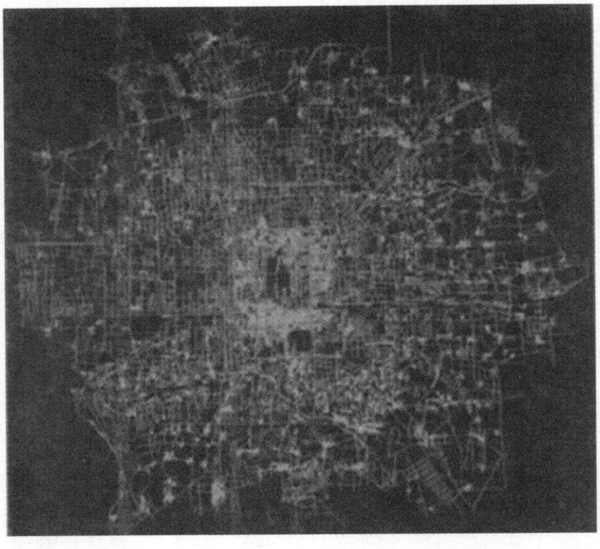

图5　2003年之后的北京布局模型

虽然在中轴延长线

上，景山——仰山相对，大体量建筑的布局也具有鲜明的暗示性和标志性，如鸟巢、水立方、国家大剧院、北京南站、大兴新机场，规划物语寄希望于中轴线外延能起到统领大北京城市布局的作用，但延长中轴线外的大规模建筑和建筑群以及路网的对称性却乏善可陈，中轴线的核心统领作用被削弱，如图 6、图 7 所示。

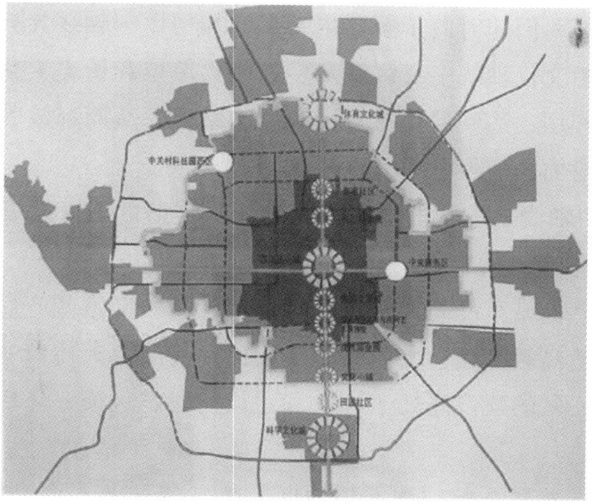

图 6　中轴线外延统领大北京城市规划之一

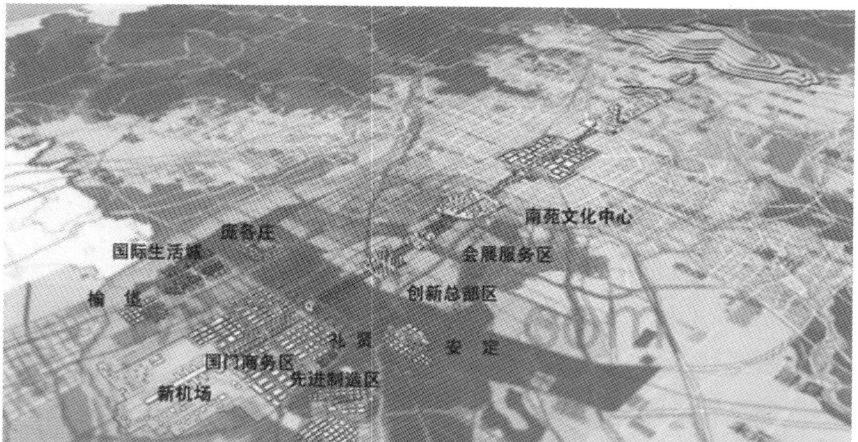

图 7　中轴线外延统领大北京城市规划之二

所幸的是“老城”还仍然维持着其“生活中心”的情形，与中轴线对应，也仍然包含了许多近似正交的短轴线，这为古城进一步打造“历史文化轴”留下了宝贵的物质遗产和客观条件。

2.2 对中轴线及其保护区内建筑文物保护、开发与利用之意义理解认识不够

中轴线在京城传统建筑文化当中具有重要的核心地位，其所覆盖和辐射的历史文化中心区域更是人文底蕴深厚、精华聚萃，深藏着丰富的历史内涵和文化价值，但人们却对此了解感悟不多。如何以中轴线为核心主线，连贯网络起北京历史文化轴线中心区域众多的文物单位和历史文化遗产，加强理解认识的引导作用，达到保护与开发利用相结合，从而释放其巨大的社会文化价值与经济潜力，值得思考、重视。

2.3 依托中轴线对南城中心区进行文化与经济的深度开发还未达到应有的效果

与相对成熟的城东部高大而气派的 CBD，城西部宽阔齐整的金融街，城北部高新科技与高教园区、奥体中心区相比，前门及天桥商业街和南城的首都文化演艺中心区的建设还处于开发和建设阶段，规模、环境和人气还未形成气候。

北京南城，尤其是前门和天桥地区，曾是昔日老北京民俗文化的代表，市井繁华和民生活力之所在，曾几何时，伴随南城的衰落，这一地区也今非昔比，多年沦落于萧寂，南城城市建设与开发也相对滞后。近年来，市政府决策大力开发南城，是这一地区的振兴与重生的历史机遇。但效果不明显，整体还没形成气候。

比如，尽管前门商业街改造后开街以来，这条位于北京核心区的街面人气不足，效益不佳，不少品牌商家入驻又出逃，造成临街店铺出现大量空屋。有人统计，前门商业街空置率可能高达近三成以上。

2.4 北部中心城区存在新老中轴路衔接节点间断以及由此造成的钟鼓楼地区交通阻塞问题

纵观北京城区新老一体的整条中轴路，我们可以发现，在钟鼓楼街区北部的这个十分重要的地点，还存在着新老中轴路衔接节点间断问题。

这一问题不仅仅是单纯的交通节点间断和区域交通阻塞问题，由于中轴路是中轴线重要的组成部分，对应在中轴线上，便也反映出其隐含着相同性质的问题。而且，在易学建筑文化层面，中轴线问题一直就不是一个单纯的城建规划问题，它具有更加宽广与深邃的社会学内容，比如，在中轴线具有

法线或宽猛相济线性质的政治社会学意义上，便隐含并象征着新旧体制交接与政管体制运行所存在的某种意象性对应。

2.5 钟鼓楼地区老城更新改造问题

主要表现为钟鼓楼地区市政设施老化、路网堵塞和街区内建筑物老旧失修问题。

现今的钟鼓楼地区，由于存在众多难以割舍的文化遗存而难于更新改造，市政基础设施与街巷住宅都很陈旧落后，是北京老城区没有经过改造开发的重点街区。保护与开发、恢复与重建，诸多事由纠结在一起，便成为北京老城改造的一块难啃的骨头。尤其在市政交通方面，由于钟鼓楼地区是传统的商业集市中心和旅游热点地区，狭窄稠密的街巷两侧遍布着大大小小的机关、学校、医院、商铺民宅和社区作坊等院落与建筑，大量的机动车、非机动车与人流涌入，造成经常性的交通堵塞。不良的交通环境加上陈旧的基础设施，导致区域内整体的生活和工作环境的恶劣状况愈加明显突出。

2.6 对中轴线标志性建筑时空一体多维向度的属性重视不足

中轴线具有时空一体的特点，它的空间性主要由标志性建筑的空间布局实现。如图 8 所示，其空间中心（亦为太极点）聚焦在天安门（古代为紫禁城太和殿），而时间性则主要表现在钟鼓楼“晨钟暮鼓”报时的声音里。在中轴线保护与开发的探索中，我们往往对中轴线视觉空间的形象给予了较多的关注，而忽略了它凝聚在听觉里的时间属性，不得不说这是中轴线多维向度中时空二元彰显效果的明显缺失与失衡，是中轴线保护与开发的缺陷。

图 8　北京中轴线北端的钟鼓楼

3. 建筑易学视角下，中轴线保护、开发与利用之思路

在北京城市规划中应充分重视外围建筑环境对中轴线的影响，运用建筑易学文化认识和指导中轴线及周边区域的整体规划，如图 9 所示。

中轴线统领老城核心区，也是大北京中轴线的“历史轴线”部分，工作重点是中轴线的保护与利用。应以加强、拱扶、烘托、映衬中轴线为目的。“历史轴线”的保护包括标志性、纪念性及重点保护的建筑物；对称布局的街区与胡同以及由此而形成的秩序空间。

图 9　中轴线文物保护规划区

3.1 谨慎对待能对中轴线产生影响的建筑改造和仪式变化

中轴线区域内（包括中轴线上和以中轴对称布局的）重要建筑的任何改变，或中轴线区域内各种重要现象的产生与变化，都会对中轴线产生新的意义和影响。

对中轴线上任何原有标志性建筑的改建和重建（如永定门），都已不具

备原有的时空意义，改建的再新再美，都是一种“伤疤”与“愈合”，应谨慎对待。其标志和景观意义，只能在新的时代背景和情境下予以解读。

谨慎对待能对中轴线产生影响的任何建筑改造和仪式变化（如祭祀庙坛的改造、升旗仪式等），因为这些改变及现象会伴随古都整体形象以至整体场景的改变。

3.2 加强老城区“历史轴线”文化遗产保护与开发

传统中轴（历史轴线）包含了从北二环到南二环之间的老城区。保护规划以民俗旅游展览与民间艺术博物馆、名人故居与文化纪念建筑、皇家建筑与祭祀文化等为基本特色。逐步搬迁、腾退或保护利用好文物保护单位。对中轴线周边文物建筑的保护是保“点”，点点相连，成线成面，也就保护了对称布局的街区、胡同以及由此而形成的中轴线秩序空间。

加大对中轴线周边文物保护单位的修缮、腾退力度，对外开放，形成中轴线的文化旅游线路。

以老城区中轴线保护作为主线，连贯主要的文物单位和历史文化遗产，适当恢复展示，以达到保护与开发利用相结合，才能释放其巨大的社会文化与经济潜力。

3.3 中轴线南城区段的开发应注重文化与商业相结合

按易学建筑文化的视角，分析和定位中轴线南城的规划与开发，以图在历史传承及规划设计理念上实现融合与渗透。

首先，以中轴线本身的阴阳定位，北城为坤阴为地为子水；南城为乾阳为天为午火。北城以体育文化（身）定位，南城以精神文化（心）优先。

其次，以传统五行文化进行区域规划与布局定位，南城属离火，火主文化、文明。离火附丽，文明文化之“火”只有依附于器物设施、产业环境和蓬勃的事业上，才有绚丽燃烧的可能，因而南城应注重文化产业的规划与实施。这里，要注意城南区域文化产业的“文”与城东区域左文右武的“文”的区别，城东区域的“文”侧重行政文化与主流意识形态，城南区域的“文”则为文化产业、演艺、传统历史与民俗文化、文化与商业的融合等。

《易经》离卦意象符号本身也表示外实内虚之地，外实内虚通“墟”，“墟”也是集市之意。封闭内虚可揽气，开放外实可聚财，南城也是商业文化聚集地。从历史传统上看，南城的前门地区与天桥地区都是传统民俗文化和商业发达的区域，老字号商铺林立，民俗演艺风靡，沿街布有商号、夜市等，具有深厚的文化底蕴和基础。商业是文化的载体，文化是商业的魂魄，商业一旦失去了文化，就成了杂牌四不像，吸引不了人，也难有风格和高端。街市开发的重点应放在商业与文化的渗透融合，深度挖掘商业的文化价值上。

关键是融合，不仅理念上融合，建筑规划上也要融合。要把商业与文化产业、演艺设施及旅行游艺等文娱设施融合交集，有机地集中、交融、渗透在一起，历史上天桥、厂甸地区仅市井民俗就包括各种杂耍、游艺、茶楼酒肆、旅邸等，类似“清明上河图”的图景，是典型的文商融合体。就民间文娱街市的游艺活动而言，内容可谓庞大而繁杂，仅市井演艺一项就包括评话、杂戏、杂技、曲艺等各种流派，色彩纷呈，观众游客有充足的参与和选择空间。

因而，在传统文化建筑布局上，也要注重商业街市的文化融合，建筑为砂，车流人流为水，砂水交集，曲径流通。文娱设施与商业建筑交集，一般都落脚在道路或小路的汇交点，形成“人气鼎沸”的盘结之地。

3.4 北部新老中轴路间断节点衔接及钟鼓楼地区改造规划

北部新旧中轴路钟鼓楼节点衔接的做法，是与南部永定门衔接节点相对应并参照中轴路环路交通的惯常做法，以中轴线为核心标准，以尽量减小对钟鼓楼地区传统街巷环境、文化遗存与建筑景观造成破坏为原则，在钟鼓楼地区，隔离并规划设置出一个开放式的钟鼓楼街区环岛，从而形成新老北中轴路衔接节点的交通环路，并使钟鼓楼街区成为中轴线上的一处“新”的独立的标志性建筑群。当然，这里的“新”，不是兴建新的建筑物，而是在保持原有钟鼓楼地区传统风貌的基础上，在原先没有明确边界限定的街区内，形成一个有着明确的边界现定，独立开放的“新”的中轴线局部区域规划，并由此带动整个街区的保护性修复改造。

与西侧的旧鼓楼大街对应，改造并拓宽中轴线东侧的宝钞胡同，使之成为与旧鼓楼大街具有同等功能的主干道路，两条南北向道路在钟鼓楼地区最北端的中绦胡同汇合，这样就形成边界相对清晰又与外界相互通融的独立开放式钟鼓楼街区环岛，由此实现北部新老中轴路的顺畅衔接（见图10）。

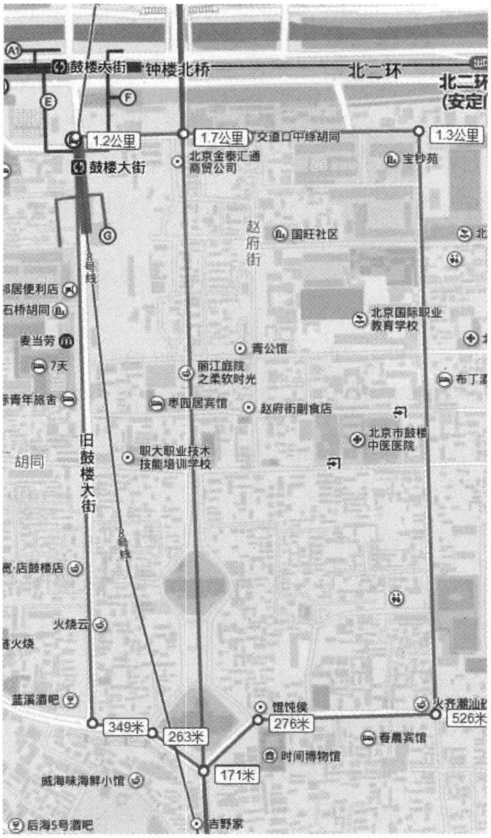

图 10　钟鼓楼地区界定及交通环路设置

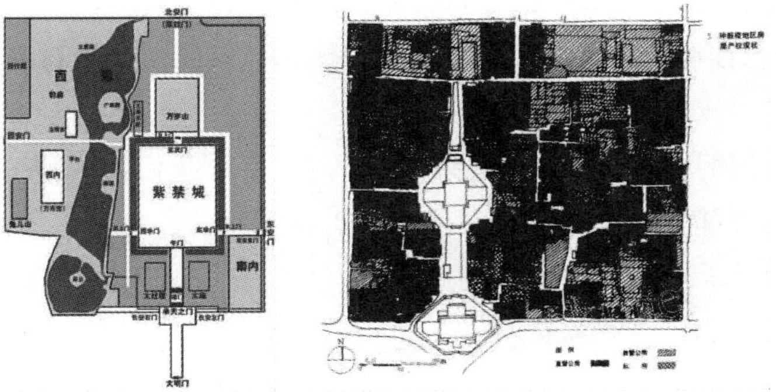

北京皇城　　　　钟鼓楼街区

图 11　中轴线在皇城和钟鼓楼街区的非对称布局

图 11，中轴线在皇城和钟鼓楼街区，都处于非左右对称的格局特点，皇城左侧明显偏多，钟鼓楼街区右侧明显偏多。本案，钟鼓楼街区环岛的规划

设置，无意中正应和了“皇城”的这种“不对称”。如果我们把中部中轴线上的新旧国家政权机构的处所和建筑象征统一考虑，天安门广场、故宫和中南海一体便与古代“皇城”区域基本吻合。这样，以“前朝后市”的理念相呼应，则钟鼓楼地区环岛所存在的这种右多左少，看似缺陷的不对称格局，实际上便有其天然的合理性，二者恰好形成了一种“前朝”与“后市”在中轴线上整体的平衡。

3.5 完善中轴线时间功能，奏响“晨钟暮鼓”，意义深远

就中轴线具有时空一体多维向度的属性而言，天安门是中轴线空间上的中心点和聚焦点，钟鼓楼是时间上的聚焦点，两者之间存在时空对应关系。如果说天安门广场升旗、集会等重大活动更强调的是视觉效果，钟鼓楼就应更重视“晨钟暮鼓”的声音效果，以形成与天安门的呼应。中轴线是北京城的核心和灵魂，钟鼓楼的钟鼓声曾是古代王朝皇权至上的象征，统领全国，具有国家计时最高的等级标准，不同于一般地标或寺庙的钟鼓声，是东方的“格林威治”，在北京在全国乃至世界的东方（北京时区）最具有“时间”的代表性，最具有影响力和感染力。

“人法地，地法天，天法道，道法自然”，天地人三才天为大。延续传统，奏响代表东方文明古国“北京时间”的晨钟暮鼓，具有明显的“重启天时”的象征意义，因而也就具有恢复传统、继承优秀民族文化的积极意义，也可以看作重新开启和显现“北京时间”的新纪元、新篇章，这开启的是属于我们中国天时的新篇章，也可以看作复兴东方文明古国、建设北京世界历史文化名城与迎接这一新时代来临的独特标志与象征，万众瞩目，意义重要而深远。

因而，如何更好地奏响“晨钟暮鼓”，是值得我们深入研究和探讨的。（本文已经作者审阅）

2019年5月16日下午，受中央民族大学道教与术数学研究中心主任谢路军教授邀请，中冶建筑研究院一级建造师、高级工程师李克让先生在中央民族大学举行了题为“易经与北京中轴线”的学术演讲。本文系李克让先生提供。

二十六

五音、五脏与五行

主讲：邵学升

中国古哲学认为宇宙万物是由木、火、土、金、水五种元素组成的，而其五行相生又相克。五音则是宫、商、角、徵、羽，其中五音与五脏紧密相连。古代军事著作《六韬》记载了用五音配合五行来观察和判断敌情的方法。《淮南子·天文训》中把不同音频的乐音同一年中的不同时令以及该时令的气候、物候联系起来。命理学中的纳音更是五行的具体应用，六十甲子纳音既是五行，也属五音。《礼记·乐记》指出五音关系社会的治理与人心的向背。身体的七窍被视为气的门户与通道，它们内根于五脏，外连于天地之气，保持孔窍的通畅是养生的根本。

邵学升 1963 年生于山东省招远市，现为山东财经大学中华文化研究院研究员，易学与环境研究所所长，北师大易学文化研究院特聘研究员。研究方向为易学、地理等，创制了天地八卦盘，并形成了一套独特的理论与方法，结合大小游年应用于阴阳八宅。

中国古哲学认为宇宙万物是由木、火、土、金、水五种元素组成的，而其五行相生又相克。五音则是宫、商、角、徵、羽，其中五音与五脏紧密相连。《黄帝内经》中说：“角为木音通于肝，徵为火音通于心，宫为土音通于脾，商为金音通于肺，羽为水音通于肾”。按这一对应理论，利用五音又可对五脏产生作用，如角音属木，通肝，而角调音乐又可制怒，即“通肝解怒”；徵音属火，通心，运用徵音或徵调音乐又可“养阴助心”。《灵枢·邪客》中认为：脾应宫，其声漫而缓；肺应商，其声促以清；肝应角，其声呼以长；心应徵，其声雄以明；肾应羽，其声沉以细，此为五脏正音。音韵学家根据字母的发音部位不同，把声母分为喉音、牙音、舌音、齿音、唇音五类，即“五音”。梁顾野王的《玉篇》以及宋陈彭年等的《辨音五字法》等都是这种分法，前者分为喉、舌、牙、齿、唇，所谓自内向外，后者分为唇、齿、牙、舌、喉，所谓自外向内。现在牙齿是一体，在语言发明的初期，先有“齿”这个字，然后人们想分清门牙和后面的“大牙”的区别才有了“牙”这个字。但在生活中，人们也许并没有把“齿”特指门牙，后来在医学研究或者发音研究中，发现门牙和后面的槽牙的作用不同，所以才有了区别，才有了门牙为齿、臼齿为牙。而配合五声的“呼、笑、歌、哭、呻”才产生了五行的功效。而古人发现当发出“宫、商、角、徵、羽”这五个乐音的发音时，可以分别引起相应经络的共振。当然其中也掺杂了一些次要经络的共振，从而达到五声、五音、五脏与五行的作用。现实生活中健康优美的音乐，可使人的心境净化，达到较高的入静状态，从而产生阳气，打通经络，实现治疗疾病、保健身体的目的。

五音是怎样产生的呢？据说黄帝时代的伶伦，用十二根竹管，其中最长的九寸，最短的四寸六分，然后按长短次序将竹管排列好，里面灌满用苇子膜烧成的暇莩灰。用它来候地气，古人认为，“天效以景，地效以响”。效于景则是日影的朝夕长短，而效于响便是音律。尽管今天的人们对于“地气”的概念并不陌生，但是音律与节气的联系在我们听来还是有些不可思议。律管候气是我们的祖先曾经使用过的古老方法，因为地下的阴阳二气随时都在变化。到了冬至的时候，一阳生。阳气一生，第一根九寸长、叫黄钟的管子里面的灰，自己就飞出来了，同时发出一种“嗡”的声音。这种声音就叫黄钟，这个时间就在子，节气就是冬至。而后每到一个中气就会有所变化。《吕氏春秋·音律》云：“天地之气，合而生风，日至则月钟其风，以生十二律。仲冬日短至，则生黄钟。季冬生大吕。孟春生太蔟。仲春生夹钟，季春生始洗。孟复生仲吕。仲夏日长至，则生蕤宾。季夏生林钟。孟秋生夷则。仲秋生南吕。李秋生无射。孟冬生应钟。天地之风气正，则十二律定矣。”律吕调阳十二根管分成六阴、六阳两组，六根单数的属阳，叫六律；六根偶数的属阴，叫六吕。六律第一个是黄钟，六吕的第一个叫大吕，所以音乐里有黄钟、大吕之说。

在《管子·地员篇》中，有采用数学运算方法获得“宫、商、角、徵、羽”五个音的科学办法，这就是中国音乐史上著名的“三分损益法”。律吕之数用三分损益法，就是“先三分减一，后三分加一”。比如，黄钟的管长九寸，其数为九。先进三，就是九的三倍（三次方）得数为729，再减一倍，得数是364.5（729÷2＝364.5）。这就是阴历年加闰以后的天数，用律历对应节气勘定出来的调整数，与太阳历的365只差半天。古书上常常把五声或五音和六律并举。《吕氏春秋·察传》说：“夔于是正六律，和五声。”《孟子·离娄上》说：“师旷之聪，不以六律，不能正五音。”可见律和音是两个不同的概念。律，本来指用来定音的竹管，旧说古人用十二个长度不同的律管，吹出十二个高度不同的标准音，以确定乐音的高低，因此这十二个标准音也就叫作十二律。十二律各有固定的音高和特定的名称，和现代西乐对照，大致相当于C、#C、D、#D、E、F、#F、G、#G、A、#A、B等十二个固定的音。从低到高排列起来，依次为黄钟、大吕、太簇、夹钟、姑洗和中吕，音高分别是C、#C、D、#D、E和F。而蕤宾、林钟、夷则、南吕、无射和应钟的音高分别是#F、G、#G、A、#A和B。十二律分为阴阳两类：奇数六律为阳律，叫作六律；偶数六律为阴律，叫作六吕，合称为律吕。

张炎在《词源》中说五音来自唇、舌、齿、鼻、喉，而发出的五声则为宫、商、角、徵、羽。王仲闻在《李清照集校注》中认为“五声”指阳平、阴平、上、去、入，他说这两种观点其实是一致的。因为古代的五声音阶名和平仄四声是相同的，所谓“宫商为平声，徵为上声，羽为去声，角为入声”。元兢在《文镜秘府论》中也说乐律上的五声就是五音。在宫、商、角、徵、羽五个音级中，古人通常以宫作为音阶的第一级音，商、角、徵、羽也可作为第一级音。如以宫作为第一级音，则五声音阶为：宫（多）、商（来）、角（咪）、徵（嗦）、羽（啦）；如以徵为第一级音，五声音阶则为：徵（低音嗦）、羽（低音啦）、宫（多）、商（来）、角（咪）。音阶的第一级音不同，调式就不同。以宫为音阶起点的是宫调式，是以宫作为乐曲旋律中最重要的居于核心地位的主音；以商为音阶起点的是商调，商为主音，其余类推。这样，五声音阶就可以有五种主音不同的调式。《礼记·乐记》曰："宫为君、商为臣、角为民……。"古人认为商，属金，臣之象，臣而和之。角属木，民之象。徵属火，事之象。羽属水，物之象。早期人类在用音乐治病的同时，开始慢慢地发现草本植物的五味亦可医疗五脏之疾，于是在"樂"字上加了一个草字头，形成后世沿用至今的"藥"。这就是"药"字的由来。由此可见古人也是先乐后药啊。

《内经·灵枢·邪客篇》里说："天有五音，人有五脏；天有六律，人有六腑。"认为：角为木音通于肝，徵于火音通于心，宫为土音通于脾，商为金音通于肺，羽为水音通于肾。于是便沟通了五音、五脏和气的五种运动方式的内在联系，五音又各有其功效。有人说樂与五音及藥在五行中的白字为金，属商音，对应人体的肺脏，肺主气魄。而藥中的木字属角音，对应人体的肝脏，而肝主血，藏魂。《黄帝内经》中也清楚讲道："魂魄和合，血气元神旺盛，则心生神明。"藥中的丝字，对应人体的心脏，属徵音，是五行中的心火。丝制的弦乐能拨动人的心弦，具有修复心脏功能，有舒畅精神，人自然因病愈而喜，也就是欢喜心。

《五音》是古代军事著作《六韬》里记载的一篇文章，介绍用五音配合五行来观察和判断敌情的方法。全书以太公与文王、武王对话的方式编成。大体意思是武王问太公说："从律管发出的声乐中，可以判断军队力量的消长，预知战争的胜负吗？"太公回答道："深奥啊！君王所问的这个问题。律管共有十二个音阶，其中主要的有五个，即宫、商、角、徵、羽。这是最基本的声音，千秋万代都不会改变。五行相生相克，神妙无比，乃是天地变化的自然规律，借此可以预测敌情的变化。金、木、水、火、土五行，各以其相互生克取胜。用兵之道也是以其胜攻不胜啊！古代三皇的时候，崇尚虚无无为，以克制刚强暴虐。当时没有文字，一切都按照五行生克行事。五行相互生克的原理，就是天地演变的自然规律。六甲懒分合是十分微妙的。运用五音五行的方法是：当天气清明晴朗，没有阴云风雨时，于半夜派遣轻骑前往敌人营垒，在距离敌营九百步以外的地方，都手拿律管对着耳朵，向敌方大声疾呼以惊动他们。这时，就会有来自敌方的回声反应于律管中，这回声非常微弱。如果是角声反应于律管中，就应当根据白虎所代表的方位从西方攻打敌人；如果是徵声反应于律管中，就应当根据玄武所代表的方位从北边攻打敌人；如果是商声反应于律管中，就应当根据朱雀所代表的方位从南边进攻敌人；如果是羽声反应于律管中，就应当根据勾陈所代表的方位从中央攻打敌人；所有律管都没有回声的是宫声的反应，应当根据青龙所代表的方位从东边攻打敌人。所有这些就是五行生克的应验，辅佐制胜的征兆，胜败的关键。”武王说太妙了！太公则说微妙的音律，都有外在的征候。武王问："怎么才能知道呢?”太公说：“当敌人被惊动时就仔细倾听，听到鼓声是角声的反应，见到火光是徵声的反应，听到金铁矛戟各种兵器声是商声的反应，听到敌人的呼叫声是羽声的反应，寂静无声的是宫声的反应。这五种音律与外界的动静是各有对称，互相符合的。”这是五音在社会军事中的应用，也是五行的相生相克原理的成功运用，这在今天看来有些荒谬，但也确是五音五行五方成功运用的典型案例，值得深思。

《淮南子·天文训》：“斗指子则冬至，音比黄钟。加十五日指癸则小寒，音比应钟。加十五日指丑则大寒，音比无射。加十五日指报德之维，则越阴在地，故曰距冬至四十六日而立春，阳气冻解，音比南吕。加十五日指寅则雨水，音比夷则。加十五日指甲则雷惊蛰，音比林钟。加十五日指卯中绳，故曰春分则雷行，音比蕤宾。加十五日指乙则清明风至，音比仲吕。加十五日指辰则谷雨，音必姑洗。加十五日指常羊之维则春分尽，故曰有四十六日而立夏，大风济，音比夹钟。加十五日指巳则小满，音比太蔟，加十五日指丙则芒种，音比大吕。加十五日指午则阳气极，故曰有四十六日而夏至，音比黄钟。加十五日指丁则小暑，音比大吕，加十五日指未则大暑，音比太蔟。加十五日指背阳之维则夏分尽，故曰有四十六日而立秋，凉风至，音比夹钟。加十五日指申则处暑，音比姑洗。加十五日指庚则白露降，音比仲吕。加十五日指酉中绳，故曰秋分雷戒，蛰虫北乡，音比蕤宾。加十五日指辛则寒露，音比林钟。加十五日指戌则霜降，音比夷则。加十五日指号通之维则秋分尽，故曰有四十六日而立冬，草木毕死，音比南吕。加十五日指亥则小雪，音比无射。加十五日指壬则大雪，音比应钟。加十五日指子。”这是人们把不同音频的乐音同一年中的不同时令，同该时令的气候、物候联系起来。二十四节气、七十二候就是天“气”在一个回归年中的二十四种或七十二种表现，同时造成了不同季节中声波的不同。因此，五音是关于“气”的量化的另一种表达。

命理学中的纳音更是五行的具体应用，六十甲子纳音既是五行，也属五音。中国古代将一个八度分为十二个不相同的半音，即十二律，每律又分为五音，一共组成六十纳音。在术数预测中，除了用五行、数字等来研究，还加入一种研究方式，就是音律的方式。术数预测的基本元素是五行金木水火土。金木水火土五行是可以根据数字推算出来的。而数字又是通过河图推衍出来的，所以《考元》曰：“大衍之数五十，其用四十有九。以两干两支之合数于四十九内减之，余数满十去之，余一六为水，二七为火，三八为木，四九为金，五十为土，各取所生之五行为纳音。”这里不仅告诉我们怎样取数，还告诉了我们河图数与五行和纳音的对应。我们都知道凡气都从东方开始，有紫气东来一说，旋转右行，定纳音则起于西方而左行。为什么气始于东方呢？是因为四时始于木，右行传于火，火传于土，土传于金，金传于水。而纳音为什么始于西方呢？那是因为五音始于金，左旋传于火，火传于木，木传于水，水传于土。六十甲子纳音，就是仿照古乐六十律而确立起来的，其方法与《易经》的纳甲类似，纳甲是乾纳甲，坤纳乙，由乾开始，至坤结束。而五行纳音，则把金放在首位。在古代命理学中，把纳音与身体的健康紧密相连，在八字命理中，以纳音的顺克、逆生为吉、为贵，以纳音的顺生、逆克为贫、为凶。提出了干禄支命纳音身的一套理论。在十二地支中又提出了三合六合、刑冲破害理论，并把五行五脏以及五常顺利加入其中，由此来掐算人的生死，预测个人的命运态势。

《礼记·乐记》曰：“声音之道，与政通矣。宫为君，商为臣，角为民，徵为事，羽为物。五者不乱，则无怗懘之音矣。宫乱则荒，其君骄。商乱则陂，其官坏。角乱则忧，其民怨。徵乱则哀，其事勤。羽乱则危，其财匮。五者皆乱，迭相陵，谓之慢。如此，则国之灭亡无日矣。”此说则是五音关系社会的治理与人心的向背，同时朱载堉在《律历融通·律音》中也认定纳音之说，于此有关。但在具体推衍上，朱氏则又另有一套说辞：“凡五音，其三为纲，‘宫’‘商’‘角’是也；其二为纪，‘徵’‘羽’是也。纲者，声之根本，故为君、为臣、为民；纪者，声之支末，故为事、为物，此叁天两地之义也。黄钟为宫，太簇为商，姑冼为角，三律皆阳，故为夫；林钟为徵，南吕为羽，应钟为和，三吕皆阴，故为妻。此阳奇阴偶之义也。以干支言之，则甲、乙者干之纲也，丙、丁而下干之纪也；子、丑者支之纲也，寅、卯而下支之纪也。凡干支，阳者为之夫，而阴者为之妻。甲、乙而后丙、丁，丙、丁而后戊、己，戊、己而后庚、辛，庚、辛而后壬、癸，此自然之序也。宫而后商，商而后角，角而后徵，徵而后羽，羽而后宫，终则复始，循环无端，此自然之理也。"

中医理论著作《难经》三十七难上说："肺气通于鼻，鼻和则知香臭矣；肝气通于目，目和则知黑白矣；脾气通于口，口和则知谷味矣；心气通于舌，舌和则知五味矣。肾气通于耳，耳和则知五音矣。"身体的七窍被视为气的门户与通道，它们内根于五脏，外连于天地之气。由此可见，五脏不和，七窍就不通。七窍不通，五脏之气不能与天地之气进行能量交换，难以自我更新，正气就会受损。保持孔窍的通畅，实乃是养生的根本。（本文已经作者审阅）

2019 年 2 月 19 日上午，受中央民族大学道教与术数学研究中心主任谢路军教授邀请，邵学升先生在谢路军先生创办的道元书院举行了"五音、五脏与五行"的学术演讲。本文系邵学升先生提供。

二十七
易学三思维探究

主讲：钟 政

《易经》是理、象、数的统一，它在诠释宇宙自然和人类社会发展规律的同时也有很强的实践性，这就是它的穿越时空预知未来事物的作用。本文主要论述了易学的三种思维的模式，即灵感思维、侦探思维和逻辑思维；它们是相互作用、层层递进，最终揭示事物本质的过程。作为东方思维的易学文化，是一个整体架构，它是“其大无外，其小无内”，一爻一世界，卦卦有乾坤；其太极点随斗转星移而变化，研究易学的原则是在动态的时空中找到太极点并由此说开去，拨开层层迷雾面纱，由假设、推导、论证，从中诠释出运动中宇宙世界的静态信息，以绝对为基础，找到相对中的平衡，这是我们研究的方法。

钟政 “茅山术数文化传播中心”主任，其以科学思维解读术数学，在汲取传统文化的基础上，结合现代科技成就，研究多维空间中的生命存在与三维现实物质世界的相互关系，是一种术数文化领域的新探索。

冯友兰先生说："宇宙间事物，古人多认为多与人事互相影响，故古人有所谓术数之法，以种种法术，观察宇宙间可令人注意之现象，以预测人之祸福。"① 关于《周易》，冯先生说："筮法之兴，即所以解决此种困难者。卦爻仿自兆而数有一定，每卦爻之下又系有一定之辞。筮时遇到何卦何爻，即可依卦辞爻辞，引申推论。比之龟卜，实为简易。《周易》之名，或即由此起。"② 由此可见，易学文化离不开卦辞、爻辞的引申推论，由此也就决定了有三种思维方式是与易学相伴而生的。这三种思维方式，即灵感思维、侦探思维和逻辑思维。

一、灵感思维

《易经》解读需要灵感思维，但灵感思维要建立在历史知识与社会经验基础之上。拥有丰富的生活阅历和坎坷命运的人，往往对易卦有着更深刻的理解。"文王拘而演周易，仲尼厄而作春秋"，就是因为圣贤们在遭受磨难时才会有深刻思考，由是成为我们的易学先祖。

《易》本为筮用，但后则虽不于筮时，人亦常引申卦爻辞中之意义，以为立说之根据；讲《周易》之宇宙论，系以个人生命之来源为根据，而类推及其他事物之来源。《易·系辞》云："天地氤氲，万物化醇；男女构精，万物化生。"片面追求灵感是本末倒置的。没有生活积累的灵感是无本之末、无源之水，只能背离易学的宗旨，与我们所要追索的易学真相越来越远。因此，我们在学习易经预测的同时，更要注重文化知识、历史知识，尤其是对社会生活的了解，建立在这个深厚的知识基础上，才能对易卦作出深入的解读。我们所学过的，所做过的和所经历过的，甚至是道听途说的，都可以用

---

① 冯友兰：《中国哲学史》（上册），上海：华东师范大学出版社，2000年版，第31页。

② 冯友兰：《中国哲学史》（上册），上海：华东师范大学出版社，2000年版，第279页。

来解读八卦信息，扩展我们对这个世界的认知。

《易经》解读是综合知识的运用，内容上包罗万象，无所不在，无所不有。易卦的卦辞与爻辞是当时的先贤与国师们留下来的经典解读案例，随着时代的发展而不断完善，成为我们今天研究的史料。易学解读由低到高可分为五个层次，每一个层次都有灵感思维的运用。在第一个层次的龟卜中，要通过烤裂龟甲上不规则的纹理来解读信息，这既需要深厚的知识经验，也需要突发灵感；第二个层次是上升到符号化，产生了《易经》和干支符号，通过类象的方法对万事万物作出解读；第三个层次是上升到文字，用语言作为载体，来解读《易经》信息，内容更加具体化；第四个层次是图像，通过图像的带入，用灵感让人们对图像产生无限的联想，达到解读未知信息的目的；第五个层次是综合应用，有图像、文字、符号、数字，这些信息包含规则的与不规则的、设定的与非设定的，或者随机提取的任何信息。

《易经》研究要见微知著、窥一斑而知全豹，锁定一点、深入分析、展开联想。要以跳跃的思想、侦探的思维，加上逻辑推理，调动和运用我们掌握的所有知识，通过当时的灵感、瞬间的思维火花，把它从知识宝库中提取出来，用以解决我们所要剖析的事物。这种检索思维非常重要，它事实上就是灵感思维。事物是复杂多变的，为什么会把这两种事物而不是另外两种事物在这一时空中关联起来？那就是灵感思维起的作用。这是一个知识转化为能力的过程，需要有瞬间把头脑中的知识拿出来的灵感素质。

探索未知事物要调动自己所储备的信息，用灵感思维、形象思维和跳跃性的思维进行发散性思考，搜索头脑中储存的海量信息，然后回到理性的逻辑推理，将搜寻到的信息条理化、逻辑化，从前因后果中搞清内在联系。做到论之有据、说之有理，最终形成过硬的论断，这是通过《易经》探索未知事物所要遵守的道路。灵感是知识堆积的爆发，将相关或者非相关的两个事物关联起来，得出一个新的结论。这看似随意，却正是《易经》灵感思维的特征。

《易经》预测在很多领域都有应用，通过已知来预测未知，提前防范和化解风险，做到未雨绸缪和趋利避害。天气预报本身就带着“预”字，这就是通过气象分析获得的未来天气结果。灾害预报、警情预报，还有更严重的战争预报等等，都是对未来所要发生的事情进行预测，因为“预则立，不预则废”。所不同的是，这些预测主要是以数字统计的大数据和历史经验来分析判断。这主要靠逻辑推理，有它的道理和依据，这是用归纳和演绎等方法，当然也有灵感和智慧来推导未来可能发生的事件。

《易经》预测是占与卜双方面对面的沟通，没有数理统计等相关条件，只能凭灵感、凭符号，需要跳跃性的灵感思维，跨越时空提取未知的信息，有时要将两件看似没有关联的事物联系在一起作为“信息源”，这要通过逻辑推理还原事物的本来面目。《易经》预测含有侦察和数理统计、逻辑分析等因素，但更偏重于灵感，是灵感思维的具体体现。这看似有些望风扑影，或者是乱点鸳鸯谱，缺乏内在的逻辑关系，却是天与人之间的关系，是多少哲人想要探究的道理。

司马迁作《史记》，其中的一个目的就是“究天人之际”，但他不乏逻辑推导，还要通古今之变。只有运用天人感应和通古今之变的哲学思辨，才能探究出最深刻的道理。在《易经》预测上，跳跃性的灵感思维体现着事物普遍联系的观点，类似现代科学的“量子纠缠”理论，这个纠缠不是单一方向的，而是生出很多触手，这就要看如何抓住这个纠缠的信息。社会学家偏重的是推理而缺乏的是预测能力，他们只能借助历史经验和大量的数据分析，推导出未来的发展方向。

二、侦探思维

荣格认为“《易经》本身不提供证明与结果，它也不吹嘘自己，当然要接近它也绝非易事。它如同大自然的一部分，仍有待发掘。……《易经》的精神对某些人，可能明亮如白昼，对另外一个人，则希微如晨光；对于第三者而言，也许就黝暗如黑夜。不喜欢它，最好就不要去用它；对它如有排斥的心理，则大可不必要从中寻求真理。为了能明辨它的意义的人之福祉，且让《易经》走进这世界里来吧！”① 这段话说明《易经》中有很多常人难以理解和把握的内容，这就需要善于观察的人具有侦探的思维模式和眼光才能洞彻事物的真相。

《易经》探测中的侦探思维要求我们善于发现破绽，发现事物中相互矛

---

① ［瑞士］荣格：《东洋冥想的心理学》，北京：社会科学文献出版社，2000 年版，第 207 页。

盾的、不合理的现象，突破一点、全面深入，从而揭开事物的原貌。侦探就是这样，当发现一位身上穿着破旧衣服的人，手里却拿着价值万元的手机，这就与他的身份不符，这部手机可能来路不正。并由此追索，勘问在这个时间、这个地点高档手机出现在这个人手里，到底是什么原因。当他不能合理解释时，就会有重大嫌疑，成为案件的线索。易学实践就应该像侦探一样，从不合理的现象分析，发现矛盾，找到线索，查出蕴含在矛盾中事物的真相。

在《易经》预测的创立与发展过程中，侦探思维一直相伴随，古人用它来探究天地，也用它来解决身边的问题。“卜”字的本义是用火灼龟甲所产生的裂纹，如果下面加上“贝”字，代表水生贝壳类的动物，这就是“贞”。“贞”字在卦辞和爻辞里面出现的频率很高，它的本义就是“占卜”，如《乾》卦的卦辞“元亨利贞”，其本义是在宗庙进行大的祭祀时有利于占卜。“元”代表“大”，“亨”与享用的“享”相通，国家最大宗庙里祭祀的建筑称为“享堂”。原义为在最大的祭祀场所里面龟筮占卜，是最有利的时机。“贞” + “亻”就是侦探的“侦”，这是它的引申义，也可以看作它的本义。

古人通过龟占，在不规则的细小裂纹上通过灵感展开侦探思维，捕捉细小的变化，查出所需要的信息。在此之上发展到完善的符号预测，就是今天我们所见到的《易经》预测，这是由不规则到规则，便于我们所掌握。规则的符号中有前后一致的信息，那好就是好、坏就是坏，可以一锤定音作出结论。易卦中信息量比较大的就是前后不一致，或者说是不合乎道理的组合，那就要展开侦探思维去发现这里隐藏着的不为人知的内容。

例如，主卦“凤鸣岐山”，卦辞为“富贵荣华八百年”，可是变卦却是“二人争路”《天水讼》。是什么原因让这个求占者从无限风光到官司缠身？我们就要探究这样一个过程。互卦的过程显示着《风火家人》为“镜里观花”，原来这个“富贵荣华”是虚像，是给别人看的。主卦《乾》金是老板，与缺钱的用卦《兑》金组合，这是个缺钱之卦，外强中干之象。如果看合作，这是强弱之间的组合，二者一拍即合，至于结局要看哪个爻发动，但互卦给我们的是《风火家人》，一派虚像的信息。

我们不但可以从卦里分析前后事物的矛盾，也可以从求占者的形象和他的卦象之间的矛盾发现其中的问题。有些人看似衣着华贵、相貌堂堂，但在卦中不是克就是泄，与他给我们的第一感觉完全不相符，那我们就要查出这个“不相符”的所在，找到其中的原因，演绎出其变化轨迹，这个卦也就能圆满地解读出来。

例如，《水泽节》变《坎为水》这一组卦，这是前后信息矛盾的一组卦。卦上告诉我们这是从威风凛凛的“斩将封神”变成了“水中捞月”一场空，体卦《坎》水主聪明，主卦《坎》水的用卦《兑》为说，这是一个聪明，另一个能说，二者组合应该是强强联合，是成功之象。但由于是一爻发动，用卦《兑》变成了《坎》水，原来能说会道的人变得聪明了，这是聪明对聪明，你算计我、我算计你，合作双方都只是在说而没有行动，是说来说去一场空。《坎》对《坎》是黑对黑的暗箱操作，因为涉黑、因为聪明，就想走捷径，结果就是一场空。

如果拉长信息链，继续展开联想，《坎》卦的互卦为《山雷颐》，《颐》卦的下卦《震》为军警，克制互卦的体卦《艮》，有东窗事发、身陷囹圄的危险。再把信息链拉长，《颐》卦的互卦为《坤》，六爻全阴，成了趴在地上的小爬虫。如果把这组卦颠倒过来，由《坎为水》变《水泽节》，这是从“水中捞月”到“斩将封神”。这同样是一爻动，但结局却不相同，是成功之象，并且能够掌控全局。

再如，《水泽节》之《兑为泽》这一组卦，是从“斩将封神”变成了“趁水和泥”。体卦虽然威风凛凛，但是在耗泄付出，到了耗泄不起的时候，就成了“和稀泥儿”的人。何以有这么大的变化？要从过程中探究，这是因为被耗泄空了，代表过程的互卦成了大离之卦，外强中干，维持不下去了。这是前后不一，出现了矛盾，为我们解开这一组卦提供了信息。

整组卦中有三个《兑》，《兑》为说，是靠嘴吃饭的人。结合《节》卦为行业精英之象，《兑为泽》内中藏有互卦《风火家人》。因此可以画像：这是一个外表风光、内里虚的人，所从事的行业与形象和包装有关，要靠口才来吃饭。他的形象与信用就是生命，一旦这些丧失了，那也就啥都不是了。

如果继续分析，可以把这个“一爻”看作领导，或者是通天之象。那是找到了后台，有领导的支持，甚至有领导的股份。因为《坎》对《坎》为黑对黑，是暗箱操作之象，暗中搭上的关系把这个大事干成了。但这也先别高兴，《节》卦仍然有互卦，蕴藏着未来的信息，那就是《山雷颐》，又是受军警制约，是惹祸之象。如果求占者是我们同行，这就与《易经》风水有关，否则从《坎为水》到《水泽节》就应该是忙来忙去一场空的人。

主卦与变卦相互转换，其结果为什么会有这么大的不同？其原因在于相互矛盾，一个是从坏变好，另一个是从好变坏，都不是无缘无故的。正应了一句俚语“皮裤套棉裤，其中必有缘故。不是棉裤薄，就是皮裤没有毛”，反正是有原因的。我们查清楚了原因就把这个案子给破了，这就叫“侦探思维”，把它用在解卦上就可以查清事物的原貌。

三、逻辑思维

学者赵法生先生曾说：“《周易》是一部‘人更三圣，世历三古’的著作，撰作历史跨越数千年，加以中国古代文明发展的连续性特征，使它积淀着极为丰富复杂的历史文化信息，其意义也超过单纯的象数预测。从历史演变角度看，《周易》的思想内涵，反映了巫术宗教、自然宗教和伦理宗教的发展变迁，体现了古代文化精神嬗变的精神历程。尤其是从《易经》到《易传》的转变，不仅是易学思想完成本身一次重要典范转移，也标志着儒家轴心思想突破的完成。”① 可见在“经”到“传”的转变中充满了逻辑思维的智慧之光。

在灵感思维和侦探思维的基础上，还要对各种信息进行梳理，即用逻辑思维推理，还原事物的本相，揭开事物的全貌。没有灵感和侦探思维就难以获得跨越时空的信息，而没有逻辑推导能力所获得的信息只能是支离破碎的，难以发现事物的本质。只有三种思维相互结合，才能具有易学实战所必需的能力。易学不是科学，它应该归属玄学范畴，叫作“易学文化”。玄学是学问，是由现象到本质的解释性思维，缺乏论证过程，难以做定量、定性的分析，因此它不是科学。但玄学有它的实用意义。在科学还不能揭示各种神秘现象时，解释性思维可以作为一种方法在实践中运用，易学文化就具有显著的玄学特征。

例如《地水师》变《山水蒙》，六爻动，互卦《地雷复》。用逻辑思维推导，如因身体原因起卦，首先要考虑的是身体是否有疾病，再考虑其他问题。《师》卦中的《坤》为胃，下卦《坎》为病，互卦是《复》，按卦义分析是胃出了问题，胃在反复，在痉挛疼痛。胃中的反复之象与《坎》水联系

---

① 赵法生：《易学思想在轴心期的突破》，《社会科学文摘》2019 年第 10 期，第 80 页。

起来，可以解读为胃酸返流。胃酸返流的症状与心脏病相似，有很多时候会被误诊为心脏问题。这一组卦《离》火并没有出现，所以不能断为心脏问题。变卦《蒙》，这是头脑发懵，也是发晕，这是水止住了。可以断它水路的泌尿生殖系统有包块，受阻止。这与头晕的突发状况没有什么大的关联，因此只断它胃酸返流。

具有玄学特征的易学可以解读风水信息。主卦看阴宅，《师》卦显示西南方位有水，也可能是深坑，按照砂水理论配置，这个宫位要有星峰才吉，而卦上显示的是《坎》水，是有问题的风水，对人有影响。变卦看阳宅，房间里面供奉着仙堂，阴气比较重。《坎》水虽为阳卦，但阳卦多阴，所以断阴气重。还可以就这一卦看婚姻状况，看子女，也可以看兄弟姐妹和父母，当然也可以看流年大运，这样一层一层地分析下去，就可以解读出人生的全部信息。

《易经》预测是由简到繁，由原始而现代，逐级提高，这里面需要多种思维的相互运用，多方印证，达到完善与提高。简单源于灵感，但获得的信息量小，缺乏与相关事物的联系，但它是信息的源泉，是我们层层剥茧的开始。在剥的过程中，需要我们洞悉其中错综复杂的关系，把它理顺，讲出道理，还原真相。在这一过程中，逻辑思维发挥了重要的作用。（本文已经作者审阅）

2018 年 10 月 13 日，受中央民族大学道教与术数学研究中心主任谢路军教授邀请，钟政先生在中央民族大学文华楼一层会议室举行了“易学三思维探究”的学术演讲。本文系钟政先生提供。

二十八
道教符法与传统医学

主讲：李远国

道教的符法，其中有相当大的部份是用来养生治病的，并由之构成符咒养生，成为道教独擅的一门特殊技能。从《黄帝内经》《杂禁方》《诸病源候论》《千金翼方》及众多道经来看，符咒与医学、养生的联系至少已有2000多年的历史。在临床治疗中，道教将符咒与药物有机结合，以治疗各种疾病。应用符咒为人治病祛疾，屡显奇效，这是道教对中国社会的一种贡献，因为在这种独特的疗法中，还包含着许多有相当价值的临床经验与奇妙药方。

李远国　四川省社会科学院研究员，曾任四川省社会科学院哲学研究所副所长、宗教文化研究中心主任、研究员、教授、硕士生导师，四川大学、山东大学兼职教授，中国道教学院特聘教授和第三届研究生班研究生导师。为四川省学术与技术带头人，四川省政协第五届、六届、七届、八届、九届委员，成都市人民政府参事，成都市道教协会副会长。日本东京大学东洋文化研究所外国人研究员，中国香港道教学院客座教授。

道教的符法，其中有相当大的部份是用来养生治病的，并由之构成符咒养生，成为道教独擅的一门特殊技能。从《黄帝内经》《杂禁方》《诸病源候论》《千金翼方》及众多道经来看，符咒与医学、养生的联系至少已有2000多年的历史。应用符咒为人治病祛疾，屡显奇效，这是道教对中国社会的一种贡献，因为在这种独特的疗法中，还包含着许多有相当价值的临床经验与奇妙药方。如从画符时所用的材料、各种药物之中，都能找到科学的成分。

画符时常用砂。朱砂亦名丹砂、丹粟、赤丹、汞沙、辰砂，为一种矿物药，主要成分为硫化汞，性味甘、凉，有毒；功用主治安神、定惊、明目、解毒、镇心、辟邪、益气，可治癫狂，惊悸，心烦，失眠，眩晕，目昏，肿毒，疮疡，疥癣，抽风，牙疼。《本草正》说："朱砂，入心可以安神而走血脉，入肺可以降气而走皮毛，入脾可逐痰涎而走肌肉，入肝可行血滞而走筋膜，入肾可逐水邪而走骨髓，或上或下，无处不到，故可以镇心逐痰，祛邪降火，治惊痫，杀虫毒，祛中恶及疮疡疥癣之属。"①

道士用朱砂画符，便巧妙地使用了朱砂的药性，如在治疗疟疾时，道士用一个烧饼，念咒书符，在烧饼上用朱砂画符，病轻者三笔，重病五笔，小儿减半，食后疟疾确实可以不发。就医疗角度上看，是合乎科学道理的。因为朱砂镇静一切痉挛，所含的汞质，能灭螺旋菌。饱蘸三笔朱砂，至少有一钱重，患者顿服，故有显效。烧饼能饱和胃气，理脾消食，也合乎治疗疟疾的原则。

如果把朱砂画在纸上，焚化后放入水中，符纸虽已成灰，但朱砂的药性仍存，它融入水中，患者服后亦有效果，这种焚化吞服的方法，与道教服食金丹之术有关。朱砂不仅是画符的要药，也是炼丹的至品。道教认为朱砂是属于"益人万倍于五谷"的上品仙药，炼化成丹，服后能令人不老不死。可见，道士们选择朱砂画符，并非随意的选择，一是出于朱砂的实用药性，一

---

① 江苏新医学院编：《中药大辞典》，上海：上海科学技术出版社，1986年版，第913页。

是出于对朱砂的崇拜心理，朱砂的颜色十分艳红。它使人们联想到太阳，联想到旺盛的生命，太阳可以驱散黑暗与鬼魅，旺盛的生命能够战胜病痛，而制造疾病的鬼魔最怕的正是朱红与太阳。

画符也常用墨。墨是中国古代文明的一种象征。在医药学中，又叫作乌金、陈玄、玄香、乌玉块。它是由松烟和入胶汁、香料等加工制成，后来又有用桐油烟为主要原料制成的。从医药的角度上看，入药以陈久的松烟为佳。其性味辛、平，功用主治：止血、消肿；可治疗吐血、崩中漏下，血痢，痈肿发背。《医林纂要》说："墨，古用松烟，性近温，今用桐油烟，性近寒，然气味轻虚，俱不失为平，珍之者加入珠、金、冰、麝，陈久为良。"《本草求真》曰："墨，专入肝肾，色黑味辛，气温。凡血热过下，如瘟疫鼻衄，产后血晕崩脱，金疮并丝缠眼中，皆可以治。如止血，则以苦酒送韭汁投；消肿，则以猪胆汁、严醋调；眼有丝缠，则以墨磨鸡血速点；客忤中腹，则磨地浆洁吞，各随病症所用而治之耳。"①

为了提高墨的药用价值，人们又在墨中加入一些名贵药材，如珍珠、麝香、犀角、藤黄、虎骨、朱砂、黄金等，其临床的范围就更广泛了。陶弘景《登真隐诀》中载有"青墨""虎骨珍珠墨"的制法与用途。其曰："书符之法，先以青墨郭外四周，乃以丹书符文于内，若无青墨，丹亦可用。此说乃是论救卒符意，凡书诸符，自皆宜如此。青墨者，细研空青，厚胶清和为丸，曝使干燥，用时正尔研之，如用墨法也。若书治邪病符，当用虎骨、真朱合研，研毕，乃染笔书符。虎骨当先捣为细屑，下重绢筛，三分减朱二，乃合胶清，用以书符。凡辟鬼符，皆自宜尔。"② 宋苏轼《东坡志林》："真松煤远烟，自有龙麝气。世之嗜者如滕达道、苏浩然、吕行甫，暇日晴暖，研墨水数合，弄笔之余，乃啜饮之。蔡君谟嗜茶，老病不能饮，但把玩而已。"③ 需要说明的还有，墨在古代人的眼中，原来并非平凡之物，它既可记造化人伦之始，又可辟除鬼怪祟魔，民间从秦汉以来，即有以笔、墨祭神求福的风俗。因为墨代表了神灵，代表了圣人，故鬼魅十分怕墨，于是，道士们用墨画符，

---

① 江苏新医学院编：《中药大辞典》，上海：上海科学技术出版社，1986 年版，第 2615 页。

② （南朝）陶弘景撰：《登真隐诀》卷下，《道藏》，第 6 册，1988 年版，第 621 页。

③ （北宋）苏轼撰：《东坡志林》卷十，《文渊阁四库全书》，第 863 册，台北：商务印书馆，1983 年版，第 85 页。

既可驱鬼除祟，又能治病祛疾，二利兼血，可谓绝妙。

令人惊奇的是，就连年历和门神像也被用于治病。明李时珍《本草纲目》卷三八谓年历主治邪疟，“用隔年全历，端午午时烧灰，糊丸悟子大。发日早用无根水，下五十丸”。又谓钟馗画像，主治辟邪止疟。《圣济录》说：“鬼疟来去，画钟馗纸，烧灰二钱，阿魏、砒霜、丹砂各一皂子大，为末，寒食面和，丸小豆大。每服一丸，发时冷水下，正月十五日、五月初五日修合。”《杨起简便方》说：“妇女难产，钟馗左脚烧灰，水服。”① 这类流传民间并被医家临床使用的处方，显然源自道教符咒疗法，由此可见道教符箓之术，也给中国传统医学留下了许多难以抹杀的印记。

画符的材料很多，如绢、锦、钱、石、竹、木、金、银，都可在上面画符，不过用得最多的是纸。在人们的日常生活中尽管离不开纸，但它的药用价值却知者甚少。纸可以入药。其性味甘、平，无毒。不同质地的纸可用于治疗不同的疾病。明李时珍《本草纲目》卷三八考证了纸的来源及药用价值，曰：“古者编竹炙青书字，谓之汗青，故简策字皆从竹。至秦汉间，以缯帛书事，谓之幡纸，故纸字从系，或从巾也，从氏谐声也。刘熙《释名》云：‘纸者，砥也。其平如砥也。’东汉和帝时，耒阳蔡伦始采树皮、故帛、鱼网、麻缯，煮烂造纸，天下乃通用之。苏易简《纸谱》云：‘蜀人以麻，闽人以嫩竹，北人以桑皮，剡溪以藤，海人以苔，浙人以麦麸稻秆，吴人以茧，楚人以楮为纸。’又云：‘凡烧药，以墨涂纸裹药，最能拒火。’药品中有闪刀纸，乃摺纸之际，一角叠在纸中，匠人不知漏裁者。医人取入药用，今方中未见用此，何欤？气味：诸纸甘、平，无毒。主治：楮纸，烧灰，止吐血、衄血、血崩、金疮、出血。”②

古人留下了不少关于纸的验方：竹纸，“包犬毛烧末，酒服止疟”。藤纸，“烧灰，傅破伤出血，及大人小儿内热，血不止。用故藤纸（瓶中烧存性）二钱，入麝香少许，酒服。仍以纸捻包麝香，烧烟熏鼻”。草纸，“作捻，纴瘫疽，最拔脓，蘸油燃灯，照诸恶疮浸淫湿烂者，出黄水，数次取效”。用麻纸，“止诸失血，烧灰用”。《普济方》亦载：“吐血不止，白薄纸

① （明）李时珍撰：《本草纲目》下册，北京：人民卫生出版社，1991 年版，第 2196 页。

② （明）李时珍撰：《本草纲目》下册，北京：人民卫生出版社，1991 年版，第 2193～2194 页。

五张，烧灰水服，效不可方。”“衄血不止，屏风上故纸，烧灰，酒服一钱，即止。”《圣惠方》载：“血痢不止，白纸三张，里监一匙，烧赤研末，分三服，米饮下。”《玉廖百一选方》载：“皮肤血溅出者，以煮酒坛上纸，扯碎如杨花，摊在出血处，按之即止。”《刘禹锡传信方》载：“月经不绝、来无时者，案纸三十张烧灰，清酒半升和服，顿定。冬月用暖酒服之。”① 由此可见，纸本可以入药。道教用纸画符，焚化内服，其原有的朱砂、墨及纸药性存。再者许多符纸或已用药物治过，或造纸时已加入药物，如加入白矾、朱砂、桑木、葵叶、云母、黄柏、皂角、苍术、生姜、灯草、槐花等。如果用这类药纸治疗，效果当会更佳。

最早的符是画在桃木板上的，故谓之“桃符”。在中国人的心目中，桃木是相当有地位的，它既可以驱鬼辟邪，又能使人长生不老，可谓具有“双向效应”。《春秋·运斗枢》曰：“玉衡星散为桃。”② 这就把桃视为星宿下凡的。因而人们附会为仙家的植物，像“王母蟠桃”的传说，便是这样来的。王母曰：“此桃三千年一生实耳，中夏地薄，种之不生。”③ 这表示桃有长生不老的特性。因此服桃可以极寿：“东方有树，高五十丈，叶长八尺，名曰桃，其子径三尺二寸，小核味和，和核羹食之，令人益寿。食核中仁，可以治嗽。”④ 桃能魇服邪气，那么，它自也能驱鬼，于是遂造作出以桃驱鬼的故事。《淮南万毕术》曰：“岁暮腊，埋圆石于宅隅，杂以桃核七枚，则无鬼疫。”这样桃与驱邪煞鬼遂结得不解之缘。

南朝宗懔《荆楚岁时记》载：“帖画鸡，或斫镂五采，及土鸡于户上，造桃板着户，谓之仙木。绘二神，贴户左右，左神荼，右郁垒，俗谓之门神。”杜公瞻注：“按庄周云，有挂鸡于户，悬苇索于其上，插桃符于旁，百鬼畏之。又魏时，人问议郎董勋云：‘今正腊旦，门前作烟火、桃神、绞索、松柏，杀鸡着门户，逐疫礼欤？’勋答曰：‘礼十二月索室逐疫，衅门户，磔

---

① （明）李时珍撰：《本草纲目》下册，北京：人民卫生出版社，1991 年版，第 2194 ~ 2195 页。

② （北宋）李昉编：《太平御览》，卷九六七，《文渊阁四库全书》第 901 册，第 550 页。

③ 《汉武帝内传》，《道藏》第 5 册，第 48 页。

④ 《神异经》，车吉心总主编：《中华野史》第 1 册第，济南：泰山出版社，1999 年年，362 页。

鸡，熛火行，故作助行气。桃，鬼所恶，画作人首，可以有所收缚，不死之祥。又桃者，五行之精，能制百怪，谓之仙木。'《括地图》曰：'桃都山有大桃树，盘屈三千里，上有金鸡，日照则鸣。下有二神，一名郁，一名垒，并执苇索，以伺不祥之鬼，得则杀之。'"①

李时诊曾考辨过桃符的历史，他说：《典术》云："桃乃西方之木，五木之精，仙木也。味辛气恶，故能压伏邪气，制百鬼。今人门上用桃符以此。《玉烛宝典》云：户上著桃板辟邪，取《山海经》神荼、郁垒居东海蟠桃树下，主领众鬼之义。许慎云：羿死于桃杖也，故鬼畏桃，而今人用桃梗作橛以辟鬼也。《礼记》云：王吊则巫祝以桃茹前引，以辟不祥。茹者，桃枝作帚也。《博物志》云：桃根印，可以召鬼。《甄异传》云：鬼但畏东南枝尔。据此诸说，则本草桃之枝、叶、根、核、桃枭、桃橛，皆辟鬼祟产忤，盖有由来矣。《钱乙小儿方》疏取积熟及结胸，用巴豆、硇、汞之药，以桃符煎汤下，亦是压之之义也。"②

除去那些神异的玄说，就医疗方面而言，桃树确是一种用途广泛的药物。如桃实，主治生津、润肠、活血、消积；桃花，主治利水、活血、通便、水肿、脚气、痰饮、积滞、经闭；桃根，主治黄疸、吐血、衄血、经闭、痈肿、痔疮；桃胶，主治石淋、血淋、痢疾、中恶、疰忤；桃叶，主治风湿、头风、头痛、疟疾、湿疹、疮疡、癣疮、杀虫；桃枝，主治心腹痛及匿疮、除邪鬼中恶腹痛、去胃中热、解蛊毒、辟疫疠、杀诸疮虫、疗黄疸；桃仁，主治瘀血血闭，婴瘕邪气，咳逆上气，心下坚硬，卒暴击血，心腹痛，血结、血秘、血燥，通润大便，润燥滑肠，风痺骨蒸，肝疟寒热，鬼注疼痛，产后血病。罗愿《尔雅翼》说："桃能去不祥，桃之实在木上，不落者名枭桃，一名桃奴，及茎、叶、毛，皆去邪。故古者植门以桃梗，出殡以桃核，临丧以桃茢。"③ 此外，桃皮、桃毛、桃寄生等皆可入药，真可谓全身都是"宝"，无怪乎道教常用桃物。

《千金要方》中载有许多以桃治病的验方，如桃仁汤，治产后及堕身，

---

① 《文渊阁四库全书》第589册，台北：商务印书馆，1983年，第15页。

② （明）李时珍撰：《本草纲目》下册，北京：人民卫生出版社，1991年版，第1751页。

③ （清）陈梦雷等编：《古今图书集成》第55册，北京：中华书局、成都：巴蜀书社，1985年版，第66907页。

月水不调，或淋沥不断，断后复来，状如泻水，四体嘘吸，不能食，腹中坚痛，不可行动，月水或前或后，或经月不来，举体沉重，惟欲眠卧，多思酸物。方用："桃仁五十枚，泽兰、甘草、芎䓖、人参各二两，牛膝、桂心、牡丹皮、当归各三两，芍药、生姜、半夏各四两，地黄八两，蒲黄七合。上十四味，㕮咀，以水二斗，煮取六升半，分六服。"① 桃仁散，治月经来绕脐痛，上冲心胸，往来寒热，如疟疰状。方用："桃仁五十枚，虻虫二枚，桂心五寸，茯苓一两，薏苡仁、牛膝、代赭各二两，大黄八两，右八味，治下筛。宿勿食，温酒服一钱匕，日三。"② 治风劳毒肿，疼痛挛急，或牵引小腹及腰髀痛，方用："桃仁一升，研如常法，以酒三升搅和，顿服之，厚衣被盖令汗，不过三剂瘥。③ 医治从高堕下，落大木车马间，胸腹中有血，不得气息，方用："桃仁十四枚，大枣二十枚，大黄、消石、甘草各一两，蒲黄一两半。右六味，㕮咀，以水三升，煮取一升，绞去滓，适寒温，尽服之，当下。下不止，渍麻汁一杯，饮之即止。"治腹中瘀血，痛在腹中不出，满痛短气，大小便不通，方用："桃仁、虻虫各三十枚，荆芥半分，大黄、芎䓖各三两，当归、桂心、甘草各二两，蒲黄五两。右九味，㕮咀，以水一斗，煮取三升，分三服。"治堕落瘀血，方用："桃仁五十枚，水蛭、虻虫各二十枚，甘草、桂心、当归各二两，芒硝三两，大黄四两。右八味，㕮咀，以水八升，煮取三升，绞去滓。适寒温，服一升，日三服。"治腕折瘀血，方用："桃仁四十枚，乱发一握，大黄如指节大一枚，右三味，以布方广四寸，以绕乱发烧之，㕮咀。大黄、桃仁，以酒三升，煮取一升，尽服，血尽出。"④ 这些处方均出自道门，它是几千年来巫医道士临床实践的结果，我们应该重视它的价值。

在临床治疗中，道教将符咒与药物有机结合，以治疗各种疾病。治痞块，符由"尚""食""口"三字组成，化灰，当归汤服用。治酒醉，符由"尚""食""酒"三字组成，化灰，葛根汤服用。治天瘟时气，符由"尚""食""必"三字组成，或贴住房，或佩带随身。治火眼目痛痒，符由"尚""食""风"三字组成，化灰，黄连汤服用。治饱胀气郁，符由"尚""食""道"

---

① （唐）孙思邈撰：《千金要方》，卷七，《道藏》第26册，第94页。
② （唐）孙思邈撰：《千金要方》，卷七，《道藏》第26册，第95页。
③ （唐）孙思邈撰：《千金要方》，卷六六，《道藏》第26册，第451页。
④ （唐）孙思邈撰：《千金要方》卷七七，《道藏》第26册，第509页。

三字组成，化灰，陈皮酒下。治人饱食伤胃，符由“尚”“食”“虎”三字组成，化灰，山楂汤服用。治风寒，符由“尚”“食”“千”三字组成，化灰，紫苏汤服用。治中风，符由“尚”“食”“禹”三字组成，化灰，乳香汤下。治虚损，符由“尚”“食”“甲”三字组成，化灰，当归人参汤服用。治膨胀，符由“尚”“食”“穿”三字组成，化灰，厚朴汤服用。治痨虫，符由“尚”“食”“金”三字组成，化灰，乳香桃仁汤服用。治湿气，符由“尚”“食”“熙”三字组成，化灰，茵陈汤下。治诸痰，符由“尚”“食”“男”三字组成，化灰，生姜半夏汤服用。治喉痛，符由“尚”“食”“星”三字组成，化灰，薄荷汤服用。治头痛，符由“尚”“食”“京”三字组成，化灰，香附汤下。治咳嗽，符由“尚”“食”“壬”三字组成，化灰，石膏汤服用。治肠鸣，符由“尚”“食”“由”三字组成，化灰，陈皮汤服用。治泻痢，符由“尚”“食”“易”三字组成，化灰，木香汤服用。治肚痛，符由“尚”“食”“兆”三字组成，化灰，吴茱萸汤下。治胃痛，符由“尚”“食”“炎”三字组成，化灰，木香汤服用。治小便不通，符由“尚”“食”“吉”三字组成，化灰，车前子汤服用。治大便不通，符由“尚”　“食”“方”三字组成，化灰，当归汤服用。治吐血，符由“尚”“食”“修”三字组成，化灰，当归汤下。治虚损，符由“尚”“食”“甲”三字组成，化灰，当归人参汤服用。治臂痛，符由“尚”“食”“昌”三字组成，化灰，桂枝汤服用。治背痛，符由“尚”“食”“夷”三字组成，化灰，羌活汤服用。治脚痛，符由“尚”“食”“兼”三字组成，化灰，木瓜汤下。治脸上虚肿疼，符由“尚”“食”“因”三字组成，化灰，用无根水（雨水）服用。治隔症，符由“尚”“食”“长”三字组成，化灰，桃仁汤服用。妇人保产，符由“尚”“食”“婴”三字组成，化灰，砂仁汤服用。治一切邪气鬼魅，符由“尚”“食”“足”三字组成，夜行时随身佩带。

符水疗法是建立在阴阳五行学说的基础上。在实施符法之际，要求法师洞晓阴阳变化，精通五行生克辨证施治。白玉蟾指出：“行符咒水，治病驱邪，积行累功，与道合真，超凡入圣，必先明心知理，了了分明，不在狐疑。”“若治病之法，宜仔细察其病证，次当以符水治之。盖人之气运于三焦五脏之间，顺则平康，逆则成病，或嗜欲失节，或心意不足而成邪，故邪气侵则成病。以我正真之气，涤彼不正之邪，以我之真阳，敌彼之阴，若患者执迷邪道，可方便而化之。符水而治之，救人功满，而证仙阶，而为妙果欤。”①

符水的作用在于调和人体内的阴阳，安和五脏，滋益荣卫，使身体恢复健康，关键仍在于“气”的功能。《清微道法枢纽》说：“《素问》云：虚无恬淡，真气从之，精神内守，病安从来？人之有疾，或寒或热，或重或轻，皆戾摄调，嗜欲不节，故六气之邪得以乘之。治病以符，符朱墨耳，岂能自灵。其所以灵者，我之真气也。故曰符无正形，以气为灵。”②

道士在使用符水之际，往往都要配以药汤。如治心脾疼，画符焚灰，同蛤蜊粉调服，蛤蜊粉主治痰饮喘咳，水气浮肿，胃痛呕逆，心脾疼痛等。治气积成块，书符化灰，用紫苏、木香汤调灰内服。紫苏有下气、消痰、润肺、宽肠的功用，木香主治心腹气痛、温中和胃、健脾消食，两药合剂，正是治疗气积气痛的良方。

治痢疾，书符化灰，如赤痢用甘草汤、白痢用白矾汤、赤白痢用乌梅汤，口噤不开者用石榴皮汤，依症调服，一一皆合中医治疗痢疾的原则。

治喘满，书符焚灰，用款冬花汤调服，款冬花主治咳逆喘息、喉痹，有润肺下气、化痰止咳之功，故有效。治妇女难产，书符化灰，用桃仁或桃实做汤，汤中点醋而调服，因桃仁、桃实均有治疗难产与产后百病的功效，醋亦有防治难产的作用。

治疗晕厥，书符化灰，以薄荷汤调服，因薄荷之性能消散风热、清利头目，故有效。治饮酒大醉，书符化灰，以葛根汤饮之，葛根性散火，解酒毒，故有效。治脾病，用大枣汤调报，大枣可补脾和胃，益气生津，主治胃虚食少、脾弱便溏。治肝病，用赤豆汤调服。治肾病，用盐汤调服。治肺病，用藿香汤调服。治心经病，用柏枝汤调服。治寒湿气、脚气，用忍冬藤调服。治头脑疼，用白芷末、茶水调服。治头风伤人，用乳香汤调服。治五痫病，用酸枣汤调服。治疟疾，用桃枝、柳枝汤调服，忌荤腥数日。

治腰肾痛，用木香汤调服。治霍乱吐泻，用丁香或霍香汤调服。治心惊悸、口眼呐斜、半身不遂，用远志、门冬汤调服。治血崩，用新绵烧灰，同符灰和，以荆芥汤调服。治月经不调、痛疼，用当归煮酒调符灰服用。治胎

① 《道法会元》卷一，《道藏》第28册，第678、679页。

② 《道法会元》卷一，《道藏》第28册，第674页。

动不安，用淡醋汤调服。治胎孕不牢，用枣汤调服。治妇女一切冷病，用姜盐汤调服。治妇女气晕，用木香汤调服。

治眼赤烂、风毒，用荆芥或铜青，煎汤调灰洗目。治赤肿风毒眼，用蔓荆子汤调服。治眼肿痒痛，用五倍子汤调服。治内障眼见黑花，用枸杞子汤调服。治眵泪视物不明，用熟地黄汤调服。治青盲眼，用川芎汤调服。

治小儿夜啼不休，用枣汤调符灰涂头顶心。治小儿吐乳，胃中痞塞，用白术汤调服。治牙槽溃烂，用荆芥、蜂房汤调灰漱口，或揩患处。治风虫牙，用管仲汤调服。治牙根脓臭，用白矾和符灰抹涂。治喉闭，用艾叶汤调服。治木舌，用蛇床子和灰，烧熏之。

治疔疮恶证，用石灰和符灰调贴，或用绿豆调灰贴。治肾痛肾漏疮，用黑豆调灰涂。治五痔，用枳壳汤调灰熏洗。治诸漏疮，用贝母末调灰敷。治一切毒物疮肿，用护花草捣调灰贴抹。治疮及疮溃烂，用竹叶枝烧灰，和符灰调敷。治大风疮、湿癞，用苍耳草末、茶水调符灰内服，别用韶粉和符灰外涂。治小儿恶疮，用轻粉和符灰调涂。治破伤肿毒，用鱼鳔调符灰，一半外涂，一半用酒内服。

类似的符水、药物并用的处方尚很多，如《灵宝领教济度金书》《上清灵宝大法》中所收各种治病符箓，绝大多数使用时都要配以药汤。在《祝由十三科》《辰州符咒大全》中，配合符咒使用的药物亦达上百种。总而言之，各种符咒的临床运用，往往与药物治疗密切配合，应该承认，当我们层层揭示符咒疗法的外衣后，看到的却是藏在道家葫芦里的一服服良药妙方。作为中国传统医学的主干——中草药学与方剂学，其来源十分复杂，道教的符水药学，也是其来源之一，可以肯定。道士们的这些成果都来自上千年的临床实践，其中包含的合理成分当然难以抹杀。（本文已经作者审阅）

2020年10月28日，受中央民族大学生道教与术数学研究中心主任谢路军教授邀请，李远国先生在谢路军先生创办的道元书院举行了“道教符法与传统医学”的学术演讲。本文系李远国先生提供。